长 城 · 聚 落 丛 书

张玉坤 主编

明长城宣大山西三镇军事防御聚落体系宏观系统关系研究

曹迎春 张玉坤 著

中国建筑工业出版社

图书在版编目（CIP）数据

明长城宣大山西三镇军事防御聚落体系宏观系统关系研究/曹迎春，张玉坤著.—北京：中国建筑工业出版社，2020.3
（长城·聚落丛书）
ISBN 978-7-112-24882-7

Ⅰ.①明… Ⅱ.①曹… ②张… Ⅲ.①长城—防御体系—研究—中国—明代 Ⅳ.①K928.77

中国版本图书馆CIP数据核字（2020）第031276号

明代长城是中国最具代表的世界文化遗产，其宏伟的气势和律动的美感震撼人心。但长城并非人们传统上所理解的狭义的线性防御墙体，而是隶属于更庞大的复杂系统——明长城军事防御体系的组成部分。

本书基于分形理论，精确解析明长城军事防御体系核心要素——军事防御聚落和长城墙体——的宏观系统关系，研究发现两者通过分形自组织结构耦合形成复杂的协同系统，基于此实现了资源的高效配置、军队的快速调动以及系统的协同防御等功能；同时，从系统关系角度，进一步探讨了明长城军事防御体系的运行机制和原真价值。本书适于建筑历史、城乡规划、边疆防御和遗产保护等领域的专家学者及有关爱好者阅读参考。

责任编辑：杨　晓　唐　旭
责任校对：张惠雯

长城·聚落丛书
张玉坤　主编
明长城宣大山西三镇军事防御聚落体系宏观系统关系研究
曹迎春　张玉坤　著
*
中国建筑工业出版社出版、发行（北京海淀三里河路9号）
各地新华书店、建筑书店经销
北京锋尚制版有限公司制版
北京中科印刷有限公司印刷
*
开本：787×1092毫米　1/16　印张：16¾　字数：347千字
2020年7月第一版　2020年7月第一次印刷
定价：88.00元
ISBN 978－7－112－24882－7
（35630）

编者按

长城作为中华民族的伟大象征，具有其他世界文化遗产所难以比拟的时空跨度。早在两千多年前的春秋战国之际，为抵御北方游牧民族的侵扰和诸侯国之间的兼并扩张，齐、楚、燕、韩、赵、魏、秦等诸侯国就已在自己的边境地带修筑长城。秦始皇统一中国，将位于北部边境的燕、赵和秦昭王长城加以补修和扩展，形成了史上著名的“万里长城”。汉承秦制，除了沿用已有的秦长城，又向西北边陲大力增修扩张。此后历代多有修建，偏于一隅的金王朝也修筑了万里有余的长城防御工事。明代元起，为防北方蒙古鞑靼，修筑了东起辽宁虎山、西至甘肃嘉峪关的边墙，全长八千八百多千米，是迄今保存最为完整的长城遗址。

国内外有关长城的研究由来已久，早期如明末清初顾炎武（1613.07—1682.02）从历史、地理角度对历代长城的分布走向进行考证。清末民初，王国维（1877.12—1927.06）对金长城进行了专题考察，著有《金界壕考》；美国人W·E·盖洛对明长城遗址进行徒步考察，著有《中国长城》（The Great Wall of China，1909）；以及英国人斯坦因运用考古学田野调查的方法对河西走廊的汉代长城进行考察等。国内学者张相文的《长城考》（1914）、李有力的《历代兴筑长城之始末》（1936）、张鸿翔的《长城关堡录》（1936）、王国良的《中国长城沿革考》（1939）、寿鹏飞的《历代长城考》（1941）等均属民国时期的开先之作。改革开放之后，长城研究再度兴盛，成果卓著，如张维华《中国长城建制考》（1979）、董鉴泓和阮仪三《雁北长城调查简报》（1980）、罗哲文《长城》（1982）、华夏子《明长城考实》（1988）、刘谦《明辽东镇及防御考》（1989）、史念海《论西北地区诸长城的分布及其历史军事地理》（1994）、董耀会《瓦合集——长城研究文论》（2004）、景爱《中国长城史》（2006）等。同时，国家、地方有关部门和中国长城学会进行了多次长城资源调查，为长城研究提供了可靠的资料支持。概而言之，早期研究多集中在历代长城墙体、关隘的修建历史、布局走向及其地理与文化环境，近年来逐步从历史文献考证向文献与田野调查相结合，历史、地理、考古、保护实践等多学科相融合的方向发展，长城防御体系的整体性概念逐渐形成。丰富的研究成果和学术进步，对长城研究与保护贡献良多，也为进一步深化和拓展长城研究打下坚实基础。

聚落变迁一直是天津大学建筑学院六合建筑工作室的主导研究方向。2003年，工作室师生赴西北地区进行北方堡寨聚落的田野调查，在明长城沿线发现大量堡寨式的防御性聚落，且尚未引起学界的广泛关注。自此，工作室便在以往聚落变迁研究的基础上，开启了“长城军事聚落”这一新分支，同时也改变了以单个聚落为主的建筑学研究方法。在研究过程中，课题组坚持整体性、层次性、系统性的研究思路和原则，将长城防御体系与军事聚落视作一个巨大时空跨度的统一整体来考虑，在这一整体内部还存在不同的规模层次或不同的子系统，共同构成一个整体的复杂系统。面对巨大的复杂系统，课题组采用空间分析（Spatial Analysis）的研究方法，以边疆军事防御体系和军事制度为线索，以遗址现场调查、古今文献整理为依托，对长城军事聚落整体时空布局和层次体系进行研究，以期深化对长城的整体性、层次性和系统性的认识，进一步拓展长城文化遗产构成，充实其完整性、真实性的遗产保护内涵。基于空间分析方法的技术需求，课题组自主研发了“无人机空—地协同”信息技术平台，引进了“历史空间信息分析”技术，以及虚拟现实、地理定位系统等技术手段。围绕长城防御体系和海防军事聚落、建筑遗产空—地协同和历史空间信息技术，工作室课题组成员承担了十几项国家自然科学基金项目和科技支撑计划课题，先后指导40余名博士生、硕士生撰写了学位论文，科学研究与人才培养相结合为长城·聚落系列研究的顺利开展提供了有力支撑和保障。

“六合文稿”长城·聚落丛书的出版，是六合建筑工作室中国长城防御体系和传统聚落研究的一次阶段性总结汇报。先期出版的几本文稿，主要以明长城研究为主，包括明长城九边重镇全线和辽东镇、蓟镇、宣府镇、甘肃镇，以及金长城的防御体系与军事聚落和河北传统堡寨聚落演进机制的研究；后期计划出版有关明长城防御体系规划布局机制、军事防御聚落体系宏观系统关系、清代长城北侧城镇聚落变迁、明代海防军事聚落体系，以及中国传统聚落空间层次结构、社区结构的传统聚落形态和社会结构表征与聚落形态关系的分析等项研究内容。这些文稿作为一套丛书，是在诸多博士学位论文的基础上改写而成，编排顺序大体遵循从宏观到微观、从整体到局部的原则，研究思路、方法亦大致趋同。但随时间的演进，对研究对象的认识不断深化，使用的分析技术不断更新，不同作者对相近的研究对象也有些许不同的看法，因而未能实现也未强求在写作体例和学术观点上整齐划一，而是尽量忠实原作，维持原貌。博士生导师作为作者之一，在学位论文写作之初，负责整体论文题目、研究思路和写作框架的制定，写作期间进行了部分文字修改工作；此次文稿形成过程中，又进行局部修改和文字审核，但对属于原学位论文作者的个人学术观点则予以保留，未加干预。

在此丛书付梓之际，面对长城这一名声古今、享誉内外的宏观巨制，虽已各尽其力，却仍惴惴不安。一些问题仍在探索，研究仍在继续，某些结论需要进一步斟酌，瑕疵、纰漏之处在所难免。是故，谓之“文稿”，希冀得到读者的关注、批评和教正。

在六合建筑工作室成员进行现场调研、资料搜集、文稿写作和计划出版期间，得到了多方的支持和帮助。感谢国家自然科学基金的大力支持，“中国北方堡寨聚落基础性研究”（2003—2005）项目的批准和实施，促使工作室启动了长城军事聚落研究，其后十几个基金项目的批准保障了长城军事聚落基础性、整体性研究的顺利开展；感谢中国长城学会和长城沿线各省市地区文保部门专家在现场调研和资料搜集过程中所给予的无私帮助和明确指引；感谢中国建筑工业出版社对本套丛书编辑出版的高度信任和耐心鼓励；感谢天津大学领导和建筑学院、研究生院、社科处等有关部门领导所给予的人力物力保障和学校“985”工程、“211”工程和“双一流”建设资金的大力支持。向所有对六合建筑工作室的研究工作提供帮助、支持和批评建议的专家学者、同仁朋友表示衷心感谢。

目　录

绪 论

第一节 相关领域研究综述

明长城军事防御聚落体系是所属广义聚落系统的特殊功能型聚落系统，其研究活动受到国际科学研究趋势宏观背景、聚落系统科研进展、长城军事防御聚落体系相对微观研究领域进展的多层次综合影响，依据上述三个层次逐层论述相关研究进展和发展趋势。

一、国际科学研究趋势宏观背景简述

目前，国际自然和社会科学领域研究前沿已进入探索系统复杂性（Complexity）的时代。剑桥大学著名理论物理学家霍金将21世纪称之为复杂性研究的时代[①]。《自然》（Science）杂志在1999年世纪之交，以“复杂性系统（Complex Systems）”为主题出版化学、物理学、自然地理学、生物学、经济学等领域复杂性研究最新进展的专辑，并在导言中指出未来科学研究将进入多专业综合的系统性和复杂性研究时代，以此弥合还原论的缺陷。当前，构建传统科学思维的还原论在新时代受到严峻挑战：1．信息超载——世界被分解为越来越缺乏联系的细节，而这种分解依然在进行[②]；2．过于简化——世界之间复杂的系统联系被分解得支离破碎而消失殆尽，“科学家对越来越少的东西知道得越来越多”[③]。由此，多学科综合的系统复杂性研究将越来越提上科学前沿的议事日程，并将成为21世纪科学研究的核心任务之一（郝柏林，2001）[④]。系统理论（System Theory）是复杂性相关研究理论的启蒙和肇始，系统思维对复杂性研究的重要性已成为科学共识。基于系统性思维逐渐发展出协同论、混沌理论、分形理论、自组织等复杂性系统相关科学理论，并在不同领域取得空前的实践成果。面对当前越来越严峻的自然环境和人类社会的系统性难题，尤其是自然科学和人文社会相结合的问题，系统复杂性研究将作为中流砥柱肩负探索未来的重要使命而面临非凡挑战[⑤]，同时也有望获得全新的发展契机。

---

① Mayer G. 2004. Complexity Diges. Archive：http：//www.comdig.org/.

② 陈彦光. 分形城市系统：标度·对称·空间复杂性［M］. 北京：科学出版社，2008.

③ 陈彦光. 分形城市系统：标度·对称·空间复杂性［M］. 北京：科学出版社，2008.

④ 郝柏林. 复杂性的刻画与“复杂性科学”［M］//科学前沿与现时代，南京：江苏人民出版社，2001：122，135.

⑤ 林炳耀. 城市空间形态的计算方法及其评价［J］. 城市规划汇刊，1998（03）：42-45.

二、国内外聚落系统研究进展

（一）国际聚落系统研究进展

人类聚落系统是隶属广义人文地理研究范畴的复杂系统，其复杂性内涵涉及协同系统、自组织、神经网络、控制系统、非线性动力学，以及网络演化和结构突现等方面。经典人文学、历史学、考古学以及相关线性科学等传统的思维方式和研究方法，很难描述和定量解析复杂系统的存在方式和运行机制。当今，随着西方现代复杂性科学的巨大发展，为聚落研究开辟了广阔的天地，聚落系统的复杂性问题研究获得空前发展。在研究思想和基础理论方面，主要成果有耗散结构理论（Allen，1997[①]；Prigogine and Allen，1982[②]），协同学理论（Haken，1983[③]；Haken，1995[④]；Portugali，2000[⑤]）；混沌理论（Dendrinos，1992[⑥]；Dendrinos，1996[⑦]；Dendrinos and Sonis，1990[⑧]）；分形理论（Batty，1991a[⑨]，b[⑩]；Batty and Longley，1994[⑪]；Frankhauser，1994[⑫]）；元胞自动机理论（Couclelis，1997[⑬]；White and Engelen，1993[⑭]；黎夏等，2007[⑮]）；基于自组织临界性研究的沙堆模型（Portugali，2000[⑯]）等思想理论。这些理论指导现代城市聚落、古代聚落和其他功能性聚落的相关研究进入探索复杂性系统关系的深层领域；在研究方法方面，当代聚落研究广泛运用现代自然科学研究的数学分析、

① Allen PM. Cities and Regions as Self-Organizing Systems: Models of Complexity. Amsterdam: Gordon and Breach Science Pub, 1997.
② Prigogine I, Allen PM. The challenge of complexity, In: Self-Organization and Dissipative Structures: Applications in the Physical and Social Sciences. Eds. W. C. Schieve and P. M. Allen. Austin: University of Texas Press, 1982: 3–39.
③ Haken H. Synergetics: an Introduction（3rdedition）. Berlin: Springer-Verlag, 1983.
④ Haken H. A synergetic approach to the self-organization of cities and settlements. Environment and Planning B: Planning and Design, 1995, 22（1）: 35–46.
⑤ Portugali J. Self-Organization and the City. Berlin: Springer-Verlag, 2000.
⑥ Dendrinos DS. The Dynamics of Cities: Ecological Ddeterminism, Dualism and Chaos. London and New York: Routledge, 1992.
⑦ Dendrinos DS. Cites as spatial chaotic attractors. In: Chaos Theory in the Social Sciences: Foundations and Applications. Eds. L. D. Kiel，E. Elliott Ann Arbor，MI: The University of Michigan Press, 1996: 237–268.
⑧ Dendrinos DS, Sonis M. Chaos and Social Spatial Dynamics. New York: Springer–Verlog, 1990.
⑨ Batty M. Generating urban forms from diffusive growth. Environment and Planning A, 1991a, 23: 511–544.
⑩ Batty M. Cities as fractals: Simulating growth and form. In: Fractals and Chaos. Eds A J Crilly, R A Earnshaw, and H Jones. New York: Springer-Verlag, 1991b: 43–69.
⑪ Batty M, Longley PA. Fractal Cities: A Geometry of Form and Function. London: Academic Press, 1994.
⑫ Frankhauser P. La Fractalité des Structures Urbaines. Paris: Economica, 1994.
⑬ Couclelis H. From cellular automata to urban models: new principles for model development and implementation. Environment and Planning B: Planning and Design, 1997, 24: 165–174.
⑭ White R, Engelen G. Cellular automata and fractal urban form: a cellular modeling approach to the evolution of urban land-use patterns. Environment and Planning A, 1993, 25: 1175–1199.
⑮ 黎夏等. 地理模拟系统在城市规划中的应用［J］. 城市规划，2006（6）：69–74.
⑯ Portugali J. Self-Organization and the City［M］. Berlin: Springer-Verlag, 2000.

实证实验和计算机模拟三种基本方法，并将其有效结合，以定量方式精确揭示复杂聚落系统的完整演化过程和内在规律；而在研究工具方面，则广泛运用国际地理和聚落研究探索空间复杂性的三大工具：后现代数学理论（混沌理论、分形理论和协同理论）、GIS（地理信息系统）及CA（元胞自动机）模拟①。

（二）国内聚落系统研究进展

由于受国际研究潮流以及我国现阶段城市化发展现实需求的影响，目前国内关于聚落的研究活动，主要集中于当代的城市体系和乡村聚落演进研究，以及古代聚落考古等较热门领域。由国外引进的相应研究理论和方法非常丰富和活跃，主要以西方现代复杂系统理论和数学量化分析方法为主，包括分形理论、系统论、混沌理论、元胞自动机理论等，以及相应的数学分析和计算机模拟等方法。基于地理学的综合性、复杂性、重要性以及传统研究的深厚基础，地理学相关领域——尤其是人文地理学分支——引领了聚落体系复杂人地关系研究的浪潮。聚落体系研究的代表性成果涉及：早期研究主要包括李后强等编著的《分形与分维：探索复杂性的新方法》（1990）②，李后强、艾南山的《关于城市演化的非线性动力学问题》（1996）③，以及周一星编著的《城市地理学》（1995）④、顾朝林等编著的《中国城市地理》（1999）⑤等综合性研究著作，建立了我国城市聚落体系现代研究的理论和方法基础，推动了相关研究的巨大发展；刘继生、陈彦光的《城市体系等级结构的分形维数及其测算方法》（1998）⑥、《交通网络空间结构的分形维数及其测算》（1999）⑦以及《长春地区城镇体系时空关联的异速生长分析》（2000）⑧等一系列文章，在城市聚落体系等级结构和空间结构方面做了大量理论和实践研究；而陈彦光的著作《分形城市系统：标度·对称·空间复杂性》（2008）⑨及其相关论文，基于分形理论、熵理论、混沌理论等，就城市聚落系统复杂性问题，展开大量基础理论、操作方法和实践应用研究，是当代城市聚落体系等级和空间结构复杂性研究的主要代表；叶嘉安教授提出并将元胞自动机（CA）的城市规划模型，广泛运用到

① 陈彦光. 分形城市系统：标度·对称·空间复杂性，北京：科学出版社，2008.
② 李后强，程光钺. 分形与分维：探索复杂性的新方法［M］. 成都：四川教育出版社，1990.
③ 李后强，艾南山. 关于城市演化的非线性动力学问题［J］. 经济地理，1996，16（1）：65-70.
④ 周一星. 城市地理学［M］. 北京：商务印书馆，1995.
⑤ 顾朝林，柴彦威，蔡建明. 中国城市地理［M］. 北京：商务印书馆，1999.
⑥ 刘继生，陈彦光. 城市体系等级结构的分形维数及其测算方法［J］. 地理研究，1998，17（1）：82-89.
⑦ 刘继生，陈彦光. 交通网络空间结构的分形维数及其测算方法［J］. 地理学报，1999，54（5）：471-478.
⑧ 刘继生，陈彦光. 长春地区城镇体系时空关联的异速生长分析：1949-1988［J］. 人文地理，2000，15（3）：6-12.
⑨ 陈彦光. 分形城市系统：标度·对称·空间复杂性［M］. 北京：科学出版社，2008.

大珠三角地区的发展与合作、土地短期利用变化观察等研究领域①；韩茂莉在《全新世中期西辽河流域聚落选址与环境解读》(2007)文章中采用单个变量分布的X^2模型检验西辽河流域古聚落与海拔关系的依赖性研究②；陈济民的博士论文《基于连续文化序列的史前聚落演变中的空间数据挖掘研究》则基于GIS二次开发，对连续文化序列的空间数据挖掘进行深入研究，并将其应用于郑洛地区史前聚落的空间分布规律和初步时空演变规律的研究③；此外，还有大量涉及聚落复杂性研究的成果。

当代国内外复杂系统科学理论、多学科交叉研究模式、精确量化分析相关的现代科学理论和研究方法的巨大发展，为聚落研究在世界观和方法论层面，提供了极为有效的指导思想和分析工具，推动这些领域由传统的定性研究转向更为精确的定量研究；由孤立的单学科研究拓展为多学科交叉的综合研究；由简单的对聚落物质化实体的研究拓展为对非物态的复杂系统运行机制与聚落空间形态的互生关系的研究；由静态的历史和地理事实研究拓展到动态的系统运作模拟的研究；由系统局部线性的简单规律研究转变为对系统整体的非线性运行规律的复杂性研究。基于此，可更加系统、深入、准确和生动地揭示复杂聚落系统产生、发展和衰退的内在规律，并对现代聚落发展以及传统聚落保护的研究和实践提供更科学、精确和综合的决策指导。

三、明代长城军事防御体系研究进展

国内明长城军事防御体系研究主要包括以下几个方面：以传统的历史和文化为视角，涉及历史学、考古学、文化学和社会学等学科，以长城军事防御体系的历史沿革、聚落考古、习俗变迁，以及社会、经济和军事制度等内容为主要研究对象和领域；而以物质本体为视角，则涉及建筑学、文物保护、城市规划和景观学等学科，主要关注长城相关军事防御聚落体系的不同尺度实体及其空间结构，探索在历史演变、制度更替以及地理环境等因素综合作用下，长城、聚落及其他防御设施宏观的演化过程、结构形态、空间布局，微观的建筑形态、建造技术、艺术美学等，以及遗迹普查、保护规划和保护管理等现实问题；此外还有军事、旅游、管理、经济等研究视角，均介于上述两者之间，以本专业角度出发论述聚落相关内容，或重于文化，或倾向实体，再或兼而有之；而国际关于明长城军事

① Anthony Gar-On Yeh, Xia Li. Simulation of Development Alternatives Using Neural Networks, Cellular Automata, and GIS for Urban Planning, Photogrammetic Engineering and Remote Sensing (2003), Vol. 69, No. 9, pp. 1043-1052.

② 韩茂莉．全新世中期西辽河流域聚落选址与环境解读［J］．地理学报，2007，62(12)：1287-1298.

③ 陈济民．基于连续文化序列的史前聚落演变中的空间数据挖掘研究［D］．南京：南京师范大学，2006.

防御体系的研究，由于历史和观念原因并非主流关注领域，因此相关学术研究的猎奇特征显著[①]，多基于某一史料具体解读，此处不再赘述。

（一）传统的历史和文化视角方面

军事制度研究方面，较早的研究有南炳文的《明初军制初探》（1983）[②]、吴晗的《明代的军兵》（1976）[③]、王莉的《明代营兵制初探》（1991）[④]，整体论述了明代军事制度的相关内容，开创了明代军制研究的先河；范中义主编的《中国军事通史・明代军事史》（1998）[⑤]则基于宏观通史和军事角度，系统论述明代军制发展演变史；李新锋的博士论文《明代前期兵制研究》[⑥]详细探索了明代前期军事管理制度的内容及演变等问题；肖立军所著《明代中后期军事制度研究》[⑦]则系统考察了明代中后期军事制度涉及的武装力量体系、兵役制度、指挥系统、编制体系、后勤供应等方面的制度及其演变；赵现海的博士论文《明代九边军镇体制研究》（2005）[⑧]则针对以往研究缺乏对于军镇建置确切标志的探讨，深入研究北疆九边军镇体制的历史演化、功能属性、形成机制以及确切建置，并系统分析总兵镇守制度与都司卫所制度在九边地区的融合和演化。其后续研究成果《明代九边长城军镇史——中国边疆假说视野下的长城制度史研究》（2012）[⑨]，将地理学系统纳入前期研究体系，基于“中国边疆假说”理论，以“边疆主体”为视角，探讨明朝中心文明与“九边”地理环境的相互作用，以及异质性政治、经济、文化和军事区域对中心文明的影响，深刻揭示明代九边长城军镇在此宏观背景下的演化和变迁。

都司卫所研究方面，对都司卫所的总体研究主要涉及：郭红的博士论文《明代都司卫所研究》（2001）[⑩]是明代都司卫所研究的集大成之作，总体研究了明代都司卫所的历史沿革和设置更变等内容；郭红和靳润成所著的《中国行政区划通史》（明代卷）（2007）[⑪]则对明代地方行政区划的主要构成——布政司、都司卫所、总督巡抚的设置和辖区演变，进行了详尽考证并复原其全貌。此外还有针对北疆具体都司卫所的局部研究和基于某一视角的详细研究，主要

① 张金奎．2004年明史研究综述［J］．中国史研究动态，2005（4）：2-11.
② 南炳文．明初军制初探［M］//南开史学．天津：南开大学出版社，1983（1）.
③ 吴晗．明代的军兵［M］// 读史札记．北京：三联书店，1976.
④ 王莉．明代营兵制初探［J］．北京师范大学学报（社会科学），1991（2）：85-93.
⑤ 范中义．中国军事通史・明代军事史［M］．北京：军事科学出版社，1998.
⑥ 李新锋．明代前期兵制研究［D］．北京：北京大学，1999.
⑦ 肖立军．明代中后期军事制度研究［D］．天津：南开大学，2005.
⑧ 赵现海．明代九边军镇体制研究［D］．长春：东北师范大学，2005.
⑨ 赵现海．明代九边长城军镇史——中国边疆假说视野下的长城制度史研究（上、下册）［M］．北京：社会科学文献出版社，2012.
⑩ 郭红．明代都司卫所研究［D］．上海：复旦大学，2001.
⑪ 郭红．靳润成．中国行政区划通史（明代卷）［M］．上海：复旦大学出版社，2007.

涉及郭红《山西行都司建置沿革考实》(2003)[①]对大同都卫、山西行都司以及下辖卫所的地理环境、历史沿革和辖区变迁进行了详细研考;曹锦云的《明代山西都司研究》(2011)[②]探究明代山西都司的历史沿革、卫所设置变迁、军政运行体系和社会管理状况等问题;谢健的硕士论文《明代万全都司研究》(2013)[③]研究明代万全都司的建置沿革、辖区变迁,以及都司与军镇和军屯与军防的互动关系。

军事屯种和经济贸易方面,主要涉及较早的王毓铨编著的《明代的军屯》(2009)[④]以及李龙潜的《明代军屯制度的组织形式》(1982)[⑤],综合论述了明代军屯制度的历史演化、组织建置、管理经营、具体制度以及历史作用,系统地建立了明代军屯相关研究基础;20世纪90年代以来,对于军屯贸易的研究重点偏向于明清更替所引发的军屯贸易向商业化的转变,如余同元的《明后期长城沿线的民族贸易市场》(1995)[⑥]和祁美琴的《明后期清前期长城沿线民族贸易市场的生长及其变化》(2014)[⑦]等。

(二)聚落体系物质本体视角方面

聚落体系的整体性研究方面,主要研究进展涉及:张玉坤教授(天津大学)领导的学术团队,对长城军事防御体系进行了多年系统和完整的理论和实践研究,主要学术成果包括:国家自然科学基金项目《中国北方堡寨聚落研究及其保护利用策划》(2003~2005),通过实地考察与资料整理,理清明长城沿线重要军堡空间分布特征,并完成其与社会文化和自然环境关系的相关研究;国家自然科学基金项目《明长城军事聚落和防御体系基础性研究》(2006~2008)首次从整体上全面揭示明长城军事聚落的布局特点和空间分布规律,指出九边重镇军事防御体系是具有严密层次性、整体性、系统性的完整军事防御体系;李严的博士论文《明长城"九边"重镇军事防御性聚落研究》(2007)[⑧]从明长城军事聚落的时空分布规律、防御性特征、层次与规模、系统内部构成四方面,探讨九边重镇军事聚落的总体空间分布规律;还有基于各镇的详细研究,王琳峰的博士论文《明长城蓟镇军事防御性聚落研究》(2011)[⑨]重点研究九边之一蓟镇的空间分布及变

① 郭红. 山西行都司建置沿革考实[M]//中华文史论丛. 第七十二辑. 上海:上海古籍出版社,2003.
② 曹锦云. 明代山西都司研究[D]. 西安:陕西师范大学,2011.
③ 谢健. 明代万全都司研究[D]. 兰州:西北师范大学,2013.
④ 王毓铨. 明代的军屯[M]. 北京:中华书局,2009.
⑤ 李龙潜. 明代军屯制度的组织形式[J]. 历史教学,1962(12):12-17.
⑥ 余同元. 明后期长城沿线的民族贸易市场[J]. 历史研究,1995(5):55-70.
⑦ 祁美琴. 李立璞. 明后期清前期长城沿线民族贸易市场的生长及其变化[J]. 西域研究,2008(07).
⑧ 李严. 明长城"九边"重镇军事防御性聚落研究[D]. 天津:天津大学,2007.
⑨ 王琳峰. 明长城蓟镇军事防御性聚落研究[D]. 天津:天津大学,2011.

迁规律，并基于GIS对蓟镇聚落进行了基础空间相关性分析；同时还有刘珊珊的博士论文《明长城居庸关防区军事聚落防御性研究》（2011）①、庄和锋的硕士论文《明长城山海关防区防御体系与军事聚落研究》（2011）②，以及解丹的博士论文《金长城军事防御体系及其空间规划布局研究》（2012）③等，均从微观和宏观、局部和整体、内涵到外延等多角度、多层面深入探讨长城军事聚落和防御体系的历史沿革、分布规律、影响因素及其形成机制等问题。何捷（香港大学）的博士论文《GIS-based Cultural Route Heritage Authenticity Analysis and Conservation Support in Cost-surface and Visibility Study Approaches》（2008）④从文化线路研究和保护角度，基于GIS空间分析研究长城聚落与自然环境、道路布局和军事设施的相互关系，并以此成果支持遗产保护规划的决策；汪涛的硕士论文《明代大同镇长城与自然地理环境关系研究》（2010）⑤首次以长城学、建筑学、地理学的学科交叉视角，基于GIS系统分析大同镇长城、城堡以及附属设施在不同自然地理环境条件下，选址和布局的基本特征和一般规律；刘建军等《基于可达域分析的明长城防御体系研究》（2013）⑥以人类感官、体能以及借助工具的能力或行为的可达域角度，初步定性探索长城军事防御体系规划布局、军堡选址、建筑型制等的形成机制；此外，还有大量综合性专著，主要包括王国良著《中国长城沿革考》（1931年版）⑦、罗哲文著《长城》（1988）⑧、艾冲著《明代陕西四镇长城》（1990）⑨、中国军事史编写组《中国军事史第六卷兵垒》（1991）⑩、董耀会著《瓦合集——长城研究文论》（2004）⑪、景爱著《中国长城史》（2006）⑫和《长城》（2008）⑬等论著，从不同范围和角度综合论述了长城军事防御体系相关的内容。

（三）其他研究视角

烽传系统方面，主要涉及尚珩的《火路墩考》（2008）⑭详细探索明代九边宣

① 刘珊珊．明长城居庸关防区军事聚落防御性研究［D］．天津：天津大学，2011.
② 庄和锋．明长城山海关防区防御体系与军事聚落研究［D］．天津：天津大学，2011.
③ 解丹．金长城军事防御体系及其空间规划布局研究［D］．天津：天津大学，2012.
④ HE Jie. GIS-based Cultural Route Heritage Authenticity Analysis and Conservation Support in Cost-surface and Visibility Study Approaches［D］. The Chinese University of Hong Kong, 2008.
⑤ 汪涛．明代大同镇长城与自然地理环境关系研究［D］．南京：东南大学，2010.
⑥ 刘建军，张玉坤，曹迎春．基于可达域分析的明长城防御体系研究［J］．建筑学报，2013（增刊1）：108-111.
⑦ 王国良．中国长城沿革考［M］．北京：商务印书馆，1931.
⑧ 罗哲文．长城［M］．北京：旅游出版社，1988.
⑨ 艾冲．明代陕西四镇长城［M］．西安：陕西师范大学出版社，1990.
⑩ 中国军事史编写组．中国军事史·第六卷·兵垒［M］．北京：解放军出版社，1991.
⑪ 董耀会．瓦合集——长城研究文论［M］．北京：科学出版社，2004.
⑫ 景爱．中国长城史［M］．上海：上海人民出版社，2006.
⑬ 景爱．长城［M］．北京：学苑出版社，2008.
⑭ 尚珩．火路墩考［J］．万里长城，2008（1）：2-30.

大山西三镇火路墩的建筑形制、兵力配备、武器装备、军事管理、烽火信号、传烽路线等问题，并依据考古类型学的相关原理，分期、分区探讨火路墩的时代特征和地域差异；特日格乐《汉长城预警体系研究》(2010)[①]从汉长城预警体系的隶属关系和预警方式等方面论述了预警系统的相关内容；张姗姗的硕士论文《明代蓟镇长城预警系统研究》(2013)[②]主要从蓟镇长城预警设施型制选址、预警人员配置，以及各军镇应援机制角度，探索蓟镇长城预警系统的相关内容；驿传系统方面，包括贾卫娜的《明代急递铺的研究》(2008)[③]，系统论述明代急递铺地理分布、日常运转、铺兵以及铺舍等问题，并归纳出明代急递铺在整个驿传系统中的作用；张俊的《蒙元驿站与信息传播》(2008)[④]则首次从信息职能角度，综合"媒介依从理论"、"议程设置功能"等现代信息传播理论，综合探索了元朝信息系统的信息职能、组织结构、机构管理、影响作用等问题；孙锡芳的《明代陕北地区驿站交通的发展及其对军事、经济的影响》(2010)[⑤]则运用比较法和文献分析法，分析了明代陕北地区驿站交通分布和发展情况，并从军事与经济角度，探讨了两者与交通网的相互关系和互动作用。

(四)宣大山西三镇相关研究

宣大山西三镇明长城军事防御聚落体系是本书核心研究对象和关注重点，相关研究主要包括：李贞娥的硕士论文《长城山西镇段沿线明代城堡建筑研究》(2005)[⑥]，基于大量统计数据，研究军事城堡的选址、城垣建筑、城内设施等的基本特征和规律，并以镇内各级重要城堡证实相关研究成果；王杰瑜的《明代山西北部聚落变迁》(2006)[⑦]，从历史角度，考察山西北部长城沿线军事聚落的形成、发展和变迁，指出山西北部聚落明清时期的发展和繁荣，与明代区域军事聚落建设密切相关；靳林的《明代山西三关地区防卫区划的形成与演变》(2010)[⑧]，基于山西镇东、西部不同的地理特征、战略地位和历史演化等，探索明代区域防卫区划的形成与演变，分析明代不同防卫体制下防区的演变和分化；王力的硕士论文《明长城大同镇军事聚落整体性研究》(2011)[⑨]，从整体角度，研究大同镇军事防御聚落体系的历史演化和空间特点，以时间为线索讨论军事聚落产生、发展、变迁的过程，以空间为依托分析大同防区军事

---

① 特日格乐. 汉长城预警体系研究[J]. 内蒙古大学学报(哲学社会科学版), 2010, 45(5): 118-124.
② 张姗姗. 明代蓟镇长城预警系统研究[D]. 呼和浩特：内蒙古大学，2013.
③ 贾卫娜. 明代急递铺的研究[D]. 西安：陕西师范大学，2008.
④ 张俊. 蒙元驿站与信息传播[D]. 长春：吉林大学，2008.
⑤ 孙锡芳. 明代陕北地区驿站交通的发展及其对军事、经济的影响[J]. 长安大学学报(社会科学版), 2011(4): 27-32.
⑥ 李贞娥. 长城山西镇段沿线明代城堡建筑研究[D]. 北京：清华大学，2005.
⑦ 王杰瑜. 明代山西北部聚落变迁[J]. 中国历史地理论丛, 2006(21): 113-124.
⑧ 靳林. 明代山西三关地区防卫区划的形成与演变[D]. 上海：复旦大学，2010.
⑨ 王力. 明长城大同镇军事聚落整体性研究[D]. 天津：天津大学，2011.

城堡的择址分布、规模尺度、城防布局、建筑特色等内容；赵子彦的硕士论文《明清时期大同地区屯堡的历史变迁研究》（2012）[①]，探讨大同地区屯堡的发展和演变，指出明清时期大同地区屯堡的历史变迁是政治、军事、经济、自然因素共同作用的结果；杨申茂的博士论文《明长城宣府镇军事聚落体系研究》（2013）[②]，研究采用文献分析、田野调查以及现代地理信息技术，系统分析军事战略思想、自然地理环境及军政管理体系等对宣府镇聚落分布的综合影响，并评估了经济、社会因素在军事聚落发展成为近代城镇过程中的重要作用；马静茹的博士论文《明代宣大总督研究》（2013）[③]，从明代总督军管制度视角，研究宣大总督的设置成因、官职等级、管理职能、历史演化等问题；此外，还涉及杨润平《明宣府镇的长城防务》（2000）[④]、王绚《山西传统堡寨聚落研究》（2003）[⑤]、王琳峰《明宣府镇城的建置及其演变》（2010）[⑥]等从不同角度、范围展开的相关研究。上述研究成果为宣大山西三镇明长城军事防御聚落体系更深层次的复杂性、系统性和量化研究奠定了坚实的基础，并为开拓其复杂性科学研究新领域做好了准备。

（五）研究趋势与不足

当前国内外聚落研究以现代城市体系和乡村聚落，以及史前聚落考古和景观聚落考古等相对热门领域为主，并在研究中广泛运用现代复杂科学理论和量化分析方法，推进相关领域复杂性研究的长足发展。而在时间相对较近的古代聚落研究领域，尤其是以明长城军事防御聚落体系为代表的古代特殊类型聚落方面，研究关注度相对较低，且现代复杂科学理论和量化方法的运用显著滞后，成为制约其整体研究水平提升和向当代复杂性研究领域迈进的瓶颈。目前，明长城军事防御聚落体系研究领域存在的主要问题包括：定性研究方法较多，定量研究较少；基于传统人文角度的研究较多，基于当代复杂性科学理论的研究较少；基于孤立历史事实的研究较多，基于历史和地理事实完整时空语义的研究较少；基于物质实体的研究较多，基于非物态的系统关系和组织机制与实体空间分布互动关系的研究较少；描述事实较多，基于地理因素、人类知觉和系统组织关系角度揭示内在形成机制的研究较少；基于基础数据统计分析较多，基于等级规模结构、空间结构、系统网络以及时空演进动力学等更复杂、量化和系统层面的分析较少。

① 赵子彦．明清时期大同地区屯堡的历史变迁研究［D］．北京：中央民族大学，2012.
② 杨申茂．明长城宣府镇军事聚落体系研究［D］．天津：天津大学博士学位论文，2013.
③ 马静茹．明代宣大总督研究［D］．北京：中央民族大学，2013.
④ 杨润平．明宣府镇的长城防务［J］．张家口职业技术学院学报，2000，13（3）：45-48.
⑤ 王绚，黄为隽，侯鑫．山西传统堡寨聚落研究［J］．北京，建筑学报，2003（8）：59-61.
⑥ 王琳峰，张玉坤．明宣府镇城的建置及其演变［J］．史学月刊，2010（11）：51-60.

第二节　研究对象

一、研究对象

选择明代宣大山西三镇长城军事防御聚落体系的宏观系统关系作为研究对象，源于三镇在战略地位、地缘关系、数据共时性等方面具有显著系统性优势。

（一）战略地位重要

宣大山西三镇战略地位于“九边”首屈一指，其时空居中性使之在北疆军事防御中发挥着极其重要的作用并深具代表性。空间方面，三镇防区位于“九边”中部，对外直接面向防御负荷重心，对内则扼守京西北重地，使其成为战略防御的中流砥柱；时间方面，宣大山西三镇相关区域作为全局防御重心的时期漫长，上可追溯至永乐时期（甚至洪武时期），下则达至隆庆（后期防御重心转向蓟、辽两镇），时间贯穿明朝早期至中后期。三镇饱经漫长而严酷的战争洗礼，承载长城军事防御聚落体系（本书研究所指的是严格意义上的）从无到有直至成熟的演化全过程，能相对完整、全面、准确地反映明长城军事防御聚落体系的演化过程和结构形态。

（二）整体性一脉相承

宣大山西三镇所辖区域自古关系甚密。明早期，三镇区域均隶属于山西行都司和山西都司管理，而区域军事防御虽隶属不同藩王统辖，但实质多由燕王综合管控和统筹协调三地整体军务；总兵镇守制度确立后，区域逐渐细化为三大军镇，对应都司亦先后适应性调整。随后，设立巡抚和宣大总督总理三镇整体防务和政务，以应对三镇基于密切地缘关系所形成的系统联动关系，三镇整体性自始至终一脉相承。

（三）研究内容丰富

宣大山西三镇地区长城军事防御聚落体系相关研究要素丰富多样，可为充分揭示聚落体系复杂系统关系提供充足、全面的素材，完整反映长城军事防御聚落体系的全貌。长城方面，三镇涉及外长城和内长城，难能可贵的是山西镇兼管内、外长城，两种防御形态和演化过程各有不同；聚落防御模式方面，大同镇和宣府镇呈现相对一致且极具代表性的“标准”防御模式，而山西镇则相对特殊，既延续“标准”防御模式，又基于辖区外“三关”的重要作用，而呈现独特的防御形态和演化过程。

（四）地理环境多样

宣大山西三镇区域地形地貌既具连续性又相对独立。在宏观尺度上，三镇基于山脉走势和连续盆地形成密切关联的地理整体；同时根据各镇尺度独特地理特征又形成相对完整的中观地理单元；而微观层面，各镇地理环境则更加丰富多样，涉及宣府地区大马群山高大宽阔的大尺度山峦沟谷，大同北部相对平缓的戈壁和平地，山西西部黄土高原小尺度的纵横沟壑，山西镇中、东部的恒山长谷，以及三镇腹内的连绵盆地。由此，相关研究既可揭示三镇连续性关系，又可呈现各镇共性特征，亦能表现区域个性，从而全面反映军事防御聚落体系与地理环境的系统关系。

（五）历史资料丰富

三镇相关历史信息质量甚好，为开展多层次、多角度以及计量研究提供了坚实基础。从涉及九边全线宏观尺度的《九边图说》①、《九边图论》②和《皇明九边考》③等的概述，到《宣大山西三镇图说》④（简称《宣大图说》）、《四镇三关志》⑤、《两镇志》⑥等中观尺度的区域论述，以及《三云筹俎考》⑦、《宣镇府志》⑧等各镇微观尺度的详细描述，各种史料文献非常丰富，形成多维、丰满、系统的信息结构和证据链。最难能可贵的是《宣大图说》兼具较显著的共时性和细致性。共时性将宣大山西三镇的详细情况基本呈现于同一时空背景下，极大提高三镇整体系统关系研究的准确性，利于深入挖掘信息蕴含的科学内涵；而通常九边宏观尺度史料细致性差，各镇或地方志等微观史料又不具共时性，时空错位情况下难于获得准确的系统关系信息。《宣大图说》的记载内容非常详细丰富，为计量研究提供了坚实的数据基础。

二、研究对象定义

（一）研究对象定义

本书以宣大山西三镇的长城军事防御聚落体系为研究对象，主要研究内容为三镇长城军事防御聚落体系的宏观系统关系。长城军事防御聚落体系是由军事防御聚落体系、长城以及相关附属设施构成的整体系统，具体定义及界定如下：

本书主要研究的物质对象为宣大山西三镇长城军事防御聚落体系的核心构成

---

① 明兵部．九边图说［M］．玄览堂丛书初集影印明隆庆三年刊本．台北：正中书局，1981.
②（明）许论．九边图论，嘉靖十七年谢少南刻本，藏国家图书馆．
③（明）魏焕编．皇明九边考．嘉靖刻本．“长城文化网”．
④（明）杨时宁撰．宣大山西三镇图说．“长城文化网”．
⑤ 刘效祖．四镇三关志（明万历四年刻本），长城文化网制作．
⑥（明）尹耕，两镇三关志，卷九，藏中国国家图书馆．
⑦ 王士琦，三云筹俎考，台北广文书局，1963.
⑧（清）孙士芳．宣府镇志［M］．嘉靖四十年刊本．台北：成文出版社，1970.

要素——军事防御聚落体系和长城，其中军事防御聚落体系为研究主体，长城则作为整个系统的要素出现，即将其视为宏观的线性整体纳入研究范围，而长城本体相关的细节和微观内容不做研究。因此，本书所述的严格意义的“长城军事防御聚落体系”是指：长城介入军事防御聚落体系并与其交互作用和融合之后，形成的长城军事防御聚落体系，两者已耦合成为系统整体并具有了全新的系统性功能。“长城军事防御聚落体系”定义严格区别且含义远小于“军事防御聚落体系”，因历史上众多类型的军事防御聚落体系与长城无关；同时，严格区分于“明长城相关的军事防御体系”，广义上看，即使明早期长城与军事防御聚落系统（都司卫所制为主时）各自相对独立发挥作用的时期，两者之间也具有一定相关性，可称之为广义相关性，但远远简单和弱于“长城军事防御聚落体系”中两者严格、复杂的系统关系。直到中后期，两者才逐渐深度耦合为系统整体，因此“长城军事防御聚落体系”是具有严格定义的词语。

本书核心研究内容为宣大山西三镇长城军事防御聚落体系的宏观系统关系，主要涉及三镇长城军事防御聚落体系的宏观核心子系统——交通系统、烽传系统、驿传系统、聚落等级规模结构体系，以及驻军等级规模结构体系——自身及各子系统之间的宏观系统关系。由于聚落系统具有严格和复杂的层次，在不同尺度和等级层次上均具有复杂的系统关系，本书研究范围主要以宏观尺度为主，鉴于宏观功能是微观尺度功能系统累计作用的结果，因此在部分章节涉及微观内容，但并不做深入研究，仅以获得其宏观功能意义为准确定深度；同时，研究过程中，大量数据基于宏观统计获得，并最终抽象出描述性理论模型，因此研究成果在统计层面和共性层面具有意义。若从微观层面考察，需要依据实际条件具体演绎；此外，本书不研究聚落体系单体堡寨要素的细节，仅考察聚落体系的宏观系统关系。

明长城军事防御聚落体系宏观系统关系研究，涉及广义明长城军事防御聚落系统，其意义为边疆地区各军镇所辖空间范围内与军事防御活动直接和间接相关的所有聚落，包括明确的长城军事防御聚落体系包含的聚落以及广泛的普通民属聚落。从宏观层面来看，边疆区域特殊军管型区政条件下，军镇辖域整个聚落系统均参与广义的系统性防御。本书以“明长城军事防御聚落体系”作为相对完整、闭合、自洽的系统研究对象，而广义军事防御聚落系统则与外部地理环境类似，可视为其更宏观的外部环境。根据系统理论观点，基于广义军事防御聚落系统（环境）的宏观背景，才能更系统、更完整地描述和刻画“明长城军事防御聚落体系”（要素和结构）的系统关系。

（二）研究对象界定

1．研究对象的时间界定

基于完整时空观的时态语义，长城军事防御聚落体系的时间界定涉及“时间段”（intervals）和“时间点”（instants）两种时态语境①。“时间段”包括时间范围较长，涵盖明朝成立之初直至严格意义的“长城军事防御聚落体系”成熟之时的漫长演变过程。在此语境下，系统揭示长城军事防御聚落体系的时空演化过程，并为下一步详细、精确刻画其成熟时相对静态的复杂系统关系和空间结构，建立宏观背景和基本框架；“时间点”则以严格意义的“长城军事防御聚落体系”成熟的时刻为节点。实际上成熟时刻同样表现为“一段”时间，且三镇成熟期亦有时间差，但相对整个聚落体系宏观演化过程来看时间甚短，可将其视为静态的——“时间点”。基于“时间点”相对静态的语境，可以明确、精准、系统地刻画成熟聚落体系的空间分布、交通系统、驿传系统、规模结构和空间结构的系统关系。

2. 空间范围界定

三镇地理范围涉及狭义和广义范围，狭义为文章主要研究范围，广义范围则涉及聚落体系早期演化相关区域，作为研究的宏观背景。三镇狭义地理范围为宣府、大同和山西长城以内，三镇军事防御聚落体系所管控的范围。具体地理范围大致为：宣府镇北部外线长城以内，东至独石口—龙门所—四海治一线，南至南山路防区及昌镇部分辖区以北，西接大同镇辖区；大同镇北部外线长城以内，东接宣府镇辖区，南接山西镇中、东部辖区以及真保镇部分辖区以西，其西部、西南部、南部接山西镇范围；山西镇则为西北部外长城和内长城以南，东止于真保镇，西至黄河东岸，南部大约涉及太原乃至汾州部分地区；广义上三镇的地理范围指三镇演化过程中所涉及的范围，包括三镇以外的广大地理范围，约为北部阴山山脉和南部太行山—燕山一线山脉——两条重要地理分界带所夹持之地的中、东部区域，这些区域与其狭义地理范围存在直接或间接的系统关系，基于宏观范围讨论军事防御聚落体系的演化和布局将更加清晰、明确。上述时空范围具有明确的连续性和对应性，狭义地理范围与成熟阶段的“时间点”对应，广义空间范围则对应成熟之前漫长的演化阶段。

第三节 研究理论和方法

一、研究理论

（一）分形理论

分形理论（Fractal Theory）是由美国数学家B.B. Mandelbrot（1975）提出的集系统思想与分形几何于一体的自组织科学，用以描述表象虽支离破碎，却在不

① 刘大有，胡鹤. 时空推理研究进展［J］. 软件学报，2004，15（8）：1141-1149.

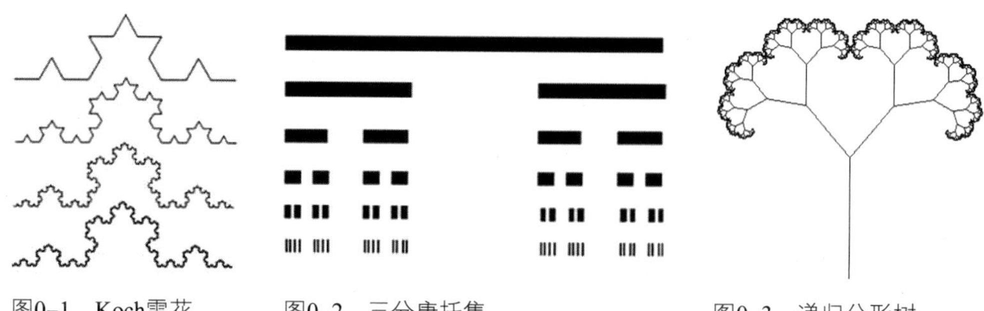

图0-1 Koch雪花　　图0-2 三分康托集　　图0-3 递归分形树

同尺度下自相似的复杂形体，进而从形态、结构及时序等角度深入解析分形体的自组织演化规律[①,②]。通常这些形体在传统欧几里得几何体系中很难描述。分形是指在多种尺度下，具有严格的、近似的或基于统计意义的自相似性精细结构（理论上，甚至具有无穷的层次）[③]。分形维数大于相应拓扑维数，且以分数形式呈现。由于分形几何能够有效定量刻画复杂系统的特征，被广泛应用于人文地理、城市规划、地震学、地理学等领域非线性复杂问题的描述、分析和研究[④]。经典的分形模型有Koch雪花、三分康托集、递归分形树等（图0-1~图0-3），这些图式与长城军事防御聚落体系的管理结构和空间分布等特征在理论上非常相似，由此激发了最初的理论猜想——长城军事防御聚落体系是分形的，随后展开基于分形理论的数理和几何逻辑的探索，并最终证明长城军事防御聚落体系的分形结构。

（二）系统理论

1932年，生物学家贝塔朗菲（L.Von.Bertalanffy）最早提出系统理论，随后逐渐丰富并发展为研究自然和社会复杂性科学的核心理论[⑤]。系统为由特定结构组织的具有某项功能的多要素整体[⑥]。系统理论则是研究系统的模式、结构和规律的科学，即研究系统中要素与要素、要素与系统、系统与环境相互关系、动态变化以及作用机制。系统理论认为系统是整体存在的内、外部联系并复杂作用的动态结构，具有整体性、相关性、动态性、自组织性、等级结构性、时序性和开放性等特征，其中整体性、动态性和关联性是其最基本特征[⑦]。整体性指出系统

① 曹迎春，张玉坤. 基于分形理论的城市天际线量化分析［J］. 城市问题，2013（12）：32-36.
② B. B. Mandelbrot. The Fractal Geometry of Nature［M］. San Francisco: Freeman, 1982: 1-460.
③ 曹迎春，张玉坤. 基于分形理论的城市天际线量化分析［J］. 城市问题，2013（12）：32-36.
④ 曹迎春，张玉坤. 基于分形理论的城市天际线量化分析［J］. 城市问题，2013（12）：32-36.
⑤ 魏宏森. 系统论［M］. 北京：世界图书出版公司，2009.
⑥ 魏宏森. 系统论［M］. 北京：世界图书出版公司，2009.
⑦ 顾新华，顾朝林，陈岩. 简述“新三论”与“老三论”的关系［J］. 经济理论与经济管理，1987（2）：71-74.

是要素有机结合的整体性存在，整体性优先于局部要素，且整体功能大于各部分功能之和，系统的整体性功能由元素、结构和环境三者共同决定；动态性指出系统是基于要素、系统和环境之间的物质、能量和信息的流动，形成动态平衡的自组织过程，通过对系统的动态演化过程及其动力学机制的研究才能真正了解系统的属性和规律；关联性则表明系统的结构是系统内要素与要素、要素与系统、系统与环境之间相互联系和作用的产物，而系统结构是系统功能的基础，结构的变化将导致系统功能的改变。本书基于系统理论观点，探索明长城军事防御聚落体系及其子系统之间的整体性、动态性和关联性等规律。

（三）完整时空观

“时间和空间是事物存在的基本形式”[①]，时间和空间统一是现实世界最基本、最重要的属性，人文地理所属现象无疑都是对象相关要素时空相互作用的结果。地理学在时空统一性研究方面成果斐然，很早就涉足地学对象时空属性的研究[②]，随后开创性提出地理学第一定律，今天更发展为以GIS为基础的时态地理信息系统——建立面向对象和过程的、基于完整时空语义、符合人类逻辑思维的时空数据模型[③]，更高效、精确和准确揭示人文地理现象的动态演化和内在规律。地理学研究对象的三个基本特征为时间、空间和专题（或对象），其中时间刻画地学对象的时间特征及其相关性，空间刻画空间特征及其相关性，专题则描述具体研究对象的独特属性[④]，以此全面反映地学对象的状态和演变过程。人文地理现象的空间与时间交织成复杂的时空关系，只有基于完整时空语义，才能真实刻画现象的系统演化过程，最大限度还原历史真实性，并揭示其演化动力学机制。本书以完整时空观为视角，基于时空连续性探索聚落体系的动态演化过程；基于时空的片段性，研究聚落系统成熟时期某一相对稳定、静态阶段的系统关系，在动态过程和静态定格中完整呈现长城军事防御聚落体系的宏观系统关系。

二、研究方法

本书综合运用数学、统计学、地理学、系统学，以及GIS相关的空间地理信息分析等多种量化研究方法，为保证研究方法论述的层次性和连贯性，论述分为

① 牛文元．理论地理学［M］．北京：商务印书馆，1992：2-3.
② Sharolyn Anderson. Design and implementation of a spatio-temporal interpolation model［M］. Tucson: Ari-zona State University, 2002.
③ 姜晓轶，周云轩．从空间到时间——时空数据模型研究［J］．吉林大学学报（地球科学版），2006，36（3）：480-485.
④ 姜晓轶，周云轩．从空间到时间——时空数据模型研究［J］．吉林大学学报（地球科学版），2006，36（3）：480-485.

两个层次：本节为研究相关的主要和核心方法的类型概述，以说明研究方法的基本类型和范围框架；而具体的研究方法、适用范围和详细操作将在相应章节详述，以此保证研究的逻辑连贯性。

（一）分形理论相关的研究方法

分形理论相关方法是本书长城军事防御聚落体系复杂性研究的核心方法，主要包括军事防御聚落体系交通网络研究相关的计盒维数（Minkowski）、长度—半径维数，以及乳牛距离和乌鸦距离涉及的空间关联维数等，用于分析聚落交通网络的分形特征、结构形态和发育程度；军事防御聚落体系等级规模结构和驻军等级规模结构等研究采用的Zipf法则、规模—位序理论、城市指数和异速生长理论等，用于分析军事防御聚落体系相关等级规模结构的分布特征和发育状态；军事防御聚落体系空间结构则采用聚集维数和关联维数等，以探索其空间分布形态和动力演化成因；同时，基于分形几何方法构建了三镇长城军事防御聚落体系的描述性理论模型。

（二）数学分析和建模方法

研究运用分形理论、统计学、地理学和概率学等理论相关的多种数学分析方法和工具。以此精确量化分析长城军事防御聚落体系各子系统及系统整体的内在数理逻辑关系，并建立其描述性理论模型，以数学公式和几何结构精确刻画，不同层次、维度、尺度下，军事防御聚落体系的系统关系和空间结构。

（三）GIS相关分析方法

研究除了运用GIS常规的坡度、密度、高程以及视线分析等基本地理信息分析功能，首次采用GIS与数学算法综合的分析方法，精确、全面、深刻地揭示军事防御聚落体系的系统关系和功能机制。主要涉及基于Voronoi图的变异系数（CV）和最邻近点指数、中心趋势度、基于克里格插值的表面特征分析、三维时空坐标系及时空切片、表面成本分析和最短路径计算等，用于分析三镇军事防御聚落体系的空间分布特征、时空演化过程、交通网络复原等。

（四）实地实验和文献综合分析方法

研究首次采用实地实验方法，测试烽传系统相关的人类知觉（视觉、听觉）的可达域，以此获得直接、可靠的一手资料，为防御体系的量化研究建立坚实、科学的基础；文献综合分析则在传统定性分析方法的基础上，结合完整时空语境分析、统计分析和时序分析等定量或相对定量方法，挖掘文献隐含的计量规律，同时剔除文献记载的误差和错误，提高史料分析的综合性、准确性和可靠性，为深入的量化研究建立基础。

第四节 研究资料及数据

一、研究资料

（一）历史文献

明长城“九边”所涉及的研究资料内容、类型、体例众多，本书将民国之前的资料统称为历史文献，涉及正史典籍、图说地图、个人文集和地方志书，是长城军事防御聚落体系研究的核心资料。正史典籍以《明实录》①、《大明会典》②、《明史》③等为主，内容包括明代国体政法、边防政策、军事制度、机构设置、官体职责、经济财政、人物传记等史料，内容全面详实、沿革逻辑有序、信息权威可信，是研究的重要参考框架和指导方向；图说地图方面，主要包括《九边图说》④、《九边图论》⑤、《宣大山西三镇图说》⑥、《三云筹俎考》⑦、《皇明九边考》⑧等，是明人针对北方边疆战患，编绘的长城军事边防图绘，以探讨应对之策。集著采取图文并茂体例，所绘图集涉及大量地理形胜记载和边防地图，对研究长城军事防御聚落体系的空间布局具有很高价值；个人文集主要包括《读史方舆纪要》⑨、《皇明经济文录》⑩、《巡边总论》⑪等，是基于个人角度编纂的一家之言，以记载或探讨九边涉及地理形胜、军防局势、边政方略、军事战术、练兵纪要等内容，为相关研究提供了丰富、细致的辅助和佐证；而地方志书方面，以《宣府镇志》⑫、《山西通志》⑬、《太原府志》⑭、《天镇县志》⑮、《河北省志·长城志》⑯、《赤城县志》⑰等资料为主，记述了相应地区地理形胜、历史沿革、军事防御、民俗文化、经济贸易等大量微观信息，对相关的细节研究具有重要意义。

---

① 中央研究院历史语言研究所. 明实录［M］. 上海：上海书店，1982.
②（明）张居正. 大明会典［M］. 中国国家图书馆微缩制品.
③（清）张廷玉. 明史［M］. 北京：中华书局，1974.
④ 明兵部. 九边图说［M］. 玄览堂丛书初集影印明隆庆三年刊本. 台北：正中书局，1981.
⑤（明）许论. 九边图论，嘉靖十七年谢少南刻本，藏国家图书馆.
⑥（明）杨时宁. 宣大山西三镇图说［M］. 长城文化网制作.
⑦ 王士琦. 三云筹俎考［M］. 台北：广文书局，1963.
⑧（明）魏焕. 皇明九边考［M］. 嘉靖刻本. 长城文化网制作.
⑨ 陆岩司，程秀龙，吕福利. 读史方舆纪要选译［M］. 太原：山西人民出版社，1978.
⑩（明）万表. 皇明经济文录·41卷［M］. 北京：全国图书馆文献缩微复制中心，1994：1554.
⑪（明）魏焕. 巡边总论［M］. 四库禁毁书丛刊. 北京：北京出版社，1998.
⑫（清）孙士芳. 宣府镇志［M］. 嘉靖四十年刊本. 台北：成文出版社，1970.
⑬ 山西通志. 台湾商务印书馆影印《文渊阁四库全书》. 卷8.
⑭（万历）太原府志·卷19·武备屯田［M］. 太原：山西人民出版社，1905.
⑮（清）洪汝霖，杨笃. 天镇县志［M］. 光绪六年修. 民国二十四年重刊排印本.
⑯ 河北省地方志编纂委员会. 河北省志·第81卷·长城志［M］. 北京：文物出版社，2011.
⑰（清）孟思谊，黄少七. 赤城县志·卷二·建置志［M］. 清乾隆二十四年本. 赤城县档案史志局，1996.

（二）现代成果

现代研究成果主要涉及图书集著、学术论文、文物地图以及资源调查报告等，是研究的重要参考资料。图书集著涉及《长城》[①]、《中国军事史第六卷·兵垒》[②]、《中国行政区划通史》[③]、《中国历史大辞典（明史卷）》[④]等，包括与北疆长城相关的军事防御系统地理分布、历史沿革、行政区划、防御设施等，不同角度和层面的综合与专题研究内容；学术论文包括期刊论文和学位论文，包括《明长城“九边”重镇军事防御性聚落研究》[⑤]、《明代大同镇长城与自然地理环境关系研究》[⑥]、《明代九边军镇体制研究》[⑦]等，研究基于不同角度和范围，探索长城军事防御体系的军镇体制、聚落空间分布、历史演化以及形成机制等方面的内容；文物地图则包括《中国文物地图集·山西分册》[⑧]、《中国文物地图集·河北分册》[⑨]、《中国历史地图集（第七册：元明时期）》[⑩]等，资料提供大量系统、权威的文物遗址历史和地理信息；此外，还参考最新一次的明长城资源调查（2006—2009）相关的报告、图书、影像和图集等成果。

（三）实地考察和测绘资料

实地考察和测绘资料是本研究的重要资料，主要来源有三：其一，通过对宣大山西三镇涉及区域的多次亲自考察、采访和测绘，获得大量现场图像、测绘数据、口述材料以及地理信息数据等资料；其二，所在研究课题组自2003年连续10多年，对长城军事防御聚落涉及的北方9省，进行上百余次的实地考察，获得了低空遥感测绘和航拍，以及人员测绘、照相和采访等大量资料，为本次研究奠定了扎实、完善的资料和数据基础；其三，长城沿线各地文物局、考古所、博物馆等部门，基于与项目组长期合作建立的良好协作关系，也给予本次研究相关的实地调研和资料数据等方面的大力支持和帮助。

二、研究数据

基于历史文献、现代成果以及实地考察和测绘资料，建立“宣大山西三镇明长城军事防御聚落体系地理信息数据库（3.1）”（图0-4）。数据库内容包括宣大

① 罗哲文．长城［M］．北京：旅游出版社，1988.
② 中国军事史编写组．中国军事史·第六卷·兵垒［M］．北京：解放军出版社，1991.
③ 郭红，靳润成．中国行政区划通史·明代卷［M］．上海：复旦大学出版社，2007.
④ 中国历史大辞典编纂委员会．中国历史大辞典·明史卷［M］．上海：上海辞书出版社，1995.
⑤ 李严．明长城“九边”重镇军事防御性聚落研究［D］．天津：天津大学，2007.
⑥ 汪涛．明代大同镇长城与自然地理环境关系研究［D］．南京：东南大学，2010.
⑦ 赵现海．明代九边军镇体制研究［D］．长春：东北师范大学，2005.
⑧ 国家文物局．中国文物地图集·山西分册［M］．北京：中国地图出版社，2006.
⑨ 国家文物局．中国文物地图集·河北分册［M］．北京：文物出版社，2013.
⑩ 中国历史地图集编辑组．中国历史地图集·第七册·元明时期［M］．上海：中华地图学社，1974.

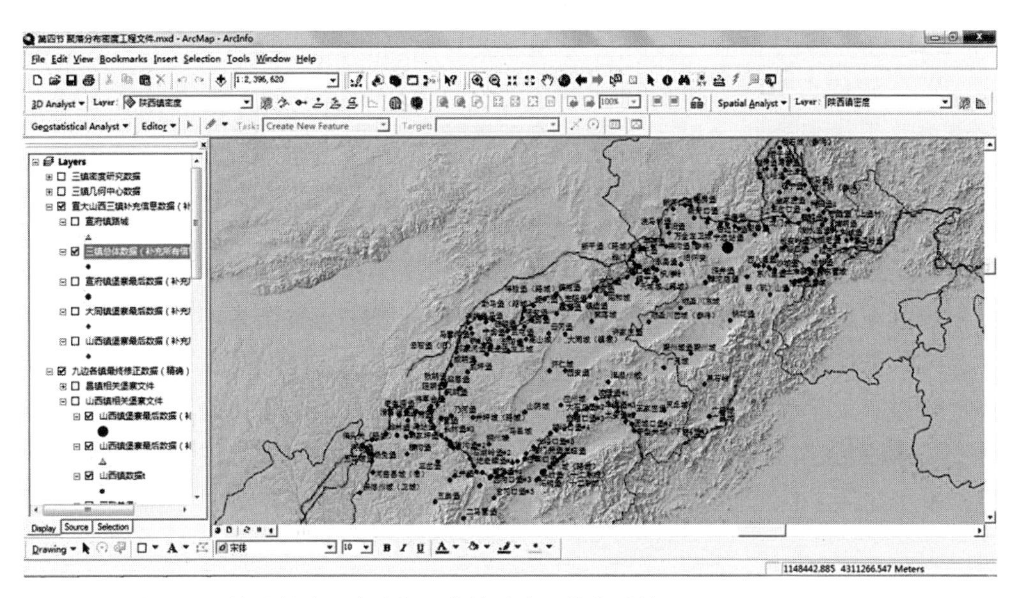

图0–4　宣大山西三镇明长城军事防御聚落体系地理信息系统

山西三镇长城军事防御聚落地理信息数据和聚落相应的尺寸、面积、等级、驻军、建造年代等属性数据（详见附录一、二、三），长城地理信息数据，以及区域地形地貌、河流等地理环境信息数据。其中宣大山西三镇长城军事防御聚落体系地理信息数据，主要根据实地测绘数据（GPS）和地方文物管理及研究部门提供的测绘数据（GPS），个别数据（难以测量）辅助参考现代相关研究成果及Google Earth平台；长城地理信息数据根据地方文物管理和研究部门提供的资料绘制；地理环境信息的数字高程模型DEM（Digital Elevation Model）来源于中国遥感与地球数字研究所的数据共享资源[①]；1：400万河流（一至五级河流）、行政区划（省级至县级）、各级城市居住点等数据来源于中国国家基础地理信息中心提供的共享资料[②]。

第五节　研究的核心内容

本书以非线性复杂科学所属的分形理论，以及时间和空间完整统一的时空观为主要视角，综合运用数学、统计学、地理学、系统学，以及GIS相关的空间地理信息分析等量化研究方法，多维度、多层面、多尺度揭示明长城军事防御聚落体系的复杂系统关系、运行机制以及动力演化过程。研究过程中发现多个有趣的人文现象和值得深入关注的科学规律，依照其在书中的出现顺序论述如下：

① http://www.ceode.cas.cn/sjyhfw/.
② http://www.ngcc.cn/article//sjcg/dem/.

（1）基于聚落体系三维坐标系和时空切片所构建的完整时空语境，以地理学第一定律为理论基础，结合宏观历史情境、地理形胜、军事制度等因素的演变，系统解读宣大山西三镇长城军事防御聚落体系的时空演化过程和基本规律。

（2）基于历史资料和GIS的表面成本分析功能，系统复原宣大山西三镇长城军事防御聚落体系的交通网络并检验其可行性；统计分析复原三镇交通网络的系统关系，以此建立其理论结构框架；提出三镇交通网络是明确的分形结构体，并基于分形理论解析三镇交通网络的分形特征、结构形态和发育程度等复杂性问题。

（3）以系统性视角，探讨长城军事防御聚落体系信息系统的系统关系及价值。基于统计学、地理学等量化方法，研究烽传系统和驿传系统的空间布局；基于可达域的概念，采用实地实验的方法测试视觉和听觉感知情况与距离变化的关系，探讨烽燧间距布置的科学规律。

（4）以非线性复杂科学所属的分形理论为视角，明确指出宣大山西三镇长城军事防御聚落体系是具有分形结构的复杂系统，并系统揭示其聚落等级规模结构和空间结构的分形属性，精确刻画各聚落体系相应的聚落等级规模的系统结构关系和分布状况、驻军规模结构分布的集中和分散程度、聚落体系发育演化的程度等复杂系统关系；初步论述军事防御聚落体系在聚落系统本身自组织作用和线性长城双重作用下的宏观动力演化机制。精确提出并严格界定“长城军事防御聚落体系”正式形成的标准及时间，并定量描述聚落体系与线性长城耦合的系统关系，是本书的核心内容之一。

（5）探索性建立长城军事防御聚落体系的描述性量化理论模型，基于模型初步论述其宏观分形结构特征和协同工作机制，指出聚落体系通过分形的自相似组织结构，形成了点式聚落体系与线性长城系统耦合的长城军事防御聚落体系，建构了由常规值守的匀质驻军分布模式向应激状态的非匀质局部汇集模式快速转换的聚落结构，平衡了有限军事资源和庞大防御范围资源配置的矛盾，实现了有限的军事防御聚落与广泛民属聚落的多层次融合，是本书的核心内容之二；从宏观系统关系角度，论证军事防御聚落体系的主体性、长城的系统性价值以及两者的系统关系；以混动理论为视角，探索性提出系统遭遇攻击初期，长城军事防御聚落体系有效地协同工作，防御行为呈现良好的有序性；但随着蒙军广泛进入腹内，作战相关局部区域的长城军事防御聚落体系的严格系统关系逐渐失效，防御活动转为以军队运动战和聚落本体防御与支援战为主，随机性和偶然性显著上升的混沌状态。

第六节 章节框架

本书以“宣大山西三镇长城军事防御聚落体系的宏观系统关系”为核心，基于时空演化和空间分布考察三镇聚落体系的基本情况；随后，从交通系统、信息系统、等级规模结构系统和空间结构等不同层面深入解析其系统关系，逐步呈现出聚落体系宏观系统关系的整体形态；最后，基于前期研究成果的归纳和抽象，建立长城军事防御聚落体系描述性量化理论模型。全书共六章，简述如下：

绪论。内容包括相关领域研究综述、对象选择和界定、研究采用的理论和方法及研究素材和数据、研究的核心内容以及研究结构框架。

第一章：三镇长城军事防御聚落体系的时空演进研究。内容包括军事防御聚落演化涉及的地理环境、历史沿革、军事制度、战争演变以及长城变迁等相关背景；宣大山西三镇长城军事防御聚落体系的时空演化过程。

第二章：三镇长城军事防御聚落体系的空间分布研究。内容包括军事防御聚落空间分布的基本情况、聚落密度分布、聚落空间聚集度、聚落相关要素空间分布、聚落中心趋势空间分布等。

第三章：三镇长城军事防御聚落体系的交通系统研究。内容包括长城军事防御聚落体系交通网络复原和检验、交通网络的基本和综合系统关系研究、交通网络的理论结构框架建构，以及交通网络空间结构复杂性研究。

第四章：三镇长城军事防御聚落体系的信息系统研究。内容包括烽传系统的系统性作用和价值、空间宏观和微观分布以及与相关要素的关系；驿传系统系统性作用和价值、空间分布以及与相关要素的关系；驿传系统和烽传系统两者的系统关系。

第五章：三镇长城军事防御聚落体系的等级规模结构和空间结构研究。内容包括聚落体系的等级规模结构、驻军的等级规模结构以及等级体系的宏观结构研究；聚落体系的空间结构研究；聚落体系等级规模结构与空间结构的系统关系。

第六章：探索性建立三镇长城军事防御聚落体系描述性量化理论模型。根据理论模型，初步论述长城军事防御聚落体系的基本特征、结构形态和协同模式。从宏观系统关系角度，初步探索军事防御聚落体系的主体性、长城的系统性价值，以及军事防御聚落体系与长城的系统关系和协同防御机制。

整体思路和结构框架如图0-5。

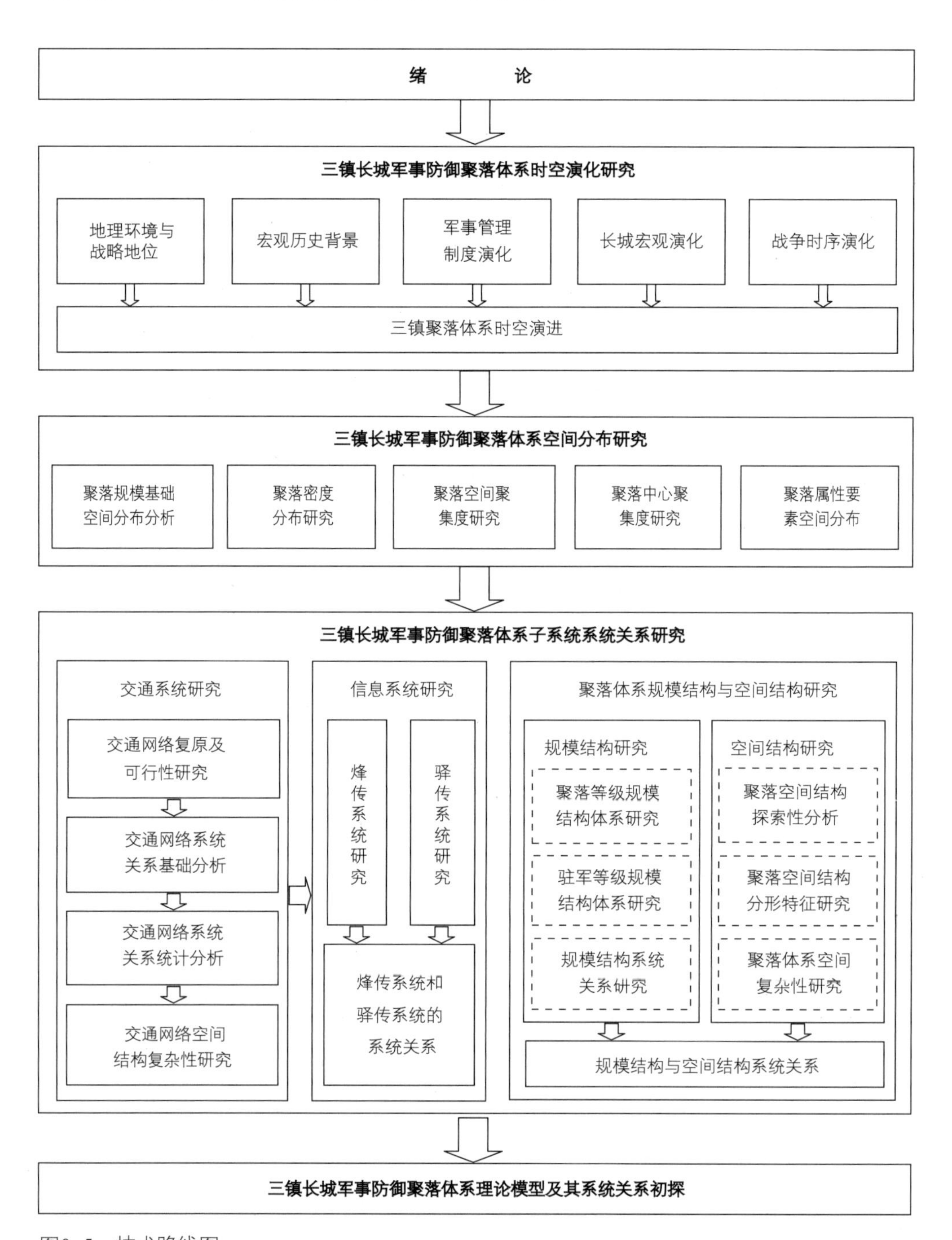
绪 论
三镇长城军事防御聚落体系时空演化研究
地理环境与战略地位
宏观历史背景
军事管理制度演化
长城宏观演化
战争时序演化
三镇聚落体系时空演进
三镇长城军事防御聚落体系空间分布研究
聚落规模基础空间分布分析
聚落密度分布研究
聚落空间聚集度研究
聚落中心聚集度研究
聚落属性要素空间分布
三镇长城军事防御聚落体系子系统系统关系研究
交通系统研究
交通网络复原及可行性研究
交通网络系统关系基础分析
交通网络系统关系统计分析
交通网络空间结构复杂性研究
信息系统研究
烽传系统研究
驿传系统研究
烽传系统和驿传系统的系统关系
聚落体系规模结构与空间结构研究
规模结构研究
聚落等级规模结构体系研究
驻军等级规模结构体系研究
规模结构系统关系研究
空间结构研究
聚落空间结构探索性分析
聚落空间结构分形特征研究
聚落体系空间复杂性研究
规模结构与空间结构系统关系
三镇长城军事防御聚落体系理论模型及其系统关系初探

图0–5 技术路线图

第一章　三镇长城军事防御聚落体系时空演化研究

明长城军事防御聚落体系演化是复杂时空因素综合作用的结果，主要涉及明朝宏观的历史沿革和军事制度演变、北疆地理环境和地缘关系、三镇防区的战争时序演化和长城的弛废变迁等。本书基于完整时空语义，采用三维时空坐标系和时空切片相结合的方法，综合历史沿革、制度更迭、地理环境、战争演变以及长城变迁等因素，完整刻画宣大山西三镇长城军事防御聚落体系的时空演化过程，探索其相对微观和精确的系统演化关系，为后续聚落体系的复杂性研究建立基础。

第一节　军事防御聚落演化的相关背景

一、地理环境及战略形势

明朝疆域一度涉及中国北方广大地区，并以区域地理环境为依据建构其疆界和防御体系。从宏观角度看，核心依据有二：其一，北部阴山山脉和南部太行山—燕山一线山脉所形成的两条重要地理分界带。北部阴山山脉是我国北部东西走向的重要山脉之一，位于内蒙古自治区和河北省北部。东起河北西北部滦河上游谷地，经坝上高原大马群山，至内蒙古高原中部灰腾梁山、大青山、色尔腾山、乌拉山、狼山，西止于阿拉善高原[①]。阴山山脉是北方重要地理分界线，也是荒漠草原与草原气候交界地带，亦是农耕区与游牧区的天然分界线，以北荒漠草原气候不宜种植，以南则是亦农亦牧的混合地带[②]；其二，南部太行山脉和燕山山脉一线则构成另一重要分界带。太行山位于河北西部与山西省东部接壤区域，大致南北走向。燕山山脉则位于华北平原北部，东西走向。二者联袂形成中国地势第二阶梯与第三阶梯的分界及其过渡地带，亦是华北平原与西北部黄土高原和北部燕山山脉及其向北延续山地的交界地带。区域以北气候为温带气候向草原气候的过渡地带，具有农牧兼具交错的经济形态，交界带以南则完全进入温带大陆性气候和适宜农种的平原区域[③]。阴山山脉与太行—燕山山脉两分界带所夹持的广大区域（图1-1），地势地形变化多样、气候类型复杂、农牧形态兼而有之。区域由黄土高原及其向平原的过渡地带组成，发育形成多级阶地，并广泛存在断陷盆山和流水侵蚀形成的宽阔沟谷、河床，由此构成山体、盆地、草原和河流等交错的复杂地形地貌[④]。

---

① 刘秀荣，唐建军．中国地图集［M］．北京：中国地图出版社，2004.
② 赵现海．明代九边长城军镇史——中国边疆假说视野下的长城制度史研究（上、下册）［M］．北京：社会科学文献出版社，2012.
③ 刘秀荣，唐建军．中国地图集［M］．北京：中国地图出版社，2004.
④ 吕拉昌，李文翎．中国地理［M］．北京：科学出版社，2012.

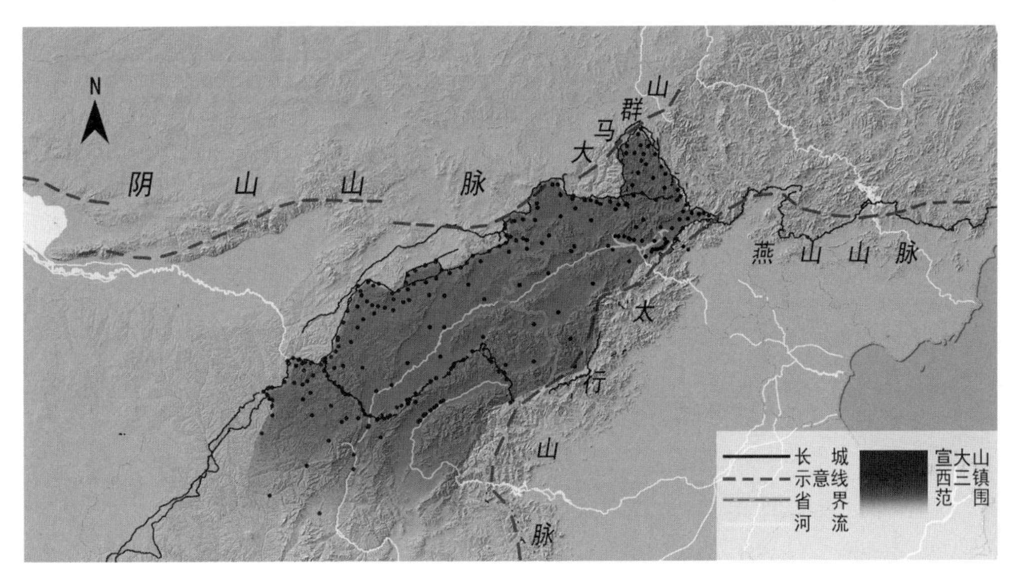

图1-1 宣大山西三镇地区宏观地理分布图

过渡地带独特的地理环境，除了在战略和战术层面为军事活动提供天然地理依托外，更为重要的是其农牧兼具的复杂经济形态——既可屯种生产，亦可养马训练——为居于其上的政权提供政治、经济、生产的重要支撑，任何一种文明形态的政权占据此过渡区，均会以此为基础图谋更大的发展。历代政权均在此区域重点布防长城，足见其重要战略地位①。明朝不同时期的边疆战略思想和防御模式均与对此区域的掌控程度息息相关，并最终促成长城军事防御聚落体系的形成，长城九边防区大部分处于此交界区域。明朝早期一度将边疆拓展至阴山以南广大区域，基于其时强大军事力量，制定以攻为守的积极防御政策，并相应建立松散、开放的聚落防御体系，采用农牧并举的经济模式，较好地配合和支撑了其时的军事活动②；随着明朝的衰退和蒙古军势的强盛，明蒙交织拉锯、共同占据过渡地区，蒙军以此为战略和物资支撑，进一步壮大力量；而伴随过渡区域的大部分失守，支撑进攻的物质和资源难以为继，明朝逐渐南退收缩疆域，随即确立全面防守的战略和政略，并相应形成硬性的长城军事防御系统，且仅在有限的过渡区域（过渡区域在长城以南的区域）内从事农牧生产。从宏观层面和长远角度看，任何战争最终都是资源的抗衡，伴随着过渡区巨大支撑力量的丧失，明朝军事政策、经济形态和防御方式均发生了相应改变，最终演化出区域的长城军事防御聚落体系。

① 赵现海. 明代九边长城军镇史——中国边疆假说视野下的长城制度史研究［M］. 北京：社会科学文献出版社，2012.

② 练力华. 中国环境地理学（上下册）［M］. 北京：中央编译出版社，2014.

二、三镇整体地理特征及战略地位

宣大山西三镇位于宏观过渡区域中部，东达京北火焰山和大马群山，西抵黄河，北以长城为界，南依太行山界于昌镇和真保镇（图1–2）。区域内部由山体、盆地、河流交错形成复杂地形地貌，主要包括吕梁山、恒山、洪涛山、太行山和大马群山等山脉（多数山脉大致由西南向东北走向），大同盆地和宣化盆地，以及洋河、桑干河和滹沱河等河流。盆地于山体间勾连贯通，纵横交错，向东直达京北重锁——居庸关，腹内便是京城。

宣大山西三镇具有极其重要的战略地位。宏观层面看，三镇是横亘于京师与蒙古势力之间的战略要地，“奠鼎燕京，肘掖晋朔，所恃为内蔽者，独宣大山西三镇耳”[①]。三镇形成的大纵深防区构成京城西北重要屏障，一旦丧失则仅剩太行山一军都山一道防线，且三镇区域腹内自西向东为狭长盆地通道，三镇任一处贯穿，蒙军将一马平川直达京城；微观层面看，三镇北部正面直对蒙古军事核心，是区域防御负荷重心（隆庆之前始终是战争重心，直到后期才转向蓟、辽二镇）。然而，区域以北多为平坦戈壁，无自然天险，易攻难守，防御形势极其严峻。区

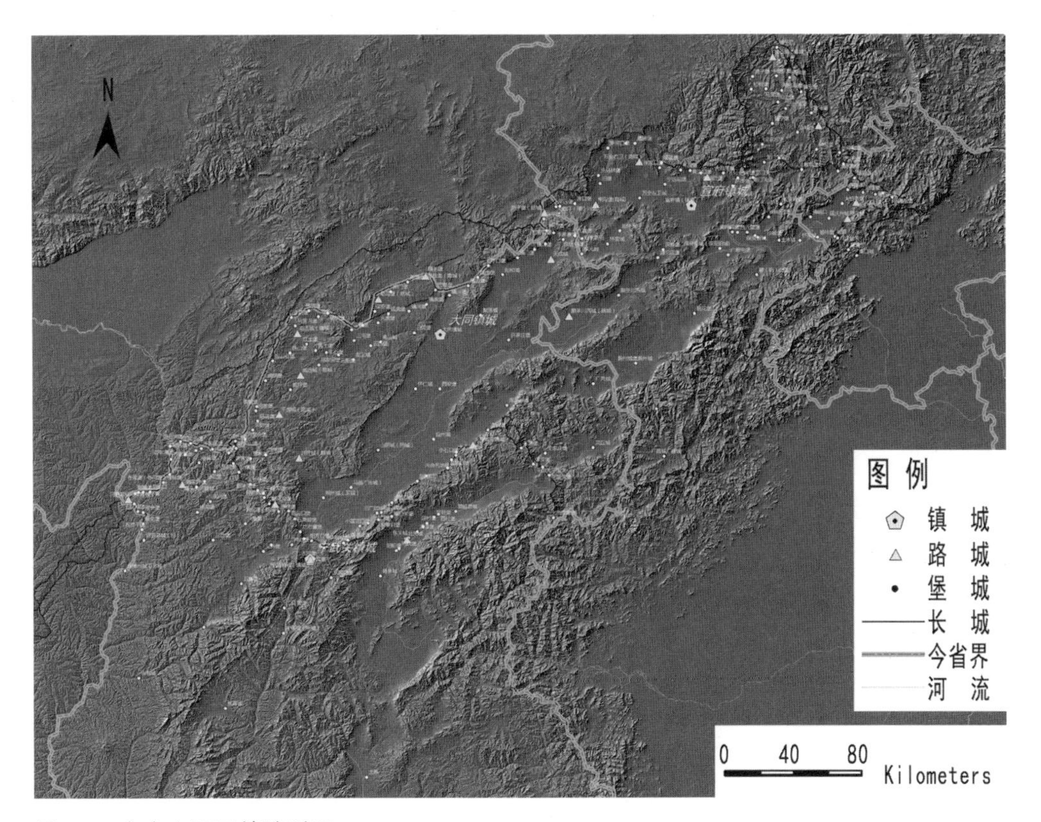

图1–2　宣大山西三镇地形图

①（明）杨时宁. 宣大山西三镇图说·卷之二·大同镇图说［M］. 明万历癸卯刊本.

域以东为大马群山，自明初便是兵家必争要地。西部则为河套地区，蒙古诸部以此为基地频繁进犯明朝中、西部边疆，是西部重要战略核心之一，防御形势同样紧要。

三、宏观历史背景

军事防御聚落演化是交织偶然性和必然性、连续性和断裂性的复杂历史因素综合作用的过程，主要涉及明政府皇权更迭引发的宏观国策、政治、经济的变迁；明蒙双方军事力量对比变化导致的军事战略思想调整；军事力量和攻防思想更变引发的军事管理制度和防御策略的改变；地理疆域不断压缩条件下军事防御物质要素综合作用的系统性融合等。政治管理、军事思想和经济模式等诸多因素，对军事防御的战略思想和战术策略均产生直接和间接的影响，进而促成长城军事防御聚落体系的系统性演化。本节以长城军事防御聚落体系的发展演化为核心，以引起相应阶段军事防御活动实质性变化的多种因素为分界点，将长城军事防御聚落体系演化的宏观历史背景大致分为如下三个阶段。需要说明的是，基于前述研究目的和时间界定，宏观历史背景的时间范围，由明初开始直到宣大山西三镇严格意义的“长城军事防御聚落体系”成熟之时——约嘉靖晚期，至迟到隆庆时期。

（一）积极攻防、拓土实边，多层次防御系统建立

洪武元年（1368年），明军攻克元大都（今北京），元顺帝北退，但军事力量尚存。此后明政府针对蒙古的一系列战略思想和军事行动，均基于双方的实力对比和势力空间格局的改变而不断调整。早期鉴于汉地旧疆观念影响，明政府欲以“幽云旧疆”[①]为界与北元分治。随后，军事优势以及北元反扑复归条件下，明政府战略思想倾向“永清沙漠”[②]以绝后患，意图彻底消灭北元势力。但之后北伐的严重受挫，促使战略思想调整为以攻为守的积极防御政策，即以防御为主，适时主动出击为辅，两者互为支撑和保障——以巩固夺取区域的政治、军事和经济实力为主动攻击的支撑，以主动出击消灭蒙古主要军事力量为减小防御压力和保境安民的保障。基于此战略，洪武二十年（1387年），明政府击败北元核心力量致使其分裂，随后多次大规模清剿残余各部，最终奠定了明朝北部边疆的稳定局面。洪武时期，为了巩固边疆军事统治、完善民政和土地管理，建立了集军事防御与民政生产综合管理为一体的都司卫所制度；同时，建立了多层次的军事防御系统。

---

① “幽云旧疆”，大约为西起大青山、向东经吕梁山、管芩山（吕梁山支脉）、洪涛山（阴山）、恒山（阴山）、太行山、军都山、燕山。之东北西南走向的广大山区。

② 赵现海. 明代九边长城军镇史——中国边疆假说视野下的长城制度史研究［M］. 北京：社会科学文献出版社，2012.

管理制度方面，洪武时期，为加强边疆统治、巩固政权、拓土实边，明政府在北疆地区广泛实行都司卫所制度（简称卫所制度）。卫所制度以其军事防御与民政管理功能合一、灵活独立的优势，于明初快速开疆拓土时期，在戍守和稳定新拓疆土、自卫防御和地方治安、经营屯种和充实边疆、补给粮草和兵源，以及与土地的良好融合等众多方面发挥了极其重要的作用，终明一世成为其边疆地区的基本管理制度。伴随北方疆土拓展，明政府大量设立卫所，形成实土卫所、准实土卫所、羁縻卫所等多层次的卫所军事防御与民政管理体系；经济方面，北疆广大区域采取农牧共存的经济模式，既提供粮食，又饲养马匹，为积极防御策略提供巨大支持，形成良好的边疆局面①。洪武时期，宣大山西三镇区域尽在腹内，防御要求舒缓，主要以战略支撑和屯田实边为主。其时设立的卫所对长城军事防御聚落体系的形成具有深远影响，随后这些卫所于三镇地区整合、重构，逐渐演化为后世军事防御聚落体系的重要组成部分。

防御体系方面，洪武时期，以当时明朝强大的军事实力以及积极防御战略为基础，以卫所制度为支撑，建立了大纵深、开放、弹性的多层次军事防御体系。早期基于“汉地旧疆”观念建立的燕山—太行山关隘防御体系，修筑的关隘、山墙、城堡、烽火台等大量防御设施，在巩固前期军事活动成果的同时，为进一步北拓建立了基础支撑②；洪武中后期边疆达至漠南广大地区，基于军事实力和积极进攻策略，同时结合多层次卫所防御单元，明政府在塞外建立起大纵深的前突地带，形成弹性防御过渡区域；而在北端阴山南部重要战略支撑地区，明政府则建立了堡寨与烽燧相结合的烽堡防御模式③——在重要地点建立大型堡城，以堡寨为后盾和战略支点，同时前沿设立大量烽燧以预警瞭望和伺机击杀，两者相辅相成，协同御敌。洪武时期建立的防御体系对后世长城军事防御聚落体系具有重要影响，其中燕山——太行山关隘防御体系为后世长城军事防御聚落体系确立了依据和基本轮廓，且有相当部分直接演化成后者的一部分；烽堡防御模式所实践的战略思想和战术措施，则为后世长城军事防御聚落体系的形成奠定了理论和实践基础。此时长城墙体只以孤立防御工事或片段关墙形态出现④，以战略阻隔为主要目的，并未形成连续整体，亦未与其他防御设施融合形成严格的协同防御系统。

（二）攻防并重、疆域内缩，长城相关防御体系草创

靖难之役，燕王朱棣登基，改元永乐（1402年）。早期为巩固政权，内迁漠南

① 赵现海. 明代九边长城军镇史——中国边疆假说视野下的长城制度史研究［M］. 北京：社会科学文献出版社，2012：76-79.
② 赵现海. 明代九边长城军镇史——中国边疆假说视野下的长城制度史研究［M］. 北京：社会科学文献出版社，2012：76-79.
③ 赵现海. 明代九边长城军镇史——中国边疆假说视野下的长城制度史研究［M］. 北京：社会科学文献出版社，2012：80.
④ 赵现海. 明代九边军镇体制研究［D］. 长春：东北师范大学，2005.

诸卫所于北京周边，以强化其传统势力范围。此时，洪武时期建立的边疆优势因无暇外顾而始现松弛，但受益于洪武遗惠以及此间蒙古战力颓废，边疆战事舒缓。永乐中后期，延续积极防御政策，多次征伐蒙古族，虽基本保持势强并维持边疆稳定，但实际仅限于军事层面之消灭驱逐和政治层面的扬名立威，而以漠南过渡地区远期战略价值为导向，对社会、经济和文化更深层面的综合经营与管控却实质衰退。此时，相对缓冲区军事防御弱化趋势，塞外近疆边防体系不断加强。尤其，永乐迁都（1421年）后，京北宣府、大同防区军事地位突显，区域边塞防御力量不断加强。永乐二十二年（1424年）成祖崩于榆木川，明朝以攻为守的积极防御政策基本结束。宣德时期，在自身军事力量衰弱和瓦剌崛起的综合作用下，明政府全面放弃塞外卫所[①]，外围防线退至近塞一线，而塞外完全控制权丧失，转变为明蒙共有状态。至此，洪武时期建立的塞外防御缓冲区大幅压缩，多层次防御体系丧失殆尽，积极防御政策彻底结束，而转为防守态势。本阶段洪武年间广设的卫所进入频繁、复杂的调整时期，总兵镇守制度建立，长城相关军事防御体系草创。

管理制度方面，随着明朝军事力量渐弱，开放、弹性的聚落防御模式不能支撑北疆防御，而卫所功能衰退致使防御能力颓废，加之边疆收缩、卫所内迁整合重组等原因，明政府在原有都司卫所制度基础上，设立总兵镇守制度以加强军事防御的整体性和系统性[②]。随后总兵镇守制度与都司卫所不断融合，并于卫所制度之上成为边疆地区的统帅制度。期间，卫所调整促使洪武朝建立的松散卫所防御格局整合、细分，尤其是集中强化了北京周边区域的卫所建设。直至宣德末年，卫所调整才逐渐趋于稳定[③]；而永乐迁都则进一步促进京周军事防御聚落的营建，上述事件均对后世宣大山西三镇区域军事防御聚落体系的演化和发展产生了影响[④]。

军事防御方面，总兵镇守制度的确立，显著增强了军事防御的整体性、系统性和专业性。明政府于本区域先后设置大同镇（永乐七年）、宣府镇（永乐十一年）和山西镇（嘉靖二十一年）[⑤]，至此宣大山西三镇均已建立，而与此同时更宏观层面九边镇守防御体系格局亦确立。由于边疆压缩，北疆中部大同一线防御地位突显，但区域以北基本无险可依，为阻止蒙军南下大量修筑长城、军堡等军事防御设施以补地利不足[⑥]。此时长城防御体系相关各种要素均已出现[⑦]，但由于要素多孤立为战，

① 赵现海．明代九边军镇体制研究［D］．长春：东北师范大学，2005．
② 李新锋．明代前期兵制研究［D］．北京：北京大学，1999．
③ 赵现海．明代九边长城军镇史——中国边疆假说视野下的长城制度史研究（上、下册）［M］．北京：社会科学文献出版社，2012：291．
④ 赵现海．明代九边长城军镇史——中国边疆假说视野下的长城制度史研究（上、下册）［M］．北京：社会科学文献出版社，2012：294．
⑤ 虽总兵设置较早，但正式的镇级建制则设置于嘉靖二十一年。
⑥《明史 兵志》载:（永乐）“帝于边备甚谨，自宣府迤西迄山西，缘边皆峻垣深壕，烽堠相接。隘口通车骑者百户守之。通樵牧者甲士十人守之。武安侯郑亨充总兵官，其敕书云：‘各处烟墩，务增筑高厚，上贮五月粮及柴薪药弩，墩傍开井，井外围墙与墩平，外望如。’”
⑦ 李漱芳．明代边墙沿革考略［J］．禹贡半月刊，1936，5（1）．

且并不稳定而多有更变，此时长城依然以战略性作用为主，还未形成与军事防御聚落融合的战术状态。军镇统辖卫所军事管理制度的确立，为军事防御聚落的分化、演生以及与长城的融合创造了制度环境，为长城军事防御聚落体系的最终建立奠定了基础，因此将此时期视为军事防御聚落体系的草创时期。

（三）全面防御，硬边界渐成，长城军事防御聚落体系发展、成熟

正统朝（1436~1449年），国道中衰，其时恰逢瓦剌盛雄，明朝全面防御。尤其是正统十四年（1449年）土木堡之变，以蒙古军队严重威胁北京安危为标志，明朝全面进入被动防御状态，漠南大片土地的部分控制权也实质性丧失，防线已退至接近今山西和蒙古交接的长城以北近边区域，大同、宣府防御地位陡升。蒙古部落大举南迁，进入河套地区，占据西部战略要地，以此为基础不断东犯明边宣府、大同及山西等地区，严重威胁内地安全。在此宏观背景下，成化时期（1465~1487年）掀起北疆修边高潮，全面加强北边军事防御力量，史料称之为第二次大规模修边。此时明军军事力量对比势弱，区域长城防线几经变迁①，且因仓促修筑而质量甚差。正德时期（1506~1521年），明王朝国势更衰，而蒙古族力量强盛，明政府花费巨大财力、人力修筑和加固长城以防御蒙古攻击，至此明代连续、完整的长城防御工事逐渐形成，并基本稳定于今日之位置②。嘉靖朝，宣大山西地区战事日趋严酷，军事防御体系迅猛发展，多要素系统融合，长城军事防御聚落体系正式形成。隆庆五年（1571年），皇帝下诏封俺答为顺义王并批准通贡互市，史称隆庆议和。此后直至万历，蒙古基本未大举南下攻明，宣大山西地区基本贯彻“隆庆和议”的政策，战事舒缓，形成相对稳定的边疆局面。万历中后期，明蒙战线东移，长城军事防御聚落体系战略重心转至蓟、辽一线，宣大山西防区进入常规防御状态。

此阶段管理制度继续延续前朝模式，总兵镇守与都司卫所管理制度进一步融合。期间，为加强宣、大区域集权管理和整体性防御，景泰二年（1451年），置宣府巡抚、大同巡抚总理统筹军务、粮饷等事宜。后又设立宣大总督，总理三镇军务和民政，早期随情设置，废置频繁多变，并不稳定。成化时期，总理范围加入山西镇“三关”地区，基本确立宣大山西三镇范围。随着防御形势日加严峻，宣大总督统辖制度趋于稳定，嘉靖后期便为常设，统筹功能不断加强；军事防御方面，嘉靖朝（至迟到隆庆时期），以驻守士兵空心敌台的广泛使用为标志，军事防御聚落体系与线性长城最终耦合为系统整体，两者融合而一，构成完善的军事防御层级体系，整个系统的整体性和系统性防御功能全面提升，本书所述严格意义上的明长城军事防御聚落体系最终形成。

---

① 何宝善. 永乐至宣德时期的长城防御体系［M］//第十届明史国际学术讨论会论文集. 2004：125-131.

② 据《明史·景帝本纪》载，代宗即位后马上下诏修沿边关隘。

四、军事管理制度

明长城军事防御聚落体系相关的军事管理制度主要涉及都司卫所和镇守总兵两种制度，两者于不同时间、尺度和层面作用于长城军事防御聚落体系并对其演化产生深远影响。明初倾重卫所制度，同时建立藩王镇守制度以实现军队的中央统一管理和调度，并加强卫所的整体性。永乐时期，建立由总兵镇守制度统帅，兼具卫所制度的双重管理制度，形成中央统一管理与地方督抚分寄相结合的管理模式，两种制度最终融合，终明一代成为北疆的管理制度。其中总兵镇守制度由于其在军事管理和防御方面的优越性，逐渐凌驾于都司卫所管理制度之上而全面总镇边疆军事管理，并兼理民政事务；而都司卫所管理系统则更多倾向于地区民政和生产管理，以辅助支撑军事防御，两者于不同层面和范围各司其职，互补支撑。

（一）都司卫所制度

1．都司卫所制度基本情况

明初，明政府于北部边疆地区实行卫所制度。洪武十三年，正式设立左、右、中、前、后五军都督府，负责管理都司、行都司及下辖各级单元，都司卫所制度正式确立，终明一代都司卫所制度虽有兴落，但始终是贯穿明朝的基本军事和土地管理制度[①]。都司卫所制度的基本组织机构为：都司—卫—千户所，其下又分设百户所、总旗、小旗等多层次部门。每卫设前、后、中、左、右5个千户所，每卫管理5600人。卫下设5个千户所，每所1120人。千户所下设10个百户所，各辖112人。每百户所则分管2总旗，各辖50人，总旗又辖5小旗，各小旗10人[②,③]。其基本组织方式为“遇有事征调则分统于诸将，无事则散还各卫”。都司卫所制度各级单元的基本职能为护守城池、屯种实边、保卫边疆以及维持辖区治安[④]。

卫所制度具有家属同守与兵农结合两个显著特点。家属同守，即卫所军士与其家属共同戍守屯种，实行世兵制，军事后裔驻地世世生息，人口众多；兵农结合则是各屯军以城堡为基地，就近屯种，兵农合一、功能多样、攻守结合，战时训练则为军队，平时耕种为农民[⑤]，“积粮以俟，兵食既足，观时而动此长策也”[⑥]。由此实现粮食自给自足，兵饷则实行军屯制。卫所分为实土、非实土和准实土三种。实土卫所，为在没有官方正规行政划区的地域建立的卫所[⑦]；无实

① 郭红，于翠艳．明代都司卫所制度与军管型政区［J］．军事历史研究，2004（4）：78-87.
② 中国军事史编写组．中国军事史第三卷·兵制［M］．北京：解放军出版社，1987：410.
③ 中国军事史编写组．中国军事史第六卷·兵垒［M］．北京：解放军出版社，1991：269.
④ 肖立军，明代边兵与外卫兵制初探，天津师大学报（社会科学版），1998（2）：37-45.
⑤《明太祖实录》第14卷，台北中研院史语所1962年校勘本.
⑥《明太祖实录》第14卷，台北中研院史语所1962年校勘本.
⑦ 郭红，于翠艳．明代都司卫所制度与军管型政区［J］．军事历史研究，2004（4）：78-87.

土卫所则指设于有正式行政区划地区的卫所；而准实土卫所则是官方正式设立于在府、州范围内，但占有大量土地和人口，甚至可与府、州相比的卫所[①,②]。实土卫所和准实土卫所作为“军管型特殊地方行政区划”[③]而广泛存在。

2．都司卫所制度的价值和缺陷

卫所制度是明政府在沿袭先制、防止“强臣握兵”、“寓兵于农”思想综合作用下产生的军队与农民合一的管理制度，即军事防御功能和地方民政管理相结合的并未深度分化的综合体，其实质是相对独立的兼具防御和生产自给自足的武装集团[④]。在明初快速开疆拓土时期，于戍守和稳定新拓疆土，自卫防御和地方治安、经营屯种和充实边疆，以及补给粮草和士源等方面发挥了极其重要的作用。卫所制度是明政府针对实际需要，将军事管理与地方行政两种管理制度结合并与地理环境相融合的结果[⑤]，其核心优势在于与地理环境（土地）的良好融合性，卫所体系形成逐层细分的自相似衍生体系，在不同尺度上能够高效占据空间和充分利用土地资源，其理论空间（地理）布局实质遵循中心地理论或类似模式（详见第七章），而实际布局则依据地理环境特征拓扑变化。这种空间模型是从古至今人类聚落体系自组织利用空间的普遍形态，更是农业文明人地关系和谐共生的经典表现，适用于长期稳定的居住生存和戍屯实边。

然而卫所制度在军事防御方面存在诸多弊端。防御模式方面，以众多卫所组成的防御结构，实质是弹性、开放的防御系统，必须配合强大的动态军事攻防力量，因此更适应明初以攻为守的积极防御政策和多层次弹性防御体系；整体性方面，相对独立、封闭的卫所集团容易形成各自为战的状态，在超越卫所尺度的区域作战中很难形成系统联动的整体，无法获得强大的整体性军事力量[⑥]。明早期边疆实行藩王制度的功能之一，便是整合统筹各卫所的孤立力量以强化防御的整体性；战斗力方面，卫所制度军农一体的特征，及其与土地的良好融合性，容易逐渐世俗化和生活化，导致管理松散、腐化、战斗力下降等诸多问题[⑦]，卫所的防御功能严重衰退。

3．宣大山西地区都司卫所演变

1）宣大山西地区都司辖区演变

洪武初期，宣大山西三镇地区由大同都卫、太原都卫和燕山都卫分而辖之。

① 见靳润成《明朝总督巡抚辖区研究》一书影印谭其骧致该书作者的一封信。
② 郭红，于翠艳．明代都司卫所制度与军管型政区［J］．军事历史研究，2004（4）：78-87.
③ 周振鹤．地方行政制度志［M］．上海：上海人民出版社，1998：332，353.
④ 范中义．论明朝军制的演变［J］．中国史研究，1998（2）：129-139.
⑤ 郭红，于翠艳．明代都司卫所制度与军管型政区［J］．军事历史研究，2004（4）：78-87.
⑥ 范中义．论明朝军制的演变［J］．中国史研究，1998（2）：129-139.
⑦ 肖立军．明代边兵与外卫兵制初探［J］．天津师大学报（社会科学版），1998（2）：37-45.

洪武八年（1372年），三都卫陆续更名为山西行都司、山西都司和北平都司。宣德五年（1430年），再设万全都司，至此与宣大山西三镇大致对应的都司辖区基本确立。初期，山西行都司南界于偏头关—宁武关—雁门关一线的内长城，东接怀来、永宁一带，西抵黄河东岸，北界洪武末期一度达到东胜—官山—察罕脑儿一线的广大区域①。山西行都司初期包括后期宣大山西三镇范围最多，辖大同镇全部和宣府镇约半数区域，大同镇早期位于山西行都司南部腹里，宣府镇大部分亦位于其辖区东部腹内。后期辖区内缩，以及军镇制度确立并细分区划之后，山西行都司辖区逐渐与大同镇辖区大致重合，宣府镇辖区则并入稍后分立的万全都司内，后逐渐趋于重合。山西行都司设立之初，便天然涉及山西、河北和内蒙古三地的关联地带——其地理环境、交通联系以及地域文化等诸多方面早已形成明确的整体性和系统性，由此奠定宣大山西三镇无法分割的紧密关系，并在空间层面上成为宣大山西三镇整体防区的核心；山西都司辖区范围则相对明确，变化较小，其北与山西行都司界于偏头关—宁武关—雁门关一线的山脉（后期由内长城分界），两者在地理形态和战略布局方面密切相关、唇齿相依。鉴于山西天然的封闭性，东、南、西界后期虽有变化，但大致与今山西省界相关。山西镇辖区位于山西都司北部，其南部相关区域大致止于汾州和太原一带②；而北平都司早期所辖区域甚广，但仅西部和中部小部分地区涉及宣大山西三镇辖区。万全都司设立后，其辖区整合山西行都司东部怀安、万全、蔚州、广昌和宣府等地，以及北平都司西部和中部怀来、永宁和开平卫辖区（回迁后），具体范围东至四海治和大马群山，西接山西行都司，北到边墙，南至保安州南部③。

2）宣大山西地区卫所演变

洪武元年（1368年），明军攻入山西，随后很快向北推进至东胜等地。洪武二年（1369年）设立大同府及州县，之后逐渐推行卫所制度。洪武三年（1370年），在大同都卫（大致今大同镇所辖范围）辖区设立蔚州卫、大同左右二卫和朔州卫。洪武七年（1374年）又设置大同前卫。洪武八年（1375年）改为山西行都司。洪武十二年（1379年）置广昌守御千户所。随后进入山西行都司卫所设立的高潮期，洪武二十六年（1393年）明政府在大同之东设立东胜左、右，阳和，天城、怀安、万全左、右，宣府左、右十卫；大同以西设立高山、镇朔、定边、玉林、云川、镇虏、宣德七卫④，由此奠定了山西行都司及后期宣大地区卫所的基础，促进了区域聚落系统的发展。永乐朝（1403~1424年），卫所进入频繁调整时期，由于众多原因山西行都司卫所废弛更变巨大，到宣德之后才逐渐趋于稳定。今大同镇所辖区域卫所共有14卫和3所，涉及12座城池（表1-1）。其中守御

① 郭红，靳润成．中国行政区划通史（明代卷）［M］．上海：复旦大学出版社，2007.
② 李贞娥．长城山西镇段沿线明代城堡建筑研究［D］．北京：清华大学，2005.
③ 郭红，靳润成．中国行政区划通史（明代卷）［M］．上海，复旦大学出版社，2007.
④《明太祖实录》卷225，洪武二十六年二月辛巳条，3295页.

千户所级别较高，都司直辖守御千户所为一级，卫辖守御千户所为二级。都司直辖守御千户所与卫在管理级别和功能内涵方面基本相同①。

万全都司设置于宣德五年（1430年），为三都司最晚，辖区范围从怀安直至居庸关间的众多卫所，早在明初此区域已设置卫所。永乐军镇制度确立后，区域卫所由直隶后军都督府与宣府镇总兵官兼理。随后万全都司设立正式节制区域诸卫所。万全都司与明北疆内缩密切相关，开平诸卫内迁导致宣府直面蒙军，防御地位全面上升，作为相对完整的地理单元，区域独立建制势在必行。万全都司设置之初区域已有14卫2所②，上述卫所一直延续明末，随后仅扩增2卫，5所③（表1–2）。

山西都司早期属太原府，设置太原、平阳等6卫及守御千户所2个，均位于太原以南，三关以南、太原以北地区并未设卫所。洪武八年（1375年），改山西都司，于山西镇辖区三关以南设置振武卫和镇西卫，分守代州地区，以及岢岚、保德和河曲地区。随后缓慢增设，弘治（1488~1505年）之后山西镇卫所建制趋于稳定，始终保持2卫和7守御千户所（表1–3）。

大同镇辖区卫所　　表1–1

卫所	设置时间	卫志	属性	级别
朔州卫	洪武六年	朔州	实土	卫
大同左卫	洪武七年	左云县	实土	卫
大同右卫	洪武十一年	右玉城镇	实土	卫
大同前卫	洪武十二年	左云县	实土	卫
大同后卫	宣德七年	大同市	实土	卫
阳和卫	成化十一年	阳高县	实土	卫
天城卫	弘治十一年	天镇县	实土	卫
高山卫	嘉靖三年	阳高县	实土	卫
玉林卫	嘉靖十七年	右玉城镇	实土	卫
云川卫	洪武六年	左云县	实土	卫
镇虏卫	洪武七年	天镇县	实土	卫
安东中屯卫	洪武十一年	应县（应州）	实土	卫
平虏卫	洪武十二年	平鲁城镇凤凰城村	实土	卫
威远卫	宣德七年	威远堡镇	实土	卫
山阴守御千户所	成化十一年	山阴县	实土	一级所
马邑守御千户所	弘治十一年	朔州市东北马邑村	实土	一级所
井坪守御千户所	嘉靖三年	朔州市平鲁区	实土	一级所

① 郭红．明代都司卫所研究［D］．上海：复旦大学，2001.
②《宣德实录》卷71.
③ 郭红，靳润成．中国行政区划通史（明代卷）［M］．上海：复旦大学出版社，2007.

宣府镇辖区卫所　　表1-2

卫所	设置时间	治所	属性	级别
万全左卫	洪武二十六年	怀安县东	实土	都司辖卫
万全右卫	洪武二十六年	万全县	实土	都司辖卫
宣府前卫	洪武二十六年	宣化	实土	都司辖卫
宣府左卫	洪武二十六年	宣化	实土	都司辖卫
宣府右卫	洪武二十六年	宣化	实土	都司辖卫
怀安卫	洪武二年	—	实土	都司辖卫
开平卫	洪武二年	内蒙古正蓝旗滦河北	实土	都司辖卫
保安卫	永乐十二年	新保安（后移至）	实土	都司辖卫
保安右卫	永乐十五年	顺圣川东城	实土	都司辖卫
蔚州卫	洪武三年	蔚县	实土	都司辖卫
永宁卫	永乐十四年	永宁镇	实土	都司辖卫
怀来卫	洪武三十年	怀来县	实土	都司辖卫
隆庆左卫	永乐元年	延庆永宁镇	实土	都司辖卫
隆庆右卫	永乐元年	怀来县东南怀来	实土	都司辖卫
龙门卫	宣德六年	赤城县西南龙关	实土	都司辖卫
兴和守御千户所	洪武三十年	张北县	实土	都司辖所
美峪守御千户所	永乐十三年	雷家店	实土	都司辖所
广昌守御千户所	洪武十二年	涞源县	实土	都司辖所
龙门守御千户所	宣德六年	赤诚东	实土	都司辖所
云州守御千户所	景泰四年	朔州市东北马邑村	实土	都司辖所
长安守御千户所	弘治三年	怀来县北长安岭	实土	都司辖所
四海治守御千户所	弘治三年	朔州市平鲁区	实土	都司辖所

山西镇辖区卫所　　表1-3

卫所	设置时间	治地	属性	级别
振武卫	洪武六年（前后）	代州城	无实土	卫
镇西卫	洪武七年	岢岚县	无实土	卫
宁化守御千户所	洪武十一年	宁化城	无实土	一级所
雁门守御千户所	洪武十二年	雁门关	无实土	振武卫辖二级所
保德守御千户所	宣德七年	保德县	无实土	一级所
偏关守御千户所	成化十一年	偏关县	无实土	一级所
宁武守御千户所	弘治十一年	宁武县	无实土	一级所
八角守御千户所	嘉靖三年	八角镇	无实土	一级所
老营守御千户所	嘉靖十七年	老营镇	无实土	一级所

说明：数据主要来源于《中国行政区划通史（明代卷）》。

（二）总兵镇守制度

1．镇守总兵制度的基本情况

镇守总兵制度为明代镇守总兵于辖区内以镇戍征行为任务、以营为核心编制的军事制度①。镇守总兵制度设立于永乐朝，后经不断调整和规范，于明中后期逐渐形成完备的军事制度体系。其基本官职序列由高到低依次为：总兵、副总兵、参将、游击、守备、操守、把总等。其中“总镇一方者，曰镇守。守一路者，曰分守。独守一堡一城者，曰守备。与主将同守一城者，曰协守。又有提督、提调、巡视、备御、领班、备倭等名，各因事异职焉。其总镇，或挂将军印、或不挂印，皆曰总兵，次曰副总兵；又次曰参将；又次曰游击将军。”②在此基本官职序列之外，根据实际情况因地制宜可于上下延伸序列层次。明中后期为加强九边军事防御的整体性和协同性，以及加强区域军事与后勤的配合，在总兵之上设立总督。延伸的实质是基于具体需求，对基本序列的整体性、系统性、适应性及精细化的加强。总兵镇守制度的核心职能为统率地方军队防御作战，同时节制都司卫所和管理钱粮，实现了军事权力和地方民政权利的统一③。

2．总兵镇守制度的价值和缺陷

总兵镇守制度的价值方面，总兵镇守制度具有专业的军事化管理模式，军队组织结构规范，管理系统高效严密，各等级系统联动性良好。尤其后期宣大总督制度稳定后，各大防区间的协同配合作战能力显著增强；其次，总兵镇守制度下，军队兵力集中专司攻防作战，严格的军事化管理和训练，使战斗力和稳定性明显优于卫所兵；最后，总兵镇守制度系统、严密的等级组织关系和防御形态，很好适应了长城硬性防御体系对管理整体性和系统性的要求。

镇守总兵制度同样存在显著缺陷。由于其整体集中，专攻防而疏生产的特征，天然决定其与空间和土地融合较差（虽存在等级体系，却止于营级单位，以下各层次单位并不在空间层面继续细分，因而很难与土地融合）；加之军队是动态力量，主动运动和寻找战机是其价值，这与屯种对扎根实土的稳定需求亦存在天然矛盾；此外，长城防御近边之地多土地承载力不足，难于支撑庞大军队需求，需要腹内和国家的大量资源补充。若将总兵镇防御制度辖制的庞大军队视为相对封闭的系统，整个系统消耗巨大，但生产能力较差而无法自给，需要大量补给以维持系统的可持续运行。因此，从远期角度讲，总兵镇守模式必须配以强大的后备支撑力量，才能持续发挥作用。

① 肖立军. 明代中后期军事制度研究［D］. 天津：南开大学，2005.

② 申时行. 大明会典·卷一二六·兵部九镇戍一将领上［M］. 台北：文海出版社，1984：1799.

③ 赵现海. 明代九边军事统率制度的变迁［J］. 明史研究论丛（第十辑），2012：24-56.

3．宣大山西地区军镇设置

随着永乐朝总兵镇守制度的确立，明政府陆续设立多个军镇以镇守边疆，最初设立辽东、宣府、大同、延绥四镇，后设宁夏、甘肃、蓟州三镇，最后确立固原、山西两镇。本书所涉宣大山西三镇之中宣府、大同二镇设立较早，山西镇则因地位特殊、权治多变而建立较晚。镇治确立对各镇防区军事防御聚落体系的整合、凝聚和建设具有巨大的促进作用。

本书采用设立镇守总兵官并佩将军印作为正式建镇标准[①]，而前期设置镇守总兵未佩印，或初设副总兵均视为本镇的初期或过渡阶段。基于此标准，大同镇初设镇守制度于永乐元年（1403年）。永乐七年（1409年），调整为镇守总兵制度，大同镇正式确立镇治[②]；宣府镇永乐三年（1405年）由郑亨出任宣府总兵，未配印，视为建镇之初。永乐十一年（1413年），章安佩印出任镇守总兵官，宣府正式建镇[③]；山西镇设置历史较复杂，成化二十二年（1486年），为山西镇初步建立，随后多有调整，直至嘉靖二十一年（1542年）山西副总兵戴廉升为总兵官镇守山西。[④]整体看，辽东、宣府、大同、延绥四镇同期设立镇治源于其时四镇前冲的地缘特征，而大同与宣府更位居四镇中部的战略核心区域，两镇几乎同时设镇足见其与地理形胜的密切关系。山西镇设镇最晚，直至嘉靖朝才正式立镇，这与其相对处于腹内相关。进一步考察，山西镇早于成化时期以实质拥有镇的独立功能，而期间正是宣大山西三镇受到攻击相对严重的时期之一。随后嘉靖立镇之时，则是区域最严酷的战争防御时期，由此可见，山西镇的建设与区域军防形势高度相关；而其连绵漫长的“准”总兵设置与三关地区重要的战略地位，以及兼顾内、外长城的复杂防御形态息息相关。

（三）军事管理制度的演变与融合

1．军事管理制度演变

明初，边疆地区采用都司卫所制度与征伐总兵制度并存的军事体制，都司卫所制度为主导，总务区域日常军事防御和民政生产。稍后，设立藩王镇守制度，于更高层面节制所辖区域都司卫所，以加强中央集权管控和区域防御的整体性和系统性。征伐总兵则由朝廷针对具体军事征伐任务向外临时指派，而非长期驻扎镇守。永乐时期，鉴于避免藩王权大自重和卫所战斗力衰退，在边疆地区始行镇守总兵制度与都司卫所制度并存的二元军事体制，镇守总兵节制都司[⑤]。两种制

① 赵现海．明代九边长城军镇史——中国边疆假说视野下的长城制度史研究（上、下册）［M］．北京：社会科学文献出版社，2012.
②（明）张钦．（正德）大同府志・卷九・宦迹・总帅［M］．济南：齐鲁书社，1996：301.
③《明太祖实录》卷一四四，永乐十一年十月癸丑条，第1710页.
④《明世宗实录》卷二百五十七，嘉靖二十一年正月壬午，第5152页.
⑤ 赵现海．明代九边军事统率制度的变迁［J］．明史研究论丛（第十辑），2012：24-56.

度在经过初期的磨合甚至“斗争”而不断完善、融合[①]。明中后期，蒙古军事势强，北部边疆大幅收缩，明政府确立全面防御思想。嘉靖朝，在严酷明蒙战事和长期磨合的综合作用下，总兵镇守与都司卫所双重管理制度渐入佳境，伴随长城军事防御聚落体系的快速成长，形成即有明确功能倾向细分又协同配合的管理体系。总兵镇守制度专司军事攻防，兼理重要民政；都司卫所主管民政生产，兼理自卫守土，两者于总兵总镇下各司其职、协同配合、相得益彰。而此期间宣大总督的常设化，从更大程度上加强了区域各镇间管理体系的统筹协调和系统联动，进一步促进了两种制度的多层次融合。

2. 军事管理制度演变的实质

北疆二元军事管理制度的演变，是伴随明蒙战势盛衰、疆域更变和防御模式调整等综合作用的适应性改变，是防御体系功能不断细化分工和综合协同的过程，是军事防御体系的整体性、系统性和规范化的加强过程，而在更深层面则是全面防御模式的必然选择。

1）军事防御聚落体系功能不断细化分工和综合协同

早期采用的都司卫所制度，形成兼具军事防御和民政生产的自给自足的孤立武装集团，其实质是军农合一的内部要素功能还未深度分化的初级系统，鉴于当时强大军事征伐力量的庇护，模糊的功能分工及其管理模式虽大致适应了舒缓的防御负荷，但稍后便直接导致了卫所诸多弊端而崩坏颓败。随着军事防御压力的增加，对军事防御系统复杂性、整体性和专业性功能需求的全面提升，而低级的管理模式无法适应，由此建立总兵镇守与都司卫所的双重管理制度，防御体系由初级状态进化为具有显著功能倾向细分且协同互补的高级管理形态。其中总兵镇守制度专司军事攻防，兼理重要民政；都司卫所主管民政生产，兼理自卫守土，两者在总兵都管下各司其职、互助协作。就系统进化角度看，系统要素功能由相对模糊合一的状态，转变为在整体统筹协同下各要素功能分工逐渐明确细化的状态，是系统进化的必然趋势。

2）军事管理制度的系统性和整体性提升

早期边疆地区采用相对松散的卫所基本管理系统，此后增设藩王守边制度以加强集权统治和卫所防御系统的整体性。永乐时期，明政府以总兵镇守制度取代藩王制度，仅从区域军事防御管理层面看，两者作用近似，均是于更高层面和更大程度上，加强相对孤立和松散卫所防御系统的整体性和联动性，但较之藩王守边总兵镇守制度更加规范化、系统化和合理化。由此形成总兵镇守制度辖制卫所制度的双重军事管理制度，在各军镇内较好发挥了综合管理作用。随后，设立宣大总督及巡抚制度并逐渐稳定，旨在更高层面统筹协同区域相关各镇间的整体管理，进一步强化区域军事防御系统的系统性和整体性，以更高效应对日益严峻的

①《明仁宗实录》卷六上，洪熙元年春正月甲申条，第208页.

战势。纵观明朝北疆军事管理制度变迁，实质是不断加强军事防御体系整体性、系统性和规范化的过程。

3）北疆防御模式转变的必然选择

明朝防御理念由早期的积极防御转变为后期的全面防御，而相对开放的弹性卫所防御体系亦相应转变为封闭的硬性长城军事防御系统。防御思想及相应物质形态的转变，直接促使军事管理制度的适应性演化。在空间尺度方面，卫所封闭的集团性以及防区范围相对较小等特征，使其无法完成漫长防线全天候的防御需求，而总兵镇守制度则整合众卫所防御力量，在更大尺度上建立防御机构“镇”，以适应长城防御体系的整体需求，而后期宣大总督的确立在更大尺度上进一步强化多个镇的区域系统性和整体性；管理模式方面，早期卫所制度仅在相应辖区内实行模糊的半军事化管理模式。随着战事日趋严峻，防御模式必然趋于专业化，而长城军事防御体系系统、专业、严密的防御模式，必须要求规范严谨、精密协调、等级明确的军事化管理制度；综合协同方面，防御模式的转变要求集中的兵力、系统的模式以及强大的可持续资源供给，而基于两种制度的优缺点，不可能偏废任何一方，只能在更加强化和完善自身功能属性的同时，全面加强两者的综合统筹和系统协同，才能高效的完成防御功能。

五、战争时序演变

统计分析宣大山西三镇地区遭受蒙军侵袭的主要事件，探索区域战争的时序演化过程。统计区间为永乐—隆庆时期，此区间是三镇长城与军事防御聚落体系逐渐融合并成熟的时期（实际上此区间早期，严格意义的宣大山西三镇辖区并未形成，统计基本将此阶段严格意义的三镇辖区所涵盖聚落涉及的战争，视为与早期三镇相关的数据而计入总数）。统计资料主要以等级相对较高和空间尺度相对较大的官方史料和战争通史为主，包括《明实录》①、《明通鉴》②、《中国历史战争年表》③等，此类史料通常记载规模较大的主要战争，对局部小型战事记载较少，以此获得较统一的统计口径和相对宏观尺度的战争信息。由于史料记载多概略，很难统一基于兵力、破坏力、持续时间等直观指标比较战争强度，本节只能以攻击次数（或频率）为标准考察时序演化，并大致考察兵力规模对战争的影响。此外，还存在由于不同史料以及史料本身统计标准不一致的问题，如两次未详细记载级别（军队数量）的战争在统计中只能视为大致相同，但事实上两次战争的级别可能相去甚远。因此如下统计数据，只能提供宏观统计意义上相对有效的参考信息。

统计从以朝代分界、以5年和10年为单位划分的三种时间尺度考察，传统上

① 中央研究院历史语言研究所．明实录［M］．上海：上海书店，1982.
②（清）夏燮．明通鉴［M］．北京：中华书局，1959.
③ 中国军事史编写组．中国历代战争年表［M］．北京：中国人民解放军出版社，2003.

以朝代分界，可呈现朝代与战争相对宏观的系统关系，但朝代并非匀质划分，会叠加、弱化和隐含部分信息，较不精确。因此辅助以5年和10年为单位划分的两种相对匀质和微观的时间尺度，精确呈现战争的时序变化特征。

以朝代划分尺度考察，总体看，从永乐至隆庆约170年中共记载226次攻击，年均1.3次。战事主要集中于统计区间中后期，其中永乐到天顺43次，约占全部数据的19%；成化至嘉靖约183次，占81%。进一步考察发现，战争于景泰、弘治、嘉靖朝出现三次峰值，且三峰值整体存在逐渐增强的趋势，尤其嘉靖异常增加，显著高于前两次（共121次），约占全部数据的53.5%。应是宣大山西地区遭受战争最严峻的时期（图1–3）（随后战争重心逐渐转向东部蓟辽一线）；而就各镇数量看，宣府与大同的攻击次数大致相同，两者显著高于山西镇，这与两镇值守外长城，直接面对蒙军频繁攻击吻合。山西镇则以内长城为主，兼涉小部分外长城，攻击相对偏少（图1–4）。

根据前述分析，战争时序存在显著非匀质性。进一步以5年和10年为尺度统计战争，更微观和精确考察战争时序变化。时序特征并未出现以朝代划分的显著非匀质状态，而更趋匀质性和连续性。大致呈现两种状态：一种是常规状态，即各时期均存在基本战争状况，呈现较规律和稳定的趋势，由图1–5可知，大致均

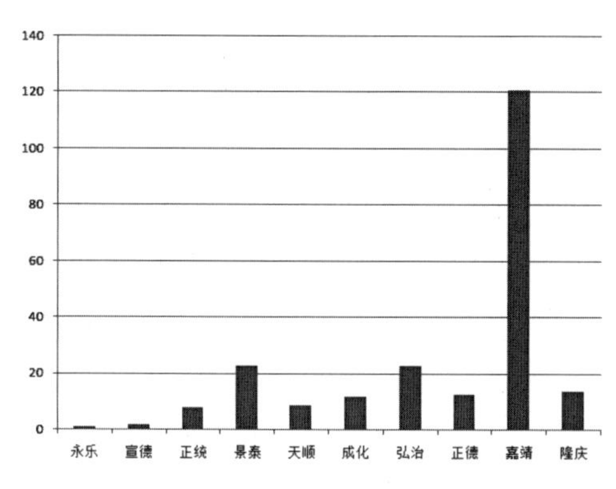

图1–3　宣大山西三镇各朝代战争次数统计

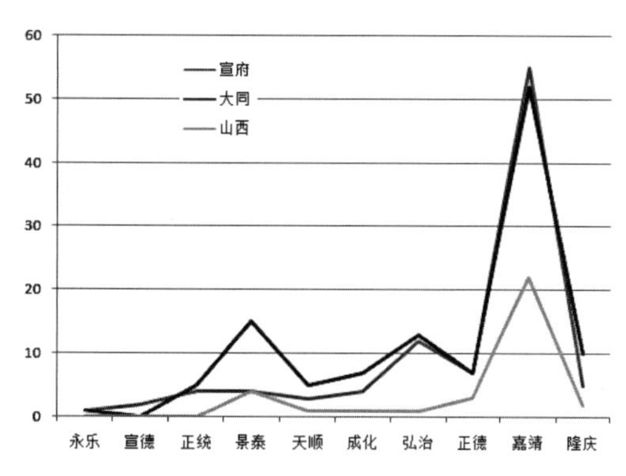

图1–4　宣大山西三镇分镇战争时间统计

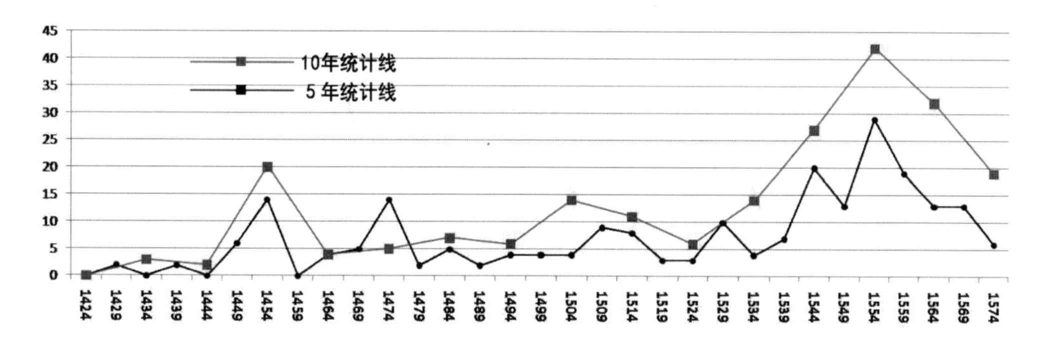

图1–5　以5年和10年尺度统计战争次数

值约每年1次。从统计层面看，基本与蒙军以劫掠物质和人口为目的而发起的常规劫掠吻合；另一种则是集中出现的高密度状态，呈现突变、不稳定形态，大致统计发现此类战争集中出现于嘉靖朝（1522~1567年），其中以5年尺度的1549年至1554年间最多，共42次，平均一年8.4次。而战争最多的1557年便出现9次，如此高频率的战争，在统计意义上显然已超出常规战争模式和目的，推测此时期的战争应是较大局域层面甚至国家层面的战争，其战争目的可能是以某种战略目的为导向的军事压制，或是以侵占土地为目的侵略，甚至是夺取国家政权的系统性战争。

就三镇相关性考察，总体看，三镇战争数量具有明确宏观相关性。外长城尤其是大同和宣府二镇外长城被击穿后，腹内三镇广大地区将遭受连带攻击，因而三者宏观上存在显著相关性；进一步考察细节，早期天顺之前，大同镇与山西镇相关地区战事相关性较高，但宣府镇与两者相关性较弱且没有规律；中后期大同与宣府的整体相关性显著增强，同步性良好且逐渐加强，两者与山西镇相关性反而减弱，最后阶段三镇整体相关性又趋同。推测早期大同镇与山西镇辖区地缘关系密切，因而战事相关度较高，宣府则相对独立。中期宣府镇与大同镇长城防御体系逐渐整合协同，因而相关性上升，山西镇主要位于内部，战事较少。后期三镇系统关系全面建立，加之嘉靖朝遭受巨大军事压力，三镇全部累及战事，因而相关性和同步性又显著提升。

而从长城击穿情况看，长城经常被击穿。具体而言，226次中约有1/5明确记载击穿长城；另约1/3记载不明确是否击穿，但根据敌军到达区域的记载推测，应有相当部分击穿长城进入腹内。进一步分析发现，万人以上的战争等级，长城较多情况下会被击穿；千人以下几乎没有记载，推测可能因规模较小、基本无法击穿长城，或者击穿后仅深入局部较小范围便被击退，因而被视为零星的小战争而“不值一提”；位于两者之间兵力的情况，是否击穿则视当时攻防状态、地理环境等因素具体而定。

根据以上论述，在防御蒙军入侵的战争中，长城对蒙军低等级劫掠活动具有较好的直接防御作用，但面对中、高等级战争难当“坚不可摧”之称。就统计数据来看，中等级别的战争占据相当数量（低等级的攻击对蒙军劫掠目的来说毫无意义只能徒增伤亡），是蒙军侵袭的有意义的常规状态。由此，常规侵袭中，长城并不是非常可靠和主要依赖的防御核心，也不是防御活动的终结阶段而更像是开始部分，而腹内军事防御聚落的防御行为在整个防御活动中占据相当比重，目前推测具有很大程度的主体作用。

六、长城修筑演变

明早期和中期北疆长城演变比较复杂，期间长城最远一度涉足漠南阴山之地，伴随明朝军势渐弱以及疆域的回缩，长城随之南迁，尤其是成化时期，变更愈加频繁，随后于嘉靖朝前后逐渐稳定于今天之位置。宣大山西三镇长城修筑时程长、类型多、关系复杂。三镇所涉长城修筑时间间隔甚长，宣府镇较早出现早期长城（非严格意义的长城军事防御聚落体系所指的长城），而山西镇则相对较晚形成连续长城；三镇长城类型较为复杂，宣府和大同二镇为外长城，山西镇则涉及内长城和小部分外长城；三镇长城系统关系较复杂，一方面宣大山西三镇外长城由东向西连续展开，共同构筑区域外围第一道防线；另一方面，三镇外长城在山西镇西北部杨柏岭堡附近与山西镇所属内长城连接，而与宣府镇东端交接的昌镇内长城以及南部真保镇部分内长城，共同构筑成闭合的双层防御屏障。三镇各自情况详细论述如下：

（一）大同镇长城演变

大同镇长城东起今山西天镇县东北镇口台，西达偏关县东北的鸦角山（又称丫角山），自东向西依次经天镇、阳高、大同、左云到朔州等地，全长约640余里（相关记载甚详，此处不再赘述）。

据史料记载，大同镇长城修筑约始于明成祖永乐时期，“帝于边备甚谨，自宣府迤西迄山西，缘边皆峻垣深壕，各处烟墩，务增筑高厚，上贮五月粮及柴薪药弩，墩傍开井，井外围墙与墩平，外望如一。”[①]随后，成化二十一年（1485年）户部尚书兼左副部御史余子俊总督宣大军务，期间修筑大同镇长城，“大同中路起，西至偏关接界去处止，东西地远六百余里，地势平坦无险可据，应调集中、西二路征操马步官军并屯种宦舍余人等做与墩样，从中路起随小边故址，每二里立墩台一座，每座四面根脚各阔三丈，高三丈，对角做悬楼二座，长阔各六尺。空内挑壕堑，阔一丈五尺，深一丈许”。[②]

嘉隆朝，北疆防御形势日趋严峻，掀起大同镇长城大规模兴筑活动，区域长城主要在此期间修筑。嘉靖二十一年（1542年）翟鹏总督宣、大地区，修筑“大同壕墙一道，深广各二丈，且垒土为墙，高复倍之，延袤二百九十余里，添筑新墩二百九十二座，护墩堡一十四座。”[③]随后，嘉靖二十三年（1544年），巡抚詹荣修筑“东路边墙百三十八里，堡七，墩台百五十四。”[④]嘉靖二十五年（1546年），总督翁万达及都御史詹荣等又修筑“边垣西起丫角山，东止李信屯，延袤五百余里”[⑤]的边墙。

隆庆时期，明蒙“互市”，战事舒缓，明政府陆续修缮和加固长城设施。万

①（清）张廷玉. 明史·卷九十一［M］. 北京：中华书局，1974.
②（清）黎中辅.（道光）大同县志［M］. 太原：山西人民出版社，1992.
③（清）黎中辅.（道光）大同县志［M］. 太原：山西人民出版社，1992.
④（清）黎中辅.（道光）大同县志［M］. 太原：山西人民出版社，1992.
⑤（明）杨时宁. 宣大山西三镇图说·卷之二·大同镇图说［M］. 明万历癸卯刊本.

历朝，明政府亦陆续拨款修筑大同镇长城和敌台等设施。[①]而明末期，政府忽视边防建设，边墙逐渐废弃。[②]

（二）宣府镇长城演变

宣府镇长城东起居庸关四海治，西达今山西东北隅阳高县的西洋河，自东向西经延庆、赤城、赤城—崇礼交界地带、崇礼—宣化交接地带、张家口、万全、柴沟堡等地，全长约1023里（相关记载甚详，此处不再赘述）。

据史料记载，宣府镇长城修筑约始于明成祖永乐时期，永乐十年，“敕边将自长安岭迤西迄洗马林筑石垣，深壕堑”。正统十四年土木之变后，宣府镇边墙和关隘等设置遭到严重破坏。景帝即位后，重新修复区域边墙和关隘[③]。宣府镇长城大规模修筑主要是在嘉靖年间完成。嘉靖二十三年（1544年）都御史王仪修筑“宣府北路之龙门许家冲，中路之大小白阳，西路之膳房、新开、新河口、洗马林等要冲垣墩”。[④]翁万达任宣大总督时则掀起宣府镇边墙的大规模修筑。嘉靖二十五年（1546年），翁万达以“王仪所筑塞垣半已溃圮，诸要冲垣墙亦多未备，请先于西路急冲张家口、洗马林、西洋河为垣七卜五里有奇，削垣崖二十二里有奇，堑加之。次冲渡口柴沟，中路葛岭、青边、羊房、赵川，东路永宁、四海冶为坦九十二里有奇，堑十之二，敌台月城”；嘉靖二十六年（1547年），又“自西阳河镇西界台起，东至龙门所灭胡墩止，为垣七百一十九里，堑如之，敌台七百一十九，铺屋如之，暗门六十，水口九”[⑤]；随后，嘉靖二十八年（1549年），再次“自东路新宁墩，北历雕鹗、长安岭、龙门卫至六台子，别为内垣一百六十九里有奇，堑如之，敌台三百有八，铺屋如之，暗门十有九，以重守京师，控带北路。又请补筑东路，镇南墩与火焰山中空，由镇南南北，西历永宁至新嫩，塞垣以成全险”。[⑥]

隆庆和万历时期，均对宣府镇局部长城进行了修补和加筑[⑦]。直到崇祯时期，明政府依然重视宣府镇长城的修筑，但因费用高昂和战患之累而无力顾及，仅进行了小范围修补。

（三）山西镇长城演变

山西镇所辖长城东起山西和顺县东黄榆岭，西至山西保德县黄河东岸，自东向西经固关、龙泉关、平型关、繁峙、代县、宁武关、神池、鸦角山、老牛湾、

① 沈起炜. 中国历史大事年表［M］. 上海：上海辞书出版社，2001.
② 张国勇. 明代大同镇述略［J］. 鞍山师范学院学报，2005，7（3）：27-30.
③（清）张廷玉. 明史·景帝本纪［M］. 北京：中华书局，1974.
④ 王者辅. 宣化府志·卷十四·塞垣考［M］. 清乾隆八年本. 台北：成文出版社，1968.
⑤ 王者辅. 宣化府志·卷十四·塞垣考［M］. 清乾隆八年本. 台北：成文出版社，1968.
⑥ 王者辅. 宣化府志·卷十四·塞垣考［M］. 清乾隆八年本. 台北：成文出版社，1968.
⑦ 王者辅. 宣化府志·卷十四·塞垣考［M］. 清乾隆八年本. 台北：成文出版社，1968.

偏关县和河曲县，全长1600多里（相关记载甚详，此处不再赘述）。

据史料记载，山西镇相关修筑活动最早始于洪武六年（1373年），朱元璋命军徐达于山西、北平备边，“诏山西都卫于雁门关、太和岭，并武、朔诸山谷间，凡七十三隘，俱设戍兵”。[①]山西镇地区自古关隘众多，此时期的关隘建设活动应涉及相关关墙、局部山墙的兴筑，其部分后续将融入山西镇长城而成为组成部分。宣德期间（1426~1436年），李谦镇守山西，都建山西防御体系，设立大量烟墩、边墩等，如“大边墩在红门口外六十里，自窑子头墩起，至小口子墩止，共计一十六座”[②]；成化二年（1466年）总兵王玺修边，“正北为草垛山，边迤东为水泉、红门口，边极东为老营好汉山，边东接大同镇平鲁卫白草坪边，东南折向内边接利民、朔州界。”[③]；正德十年（1515年）张凤翊修筑四边，“在关南二里，东起长林鹰窝山崖，西抵偏关教军场，随山据险，长一百二十里。又于关南五里筑堡一座，名罗汉坪堡”。[④]

嘉靖时期，山西镇长城大量兴筑。八年（1529年）总兵李瑾修建三边，“在关东北三十里，东起老营石庙儿，西抵白道坡石梯墩，沿山削崖，平地筑墙，长九十余里”[⑤]；十三年（1534年），任洛增筑“自雕窝梁至达达墩，筑边八里二十八步，砌以石”[⑥]；嘉靖十八年，陈讲修复废弃长城，“东起阳方，经温岭大、小水口，神池、荞麦川至八角堡，悉筑长城凡百八十里，且筑且斩，因山为险，土石相半，外为壕堑”[⑦]；次年，都御史刘臬又修筑雁门关隘相关边墙约三百里，高宽均以一丈五尺为标准。万历年间，巡抚李景重修雁门关边墙，绵亘十五里。

第二节　研究方法和数据

一、研究方法

（一）地理学第一定律

1970年，美国地理学家W.R.Tobler首次提出著名的地理学第一定律“Everything is related to everything else，but near things are more related than distant things”[⑧]，即任何事物都与其他事物相联系，但邻近事物比较远事物的联系更为

①（清）张廷玉，明史·兵志·卷九十一［M］. 北京：中华书局，1974.
② 偏关志·烽堠［M］. 1915年铅印本，卷上. 第6页.
③《偏关志·关隘》，1915年铅印本，卷上，第4页.
④《偏关志·关隘》，1915年铅印本，卷上，第4页.
⑤《偏关志·关隘》，1915年铅印本，卷上，第4页.
⑥《宁武府志》，清乾隆十五年刻本，卷1，第21页.
⑦《宁武府志》，清乾隆十五年刻本，卷1，第21页.
⑧ Tolbler W. A computer movie simulating urban growth in the detroit region［J］. Economic Geography, 1970, 46（2）: 234-240.

紧密，也称之为Tobler第一定律[①]。定律看似简单但内涵异常丰富，一方面，说明相邻越近的事物相关性越高；另一方面，空间的距离和特性形成差异并造就了多样性和复杂性[②]。前者强调地理的同一性，后者强调地理的差异性，而其核心本源归结为空间距离[③]。定律的“距离远近”可拓展到时间和空间维度，即地理事物或属性在时间和空间分布上互为相关，存在集聚（Clustering）、随机（Random）、规则（Regularity）等特征分布。地理学第一定律一经提出便在地理学界引起巨大反响，并成为具有世界观和方法论甚至哲学意义的重要指导准则，对地理学定量化发展具有重要的指导性和方向性作用，而且在与地理相关的社会学、考古学及历史学等众多方面得到广泛应用。本书根据地理学第一定律，将三维时空坐标体系变换为二维系统关系图，在保留众聚落三维状态下时间和空间相关性信息的同时，又获得良好的可读性和比较性。

（二）GIS的三维时空坐标网

基于GIS地统计分析的trend analysis功能可将对象样点某属性值设置为高度轴，以此建构三维时空透视图，并可任意改变整个投影视图的视角，从不同视角分析采样数据集的全局趋势[④]。以投影点建立拟合线呈现特定属性与地理和方位的系统关系，从而简单、直观的呈现数据的空间分布趋势，并找出拟合最好的多项式对区域中的散点进行内插，获得趋势面特征结果[⑤]。基于此，建立宣大山西三镇长城军事防御聚落体系三维时空演化图（图1–6）。

（三）三维时空坐标网的变换

通常二维坐标系能呈现两个维度的系统相关性，由于相对信息较少且与大部分常规平面载体（书、本和屏幕）匹配，可直观、清晰地呈现信息内容。三维坐标系较二维坐标系可多承载一个维度的属性信息，由此将聚落的地理位置和建造的时间序列融合为完整的时空语境，呈现出聚落体系时空演化的复杂系统关系，但却存在不易观察的问题。一方面，实际上我们不得不在二维纸面上说明所有的内容，在将三维信息压缩于二维空间的过程中必将损失大量信息；另一方面，由于聚落地理数据的时间和空间的“距离”尺度差异非常复杂，有些数据空间尺度很大需缩小才能呈现全貌，有些则聚合在一起甚至“叠加”而需要放大才能感知细节，但是不管采用哪种尺度标准呈现时，其他尺度数据将发生“看不到”或

① Miller, H. J. Tobler's First Law and Spatial Analysis. Annals of the Association of American Geographers, 2004, 94, 284–289.

② 孙俊，潘玉君，和瑞芳，刘海琴，常楠静，刘树芬，李会仙. 地理学第一定律之争及其对地理学理论建设的启示［J］. 地理研究，2012，10：1749–1763.

③ 孙俊，潘玉君，和瑞芳，刘海琴，常楠静，刘树芬，李会仙. 地理学第一定律之争及其对地理学理论建设的启示［J］. 地理研究，2012，10：1749–1763.

④ 宋小东，钮心毅. 地理信息系统实习教程［M］. 北京：科学出版社，2007.

⑤ 宋小东，钮心毅. 地理信息系统实习教程［M］. 北京：科学出版社，2007.

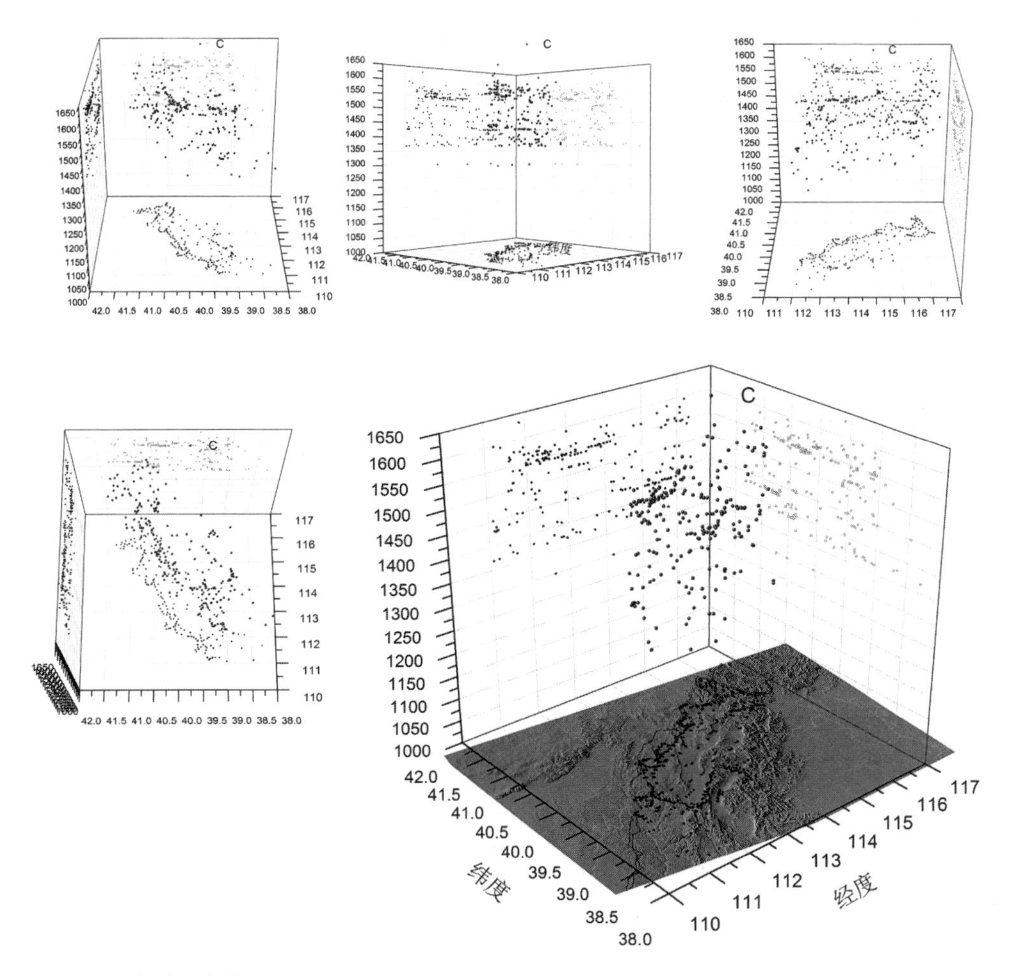

图1-6　三维时空演化图

“看不清”的问题，因此整体呈现数据的完整细节是非常困难的，这是地理学要素呈现与尺度直接相关的重要问题之一。基于上述原因，为在完整时空语境下既表现聚落体系时空演化的相关性关系，同时又能在二维纸面上以“统一标准”清晰呈现信息，需对三维时空图进行二维化处理。本次主要采用纵向“时序—地理相关性图”和若干张横向“时空切片”图组合的方式呈现聚落时空演化过程。纵向时序—地理相关性图表征聚落的地理拓扑关系和时间轴信息（Z轴），时空切片则精确呈现截止到切片切割时刻的聚落空间分布（XY轴）。其中纵向时序—地理相关性图遵循地理学第一定律，基于相邻聚落在时间和空间上相关性甚高的拓扑属性，将三维时空坐标体系处理成为二维系统关系图，保留了聚落三维状态的时间和空间相关性，同时又获得良好的可读性和比较性。

具体操作如下：首先，基于GIS的trend analysis构建经度（X轴）、纬度（Y轴）和建堡时间（Z）组成的三维时空坐标体系；其次，基于地理学第一定律，以三维坐标系所承载聚落体系的空间拓扑关系——空间紧邻性为规则，将各镇

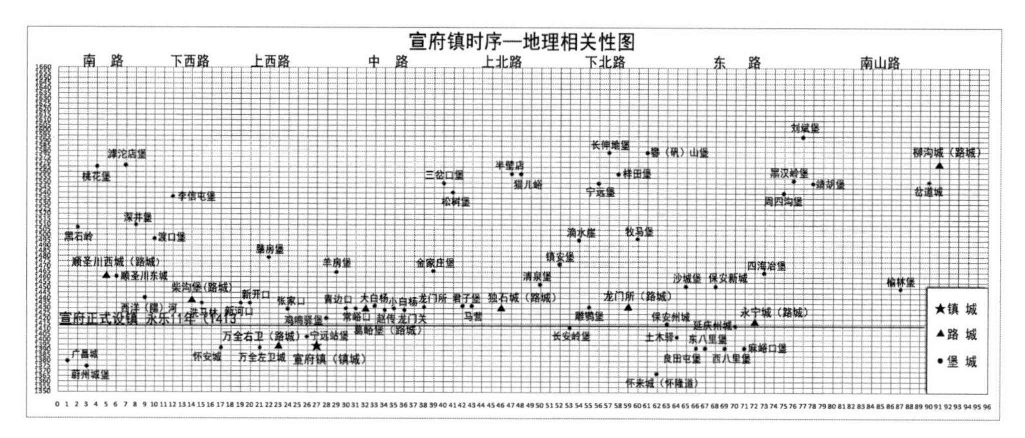

图1–7　宣府镇时序——地理相关性图

聚落体系整体依照长城走向，由东向西逐个连续呈现于二维坐标系内，其中局部大致水平方向分布的聚落以经度为标准由东向西（从右向左）排列顺序；局部基本竖直方向分布的聚落以长城走向为标准，依照维度排列聚落顺序；倾斜分布的则同样以长城走向为依据，视情况以经度或纬度确定顺序。需要说明的是，沿边聚落排列较清晰，但个别腹内和沿边聚落排列时因经度或纬度有可能较接近，此时需结合时空切片综合考察。经过拓扑变换获得的时序—地理相关性图清晰、直观（图1–7），同时保留了绝大部分聚落地理信息的相关性并具有所有聚落的时序性，时序—地理相关性图是聚落体系时空演化研究的核心（其中五角星表示镇城、三角表示路城、圆点表示堡城）；最后依照时序—地理相关性图，根据研究选择的时间尺度，进行相应的时空切片操作，获得一系列时空切片图。时序—地理相关性图和时空切片图组合可共同呈现各镇聚落体系完整的时空演化过程。

二、研究数据

研究数据以史料记载的军事防御聚落筑城时间为参数，构建聚落体系的时序演化轴（Z轴）。需要严格说明的是：首先，聚落的筑城时间并非聚落出现的时间，军事防御聚落部分为传统民属聚落，部分为新筑的军属聚落。尤其是高等级的镇城、路城和卫城等，均为区域自古至今一脉相承的大中型聚落，聚落形成时间远早于明代相关记载筑城时间。而就低级别聚落来说，部分同样存在此问题，但部分筑城时间与聚落出现时间较接近；其次，记载筑城时间并不严格对应军事力量介入的时间。根据史料记载，通常情况下军事力量介入的时间相对早于筑城时间，亦有部分堡新筑时间与军事力量介入时间较接近，修建同期便进驻军队。

本书将历史记载筑堡时间作为军事防御聚落体系演化的时间表征，主要基于以下原因：

第一，长城军事防御聚落主要是基于区域民属聚落演化出的军事功能型聚落，军事力量稳定的介入（驻扎）视为民属聚落军事化转变的主要标志。在长城军事防御聚落体系早期演化过程中，军事力量布局定位并不稳定，初期介入某聚落后，往往根据战事需求，或长期驻扎，或调整移住它堡。就此意义上说，军事力量介入聚落初期的不稳定性，不能代表此聚落已明确转变为军事防御聚落。随着区域防御模式和布局结构的不断成熟，军事力量在聚落中的配置趋向稳定，而军事力量相对稳定介入聚落的重要标志之一便是聚落筑墙修堡，筑墙同时也标志着聚落成为正式军事据点而相应提升防御等级。

第二，由于历史记载在时间、空间和对象等各方面存在内容的不完整性、尺度的不一致性、语言的不精确性、资料的矛盾性等问题，因此历史问题研究需在一定尺度上取得模糊与精确的平衡。统计意义上看，宏观性研究更容易获得复杂系统相对整体性、系统性的准确结果。这也是本研究选择聚落的筑堡时间作为聚落演化时间节点的依据之一。在漫漫历史长河中局部地区军事活动由于过于微观而极少留存完整时空信息，也许部分较高等级聚落存有精细的军事力量配置时序沿革记载，但占绝大多数的中低等级聚落却很少相关记载，因而无法呈现其整体军事布局的演化过程。但堡寨的修筑时间记载却给予了相对精确的时间和空间线索，且几乎覆盖所有军事防御聚落。虽然存在一定时间错位而不能足够精确反映非物态军事力量的变迁，甚至个别堡寨兴建时间的历史记载存疑或有误，但就聚落体系时空演化的系统性角度看，聚落体系各堡修筑时间的系统性证据链可以再现聚落体系演化的整体结构关系，而个体聚落的误差不会或很少影响整体性结构所呈现的系统关系，况且本研究主要关注聚落体系的宏观时空演化过程，个体误差可以接受。

综上所述，本书将历史记载筑堡时间作为军事防御聚落体系演化的时间表征线索，构建聚落体系三维时空演化坐标系（图1-8），相对精确刻画聚落体系演化时间和空间的系统关系。再次明确说明此系统所能和只能描述的是：以将聚落筑堡时间大致视为军事力量稳定介入该聚落，而使其转变为军事防御聚落为标准，在此条件下呈现的长城军事防御聚落体系的宏观演化过程。

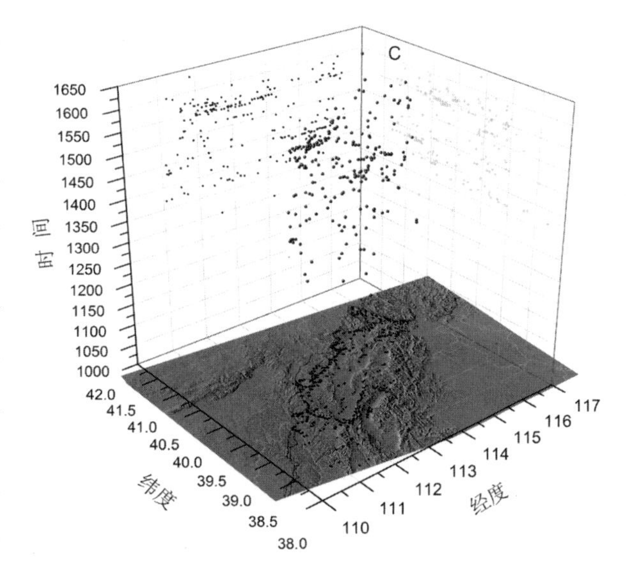

图1-8　宣大山西三镇聚落体系时空演化三维坐标系

第三节　三镇聚落体系时空演化过程

综合历史沿革、军制演变、战争时序以及长城演化等宏观背景，基于聚落体系时序—地理相关性图（图1–9、图1–11、图1–13）和时空切片，详细分析宣府大山西三镇军事防御聚落不同层次的微观演化过程，探索三镇防区军事防御聚落体系演化的历史脉络和系统关系。

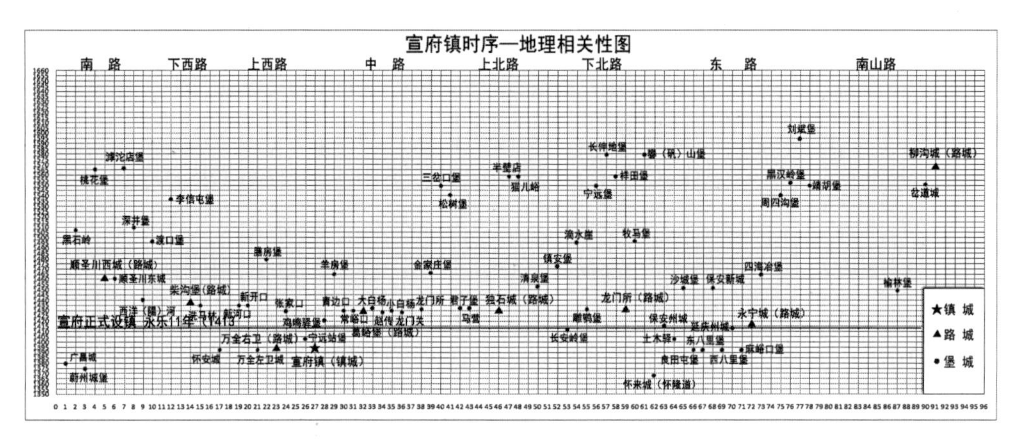

图1–9　宣府镇聚落演化时序——地理相关性图

一、宣府镇聚落体系演化过程

洪武初期，明政府攻克元大都（北京），元军主力虽已远退草原腹地，但残余部分仍在河北和山西北部（后期宣府镇和大同镇涉及地区）广大区域与明军焦灼对抗。洪武六年（1373年），明政府派徐达驻守北平、山西等处备边，在险要之地建立关隘，并修筑卫、所城堡以增强防守①。期间，修筑怀来城、蔚州城和广昌城等原有传统聚落城池并驻兵防卫，由此掀起区域军事防御聚落发展的序幕。洪武二十六年（1393年），正式设置怀安卫，以及万全左、右卫和宣府左、右卫，随后相继修筑其城堡并置兵镇守②，这些卫治城池均位于所辖区域开阔平坦、交通便利、土沃人稠的战略重地，区位优势便于辖区的军事防御调度和地方民政管理，由此形成宣府地区早期的以卫、所为核心的基本军事防御架构和土地管理系统。宣府城便修筑于此期间，洪武二十七年（1393年），“上谷王命所司展筑，方二十四里，有琦南一关，方四里。辟七门，以通耕牧”③，此后不断加固修缮，最终形成坚固的军事堡垒。宣府城居于宣化盆地核心位置，是沟通四至的交通枢纽和战略要地。区域土地富饶、人口众多。传统的区位优势和历史积淀，以

①（清）张廷玉．明史［M］．北京：中华书局，1974.
②《明太祖实录》卷二二五，洪武二十六年二月辛巳条，第3295页.
③（清）孙士芳．宣府镇志［M］．嘉靖四十年刊本．台北：成文出版社，1970.

及军事功能的较早介入，均促使宣府城很快成为区域军事、政治和经济中心，并对随后区域军事防御聚落体系的发展演化起到巨大推动作用。此外，在中西部与京城之间的腹里地带——今沙城一带，亦建立良田屯堡、麻峪口堡、东八里堡和西八里堡等堡，以加强宣府城至居庸关交通要道的防御，并加强与京城的沟通联系（图1-10a）。

靖难之役，朱棣回迁大量卫、所以强化京周防御，漠南地区仅保留开平、兴和怀化，以及万全左、右卫、宣府左、右七卫。由此宣府地区逐渐成为明蒙攻防前沿，防御重要性提升[①]。永乐三年（1405年），为加强宣府地区防御设立军镇制度，并最终于永乐十一年（1413年），正式设立总兵镇守制度，镇治于宣府城。期间，在镇城东南怀来一带，基于前期建立的良田屯等堡，相继修筑土木驿、长安岭、延庆州城、保安州城和永宁城等堡，全面加强京北居庸关外围防御。大约同时期前后又分别于区域西北部加筑宁远站堡和稍后的鸡鸣驿，整体看与加强区域信息沟通、物资转运等防御辅助功能有关。直至永乐十九年（1421年）迁都北京期间，宣府镇军事聚落建设基本集中于宣府镇腹内——万全右卫、宣府城、土木堡一线的盆地川谷中（图1-10b）。

宣德五年（1430年），开平迁回宣府镇，外线防御屏障丧失，宣府镇防御地位全面上升，成为北部重点经营的最后防线，掀起边堡建设的高潮。首先，在宣府镇近北部集中建立以葛峪堡（路城）为核心的中路防御集团，沿长城陆续修筑龙门关堡（关底村）、赵传堡、小白杨堡、青边口堡、常峪口堡、葛峪堡和大白杨堡，稍后又在东部修建龙门卫城；东北部则重点经营北部上、下北路防区，先后在区域北部修筑独石城、君子堡、马营堡（伴随长城），在区域东北部修筑龙门所城和雕鹗堡；在西北部修建张家口、新开口和新河口等堡以完善上西路；在西部则建立以柴沟堡（路城）为核心的下西路防御集团，首先修筑洗马林、柴沟堡，之后再筑西洋河堡。上述建设活动基本在短短五六年内完成，一系列营建活动基本构建出宣府镇长城军事防御聚落体系东、中、西均衡连续的空间格局，形成由西洋河向东至龙门卫城、雕鹗堡一线（涉及部分内长城），以及北路扼守大马群山的外长城防御体系的大致轮廓线。进一步分析发现这时期修筑的聚落城池几乎全部为戍守长城的堡城，基于"筑堡守边，建边护堡"的堡城与长城互动建造关系，以及时空切片图（图1-10c），推测宣府镇西部、中部和北部的外长城防线，以及东部部分内长城防线，相关边、堡的融合应始于中路葛峪堡防御集团的建设，约在宣德时期，至迟到正统初期，宣府镇长城军事防御体系空间格局架构大致形成，并基本成为明蒙疆域的边界线；此外，基于地理学第一定律，这时期边堡大量的系统性出现，可推证宣府镇后期长城很可能便是从此时期逐渐趋于稳定的。

① 赵现海．明代九边军镇体制研究［D］．长春：东北师范大学，2005.

土木堡之变（1449年）后，宣府镇防御体系遭到破坏，在维修和加固原有设施的基础上，重点加强体系完整性和系统性，以及局部地区防御力量、堡寨联系或转用物资等功能的建设。此活动持续至嘉靖初（约80年），前后修筑约15堡余，各路均有涉及，主要集中于宣府镇西南部、北部（上北路和下北路）和东部地区。天顺（1457~1465年）时期，在西南部经营南路防区，修筑顺圣川东和西城，以及后期的渡口堡和黑石岭堡，以加强内部纵深防御力量，并增厚宣府大同交接的薄弱地区，区域以北便是土木堡战事蒙军入侵区域；上北路增加膳房堡；中路葛峪堡防区东西两端增筑羊房堡和金家庄堡，已增加与其他防区的连续性；北部则加强独石口至龙门所一线的防御体系，先后修筑清泉堡、镇安堡完善独石口右翼长城防线，之后修筑牧马堡、滴水崖堡拱卫龙门所城；东部则建设沙城堡、保安新城、四海治堡以及榆林堡，进一步强化京城北部安防，而四海治堡最终形成宣府镇东端界点（图1-10d）。

嘉靖时期，蒙汉冲突激化，宣府镇长城防务空前紧迫，嘉靖中后期约30年时间内，集中在各路增筑堡寨约15个，以加强局部防御和完善系统防御为主。建设活动主要集中于北路（上、下北路），先后修筑松树、宁远、猫儿峪、半壁店、样田堡，以完善区域系统结构关系并增强谷道纵深防御；同时，东路防区陆续修筑周四沟堡、黑汉岭堡和靖胡堡，以及腹内扼守关沟前冲的岔道城和柳沟城等堡，其东端防线边界就此确定；在此期间南部亦为加强腹内深处的系统联系和防御先后增筑深井堡、李信屯堡、桃花堡和滹沱店堡；中路只增加三岔口一堡。嘉靖之后宣府镇仅增筑长伸地、刘斌堡、礬（矾）山堡三堡，均为完善东路体系之用，以进一步应对东部威胁的加剧（图1-10e）。

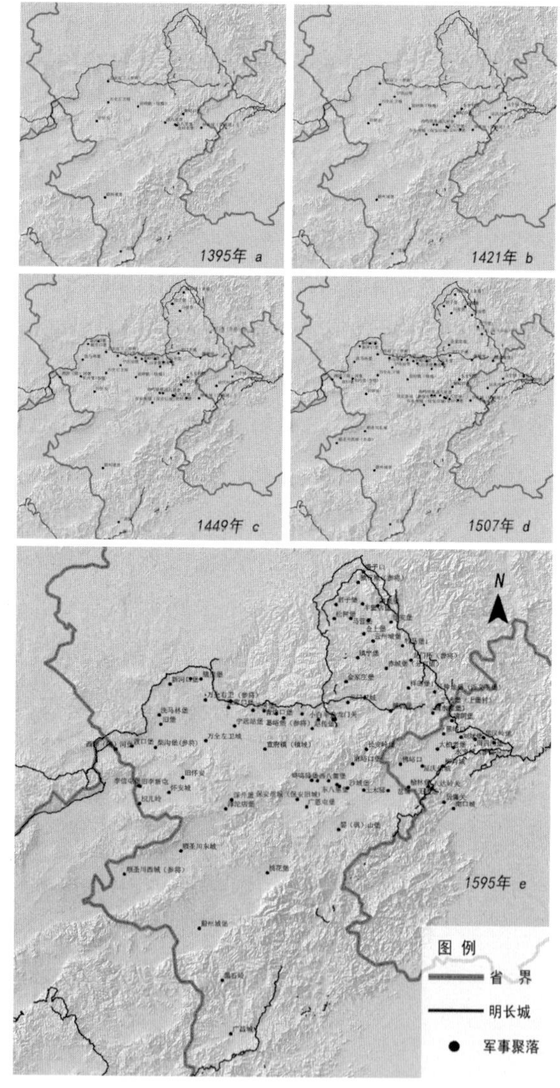

图1-10　宣府镇时空切片图

综合以上论述，宣府镇军事

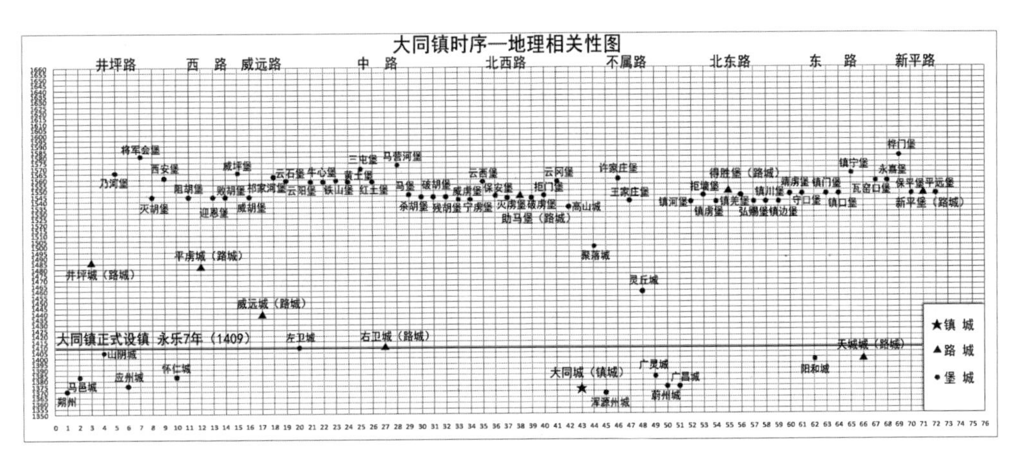

图1–11　大同镇聚落演化时序——地理相关性图

防御聚落体系形成时间相对较早，演化影响因素众多。洪武时期，基于区域传统核心聚落，设立卫所奠定了宣府地区军事防御聚落的基本格局，并以此为据点于战略层面掌控整个区域；永乐时期卫所回迁调整和总兵镇守制度的建立，整合了区域防御力量，加大了防御纵深，由此确立宣府镇防御体系的基本形态，而迁都北京则促进了京北宣府腹里聚落的发展；宣德时期是宣府镇长城相关防御体系基本架构形成的关键阶段，而外围防线的全面丧失亦起到推波助澜之效；嘉靖时期则为完善时期，基本形成今世所见的宣府镇长城军事防御聚落体系分布格局。

二、大同镇聚落体系演化过程

洪武三年（1370年），元军主力虽已远退，但明军在山西地区仅控制大同以南地区。洪武五年（1372年），大同等地受到北元残部反扑①。洪武六年（1373年），徐达受命于山西备边练兵，分驻各地补充地方防御力量，选择区域传统大型核心聚落——朔州、浑源州城、大同、蔚州城、广昌、应州、马邑、怀仁和广灵等，修筑或加固聚落城池，形成区域最早的军堡防御聚落系统，由此掀起大同地区军堡建设序幕。洪武二十六年（1393年），明政府正式以大同为核心，在其东、西广设卫所，其东涉及大同后卫、阳和、天城，以西则设立高山、镇朔（左云县）、定边（右玉县）②，随之修筑阳和、天城和山阴等城堡并置兵镇守，从而整体控制了大同盆地相关的广大地区，正式确立区域基本防御格局（图1–12a）。

靖难之役（1399~1402年），山西行都司管辖的大青山诸卫大量回迁，与大

① （清）张廷玉．明史［M］．北京：中华书局，1974．

② 镇朔和定边两卫较早确定空间定位，卫治分别为左云县和右玉县，之后移驻他处。永乐时期，左卫城和右卫城分别驻扎左云县和右玉县，并长期稳定于此。四者卫治对应所居聚落一脉相承。

同和宣府镇众卫所整合，大同外围防线丧失，天城、阳和等卫逐渐成为明蒙攻防前沿①。永乐七年，大同正式建立总兵镇守制度，整合区域防守力量，并增筑左卫城和右卫城，加强中部以西防御力量。宣德至天顺年间，蒙古部落已涉足大同防区北部地区，明政府在此建立关隘、屯堡、烟墩、壕沟等大量军事防御设施，并连为一体、互相配合，形成防御系统②。而大同镇辖区此时稍处于腹里，军事聚落建设活动并不多，此期间仅修筑西部威远城和东部灵丘城堡。成化时期（1465~1487年），大同镇北部外围防线持续回缩，长城修筑与废弛交替，且因修筑仓促，成化修边质量甚低而不堪重负，因此长城位置不断后退，至迟到嘉靖之前才基本稳定于今天蒙晋交界地带。期间，在大同西部修筑平虏和井坪堡城，东部则增筑聚落城，虽筑堡不多，但进一步持续前期防御力量西延的趋势，并完成本镇西部防御基本布控，至此大同镇防御宏观空间格局雏形显现，奠定了大同地区后期长城军事防御聚落体系路城级别聚落的基本格局。考察此阶段聚落筑城演化，有基于原有核心聚落自腹里盆地向北部山区推进的趋势，实际上这趋势未来将与不断回退的大同地区北部外围防线整合，进而形成长城军事防御聚落体系（图1-12b）。

嘉靖期间，明蒙矛盾空前激化。此时大同外围防线经成化时期已支离破碎、颓废破败，蒙古族部落威势逼近大同镇近北，防御压力全面上升。大同镇进入军堡修筑高峰期，尤其是中后期，在约短短30年（1538~1568年）内修建49堡，约占全镇聚落一半。如下基于更微观的时间尺度进行时空切片，考察期间聚落演化脉络。

1539年，全镇中部北东路（以成熟时期划分的防御范围表示），率先营建镇河堡、镇虏堡、弘赐堡、镇川堡和镇边堡五堡，由此正式确立大同镇中部防御的空间定位；随后1542年，北西路修筑宁虏和威虏二堡，一年后，又增筑灭虏堡和破虏堡，中部防区的聚落防御框架基本完成，两路共同构筑中部防线。此区域为三镇防御负荷重心，遭受攻击最为激烈，且其北一马平川，无天险可守；腹内再修筑王家庄堡和高山城以助防御支撑只用（图1-12c）。需要说明的是成化年间大同北部外围长城复杂多变，导致史料记载多有混乱，莫衷一是③。基于地理学第一定律，结合堡寨与长城的互动修筑模式，以及大同镇聚落很短时间便完成边堡体系的事实，推测与北路（北东路和北西路）聚落修筑时间最接近的长城修筑历史记载，应与今天大同镇长城相关性最高，很可能就是现在长城，亦或是其直接前身。

① 赵现海．明代九边长城军镇史——中国边疆假说视野下的长城制度史研究［M］．北京：社会科学文献出版社，2012.

② 赵现海．明代九边长城军镇史——中国边疆假说视野下的长城制度史研究［M］．北京：社会科学文献出版社，2012.

③ 张永江．明大同镇长城、边堡兴筑考［J］．鲁东大学学报（哲学社会科学版），2010，27（5）：1-6.

1544年，中路继续修筑杀胡堡、残胡堡、破胡堡三堡；威远路（中偏西）兴建威胡堡；西路修筑阻胡堡、迎恩堡、败胡堡；井坪路建立灭胡堡；整体考察表明大同镇中部防线建立后，随即向西延伸防御工事，并基本架构出本镇的西部防御格局。

1545年，中部北西路和北东路分别增筑拒墙堡和镇羌堡，以及保安堡、助马堡和拒门堡，进一步完善中部防线。

1546年，开始重点经营东部防线，陆续修筑东路靖虏、守口、镇门和镇口四堡，以及新平路新平堡、保平堡和平远堡，东部边堡防御架构完成；中路亦补充马堡一处加强防御。1548年再加筑北东路重要城池得胜堡。至此大同镇长城军事防御聚落体系格局确立；同时，大规模系统性的边堡建设使大同镇长城防线的轮廓基本清晰，推测此期间确定的长城及其位置应与今天最终的长城相关性非常高（图1–12d）。

随后1555年至1560年的五年间，又掀起军堡建设高潮，期间共修筑约11个城堡，以加强中部偏西的中路为主，同时于各路均有补充以完善整个防御体系。1558年，在中路修筑云阳堡、牛心堡、黄土堡和红土堡，次年修筑铁山堡和云石堡，由此加强了中路内部的纵深防御、边堡与腹内沟通联系，以及长城墙体防御。北西路则增筑云西和云冈二堡，结合中路增筑堡寨统一考察，此次增筑活动整体加强了右卫城—左卫城—云冈—大同镇城一线的系统联系；东路则补充永嘉堡和瓦窑口堡，稍后于腹内增筑许家庄堡，同样旨在加强纵深防御和系统联系。

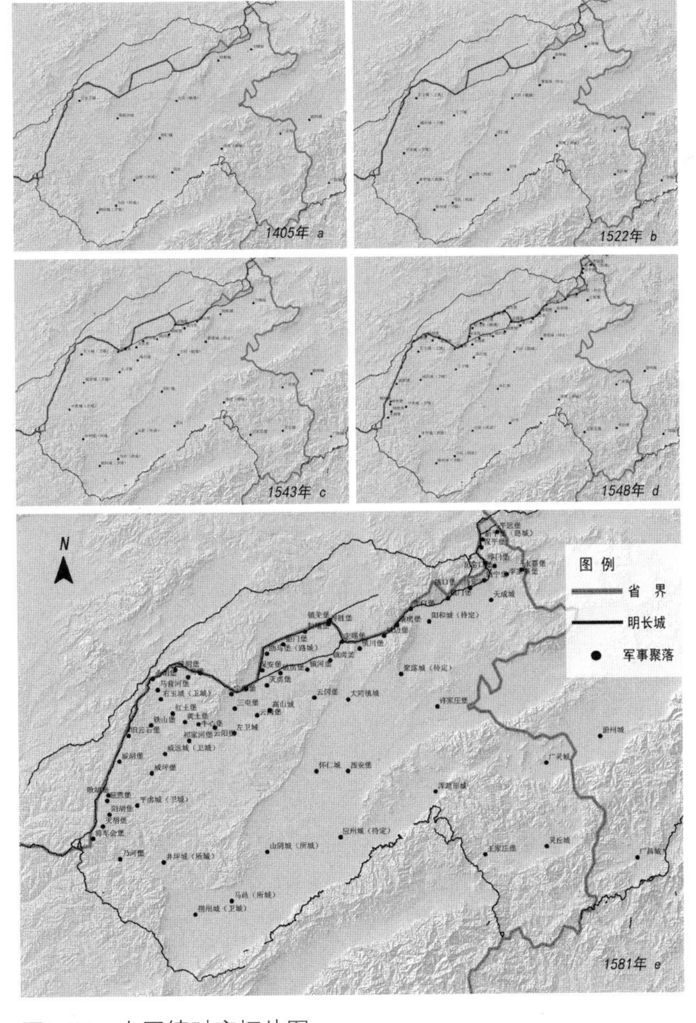

图1–12　大同镇时空切片图

嘉靖末至万历初的约20年时间里，大同镇筑堡活动主要以零星的补充完善为主，于全镇各路交替修筑西安堡、祁家河堡、镇宁堡、乃河堡、威坪堡、三屯堡、马营河堡、桦门堡以及将军会堡，共约10堡。其中井坪路西端聚落修筑的空间相对集中，但时间跨度却达20年，主要以戍守长城的边堡为主。其余各路聚落则相对分散，多居腹内以沟通联系为主。富有戏剧性的是大致最东部边堡桦门堡和最西部边堡将军会堡均于1581年最后同时完成，从而为大同镇长城军事防御聚落体系兴筑大剧画出完美结尾（图1-12e）。

综合以上论述，大同镇长城军事防御聚落体系演化过程可较明确的分为两个阶段：第一阶段为区域核心军事聚落确立时期，集中于嘉靖之前较漫长的时期演化，聚落经营以“控点”为主；第二阶段为守边聚落经营时期，聚落建设强度很高，所用时间甚短，在约30年时间内，修建全镇一半以上聚落，期间修筑聚落多数为守边堡城。大同镇长城军事防御聚落体系演化层次清晰、脉络简洁，具有明确的阶段性和类型性，很好呈现了长城军事防御聚落体系的基本模式——早期战略“控点”、后期战术“锁边”，可作为长城防御体系演化过程的典型代表。

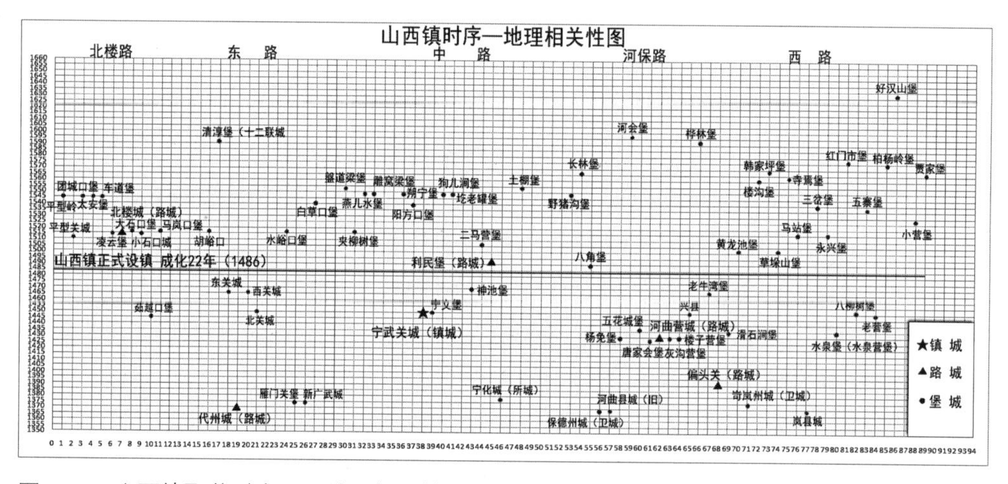

图1-13　山西镇聚落时序——地理相关性图

三、山西镇聚落体系演化过程

山西西北部自古即是战略要地，早在洪武元年（1368年），明政府便在山西西北部黄河东岸战略要地，选择保德州城、河曲县城及腹内岚县等传统核心聚落为军事据点，筑城扼守山西西北门户。洪武二年（1369年），在山西中部偏东忻定盆地腹地修筑代州城堡，建立军事据点控制中部核心及交通枢纽。洪武六年（1373年），又于代州近西北太和岭雁门关区域修筑雁门关堡和广武城等防御工事，依托管芩山、恒山和南部代州军事据点建立了区域关隘防御体系。以上兴筑活动整体上建成了后期山西镇范围西北部和中东部两个军事支撑点，这些均成为后世山西镇长城军事防御聚落体系的重要组成部分。腹内则增筑岢岚州城和宁化城等城池，加强内部管控和联系。洪武二十二年（1390年），又相继强化两大支撑点，于西北部战略要地修筑偏头关城，中部则增设雁门守御千户所，进一步加强两地防御力量（图1-14a）。

需要说明的是，由于山西自古便是战略要地，山脉重重而关隘奇多，尤其是久负盛名的偏头、宁武和雁门更是兵家必争之地，史称“外三关”，历代政权均重点经营。史料记载，实际早在洪武四年（1371年），便已依托“外三关”前朝旧有设施置兵驻守[①]，并建构偏头、宁武和雁门“三足鼎立”的防御态势，但此时明军尚处于北拓进取之中，建设目的更多以关隘防御体系步步为营而继续北进[②]。随后，早期的关隘防御系统逐渐演变为后期的长城军事防御聚落体系，“三关”则贯穿了两个不同时期的转化过程。虽然，此时建立的关隘防御体系与后期长城军事防御聚落体系，均存在以“三关”为核心的近似形态，但其与后期以系统性营建为导向的长城军事防御聚落体系，在建设目的、内因以及防御模式方面截然不同，特此说明。

宣德元年（1426年），李谦镇守山西（期间山西辖区脱离大同镇管辖）继续经营山西防务，此阶段军事防御聚落修筑主要集中于西部黄河沿岸和中部偏东地区。1430年前后，陆续修筑唐家会堡、阳免堡、河曲营城、灰沟营堡、楼子营堡和五月花城等城堡，形成后期河保路的基本防御架构。随后向北延伸防御工事，修筑滑石涧堡和水泉营堡，同时兴筑大量烽燧、关墙等防御设施，极大加强西北部黄河沿岸的防御力量（图1-14b）。正统时期继续完善军事聚落。正统十二年（1447年），挖掘壕沟、扩建偏头堡，加强防御。土木堡之变（1449年）前后，山西镇治由太原移至雁门关，由此掀起中部偏东以全面建设雁门关周边防御设施为主的营建活动。在其东部修筑茹越口堡，开拓东部战略布局先手；以西则修筑宁武关堡、宁文堡及神池堡，重点扼守中部大同平原西南端缺口；以南腹内则增筑代州东、西、北三座关城，加强内部支撑防御。上述聚落建设活动形成了以雁门关为核心的东、西及南部的支撑拱卫和系统联系，加强了雁门关防区对山西中、东部所涉区域的战略控制[③]。在经营中、东部聚落防御的同时，明政府于北部腹内修筑老营堡，八柳树堡，以及边堡老牛湾堡，西部则向南延伸增筑兴县城堡，进一步完善西部纵深防御和内外联系，加强了山西西部和北部的系统性和整体性。

成化二十二年（1486年），设立山西总兵官，山西镇初步设立镇治。随后又有更变，镇治亦随其变，情况较复杂，至迟于嘉靖二十一年（1542年）正式确立

① （清）张廷玉. 明史［M］. 北京：中华书局，1974.
② 赵现海. 明代九边军镇体制研究［D］. 长春：东北师范大学，2005.
③ 赵现海. 明代九边军镇体制研究［D］. 长春：东北师范大学，2005.

镇守制度①。随后直至嘉靖之前山西镇聚落新建活动并不多。西路增筑黄龙池和草垛山两堡，以完善西部防御。中路则修筑利民堡、八角堡及稍后的二马营，在整体战略布局上，于宁武关与西部防区之间的中部建立战略控制点，加强了中部与西部防御据点的沟通联系；同时又强化了宁武西北部的左翼支撑，实乃一举两得的战略之举，为此后系统性防御体系的形成构画出基本格局（图1-14c）。

嘉靖朝（1507~1567年）为山西镇聚落兴筑的高峰期，共修建约34堡。初期重点经营东北端部的北楼路，陆续兴筑平型关城、凌云堡、北楼城、小石口、大石口及马岚口，北楼路西段构建完成；同时，向东路西部拓延，同步修筑胡峪口和水峪口两堡以及后期的白草口堡，完成了雁门关防区沟通连接东部的整体布局。而雁门与宁武之间亦增筑夹柳树、阳方口二堡以加强防御。

至此，宁武关东部防御格局基本确立。西北部西路则修筑马站、永兴及小营等堡，偏头—老营—大同一线的内部交通网路正式建立；随后十几年间又在西部与中部腹内陆续修筑五寨堡和三叉堡，两堡联系四至已有军事聚落，整合完善了偏关区域至宁化区域的西北—东南，以及利民—神池堡一线与腹内乃至河曲县和岢岚州的东北—西南两个方向的交通网络，宁武关以西的聚落系统交通网路格局完成。期间中部又零星补充白草口和阳方口两堡均属局部完善之用（图1-14d）。

嘉靖中后期，约1545年前后又掀起修筑高潮，主要集中于北楼路东段平型关防区和中路，这一时期主要以边

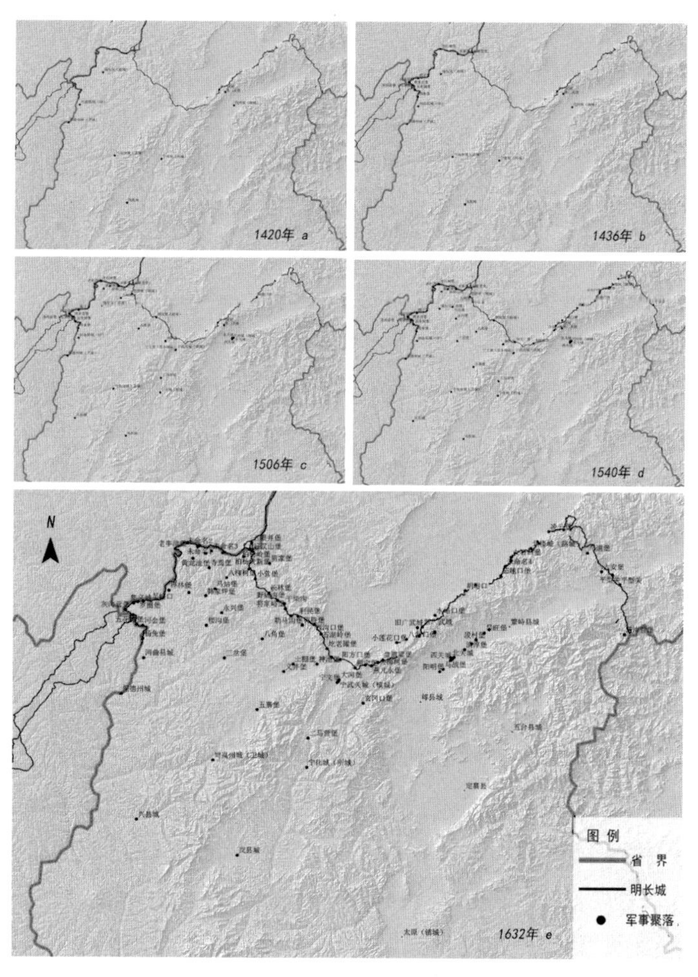

图1-14　山西镇时空切片

①《明宪宗实录》卷二七六，成化二十二年三月癸丑条，第4646页.

堡为主，应为边堡同时兴筑。北楼路东段修筑平型岭、团口城、太安岭、车道堡等，北楼路防御集团建设完成；嘉靖三十二年（1552年）奏议驻扎宁武，促进中路宁武关聚落迅速发育，以东建设燕水、雕窝梁、朔宁及稍后的盘道梁堡；以西修筑狗儿涧、乞老罐、野猪沟和稍后的土棚堡，以及嘉靖末年的长林堡。此后，镇治虽亦有调整，但基本确立于此。嘉靖末年西路则补充修筑楼沟、寺焉、贾嘉和韩家坪等堡，四堡均为加强腹内交通联系和防御功能，其中前三堡以偏头关为核心分别向东南、东北及西部放射分布，显然为增强偏头与三个区域的系统联系和管理控制。嘉靖之后，仅零星修筑东路清淳堡，河保路河会堡，西路柏杨岭堡、红门市堡、桦林堡以及万历年间最后增筑的好汉山堡，多为完善体系和强化防御之用。其中西路柏杨岭堡、好汉山堡以及红门市堡（市场）为大同镇和山西镇外长城及山西镇内长城三边交接之处，三堡与加强交界处防御密切相关（图1-14e）。

山西镇军事防御聚落体系形成时间相对较晚，聚落体系演化影响因素众多，且聚落建设时序相对分散。宏观上，山西镇军事防御聚落体系演化大致遵循早期战略“控点”、后期战术“锁边”的基本规律，但基于其实际情况，显著存在以“三关”为核心的演化特征，并以此为线索逐渐由早期的关隘防御系统演变为后期的长城军事防御聚落体系。此外，山西镇军事聚落兴筑与长城的交互建设关系不明显，推测与区域传统关隘防御体系的相当数量关墙演化为后期长城有关。

四、三镇聚落体系演化规律

（一）早期战略“控点”

“控点”即军事力量介入区域具有战略意义的核心聚落，“以点控面”掌控整个区域。明初，长城军事防御聚落体系尚未形成，伴随卫所制度的实施，明朝军事力量首先布控于区域核心聚落，这些聚落绝大部分历史悠久，分布于战略要地或土地宽阔的平原盆地，并基于历史泽惠、区位优势和资源禀赋发育为区域大型、中型核心聚落，在规模、经济和文化等方面对其周边聚落系统形成有力的辐射控制。军事力量通过控制核心聚落，一方面，形成区域基本防御空间架构，控制整个区域的军事防御；另一方面，在更深层面综合控制整个区域的政治、经济和文化。此时大同镇所辖区域相对处于腹内，战事舒缓，长城还未深层次介入军事防御聚落系统。随后，大同镇北部外围防线迫于蒙军压力由漠南逐渐南退，而腹里原有防御聚落则逐渐向北部山区实质性增筑而拓展防御力量，最终外部向南的压缩力量与内部向北的扩张力量交汇于明蒙边界之地，形成后期长城军事防御聚落体系建立的基本空间依据，长城亦逐渐与聚落系统互动融合；宣府与大同早期隶属于山西行都司时便建立了统一的基础聚落防御系统，因此与大同镇演化特征大致相同；山西的控点主要表现为对“三关”的控制，以及对岢岚地区核心聚落的控制以抵御西部的流寇山贼。

（二）后期战术“锁边”

“锁边”即随着防线的回缩以及全面防御战略的确立，长城军事防御体系应运而生，“以堡守边，以边卫堡”的长城与边堡的交互模式，因意象堡城锁紧长城，故称之为“锁边”。这些堡城的空间布局特点为：以各路城为放射中心翼状展开，且与长城保持相对稳定的距离，负责长城的戍守和防御。“锁边”掀起边堡建设第二阶段高潮，在短时间内修筑大量戍守长城的堡城，形成线性长城防御体系的整体格局。这期间，由于大同防区位于防御核心，且北部外围平坦无险，随着明朝疆域的不断压缩，长城亦不断遭受破坏、废弛及内缩，直至明中期才稳定于今天位置，导致大同镇锁边时期出现较晚，大量边堡与长城短时间互动建造，颇有废旧立新的意味，由此形成大同镇堡城集中修建的特征，而且这一特征集中代表了长城军事防御聚落体系宏观演化规律和营建模式；宣府镇则较早建立以葛峪堡路城集团为核心的左右“锁边”格局，后期主要以局部的阶段性补充和强化为主；山西镇整体锁边过程零散，早期表现为以“三关”为核心的左右扩散锁边迹象，后期长城整合形成后，才较强表现出整体的锁边特征，但依然存留以高级别聚落路城和重要关隘为核心的扩散迹象。

（三）时空均衡布局

在长城军事防御聚落体系早期战略控点和后期战术锁边阶段，均存在时间和空间均衡布局建设的基本规律，而且这种均衡性贯穿于聚落体系不同的空间尺度和等级层次。早在洪武二十六年（1393年）明政府便在三镇相关区域，以大同为核心，以东设立东胜左、右，阳和，天城，怀安，万全左、右，宣府左、右十卫；以西设立高山，镇朔，定边，玉林，云川，镇虏，宣德七卫[①]，构成时空均衡的北疆基本防御格局；随着军镇的设立，时空均衡布局规律在镇尺度一脉相承，形成以镇城为核心左右均衡设置路城的基本格局。以大同镇为例，镇城确立之后，以镇城为中心沿两翼展开，东西分别设置天成城和右玉卫城，形成左中右鼎立的基本防御格局，之后逐渐基于此发展和充实；而在后期战术锁边时期，时空均衡特征更为显著。在路城等级尺度上，首先在整个防区北部大约居中位置建设北中路，先行完成战略定位，随后建立北西和北东两路，之后再左右交替分层次建设西部井坪、西路、威远和中路，以及东部东路和新平路，形成两翼拱卫的完整防御形态。基本格局架构完成后，再于全线交替补充个别聚落完善体系，最后几乎同时重点加强东、中、西三者交接部位的

①《明太祖实录》卷225，洪武二十六年二月辛巳条，3295页.

建设；在更小尺度上，时空均衡布局继续延续，以北东路为例，此路聚落集团内部同样呈现居中定位为先，东西交替均衡兴建的特征；此外，大同镇戏剧性的完美结尾实质是全镇时空均衡修筑规律本质的某种必然表象。宣府镇宏观则为以葛峪堡路城集团为中心均衡展开。后期则以各区域路城为中心，同样具有明显的时空均衡建设特征；山西镇宏观上是以宁武为中心，西部偏头和东部代州（辖雁门所）的均衡演化格局，后期则更多结合“锁边”活动，表现为以局部路城和核心聚落为中心的聚落时空均衡建设。

第二章　三镇长城军事防御聚落体系的空间分布研究

基于空间分析角度，采用多种方法系统分析聚落点集及其属性的空间分布特征，初步探索长城军事防御聚落体系及其功能属性的系统关系和形成原因，为后续的聚落体系复杂性研究奠定基础。

明长城军事防御聚落体系是广泛分布于北方边疆的人文地理景观，是边疆地区特殊人文活动与地理空间互动的产物。军事防御聚落体系必须附载于地理空间之上存在，而其系统性功能亦必须基于聚落体系与地理空间交互作用所形成的独特结构模式才能实现。聚落体系的系统功能与空间结构相互对应，空间结构的改变将形成不同的系统功能。通常，空间分布研究涉及聚落本体的空间分布和聚落属性要素的空间分布两个层面。聚落体系内诸聚落均包含军事防御和民政生产相关的所用属性，因而在宏观层面聚落体系可以抽象成无属性的空间点集，其空间分布研究可呈现聚落点集的空间定位、分布状态和结构关系，从而清晰反映相对单纯、无属性倾向的聚落本体空间分布与相关影响因素的系统关系，是聚落体系空间分布研究的基础；而微观层面，各聚落基于迥异的需求又形成军事防御和民政生产功能不同比重的配置关系，进而形成具有属性差异的聚落体系，且差异与空间存在显著相关性。根据系统理论观点——系统不同属性要素的不同结构将形成不同的功能，不同属性聚落的空间互动和协同作用又建构出具有独特系统性功能的聚落体系。因此，聚落属性要素的空间分布是聚落体系系统性功能研究的关键。

第一节　研究方法

本节主要采用地理学相关工具，综合分析宣大山西三镇及各镇不同层次聚落本体及其属性要素空间分布特征，为后续聚落体系的复杂系统关系研究建立基础。研究将聚落群视为空间点集目标，基于GIS的密度制图分析聚落体系空间密度分布的基本情况，初步探索其与军事、管理、地理等因素的关系；基于Vionion图，采用变异系数、最近邻点指数、相关性分析等数学方法，进一步精确计量分析聚落点集空间聚集状况及其与地理环境的关系；在前期聚落单纯空间分布研究基础上，基于GIS的依据属性数量（Quantities）的显示工具，以聚落点为空间定位中心，采用聚落规模和驻军规模属性数值为半径，绘制各镇聚落体系属性空间分布图，综合分析两者的分布状况和空间结构；最后采用中心趋势分析方法，探索聚落点集几何中心以及其驻军加权趋势中心的空间分布格局。为保证论述的完整性，研究方法的基本原理和具体操作将在相应章节详细论述。

一、Voronoi图

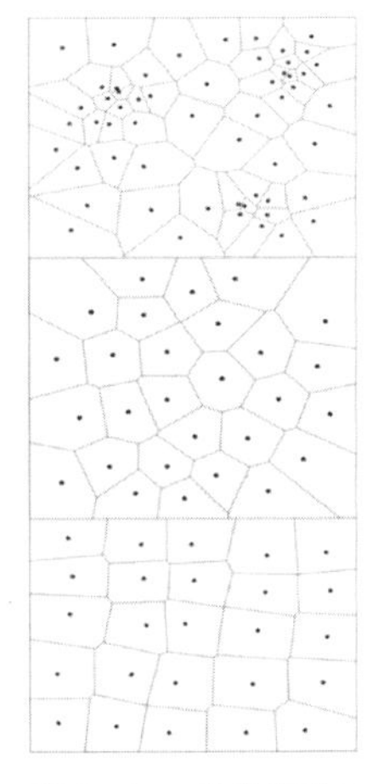
图2-1　点集不同分布形态

Voronoi图由俄国数学家Georgy Fedoseevich Voronoi提出，以点、线、面为对象形成发生源，根据就近原则切分空间绘制的连续多边形图①。所绘制的图形中的所有点到对象的距离都小于到其他对象的距离②。Voronoi图可敏感、精确呈现空间多要素的波及领域和互动作用边界，在分划空间边界、分析要素作用范围和优化空间布局等方面具有巨大优势③。20世纪末被广泛运用到地理学、生物学、社会学和规划等专业。点对象通常具有集群、随机和均匀三种分布形态（图2-1）④。

二、点密度分析工具

点密度分析的计算原理为以落入每个单元周围邻域内的点要素计算每单位面积的量级⑤。点密度计算，仅考虑落入邻近地区范围内的点，如果没有点落入特定像元的邻域范围，则为该像元分配No Data。需要注意的是点密度计算的半径参数和面积比例因子设置对计算结果影响很大。通常，半径参数值越大，生成密度栅格的概化程度越高。值越小，则栅格显示信息越详细；而面积单位比例因子单位若相对于点间距非常小，则输出栅格值可能会很小。要获取较大值，则需设置单位较大的面积单位比例因子⑥。

第二节　聚落体系空间分布基本情况

本节初步考察宣大山西三镇聚落体系的宏观空间分布，初步探索聚落分布与长城本体、地形地貌以及管理模式等相关要素的基本关系，这些因素相对“显而易见”的呈现出与聚落空间分布的表层关系，为后续基于地理计量分析和数学方法的深入研究建立基础。

---

① 曹迎春，张玉坤．基于Voronoi图的明代长城军事防御聚落空间分布研究［J］．河北大学学报（自然科学版），2014，34（2）：129-136.
② 曹迎春，张玉坤．基于Voronoi图的明代长城军事防御聚落空间分布研究［J］．河北大学学报（自然科学版），2014，34（2）：129-136.
③ 曹迎春，张玉坤．基于Voronoi图的明代长城军事防御聚落空间分布研究［J］．河北大学学报（自然科学版），2014，34（2）：129-136.
④ 曹迎春，张玉坤．基于Voronoi图的明代长城军事防御聚落空间分布研究［J］．河北大学学报（自然科学版），2014，34（2）：129-136.
⑤ 蒋海英．GIS支持下的四川省区域经济空间集聚研究［D］．成都：四川师范大学，2012.
⑥ http://help.arcgis.com/zh-cn/arcgisdesktop/10.0/help/index.html#/na/009z0000000v000000/.

一、三镇地理位置

宣大山西三镇聚落体系整体分布于自西南向东北走向（大致东西走向）的长方形区域（图2-2），东北至西南方向长约510公里，西北至东南长约180公里，长宽比约为2.8:1。区域东至火焰山四海治堡及大马群山，西抵山西与陕西交界的黄河东岸，北以长城为界，南至太行山—五台山—吕梁山一线山脉所涉地区。此区域为阴山山脉与太行山和燕山山脉加持之地，内部多为自西南向东北走向的条状盆地和山脉层叠交错的过渡地带，地形复杂多样，其间盆地勾连交错贯通西东，可直达近京要冲之地。其中宣府镇居于东部，辖区大致为“M”形，所辖区域东至火焰山四海治堡，北至大马群山独石口，南界大致为真保镇和昌镇（小五台山北麓），西与大同镇大致以今山西省与河北省边界为限；大同镇则居中，近似矩形，东抵宣府镇，北界外长城，西、南则与山西镇大致分界于内长城；山西镇扼守区域西端，大致呈“V”形，西抵黄河，北界以中、东部内长城为主，西端兼涉小段外长城，东部大致以真保镇为界，南界则最远达至太原甚至汾州部分区域。三镇聚落交织于一体，构成纵横交错的防御体系。

二、三镇聚落基本空间分布

根据宣大山西三镇聚落空间分布图（图2-3），三镇聚落分布区域基本呈矩形，长边走向大致东西向（附录四、五）。三镇聚落分布显著不均匀，总体呈现

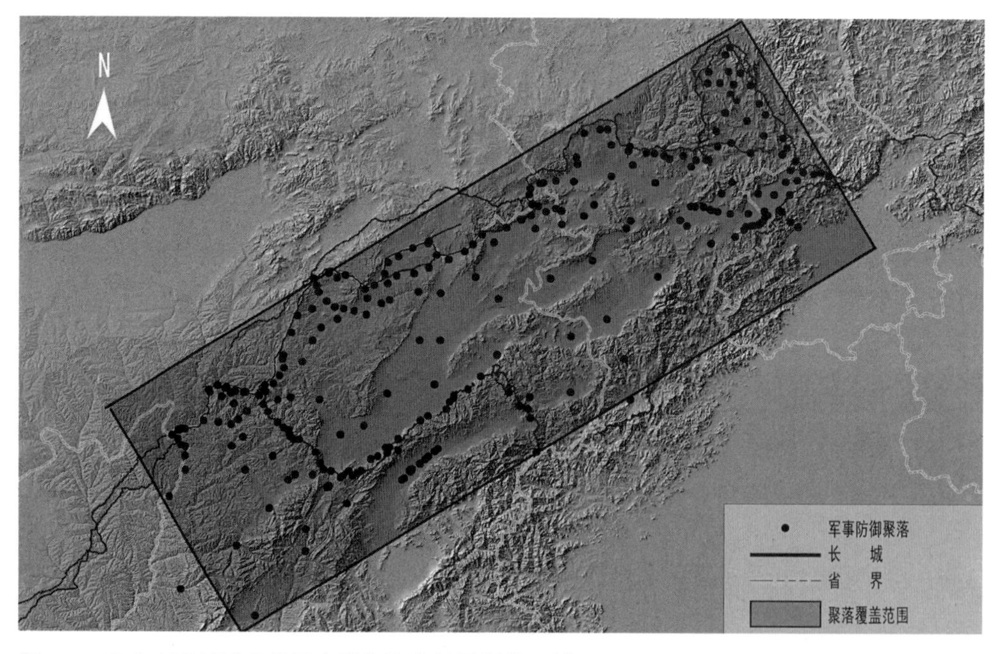

图2-2　宣大山西长城三镇军事防御聚落体系所处区域

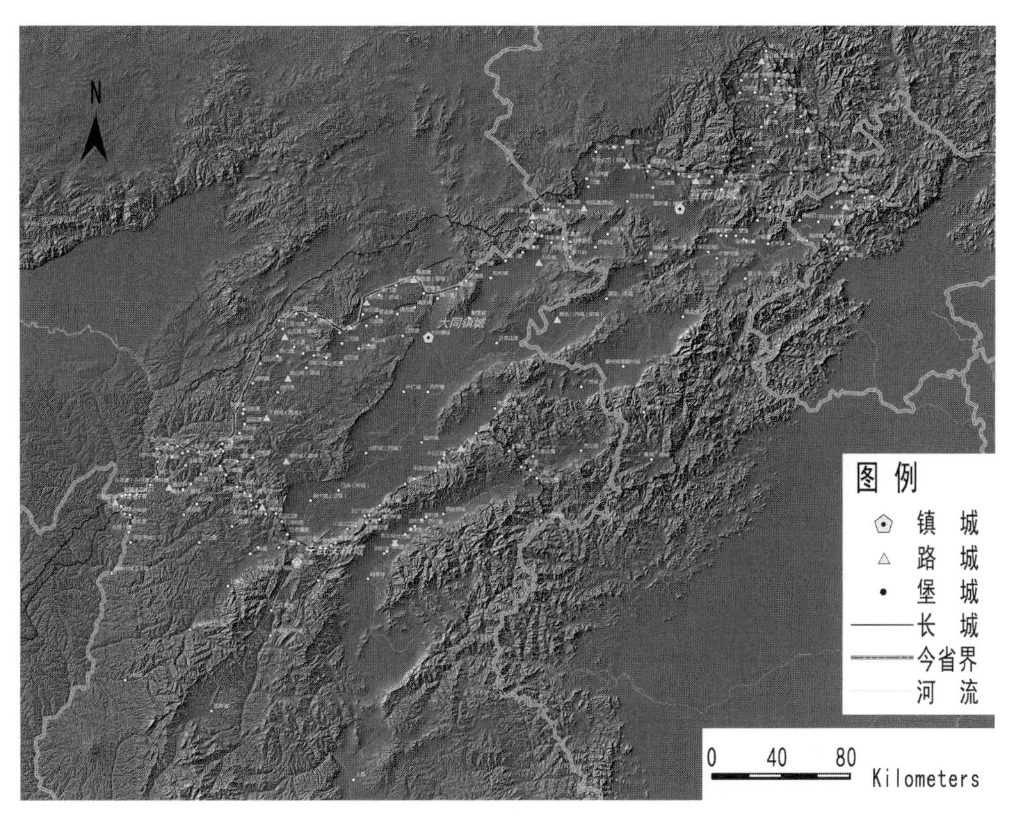

图2-3　宣大山西三镇长城军事防御聚落体系空间分布

北部多、南部少，两端多、中部少的宏观特征。其中除山西镇东部内长城沿线聚落较多外，北部沿边（长城）聚落显著多于南部腹内聚落，且沿边聚落密集排布，间距相对均匀。腹内则相对自由，间距疏松。山区聚落相对密集，腹内平坦盆地则很松散。就各镇看，宣府镇聚落大部分聚集于东部和北部，西部和中部平坦盆地则疏松；大同镇聚落主要聚集于外长城沿线，腹内非常稀疏；山西镇相对复杂，大部分聚集于长城沿线，西部腹内相对大同镇腹内聚落略稠密，东部腹内则很稠密，且聚集于忻定盆地中部呈线性分布。

第三节　聚落密度分布研究

以宏观尺度考察，军事防御聚落可视为广泛分布于地理环境之中的点集，点集的空间密度分布是研究其分布特征和系统关系的基础，基于GIS空间分析工具箱的密度制图（Density）①，采用统一标准绘制三镇聚落的空间密度分布图，从宏观和微观角度探索三镇军事防御聚落的空间分布特征，以及聚落分布与长城本

① 汤国安，杨昕编. ArcGIS地理信息系统空间分析实验教程［M］. 北京：科学出版社，2006.

体、地理环境、战略形势等相关要素的系统关系①。

一、三镇整体聚落密度分布

总体看，宣大山西三镇内、外长城沿线聚落密度分布显著高于防区内部，且密度变化大致呈现由长城沿线向内部纵深降低的趋势。表明大部分军事防御聚落聚集于长城沿线，聚落间距较小；而腹内聚落则相对稀疏，聚落间距较大（图2-4）。

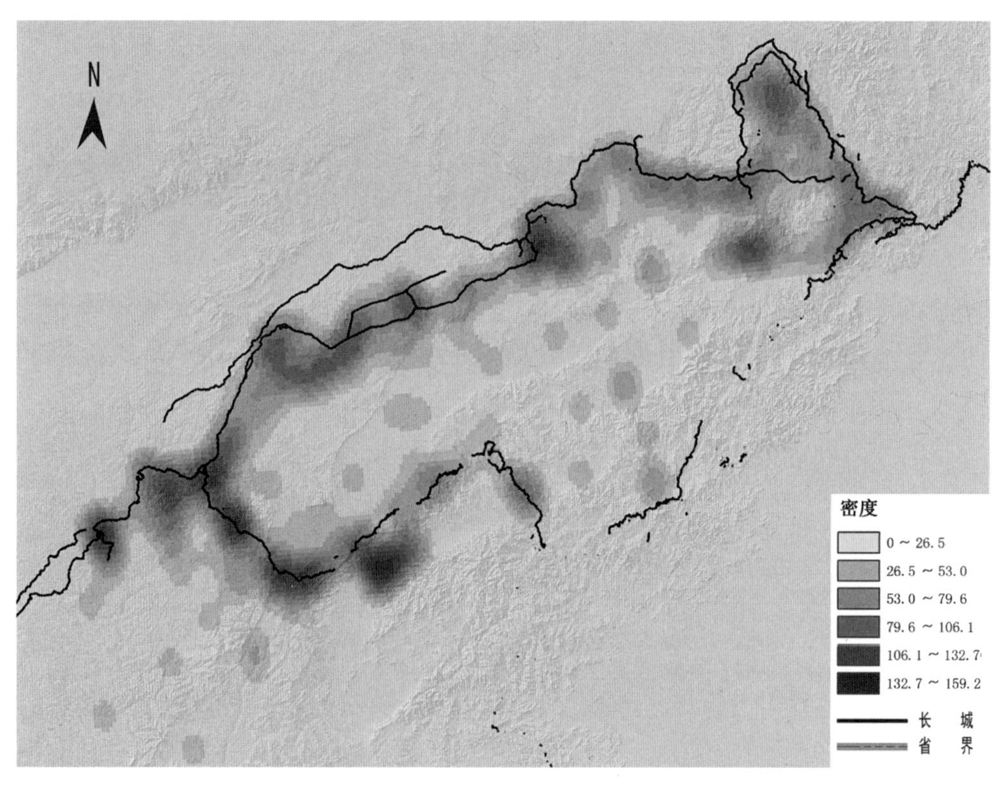

图2-4　宣大山西三镇军事防御聚落密度分布

就长城沿线聚落密度分布看，三镇比较，山西镇长城沿线密度高于其他两镇，而大同镇与宣府镇基本一致。长城沿线高密度分布区呈跳跃状，且高密度区与战略要冲和高级别聚落因素相关性甚高。其中各镇长城沿线中部区域均具有较多高密度斑块聚集甚至连成一体的现象，如宣府镇葛峪堡防区、大同镇得胜堡防区以及山西镇宁武关防区。宏观上，聚落高密度区的聚合，显然可提升战略要冲

① 曹迎春，张玉坤．基于Voronoi图的明代长城军事防御聚落空间分布研究［J］．河北大学学报（自然科学版），2014，34（2）：129-136.

的整体防御强度；而高级别聚落以路城为主，高密度区多数与路城重合，少部分出现在附近，由于每路路城处于此防御集团中心部位，且与堡城较近，由此这些区域在密度计算中形成高值，而内部纵深的镇城、州城、县城等分布显著稀疏便不会出现；此外，三镇长城交接区域，以及与三镇之外其他镇交接处的聚落密度显著增高，连接处加密有助于提升各镇防区边缘（相对各镇中部防御）薄弱地带的防御强度。

就腹内聚落考察，聚落密度分布呈现相对匀质的泊松分布①，且距离较远。结合地形走向看，聚落密度分布存在沿大致东西走向的盆地行进的线性分布特征，且呈现若干与长城大致平行的层次。主要存在沿条状大同盆地一直延伸至居庸关一线，以及广武—北楼—蔚州一线的两组线性分布。两线每隔大约相同距离便有较高密度点状区域出现，且有越向京城方向密度越高的趋势，当两线汇集于沙城、怀来一带时密度显著增高。这一特征在分镇绘制密度图时并不显著，三镇联袂计算才能较好反映此特征。这一方面表明三镇在整体上具有相同的内部特征，另一方面则显示三镇整体存在更复杂的系统性和整体性关系。

二、各镇聚落密度分布

（一）宣府镇聚落密度分布

整个防区密度分布，靠近外长城的聚落密度显著高于内部，越向内部纵深则越稀疏，且密度由高到低过渡渐变较明显，但防区内部存在沙城和柴沟堡两个较高密度突变区域，其中沙城极高值位于东部，并与长城沿线聚落形成的高值区部分融合；水平方向，全镇密度分布不均衡，东部高于西部（图2–5）。

长城沿线密度分布，就总体看，长城沿线密度分布整体呈现中部（包括北部独石口防区的突出高值区，此区域整体来看位于全镇中部）和东部两个高值区，西部及连接中部和东部两高值的部分密度分布相对较低。中部高值区长度（涉及独石口防区）约占整个长城沿线的1/2多；局部高值区分布方面，长城沿线聚落密度高值区呈现跳跃分布，主要高值区由东向西分别位于东路永宁区域、上西路独石城区域、龙门关城—葛峪堡—张家口一线，以及膳房堡一带。东部高值区和北部外凸的独石口高值区涉及范围较大。中部若干高值区范围较小，相对连续且大致等距分布。各高值区基本临近长城，仅独石口防区后退至区域中部。

（二）大同镇聚落密度分布

整个防区密度分布，聚落密度分布不均衡，长城沿线密度显著高于腹内。具

① 刘磊，王红．概率论与数理统计［M］．武汉：湖北教育出版社，2012（8）：33–34.

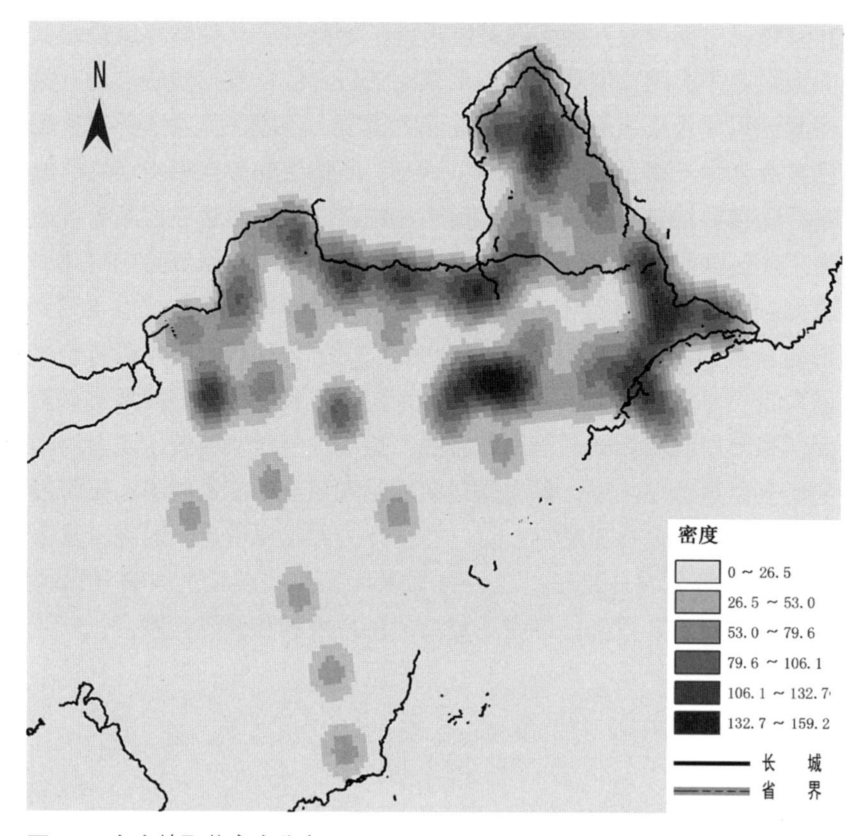

图2-5　宣府镇聚落密度分布

体表现为由长城沿线到大约路城范围内密度较高，而由路城向内纵深的广大范围聚落密度则呈现基本一致的单点分布，除部分山体影响没有分布外，聚落间距大致相当，且距离较远；水平方向聚落密度分布状态基本均衡（图2-6）。

长城沿线密度分布，就总体看，长城沿线横向密度分布基本均衡，整体呈现中部和两端高值，而中部及两端高值区的连接部位密度分布则相对较低且均匀，中部高值区宽阔，约占整个长城沿线的1/3；就局部看，长城沿线聚落密度高值区呈现跳跃分布，主要高值区由东向西分别位于新平路防区、得胜堡区域、助马堡至威虏堡区域、杀胡堡—右玉城—左云一线以及平虏防区。其中新平路和平虏路防区高值区位于东西两端，其余高值区则集中于整个防区中部。进一步考察中部高值区发现，中段助马堡至威虏堡区域和西端杀胡堡—右玉城—左云一线密度较高，且高值区相对连续成片；而东端得胜堡防区和宏赐堡区域密度则略偏低，且高值区面积较小，仅在得胜堡和镇羌堡处存在相对高值。

（三）山西镇聚落分布密度

整个防区密度分布，总体而言，整个防区同样呈现长城沿线聚落密度显著高于内部的特征。但在水平方向，整个防区聚落密度分布显著不均衡，且分布模式亦不同，密度分布呈现突变趋势。其中西部和中部区域密度分布整体上显著高于东部，西部密度分布模式与其他两镇类似——沿边高且集中，腹内低而稀疏，分布范围向腹内纵深较大，且沿边到腹内的渐变连续性较好；而东部区域分布模式则显著不同，沿边密度整体偏低且不连续，腹内密度高而集中，分布范围向腹内纵深甚窄，且沿线高密度带很窄并紧贴长城，沿边和腹内的高值区连续性差（图2-7）。

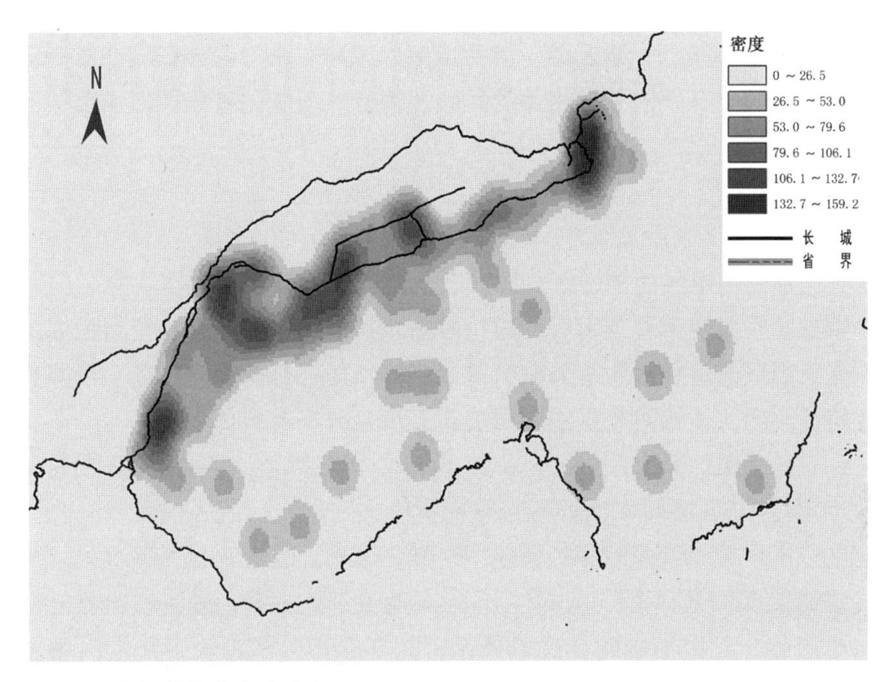

图2-6　大同镇聚落密度分布

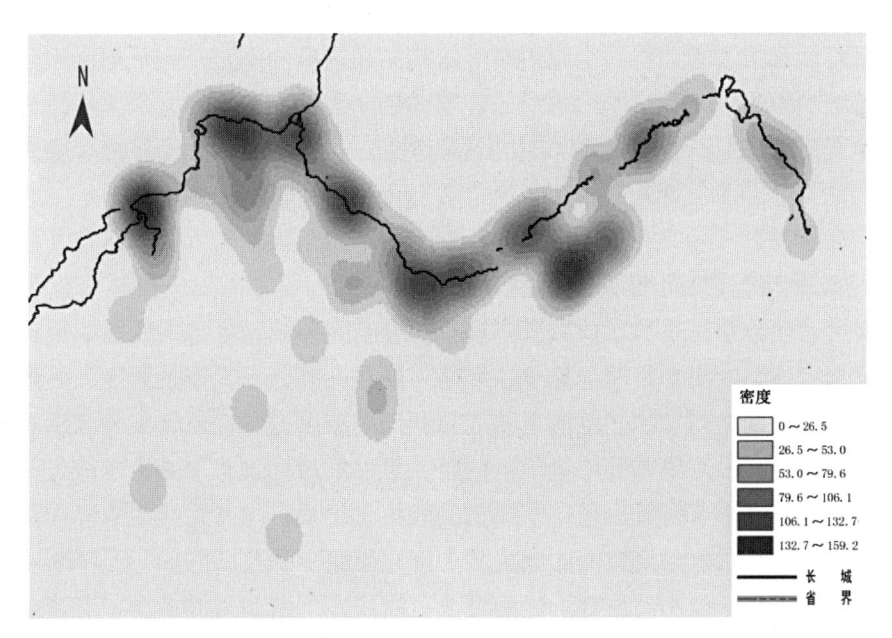

图2-7　山西镇聚落密度分布

长城沿线密度分布，就总体看，长城沿线密度分布很不均衡，西部和中部呈现两个相对连续的高值区，而东部则较低，且由西向东存在逐渐递减的趋势，连续高值区长度约占整个长城沿线的2/3；就局部看，整个防区聚落密度高值区呈现跳跃分布，主要高值区由西向东分别位于老牛湾区域、偏关所辖水泉营一带、内外长城交界处、利民堡、宁武关、广武城—雁门关防区以及代州等。其中高密度区较其他两镇显著贴近或位于长城之上，且与重要关隘相关性很高。进一步考察发现外长城相关的老牛湾区域、偏关所辖水泉营一带、内外长城交界处三者高值区的密度，明显高于内长城相关的几处高值区，仅腹内代州区域密度较高。

三、聚落密度分布分析

从管理模式、屯种生产、长城本体、地理特征和防御形势五方面，分析宣大山西三镇长城军事防御聚落密度分布与其基本关系，其中前三者带有显著的共性特征，在宏观层面建构了聚落分布的基本空间格局；后两者则基于三镇具体情况而个性特征明显，在相对微观的层面决定了聚落分布的具体特征。

（一）密度分布与军事管理制度的关系

密度分布与军事管理制度的直接关系并不显著，但聚落体系管理模式所建立的系统结构和相互作用关系则与其空间结构存在密切联系，进而影响空间密度分布。如前所述，长城军事防御聚落体系采用总兵镇守和都司卫所的双重管理制度。两者均为多层次的等级结构，且由上到下管理机构等级越低数量越多，两者相应的空间结构呈现以高等级聚落为核心的多层级放射形态。基于此，长城军事防御聚落体系的空间结构，由腹内高等级聚落逐层级向周边空间放射衍生，由于线性长城的影响，聚落体系的放射形态整体趋向长城，总体形成长城附近低等级聚落的高密度分布。三镇遵循一致的管理模式，由此形成沿边密度高、腹内密度低的共性特征，而密度渐变趋势与多层级衍生的连续性密切相关。

（二）密度分布与长城本体的关系

聚落密度分布与长城本体具有高度相关性。紧邻长城区域的低等级聚落产生于“筑堡守边”的防御策略，基于防御需求数量众多，占军事聚落的大多数，并成为后期聚落增建以加强防御的主要对象；而向腹内方向，越远离长城则聚落越稀疏，且多为高级别镇城和中等级别的路、卫、所等，这些聚落多早于长城（严格意义的明长城军事防御聚落体系所指的长城）出现，与其直接关系弱于临边聚落。由此聚落体系大致形成沿边聚落多、腹内聚落少的分布格局。三镇聚落与长城的结构关系一致，由此形成沿边密度高、腹内密度低的共性特征，而这一特征是与聚落军事管理模式共同作用的结果。

（三）密度分布与屯种生产的关系

明长城军事防御聚落除了军事防御功能，还具有屯种生产的功能，这一功能实质上是人地关系的核心问题，是军事防御功能的基础。屯种生产以农业为主兼有少量牧业，其基本需求便是空间。而以农业文明为核心的古代，屯种生产活动所能负担的人口与其所需求的空间大致成正相关趋势。通常镇城、路城等高等级聚落，以及州、县等屯种支持功能显著的聚落，驻军和普通人口众多，对土地承载力要求高，几乎都位于腹内中部平原和盆地且相对距离较远，控制较大的空间范围以满足生存的空间需求；而沿边低等级聚落，驻军和人口较少，土地需求小，且多位于山区，适宜屯种土地稀少，因而控制空间小，堡城间距小，分布密度高。基于后续Voronoi图的空间分布可知，由腹内向长城方向Voronoi图面积呈现明显的由大到小的分层递减趋势，表明在宏观统计意义上聚落等级与其控制的空间范围相关性很高。三镇聚落等级与屯种生产的关系遵循一致的模式，因而形成沿边密度高、腹内密度低的共性特征。

（四）密度分布与地理特征的关系

在共性特征所建构的宏观空间结构格局上，聚落密度分布在不同地理环境条件下，形成更加复杂的空间分布特征，而地理特征是决定聚落分布的重要因素。

宣府镇地理环境大致分为三种：北部山区的大型山脉沟谷，东部、西部及中部防守的山谷与盆地或较开阔山谷的交界地带，以及内部纵深盆地、开阔地带及小尺度山体构成的交错地带。北部赤城县大型山谷孔道，脉络清晰，呈辐射状展开。由上西路独石城路防御，聚落以放射状分布于各沟谷，形成中部密集格局因而造成高密度；东部、中部和西部的地理形态为山体与盆地或较开阔地带的过渡区域，沿长城方向地形地貌较一致，沿边聚落整体分布较连续均匀，形成连续的中等密度分布，而在路城出现的区域便出现跳跃分布的高值，同时亦与区域相对匀质的沟谷孔道相关；南部沙城一带的显著高值区则与京城战略防御密切相关。

大同镇则涉及三种地形：平坦地形、山地以及山地向平地的过渡地带。东部和西部总体为山地地形，如前所述，聚落布局规划在山地区域偏密，因而易形成高值区；中部地区则以平缓地形为主，密度分布均匀度整体较好，而密度高值密集则与战略形势密切相关（后续详述）；其余地区主要为山地向平地的过渡地带，沿长城方向地形地貌较一致，沿边聚落基本连续均匀布置，形成连续的中等密度分布，而在路城出现的区域便出现跳跃分布的高值，同时亦与区域沟谷孔道分布相关。

山西镇防守地形大致可分为两种类型：西部为黄土高原尺度较小的纵横沟壑，以及东部尺度较大的恒山山脉沟谷地形。两种类型大致以宁武关防区为界。西部区域地表腐蚀沟壑纵横，地形起伏碎众，沟谷脉络蜿蜒繁复，防守总体较难，而西端又紧邻特殊地理要素——黄河，冬季结冰易于蒙军侵入，因此区域整体聚落密度较高；东部地区恒山山脉尺度巨大，沟谷孔道较西部显著减少，且相对通直并与恒山走向大致垂直，因而聚落密度较低，且高值区亦受天然谷道分布影响而呈跳跃式出现。

（五）密度分布与防御形势的关系

防御形势涉及战略和战术两方面，是决定聚落密度分布的核心因素，而防御形势则与地理特征密切相关，在某些情况下甚至直接相关，因此两者通常共同作用影响聚落密度分布。宏观层面，三镇聚落密度分布与防御形势存在显著共性特征。首先，各镇中部区域聚落密度高值区显著集中，密度整体较高且连续性好，尤其是大同镇中部防区，既是本镇防御核心，又是宣大山西三镇的战略防御重心。聚落加密与其至关重要的战略地位直接相关；其次，各镇密度分布基本形成左右拱卫中心的格局，即中部高密度区聚集，两端高密度区大致对称分居左右，三者之间的连接区域反而密度偏低。此分布模式是古代军事进攻、防御和布局的经典模式。山西镇此特征表现较弱，东端大致对称位置的聚落密度很低，但若考虑到代州防区（包括雁门关）于东部的核心战略支撑作用，便形成宁武关居中，偏头和代州分居左右的均衡格局，则实质与前述对称模式一致。因此，山西镇的非对称性与其以三关为核心的防御特征影响、内长城防御形势舒缓以及地形地貌等原因相关；最后，三镇交接区域以及三镇与九边其他镇交接的区域存在显著高密度分布，交界之地远离本镇防御核心，加之行政上的分而治之，常为防御薄弱地带，史料多有蒙军自两镇交界之薄弱地带侵入的记载[①]，因而加密聚落以增强防御。各镇具体细节分述如下：

宣府镇局部高值区，主要分布于东路永宁区域、上西路独石城区域、龙门关城—葛峪堡—张家口一线、膳房堡一带以及腹内沙城堡至怀来城一带，这些区域均是局部、全镇乃至三镇的战略要冲。东部永宁防区“面临陵寝，背负缙山”[②]，历来为军事重地，京畿屏障。此处腹内纵深较小，与蓟镇交界，且靠近明代皇陵，对宣府镇东北区域的防御至关重要；上西路独石城区域更是宣府镇防御的重中之重，是由坝上草原入冀北山地交通要隘，被称为“上谷之咽喉，京师之右臂”[③]。自开平卫内迁至此后，独石口成为区域唯一外凸的重要战略支撑点；龙门关城—葛峪堡—张家口一线，位居宣府镇中部。区域北部和东部连接猴儿山和凤凰山，西部及南部则为连绵梁山、章家梁山等，独特的地理条件形成了以葛峪堡为中心，“东接龙门关，西距张家口，南连镇城，北距沙漠”[④]的战略格局；膳房堡一带高密度区以北紧邻野狐岭，是宣府内地通往坝上草原的另一咽喉要塞，自

①《明史》卷一百九十八·列传第八十六.
②（明）李体严.（明）张士科. 永宁县志·地方志·六卷［M］. 明万历三十年（壬寅1602）刻本.
③（清）孙士芳. 宣府镇志［M］. 嘉靖四十年刊本. 台北：成文出版社，1970.
④（清）孙士芳. 宣府镇志［M］. 嘉靖四十年刊本. 台北：成文出版社，1970.

古至今都是边防战略重地和交通要道。从宣德到嘉靖，蒙军经此大规模入侵三十余次，而瓦剌也先更是由此侵入制造名震历史的“土木之变”；腹内沙城堡至怀来城一带，鸡鸣驿、怀来城、新保安、沙城堡等重要聚落密集于区域盆地、河川中央，管控全局。此地为燕山与太行山脉交接地带的前冲区域，桑干河谷通道的汇结地，穿过此处便直接面向京城北门“居庸关”，战略位置极其重要，素有“北门锁钥”①的称谓。

大同镇局部高值区，主要分布于新平路防区、得胜堡区域、助马堡至威虏堡区域、杀胡堡—右玉城—左云一线和平虏防区，这些区域同样是局部、全镇乃至三镇的战略要冲。新平路防区位于东端，是中部的战略支撑，同时扼守西洋河蒙军主要进攻通道的重要屏障“宣府西路，西洋河迤东……皆逼临巨寇，险在外者，所谓极边也”②。早期防御薄弱屡次破溃，后聚落加密增强防御；大同镇中部得胜堡防区和助马堡至威虏堡防区是区域极其重要的战略核心。就宏观看，大同镇“东北与诸胡联袂，西接套虏，在九边中称绝塞焉”③。以北面临蒙古诸军事集团，以南向东畅通直达京北近郊，南下则一马平川通抵宁武关，失守便威胁北京和山西腹地，防御负荷甚重。而局部来看，区域长城以外北部地势平缓，毫无天险可依而易攻难守。因此采用双层长城重点防御，聚落高密度区聚集，密度连续且整体较高；中部偏西连续高值区域——杀胡堡—右玉城—左云一线则扼守自古兵家必争之地——杀虎口（古名杀胡口），是区域内外往来的重要通道，蒙军多次由此进攻和侵入腹内，战略地位甚重，“杀虎口乃直北之要冲也。其地在云中之西，扼三关而控五原，自古称为险塞”④。区域聚落便沿此线路密集布局形成高密度区；平虏防区为最西端战略支撑，且与山西镇防区交接，所涉四堡“平虏、败胡、迎恩、阻胡凡四城堡，俱极冲之地”⑤。其高密度区与山西镇北部高密度接连成片，聚落加密与区域整体密集防守密切相关。

山西镇局部高值区则以“外三关”为核心，主要位于以偏头关为核心的辐射状外长城沿线、宁武关防区、代州及雁门关防区。其中偏头关位于山西镇外三关最西端，北控紫塞、西踞黄河、南通宁雁、东控平朔⑥，外三关以偏关为首关联支撑，偏关失则宁武、雁门岌岌可危，被誉为“三关首镇”，对整个山西镇防御极具战略意义。而偏头关辖涉的河曲营、老牛湾和水泉营三地，则是偏头关防区的重要战略屏障。西部河保营防区踞长城、控黄河、截套口，扼守

---

①（清）孙士芳．宣府镇志［M］．嘉靖四十年刊本．台北：成文出版社，1970.
②（清）张廷玉．明史·志第六十七·卷九十一［M］．北京：中华书局，1974.
③（明）霍冀．九边图说·大同镇图说［M］．玄览堂丛书本，2012（3）：51.
④（清）朔平府志［M］．北京：东方出版社，1994.
⑤（明）杨时宁．宣大山西三镇图说·卷二·大同镇总图说［M］．玄览堂丛书，明万历三十一年（1603年）刻本影印.
⑥ 卢银柱．三关首御偏头关［J］．万里长城，2010（3）：15-17.

黄河东岸平川和谷道咽喉要径，是防御河套蒙军东进偏头乃至山西的重要屏障；西北部老牛湾防区则是黄河河防第一堡，北控黄河，南接偏头，为偏关西北方向的重要战略屏障；而北部水泉营则北接红门隘口要冲，山坡平漫，易攻难守，边外归化城、兔毛河等处更是虏酋驻牧重地，乃“偏关肩背”[①]之战略要隘。

中部宁武关防区居于管涔山麓恢河谷地，扼守山西门户，“北屏大同，南扼太原，西应偏关，东援雁门”[②]，战略地位十分重要。宏观层面，山西镇以宁武关为核心，与偏头关和雁门关共同构筑“V”形的鼎足战略格局，“以重兵驻此，东可以卫雁门，西可以援偏关……盖地利得势也”[③]。而微观层面，进一步建立以宁武关为中心，西部利民堡和东部盘道梁堡两军事集团为左右支撑，大致对称局部防御体系，聚落密集布置形成高密度区。由此建立了宁武关多层次的均衡防御体系。

第四节　聚落空间聚集度研究

一、计算方法

（一）变异系数

变异系数（Coefficient of variation，CV）基于方差可精确反映Voronoi图多边形面积变化的特性，由多边形面积的标准差与平均值比值获得，可有效描述点集空间分布的变化程度[④]。若点集集群分布，Voronoi图相对变化巨大，方差显著，CV值较高；若点集均匀分布，则多边形相对变化甚小，CV值低（而周期性重复出现的集群分布也会形成高的CV值）[⑤]。通常量度点集分布特征的建议标准为：随机分布，CV值为57%（包括33%~64%的值）；集群分布时，CV值为92%（包括大于64%的值）；均匀分布时，CV值为29%（包括小于33%的值）[⑥,⑦]。

（二）最近邻点指数

最近邻点指数（the Nearest Neighbor Index）通过分析点集要素间距离与相

① 章潢. 图书编·卷43·边防考［M］. 扬州：广陵书社，2010.
② 马书岐，王怀中. 山西关隘大关［M］. 济南：山东画报出版社，2012.
③ 章潢. 图书编·卷43·边防考［M］. 扬州：广陵书社，2010.
④ 曹迎春，张玉坤，基于Voronoi图的明代长城军事防御聚落空间分布研究，河北大学学报（自然科学版），2014，34（2），129-136.
⑤ 曹迎春，张玉坤，基于Voronoi图的明代长城军事防御聚落空间分布研究，河北大学学报（自然科学版），2014，34（2），129-136.
⑥ Duyckaerts C，Godefroy G. Voronoi Tessellation to Study the Numerical Den-sity and the Spatial Distribution of Neurons. Journal of Chemical Neu-roanatomy，2000，(20)：83-92.
⑦ 党国峰，杨玉霞，张晖，基于Voronoi图的居民点空间分布特征研究——以甘肃省为例，资源开发与市场，2010，26（4）：302-357.

应Voronoi图区域的相互关系考察点集分布特征[①]。由公式2-1计算获得，R为最近邻点指数，$\overline{Do}$为各点与其最近点间距离的平均值，N为空间点集要素数量，A为点集生成Voronoi图面积。不同情况下，点集三种空间分布的

$$R=\frac{\overline{Do}}{0.5\sqrt{A/N}} \qquad \text{公式2-1}$$

最近邻点指数划分标准有所不同，通常根据实际情况做出相应调整[②]。常用参考指标为：$R\leqslant0.5$为聚集分布；$0.5<R<1.5$为随机分布；$R\geqslant1.5$为均匀分布[③,④]。

二、计算条件及结果

基于军事防御聚落点集生成Voronoi图（图2-8、图2-9）。Voronoi图的边界状况对计算结果有较大影响，聚落点集生成的原始多边形需严格界定边界条件以满足实际情况和计算要求。长城是聚落分布的重要依托和边界，聚落在其内侧沿横向和纵深两个方向分布，因此将长城视为发生元的严格边界；而向内部纵深的多边形边界，则通过去除最外层多边形缓冲区以消除边界影响。基于修正后的Voronoi图，统计最近点距离平均值、聚落密度（N/A）等数据，并计算变异系数和最邻近指数（表2-1）。根据考察区域分别计算两组数据：其一，各镇内全

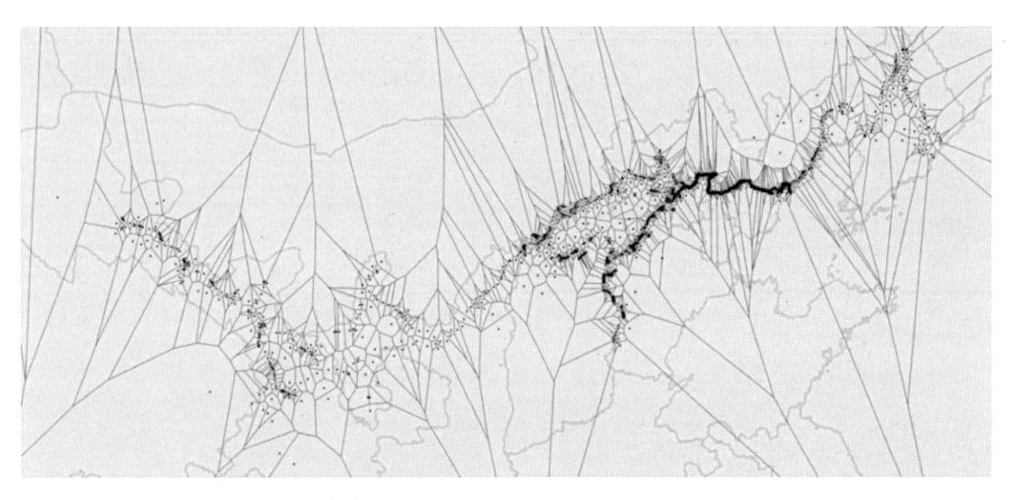

图2-8　九边军事防御聚落生成的Voronoi图

① 党国峰，杨玉霞，张晖，基于Voronoi图的居民点空间分布特征研究——以甘肃省为例，资源开发与市场，2010，26（4）：302-357.
② 党国峰，杨玉霞，张晖，基于Voronoi图的居民点空间分布特征研究——以甘肃省为例，资源开发与市场，2010，26（4）：302-357.
③ 党国峰，杨玉霞，张晖，基于Voronoi图的居民点空间分布特征研究——以甘肃省为例，资源开发与市场，2010，26（4）：302-357.
④ 梁会民，赵军，地理信息系统在居民点空间分布研究中的应用，西北师范大学学报（自然科学版），2001，37（2）：76-80.

部聚落分布数据（简称全镇数据），描述各镇聚落整体布局状况（包括横向和纵深）；其二，各镇紧邻长城沿线聚落的分布数据（简称沿线数据），仅描述长城沿线紧邻聚落分布状况，不考察纵深方向（长城沿线紧邻聚落对应Voronoi图沿长城紧密排列，基于Voronoi图严格的边界关系，其方差可精确反映多边形的变化程度）。同时，变异系数和最近邻指数两组数据基于不同方法获得，通过相互参照共同分析聚落分布状况，以获得较客观结果。

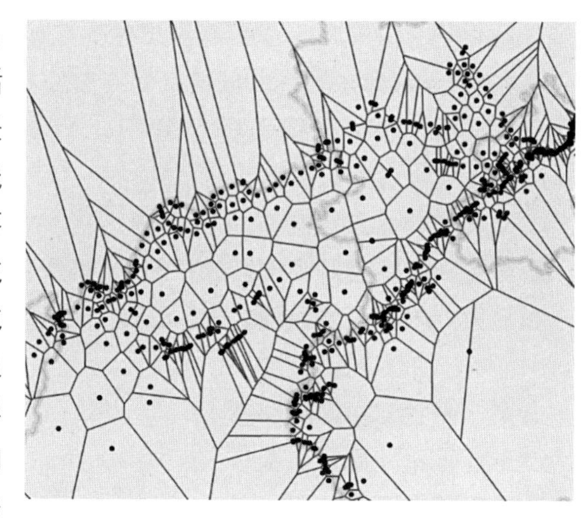

图2-9　宣大山西三镇军事防御聚落生成的Voronoi图

宣大山西三镇变异系数和最邻近指数　　表2-1

范围	镇	有效聚落数量（个）	CV变异系数	最近邻指数	最近点距离平均值（米）	*N/A*（个/平方公里）
全镇数据	宣府镇	81	1.140	1.188	8893.07	0.0045
	大同镇	70	1.153	1.275	10381.24	0.0038
	山西镇	74	1.522	0.984	6747.80	0.0053
范围	镇	有效聚落数量（个）	CV变异系数	最近邻指数	最近点距离平均值（米）	—
沿线数据	宣府镇	37	0.523	1.269	6670.670	—
	大同镇	37	0.767	1.415	6619.961	—
	山西镇	49	1.075	1.038	4961.386	—

三、聚落空间布局分析

（一）聚落的宏观布局层次

基于前期研究成果显示[①]，整个九边十一镇军事防御聚落宏观密度分布呈现以北京为核心由近及远的三个递减梯度：首层是由蓟镇、昌镇和真保镇所构成的环形防线，紧邻政权核心，拱卫北京，战略位置极其重要，分布密度很高；二层为首层外围的纵深防御范围，包括辽东、宣府、大同及山西四镇，分布密度处于中等水平。四镇位于首层外围，扼守重要战略区域，直接面对北方游牧民族军事力

① 曹迎春，张玉坤．基于Voronoi图的明代长城军事防御聚落空间分布研究［J］．河北大学学报（自然科学版），2014，34（2）：129-136.

量。聚落纵深分布特征显著，与首层共同组成多层次的纵深防御体系。同时，有效包络农牧交界地带的广大种植区域；三层则是远离京城的边缘地带，涉及延绥、固原、宁夏和甘肃四镇。由于防御压力相对较小，堡寨分布明显稀疏，线性分布为主，纵深较小，但对整个防御体系的完整性、区域常规防御以及种植地的包络有重要意义。其中因甘肃镇扼守西北端战略要冲，聚落密度高于其他几镇（图2–10）。

就三镇聚落分布看，比较各镇数据与沿线数据显示（图2–11），全镇CV值明显高于沿线CV值，而各镇最近邻指数则低于沿线相应值，两数据均表明各镇内部聚落整体呈集群分布，而长城沿线紧邻聚落分布则更趋均匀，基本呈随机分布，部分甚至已靠近均匀分布参考值（最近邻指数）。而采用GIS地统计分析的径向基函数插值（Radial Basis Function）[①]，以聚落对应Voronoi图面积值创建连续分布特征表面——以大同镇为例（图2–12），聚落所辖面积趋向长城呈现明确、稳定的递减式层次分布，进一步证实聚落分布密度梯度趋向长城递增。由此，确定各镇内部聚落分布基本特征为：趋向长城线性目标层状集聚分布，且密度梯度向长城递增；长

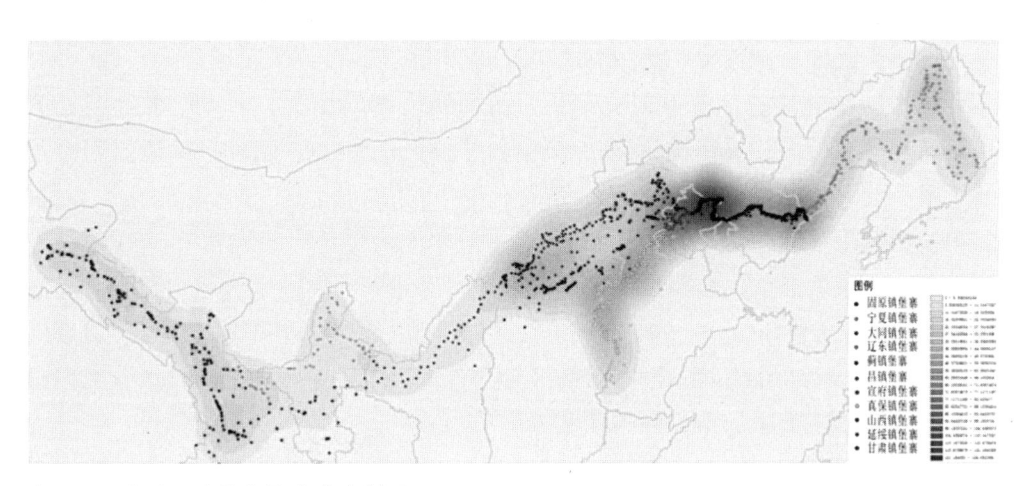

图2–10　九边军事防御聚落密度制图

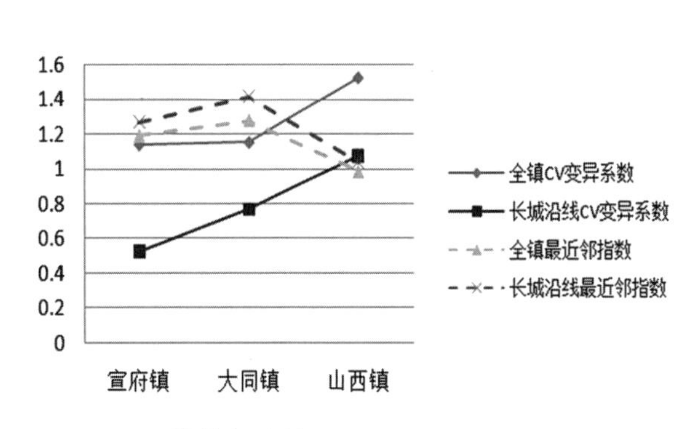

图2–11　三镇数据比较

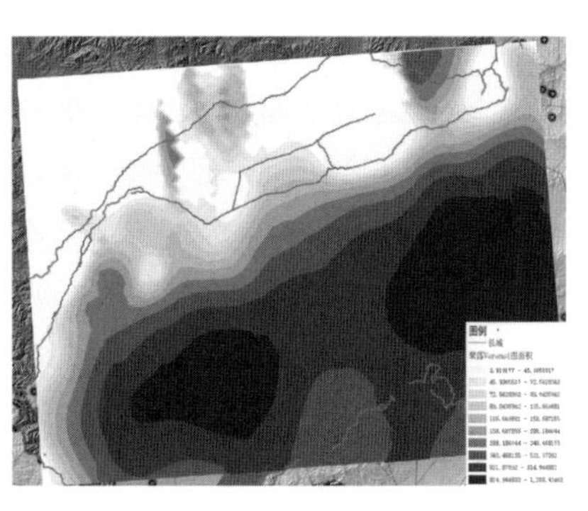

图2–12　大同镇聚落Voronoi图分布特征表面

① 汤国安，杨昕编. ArcGIS地理信息系统空间分析实验教程［M］. 北京：科学出版社，2006.

城沿线紧邻聚落呈随机分布或均匀分布，前期九边的整体研究同样显示这一趋势。

（二）聚落与地理特征的关系

深入考察各镇数据与相应地理特征关系，发现聚落分布与地形地貌存在显著相关性。其相关性源于聚落成熟的空间布局规划——各等级聚落间距离存在规划定制[①,②]。当聚落在平缓地区布局，因地形变化小，聚落易于保持原有规划布局，且聚落间空间距离（空间直线距离）与实际路程较接近；当聚落处于复杂地形时，实际道路因地形而辗转跌宕，聚落需比正常规划布局更聚集才能满足规划路程要求，此时聚落间距显著小于实际路程，相应Voronoi多边形减小，而CV值和最近邻指数值亦随之变化。聚落布局与地形关系可从聚落整体布局与长城沿线聚落布局两方面论述。

聚落整体布局方面，据其所处地理特征大致分为两类：一是沿山地走向布局。以山西镇最为显著，聚落广泛分布于恒山和管涔山区域，地形地貌异常复杂，尤其是西部黄土高原地表腐蚀沟壑纵横，地形起伏碎众。山地形态加剧其间聚落的密集程度，因此CV值较大，密集度高；二是在山区与平地交错地带布局，且纵深巨大。宣府镇与大同镇基本归于此类。聚落分布区域分别穿越山地、平缓地带、山地与盆地的复杂交错带。山地聚落布局加密，平原地区则疏松散布，而且两者地缘关系密切促使CV数据非常接近，由此CV值和密集度显著低于山西镇。

长城沿线聚落布局方面，与地形要素——沟谷孔道分布密切相关。CV值显示仅宣府镇为随机分布，其他二镇为集聚分布；而最邻近指数则显示全部为随机分布，大同镇已靠近均匀分布的临界值。大同镇长城沿线中部处于平坦区域，聚落分布较为均匀，西部大部分则位于山地。而宣府镇防御范围东北部山体高大，中西部则相对舒缓。总体看，两镇的CV值和最近邻指数值互有上下，但两者长城沿线防守的沟谷孔道相对均匀，直接影响聚落相对的匀质布置；而山西镇长城沿线所涉地貌几乎全部为山体，且孔道复杂多变，聚落分布均匀性差，因此CV值和最近邻指数值一致显示其不均匀性。

通过标准极差变换考察变异系数（CV）和最近邻指数两组数据的相关性，显示两组数据显著负相关，相关系数-0.856（图2-13）。

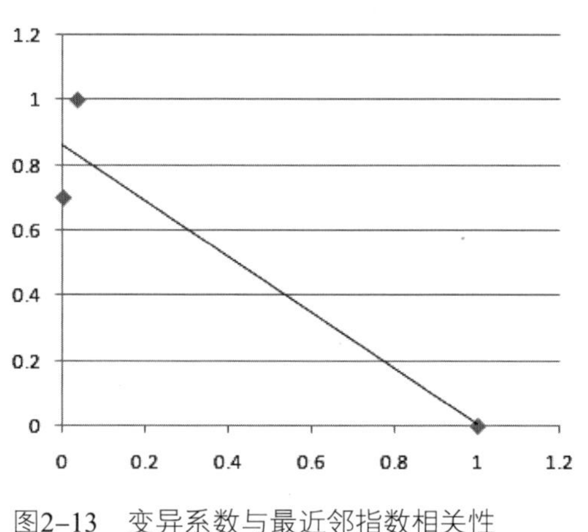

图2-13　变异系数与最近邻指数相关性

① 曹迎春，张玉坤. 基于Voronoi图的明代长城军事防御聚落空间分布研究［J］. 河北大学学报（自然科学版），2014，34（2）：129-136.

② 汪涛. 明代大同镇长城与自然环境地理关系研究［D］. 南京：东南大学，2010.

第五节 聚落属性要素空间分布研究

本节基于GIS的依据数量（quantities）属性显示工具，以聚落点为空间定位中心，采用聚落规模和驻军规模属性数值为半径，绘制各镇聚落体系属性空间分布图，以此分析聚落体系属性要素的空间布局和结构关系。部分数据为便于明确呈现需要变换，变换操作对对象整体进行变换，不会影响聚落体系系统关系的呈现，且相同研究内容采用相同的变换标准，以确保具有可比性。其中聚落规模（即聚落大小）通常以总面积或周长表征。本节聚落规模采用周长表示；军队规模则指城堡内驻军数量。实际上个别聚落的驻军有可能驻于城外近郊，空间上与聚落地址错位。但其隶属关系、定位表征、指挥运营均为相应聚落所属，可明确视为聚落的属性要素，而本研究亦探讨聚落体系的宏观系统关系，其空间错位值相对甚小，由此便将其视为聚落的属性要素并以聚落位置表征其空间定位。

一、聚落规模空间分布

（一）三镇整体聚落规模空间分布

就整体分布看，水平（大致东西）方向上，三镇整体区域东部聚落规模略大于西部，并存在由西向东逐渐增大的趋势，而三镇城规模同样存在此变化趋势，这与宏观上以战略防御核心京城为参照的三镇空间分布位置，所形成的三镇不同防御负荷程度一致；纵深方向（大约南北），三镇聚落规模总体分布可大致分为三类（图）：紧邻长城线的临边聚落、位于区域内部纵深的腹内聚落、上述两区域过渡部分且靠近长城的近边聚落。临边聚落个体规模整体最小，多为低级别堡城，但聚落数量众多，规模分布较均匀；腹内聚落个体规模整体居中，聚落数量中等且空间分布相对自由，各聚落规模差异稍大。聚落所属等级相对复杂，以卫、所、州等中级以上为主，其中多为历史悠久的区域传统核心聚落，同时还涉及少部分驿站、军堡等低等级聚落。中级以上及传统聚落规模较大，低等级聚落规模则与堡城类似；近边聚落涉及各等级聚落，其中中、高等级聚落为路城和镇城，聚落数量相对较少，以动态军事支援为主，聚落规模和驻军规模总体较大，空间分布在宏观尺度较均匀。而低等级聚落以交通、通信、后备为主，以相应高等级聚落为核心散布于周边。聚落规模的不同特征与其在聚落体系中的功能定位密切相关，临边聚落以战术防御"守边"为主，沿漫长边墙分布，因而数量巨大，驻军与非军人口较少，且所处极边之地土地承载力有限，因而聚落规模甚小；腹内聚落多为区域传统核心聚落，人口聚集、资源丰富、土地承载力强，且防御需求甚弱，以屯种、生产和贸易等民政功能和军事支持功能为主，因而聚落规模较大；近边聚落为高等级的路城和镇城，一方面路城（或镇城）演化于早期卫所，其地理环境、历史遗惠、资源禀赋等因素与腹内聚落相似，因而规模基础较好；另一方面军事上的等级优势，使其超越卫所等腹内聚落快速发育为具有军事防御和民政生产双重功能的大型军事聚落，承载区域的政治中心、经济中心、文化中心的功能，聚集大量城防驻军、骑兵援军以及更多的非军人口，因而聚落规模巨大。需要说明的是部分近边路城为增强防御而前置到临边位置，如大同镇右卫城、得胜堡以及宣府独石城等，但其中相当部分的聚落规模较同级聚落偏小，这与上述路城的驻防大部分为后续才移驻至此地规模较小的堡城有关，且结合后续驻军规模分析推测部分前置聚落以驻军为主，非军人口可能较少，因而规模偏小。

就长城沿线聚落规模分布看，从外长城沿线聚落规模整体看，存在由西向东逐渐增大的微弱趋势，尤以宣府镇北端独石口和西段万全以北附近长城突出部位显著。内长城沿线聚落规模变化不大，基本在主要关口处均匀设置较大聚落，且聚落规模排布有与内长城垂直的线性特征；内、外长城临边聚落规模比较，内长城有记载的聚落规模（山西镇内长城部分小型聚落规模数据无记载）较外长城沿线聚落规模整体偏大，尤其大于大同镇外长城聚落，而与宣府镇外长城类似聚落较接近。需要说明的是，《宣大图说》山西镇部分聚落仅记载名称，未独立开篇详述，而仅记载局部区域的核心聚落，辖下较小聚落则含于其篇之内简要记述。此外，根据现存遗址资料显示这些聚落规模甚小，很多明显小于其他镇小规模的聚落，推测山西镇在常规军事聚落等级标准的基础上，存在独特的更低层级衍生聚落（图2-14）。

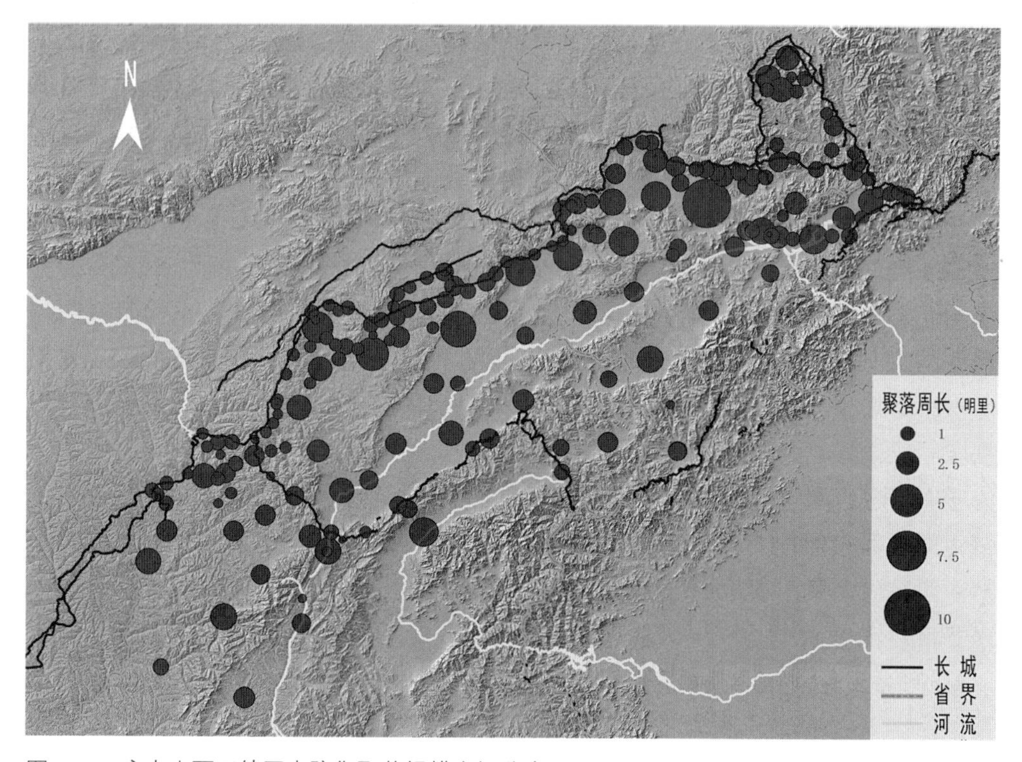

图2-14　宣大山西三镇军事防御聚落规模空间分布

（二）各镇聚落规模结构及空间分布

1．宣府镇聚落规模结构及空间分布

就宣府镇聚落规模看，除内部纵深聚落和重要战略位置的聚落规模超出常规而较大外，大部分聚落基本与其军事级别一致，聚落体系整体规模结构如图2-15所示。宣府镇城周长约24里（明里，后续如无说明均为此单位），居全镇之首，最低值为东八里堡约0.3里；路城个体规模小于镇城，居全镇聚落规模中游，且各路城间相差不多，城周均值约为5里；堡城规模最小，平均周长约3.2里。堡城规模均值显著少于路城，堡城个体规模相差较大，其中腹内卫所、要冲关隘、近京北郊等较特殊区域的聚落规模，通常较聚落相应等级均值偏大。

宣府镇聚落规模空间分布规律，以宣府镇城为核心发散状分布，东部与西部聚落规模分布差异显著，整体呈现西部大东部小的特征。其中东部聚落分布较多，规模整体偏小，且规模个体差异较大；西部聚落分布相对较少，单个城堡规模普遍偏大。进一步考察，东部南山路、东路、下东路、上北路四路规模均值3.1里[①]；镇城正北部为中路，居中略偏东，平均规模3.1里；镇城西部则驻守上西路、下西路、南路三路，三路平均规模4.2里。宣府镇聚落规模结构以镇城为核心，西部聚落规模均值显著大于东部规模（图2-16）。

就沿边和腹内角度看，临边堡城除个别前置路城外，绝大多数规模较小；腹内聚落规模整体较大，大型聚落相对集中分布于腹内或沿边与腹内过渡地带的开阔盆地及平原，多为路城、卫、所等中、高等级聚落或历史悠久的传统聚落，且整体以路城规模最大，而低级别聚落规模则很小。进一步考察大型聚落分布集中区域，主要涉及南部腹内沙城—怀来—永宁一线，北部独石口防区，以及全镇西部以万全左卫为中心的宣府城、右卫及柴沟堡的连续盆地区域，三区域均为宣府镇宏观战略防御和战备支撑重地。南部腹内沙城—怀来—永宁一线，位于居庸关

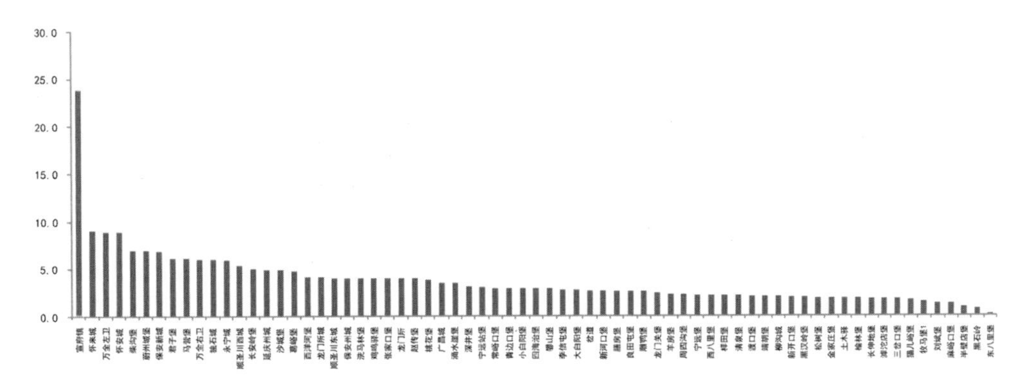

图2-15 宣府镇聚落规模结构

---

① 其中南山路资料缺损较多，上北路资料部分缺损，均值以现有数据统计。

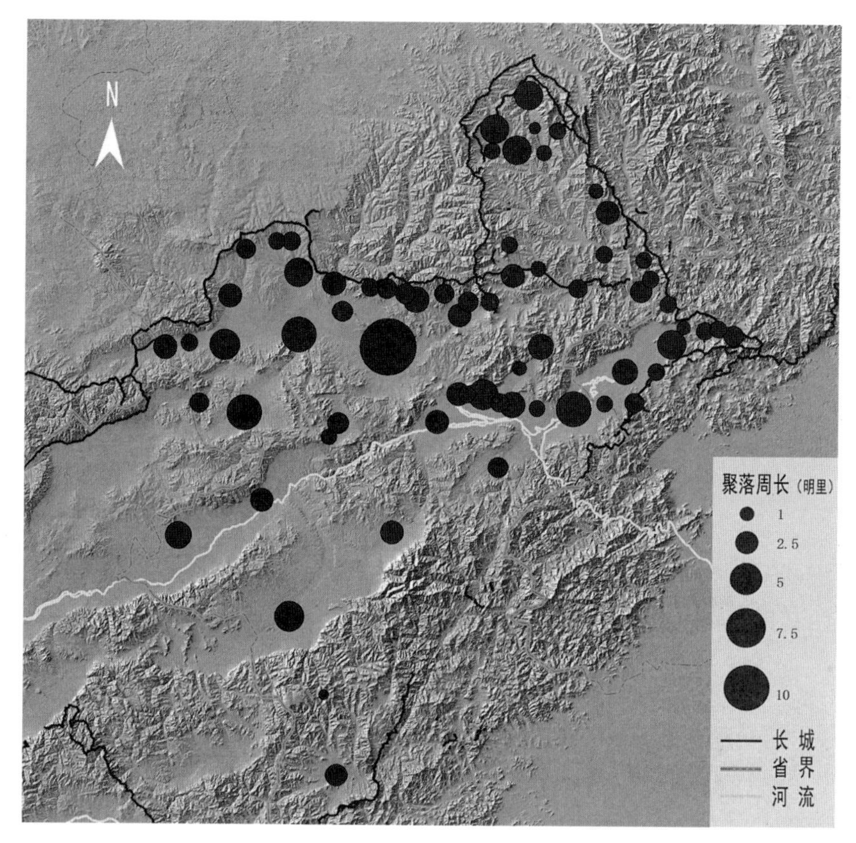

图2-16　宣府镇聚落规模空间分布

前冲地带，防御形势尤甚，而区域土地平整肥沃，自古就是核心农产区，区域传统聚落更是历史悠久，人口众多；西部以万全左卫为中心的宣府城、右卫及柴沟堡的连续盆地区域，为万全都司核心地带，区域土地、物资富饶，孕育大量大型传统聚落，众多人口，且区域自然环境适于饲马，为三镇重要的养马基地。另一方面，此地为宣府镇西北部战略屏障，重点防御传统战略要冲飞狐岭和西洋河川；独石口防区功能则较为单纯，主要以军事防御为主，扼守宣府镇外凸战略咽喉。

2．大同镇聚落规模结构及空间分布

就大同镇聚落规模来看，除内部纵深聚落和重要战略位置的聚落规模超出常规而较大外，绝大部分聚落规模基本与相应军事级别一致，聚落体系整体规模结构如图2-17所示。宣府镇城周长约13里，居全镇之首，最低值为三屯堡约0.7里；路城个体规模小于镇城，居全镇聚落规模中高区段，且各路城间相差不多，城周均值约为5.7里；堡城规模最小，平均周长约2.7里。堡城规模均值显著少于路城，个体堡城规模相差较大，其中腹内卫所、要冲关隘以及区域传统历史城市等特殊聚落规模相对偏大。

大同镇聚落规模空间分布以大同镇城为核心东西展开分布，东部与西部聚落规模差异分布大致均衡。其中东部聚落分布较少，规模整体略偏大（并不明显），且规模个体差异稍大；西部聚落分布相对较多，规模整体略小（同样不明显）。进一步考察，东部新平路、东路、北东路三路规模均值2.9里；西部西北路、中路、威远路、西路、井坪路五路为2.8里。大同镇聚落规模结构以镇城为核心，西部聚落规模均值略小于东部规模（图2-18）。

就沿边和腹内角度看，临边堡城除个别前置路城外，绝大多数规模较小；腹内聚落规模整体显著大于临边聚落，大型聚落相对集中分布于腹内或沿边与腹内过渡地带的开阔盆地及平原，多为路城、卫、所等中、高等级聚落或历史悠久的

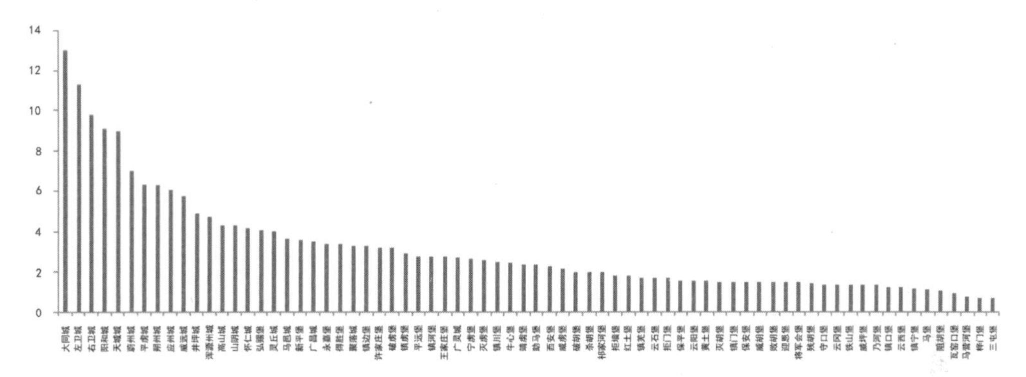

图2-17　大同镇聚落规模结构

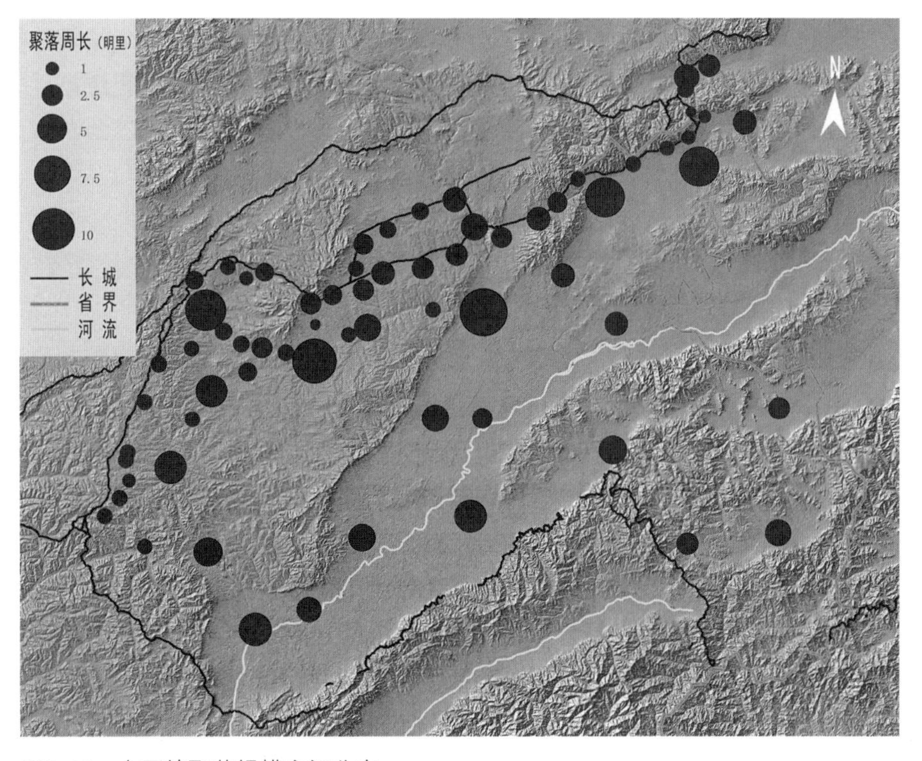

图2-18　大同镇聚落规模空间分布

传统聚落。进一步考察大型聚落分布发现，主要涉及东部阳和城和天成城一带，以及西部右卫、左卫和威远堡形成的三角区域，两区域以大同镇城为中心左右展开呈拱卫之势，是大同镇宏观战略防御和战备支撑重地。阳和城和天成城一带，传统聚落历史悠久，人口众多，区域土地肥沃，自古就是核心农产区；同时，扼守东部战略要冲，并与大同镇城协同防御东犯之敌。西部右卫、左卫和威远堡区域则重点防御传统战略要冲杀虎口，并协防策应东部大同城，且区域同样为历史悠久的传统人口聚集地和主要农产区。

3．山西镇聚落规模结构及空间分布

就山西镇聚落规模来看，除内部纵深聚落和重要战略位置的聚落规模超出常规而较大外，大部分聚落基本与其军事级别一致，聚落体系整体规模结构如图2–19所示。山西镇城周长约7.1里，居全镇第二，代州城8.6里为首位，最低值朔宁堡约0.5里。如前所述，山西镇聚落部分属性值缺损，以上值仅为现有数据的统计结果；路城个体规模小于镇城，居全镇聚落规模中高区段，且各路城间相差不多，城周均值约为5.0里；堡城规模最小，平均周长约3.4里。堡城规模均值显著少于路城，个体堡城规模相差较大，其中腹内卫所、要冲关隘以及区域传统历史城市等特殊聚落规模相对偏大。

山西镇聚落规模空间分布以宁武关镇城为核心东西展开分布，东部与西部聚落规模分布显著不均衡，整体呈西部大、东部小的分布特征。其中东部聚落分布较少，规模整体偏小、聚落规模差异较大；西部聚落分布较多，单个城堡规模普遍偏大，且规模的层次性较好。进一步考察，东部北楼路、东路现有数据规模均值4.0里；中部宁武关为2.8里，西部西路和河保路规模均值3.9里。山西镇聚落规模结构以镇城为核心，西部聚落规模均值略大于东部规模。

就沿边和腹内角度看，临边堡城除个别前置路城外，绝大多数规模较小；腹内聚落规模整体较大，大型聚落相对集中分布于腹内或沿边与腹内过渡地带的开阔盆地及平原，多为镇城、路城、卫等中、高等级聚落或历史悠久的传统聚落，且整体以路城规模最大，而低级别聚落规模则很小。进一步考察大型聚落分布集中区域，主要涉及东部代州（雁门关防区）、中部宁武关防区、西部偏头和老营堡一线，三区域同样是战略要地或战备支撑重地。代州控制区域历史悠久，人口众多，传统大型农业聚落聚集，同时战略支撑雁门关防御体系和据守忻定盆地通道；宁武和偏头两防区自古为兵家必争之战略要冲，因此驻扎众多较大规模的防御聚落。此外，山西镇自长城向腹内，规模较大的聚落存在线性排列趋势，且相当部分大致垂直于长城。如西端河保路一线以及腹内利民堡—八角堡—三岔堡一线等，前者扼守线性黄河东岸因而如此排布；后者及其他则主要与山西镇以长城和关隘防御沟谷的特征密切相关，聚落沿大致垂直于长城的线性沟谷布局以形成多层次纵深防御（图2–20）。

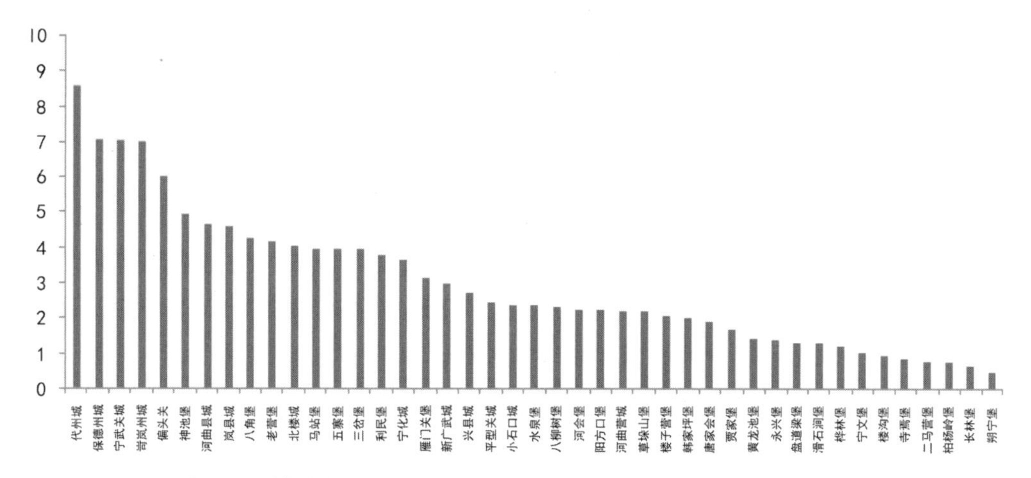

图2–19　山西镇聚落规模结构

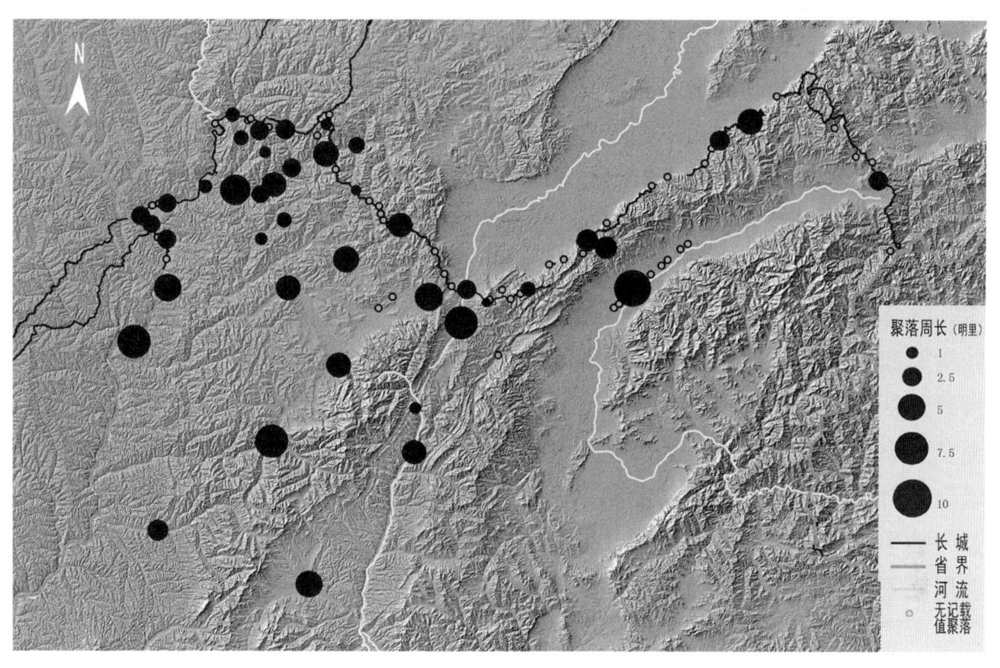

图2–20　山西镇聚落规模空间分布

二、驻军规模空间分布

考察各镇驻军规模的空间分布特征，为后续驻军体系的等级规模结构复杂系统关系研究建立基础。

（一）三镇整体驻军规模空间分布

就驻军整体分布来看，三镇聚落驻军总体分布可大致分为紧邻长城线的临边聚落、位于区域内部纵深的腹内聚落以及上述两区域过渡部分且靠近临边聚落的近边聚落三类。临边聚落个体驻军较少，多为低级别堡城，聚落数量众多，驻军规模分布较均匀；腹内聚落个体驻军整体居下游，聚落数量中等且空间分布相对自由，各聚落驻军数量差异较大。聚落所属等级相对复杂，以卫、所、州等中级以上为主，涉及少部分驿站、军堡等低等级聚落，其中中级以上聚落驻军稍多，低等级聚落驻军偏少，两者与临边堡城个体驻军数量相近或略偏多；近边聚落个体驻军最多，基本为高等级路城和镇城，但聚落数量相对较少。上述聚落驻军的三种特征与其在聚落体系中的功能定位密切相关，临边聚落以战术防御“守边”为主，沿漫长边墙分布，因而数量巨大，各堡驻军较少，以防止局部过于集中兵力导致宏观的兵力配置失衡而“顾此失彼”；腹内聚落则防御功能舒缓，以屯种、生产等支持功能为核心，因而驻军较少；沿边聚落为高等级的路城和镇城，以局部乃至全镇防区的动态驰援和协同防御为主，同时兼顾本体城防，因而驻军最多，且骑兵占相当比例。需要说明的是，部分近边路城为增强防御而前置到临边位置，如大同镇得胜堡和宣府独石城等，因此临边出现个别驻军高值聚落。

就宣大山西各镇看，大同全镇驻军最多（85780人），宣府镇与其接近（81383人），山西镇驻军最少（58037人）。大同镇位于三镇中部，战略地位急要，防御负荷最大，且区域以北无险可依，为三镇防御之首而驻军最多；宣府镇偏于一角，宏观战略防御地位稍弱于大同镇，因此驻军少于大同，但其紧邻京城，扼守北京门户，局部防御作用甚重，因而驻军又接近大同镇。此外，两者共同守御外长城，防御模式、管控范围及地理特征的相似性进一步促使其驻军接近；而山西镇防御形势较复杂，兼涉内、外长城，且内长城占较大比例（长度占4/5弱），防御负荷较外长城舒缓，且依托恒山、管芩山等大型山脉的自然形胜而以关隘防御为主，可有效减少防御人员，因此总体驻军人数显著少于外长城防线。进一步以镇城驻军分布格局看，三镇主要军事力量分布于大同、宣府和宁武三镇镇城，其中大同驻军最多（24186人），宣府次之（20348人），宁武较少（8390人）。三城位于自西南向东北的带状交通盆地中，以大同镇为核心左右展开，宣府居东，宁武在西，形成左右拱卫的对称防御格局。而就全镇整体看，大同城、宣府城、阳和城（9109人）和宁武城驻军分居前四位，其中大同城与阳和城非常接近并互为支撑，同居于三镇中部，进一步增强中部防御核心的宏观防御实力。

就长城沿线驻军而言，内、外长城沿边聚落的驻军数量和分布模式存在差异。外长城各聚落驻军整体多于内长城聚落，且聚落驻军数量连续过渡性较好；就驻军分布模式看，外长城防区的驻军分布模式，宏观上大致呈现大量临边小规模驻军堡城沿长城较均匀分布，微观上又以局部腹内路城为核心散布于周边或一侧。而内长城相关驻军规模较大的聚落则沿与长城走向大致垂直的沟谷通道呈线性排布，这与地理环境和防御强度密切相关，当然亦有可能因山西镇驻军数据缺损而强化图视效果，但实质内容基本一致；而三镇长城交界区域聚落驻军相对较多，其中山西镇与大同镇长城交接老营堡区域驻军最多，蓟镇与宣府镇交接的永

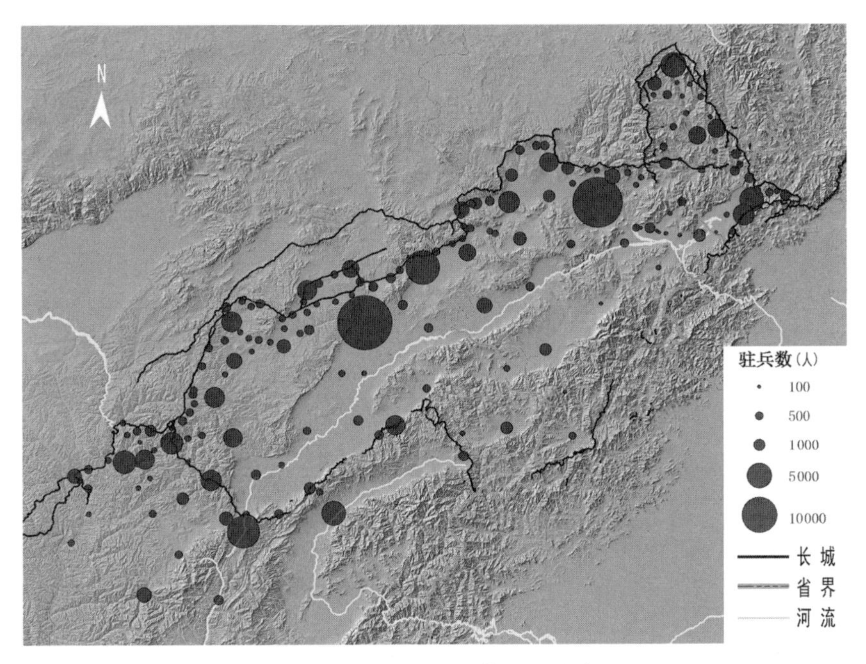

图2–21　宣大山西三镇军事防御聚落驻军规模空间分布

宁路防区次之，大同和宣府交接处个体城堡驻军数量并不突出，但结合此处聚落密度较高的因素，驻军具有一定规模。

进一步考察外长城驻军分布格局，大同、宣府两镇驻军相当，各居于整个防区中部，而东北角独石城防区以及西北角偏头与老营防区，两地各分布两处驻军高值点，形成掎角之势，上述四地共同支撑起独石—宣府—大同—偏头一线外长城防御体系；微观方面，外长城沿边突出区域——偏头防区、右卫防区、得胜堡防区、万全防区和独石防区等驻军规模较大。而内线长城沿线驻军规模分布则于重要关隘处驻扎较多军队，且沿此关所在沟谷通道纵深分布驻军聚落，布局形态显然倾向多层次守关（图2–21）。

（二）各镇聚落驻军规模结构及空间分布

1．宣府镇聚落驻军规模结构和空间分布

驻军规模分布如图2–22所示，规模结构方面，宣府镇总驻军81383人，且驻军规模基本与聚落军事级别一致。镇城驻军20348人，显著高于其他堡寨，约占总兵力的25%；宣府镇所有路城共驻军9225人，约占全镇驻军的11.3%，路城驻扎军队规模居中，单个路城驻军显著低于镇城，且各路城驻军大致相差不多，平均约为1153人；堡城驻军总数28136人（有记载值的参与统计），约占所有驻军的34%。各堡城平均约为485人，最低和最高值分别约为67人和1525人。堡城驻军均值显著少于路城，各堡城驻军数量不一，但相差不大。

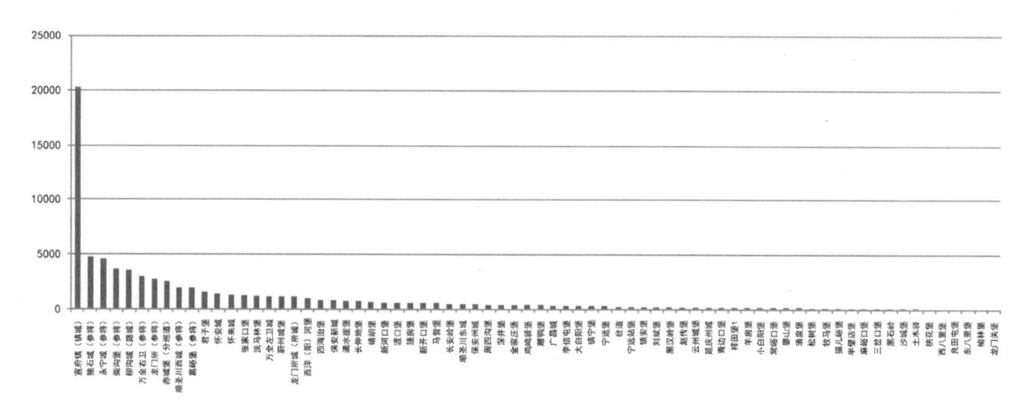

图2-22　宣府镇聚落驻军规模结构

空间分布方面，宣府镇防区聚落分布区域大致成“M”形，其驻军规模空间分布以宣府镇城为核心东西展开分布，镇城中部稍偏西，东部与西部聚落驻军规模分布格局和模式并不一致（图3-23）。其中镇城东部驻守南山路（674人，资料缺损）、东路（7517人）、下东路（4314人）、上北路（5027人，资料缺损）四路，防区稍多；镇城正北部为中路（3911人），居中略偏东；镇城西部则驻守上西路（6016人）、下西路（5743人）、南路（3624人）三路，防区较少。整体考察区域东部和西部驻军规模，中部宣府镇城与中路共（24259人）、东部（17532人）、西部（15383人），鉴于镇城偏西及其驻军的绝对优势，故宣府镇驻军规模结构以镇城为核心，东西部驻军大致均衡。进一步考察，东部聚落分布较多，聚落间驻军规模差异较大，规模层次较丰富；西部聚落分布相对较少，聚落间驻军差异不大，规模分布层次不显著。

就沿边和腹内角度看，大多数驻军相对集中分布于长城沿线，且以个体路城最多，临边堡城驻军较少；腹内聚落驻军整体偏少，其中高等级个体聚落驻军与临边堡城不相上下，但低级别聚落则驻军甚少。进一步考查沿边重点驻军点，从东到西为南路永宁城和柳沟城、下北路龙门所、上北路独石口、中路葛峪堡、上西路万全右卫、下西路柴沟堡，基本为路城且沿长城分布，均为战略防御重地。永宁城和柳沟城两城紧邻，扼守居庸关前冲地带，防御形势严峻而重军防守；独石口则为宣府镇北凸的战略防御要冲，因而驻军为诸路城之首，并在其腹内依托沟谷地貌，形成以赤城为核心的多层次驻军防御格局；而万全右卫和柴沟堡两堡驻守重兵，分别防御野狐岭和西洋河川进犯之敌，同时两者又互为支撑、同协连动共同守御宣府镇城西北门户（图2-23）。

2．大同镇聚落驻军规模结构和空间分布

规模结构方面，大同镇总驻军82513人，且驻军规模基本与聚落军事级别一致，驻军规模如图2-24所示。镇城驻军24186人，显著高于其他聚落，约占总兵

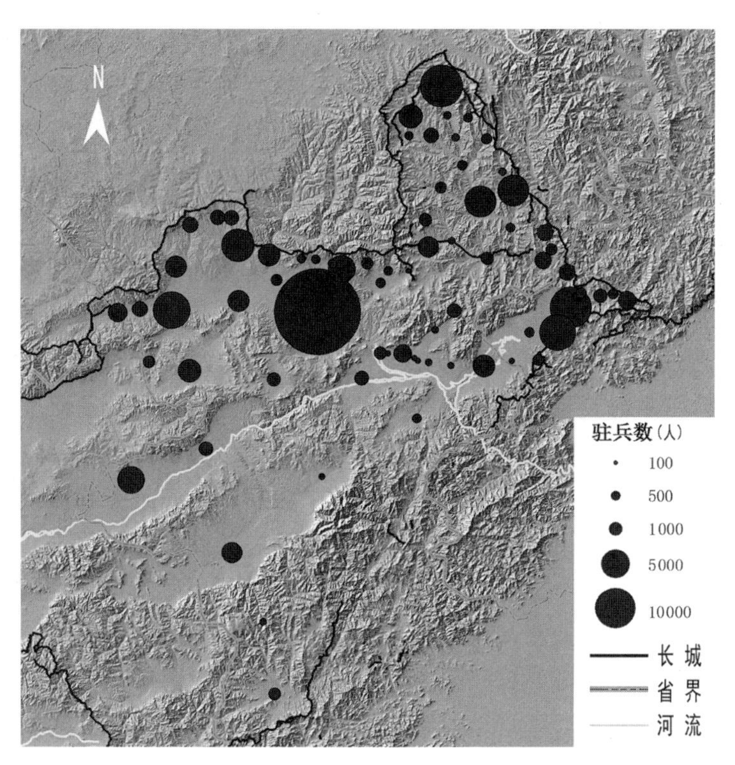

图2-23　宣府镇聚落驻军规模空间分布

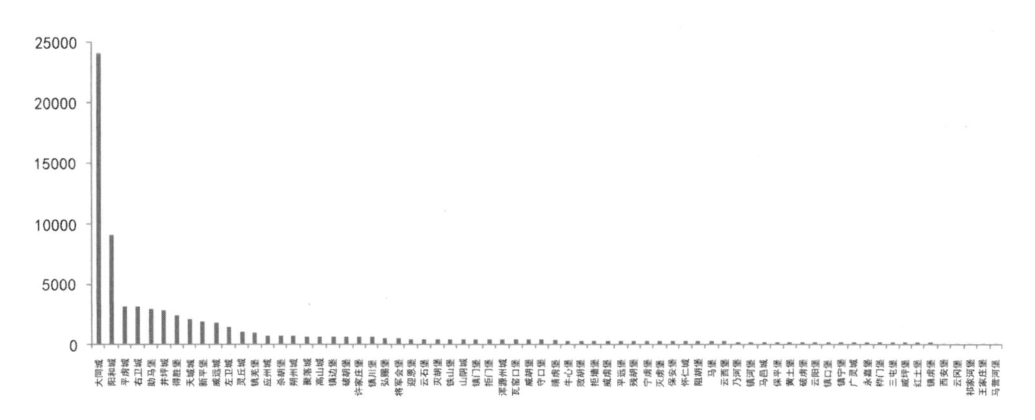

图2-24　大同镇聚落驻军规模结构

力的29.3%；路城共驻军20677人，约占全镇驻军的25.0%。路城驻军规模居中，单个路城驻军显著低于镇城，且各路城驻军大致相差不多，均值为2585人；堡城驻军总数37650人（有记载值的参与统计），约占所有驻军的45.6%。各堡城平均约为617人，最低和最高值分别为200人和9109人。堡城驻军均值显著少于路城，且各堡驻军数量不一，驻军规模整体相差较大；大同镇不属路聚落较多，均位于腹内且等级多高于一般聚落（卫、所、州等），驻军总数4229人，均值604人，各堡驻军规模相差不大并与一般堡寨近似。

空间分布方面，大同镇防区聚落分布大致成长方形，其驻军规模空间分布以大同镇城为核心东西展开分布，镇城居于中部偏东，东部与西部聚落驻军规模分布格局和模式大致相同。其中镇城东部驻守新平路（2956人）、东路（14085人）和北东路（6507人）三路，防区较少；镇城西部则驻守北西路（5969人）、中路（9267人）、威远路（3368人）、西路（4516人）和井坪路（7430人）五路，防区较多。其中井坪路聚落较分散，由全镇西端将军会堡延伸至大同盆地腹内的西安堡，并与腹内聚落融合于中部，防御西端盆地走廊，而其沿线实际驻军并不多。因此，整体考察东部和西部驻军规模，中部大同（24186人）、东部（23548人）、西部（30550人）。大同镇驻军规模结构以镇城为核心，西部驻军多于东部，但考虑到大同镇城驻军较多且整体偏东的空间结构，全镇驻军大致整体均衡。

就沿边和腹内角度来看，绝大多数驻军相对集中分布于靠近长城沿线的聚落密集的带型区域，区域宽度大致为长城线至路城的垂直距离，且以个体路城最多，临边边堡较少；腹内聚落驻军整体偏少，东西大致相同且散落分布。中、高等级个体聚落驻军与临边堡城不相上下，但低级别聚落驻军则甚少。进一步考查沿边重要驻军点，从东到西为新平堡、天城城、得胜堡、阳和城、助马堡、右卫城、威远城、井坪路和平虏城，基本为路城且沿长城分布，均为战略防御重地。阳和城位于大同西部，扼守北部多处要冲，同时兼顾大同及其东部与宣府镇交接地带的协同策应，防御地位极其重要；得胜堡与助马堡成犄角之势扼守大同北路，此地以北平坦无垠，若蒙军攻击则首当其冲，因此设双长城且两路城前置于边并驻重兵防御；西北部右卫城则驻守重兵，防御杀虎口战略要冲，同时于内部纵深连续设置聚落形成多层次防御结构（图2-25）。

3．山西镇聚落驻军规模结构和空间分布

规模结构方面，山西镇总驻军58037人，明显少于其他两镇，驻军规模的多少基本与聚落军事级别一致，但等级间差异和连续性均较其他镇弱，驻军规模分布如图2-26所示。镇城驻军（8390人）规模虽为首位，但与后续路城驻军差异不显著，约占全镇总兵力的14.5%；全部路城共驻军6684人，约占全镇驻军的11.5%，单个路城驻军低于镇城，但差距较其他镇明显偏小，各路城驻军大致相差不多，平均约为1336人；堡城驻军总数42963人，约占所有驻军的74%，若以全部堡城计算均值约为511人，而以有记载驻军数的堡城统计均值约为702人，有记载值的各堡城最低值为五眼井堡102人，最高值为马站堡3049人。由于山西镇聚落数量略多于其他两镇，总驻军数反而显著少于其他两镇，且路城相对又偏少，因此山西镇堡城驻军均值偏小。需要说明的是，根据《宣大图说》山西镇聚落记载，驻军仅记载主要聚落和区域的核心聚落。在区域核心聚落以下更低等级的局部衍生聚落并未记载，而以相应核心聚落为表征记载本集团的总驻军数，因此核心聚落记载值并非是聚落实际驻军值，此值应根据各聚落等级及紧要程度在

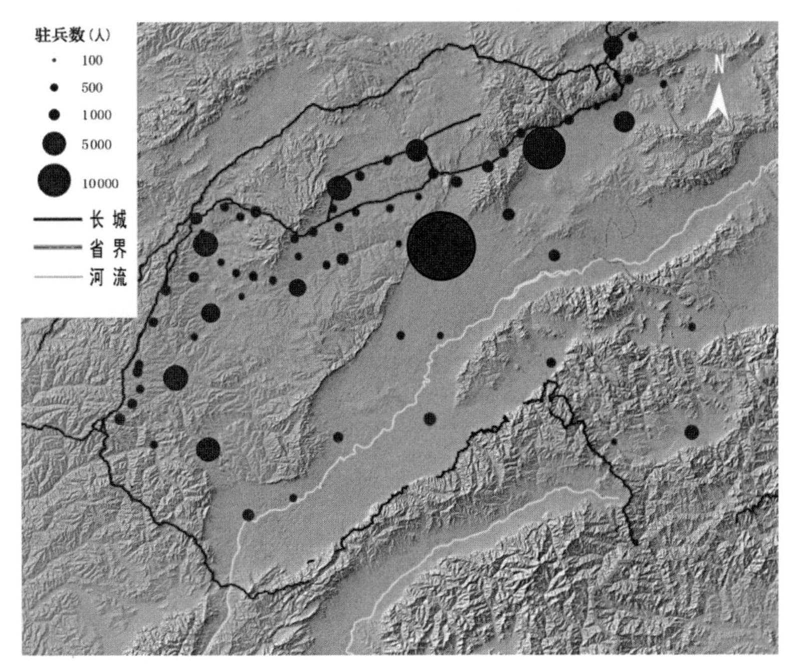

图2-25　大同镇聚落驻军规模空间分布

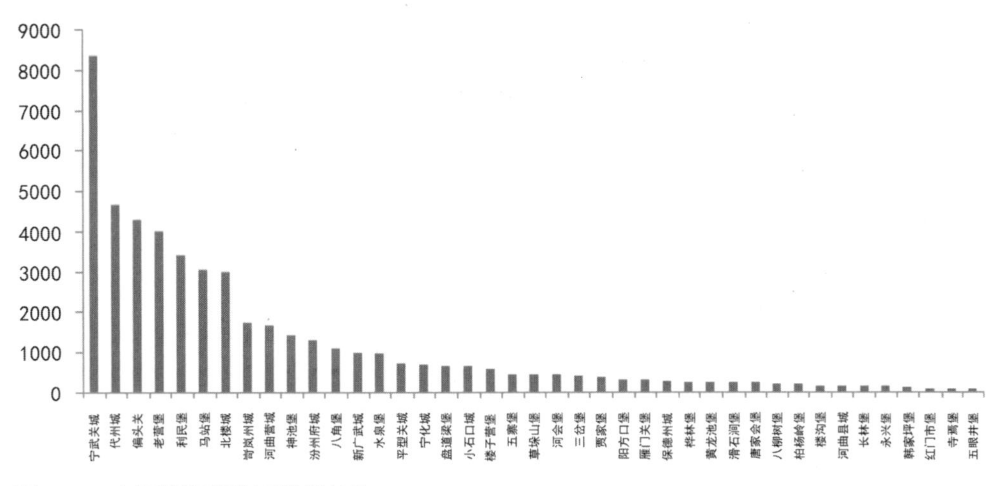

图2-26　山西镇聚落驻军规模结构

集团内协调配置。而堡城最大值和最小值亦不是全部聚落的最值，仅针对有记载的聚落而言。综合上述事实并结合山西镇聚落遗址规模甚小的事实，推测局部防御集团内存在相当数量驻军很少的小型聚落。

空间分布方面，山西镇仅记载部分主要聚落驻军，驻军规模分布并未呈现全部特征，但因未记载的聚落个体驻军较少且级别较低，因此规模空间分布图基本可以表达整个聚落主要驻军的宏观分布规律。山西镇防区聚落分布区域大致成“V”形，其驻军规模空间分布以宁武关镇城为核心东西两翼展开，镇城基本居于中部，东部与西部驻军规模分布格局和模式差异显著。其中中部宁武关防区驻军（11634人）；宁武关东部驻守北楼路（4443人）和代州路（6048人）两路；西部则驻守利民路（4737人）、偏头路（18293人）和河保路（3595人）三路，防区较多。整体考察中部、东部和西部驻军规模，镇城宁武关11634人、东部10491人、西部26625人。由此可知，山西镇驻军规模结构以镇城为核心，东西部不均衡，西部防御力量较重，这与西部防区内、外长城双线防御特征有关，主要驻军集中分布于外长城相关的偏头和老营一线，以及内长城利民堡至腹内一线。进一步考察西部发现区域外长城一线驻军较多，且规模分布格局和层次性与其他两镇类似；而西部东端内线长城相关防区（利民堡一线）的格局和层次性则与镇城东部一致——据守与山体走向垂直的沟谷通道，通道内设置多层次的聚落。从更大范围内看，山西镇内线长城相关聚落驻军分布格局有以大同盆地西南端（宁武关外一带）为中心，向内长城内部沿沟谷线性放射布局的趋势，表明此段长城宏观防御核心之一为由大同盆地向南来犯的入侵。

就沿边和腹内角度看，绝大多数驻军相对集中分布于靠近长城沿线的聚落密集的带形区域，区域宽度大致为长城线至路城的垂直距离，且以个体路城最多，临边堡城较少；腹内聚落分布不均匀，西部驻军与外长城类似，大纵深分布于黄土高原连绵细碎的山脉沟谷。东部则在恒山和五台山夹持下，纵深很浅，沿忻定盆地线性分布，驻军规模较小。进一步考查沿边重点驻军点，从东到西为北楼城、雁门关、宁武关、利民堡、偏头关和河曲营，大部分为路城且沿长城分布，均为战略防御重地，尤以偏头关、宁武关和雁门关“外三关”防区最为主要，如前所述，此处不再赘述（图2-27）。

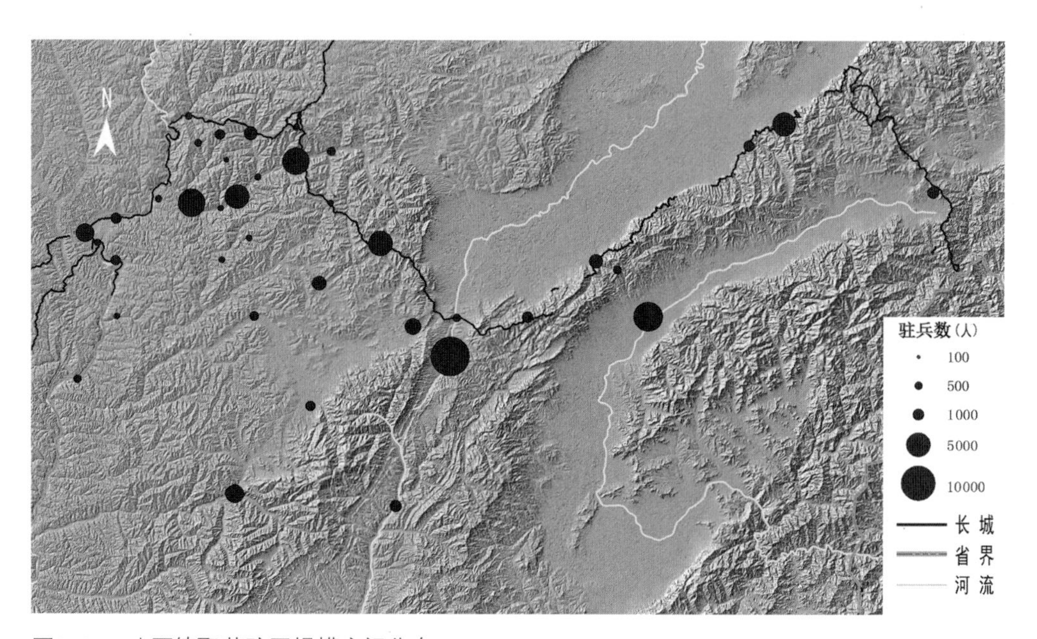

图2-27　山西镇聚落驻军规模空间分布

第六节　聚落及其属性中心趋势空间分布研究

通过聚落体系空间及其属性的中心分布趋势研究，从更宏观的层面量化考察聚落的空间分布情况。其中聚落的几何中心分布趋势呈现其单纯地理空间分布特征，而基于聚落承载的驻军规模属性的加权中心分布趋势，则量度聚落核心防御属性驻军的空间布局特征，从而精确揭示军事防御聚落的整体空间分布特征。

一、计算方法及数据

要素分布的中心趋势是地理学研究的重要考察内容，用于表现地理对象及其属性中心及加权中心的空间分布倾向，以比较不同要素或属性的分布特征或对分布变化进行追踪，涉及中位数中心、平均中心等分析工具①。其中中位数中心是对异常值反应更为稳定②。中位数中心工具除单纯量度地理要素的空间中心趋势，还可基于指定要素的属性权重加权分析。权重是与数据集中要素相关联的数值型属性，数值越高所占权重就越大。加权分析地理要素某属性的空间中心分布状态，即加权中位数中心是所有行程的距离之和最小的位置点③。中位数中心基础计算公式如公式2-2，在算法的每个步骤（t）中，都会找到一个候选“中位数中心”（X^t，Y^t），然后对其进行优化，直到其表示的位置距数据集中的所有要素（或所有加权要素）（i）的“欧式距离”d最小。中位数中心对地理对象及其属性的中心及加权中心空间分布的精确呈现，使其广泛应用于环境、生物和犯罪学等众多研究领域。

$$d_i^t=\sqrt{(X_i-X^t)^2+(Y_i-Y^t)^2} \quad \text{公式2-2}$$

二、三镇整体中心趋势空间分布

由图2-28可知，三镇整体的聚落几何中心（简称聚落中心）和驻军加权中心（简称驻军中心），位于整个防区东西方向中部，南北方向近长城约1/3（腹内纵深深度）的位置，具体位于大同镇正东约29.9公里处。两趋势中心显著分离，聚落中心较驻军中心略偏南约12.9公里。总体看，二者位于三镇防区战略核心部位，较传统上视大同镇城为三镇核心的情况稍偏东。一方面，从数理上证明大同

① 汤国安，杨昕编. ArcGIS地理信息系统空间分析实验教程［M］. 北京：科学出版社，2006.
② Burt，J. E.，and G. Barber. Elementary statistics for geographers［M］. New York：Guilford，1996.
③ Kuhn，H. W.，and R. E. Kuenne. An efficient algorithm for the numerical solution of the Generalized Weber Problem in spatial economics. Journal of Regional Science，1962，4（2）：21–33.

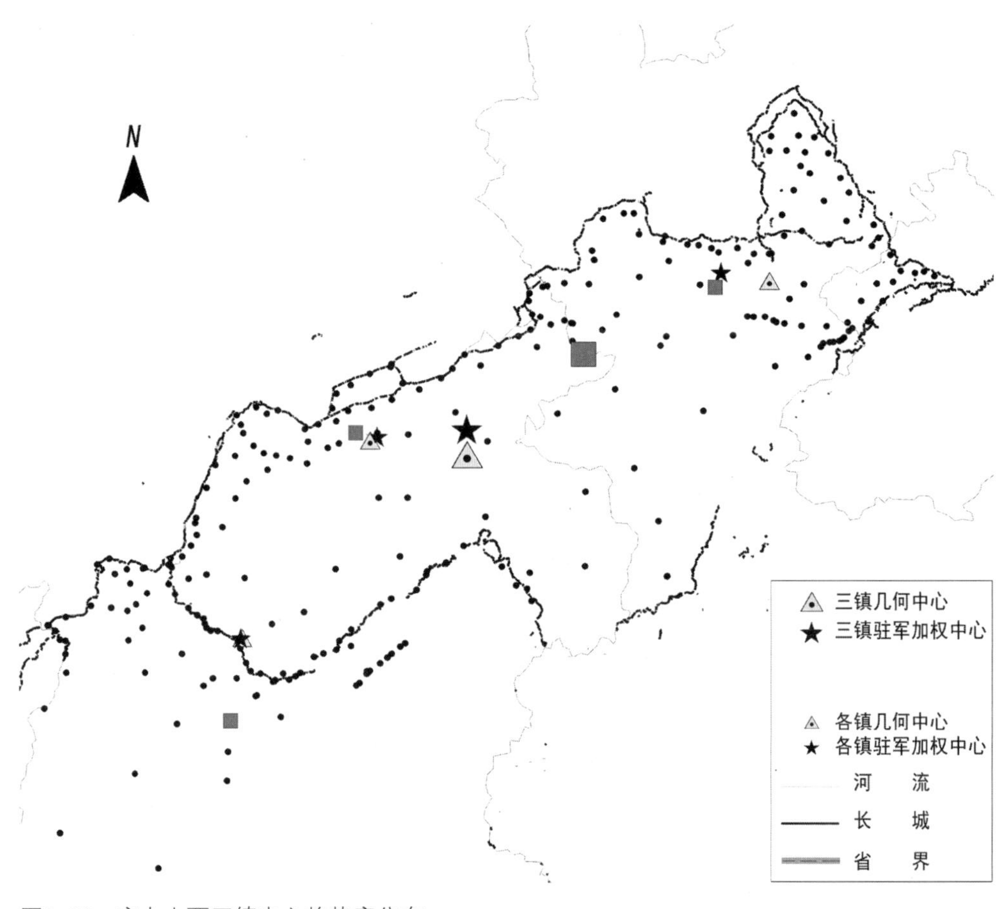

图2-28　宣大山西三镇中心趋势度分布

镇城为宏观防御核心的确切性；另一方面，三镇的聚落分布和驻军规模布局均存在向东偏移和加剧的趋势，这与越向东越趋近防御终极目标京城直接相关，表明在各镇恪守辖地的更高层面上，整体存在向东加强京城防御的趋势。进一步考察二者偏离情况，聚落中心显著的南偏倾向与山西镇内长城较多聚落分布密切相关，南部大量聚落整体影响腹内聚落稀少的分布格局而牵引聚落中心南移。驻军整体偏北表明驻军动态防御要素与静态的聚落布局并不严格重合，动态资源布局基于实际需求更加灵活自由；其次，长城对军事防御聚落资源匹配影响甚大，说明长城与聚落体系存在复杂的系统关系，且推测这种系统关系极有可能在不同层面和对不同要素的影响强度不同；最后，就三镇整体来看，驻军更倾向外长城配置，山西镇东部内长城的驻军配置量不足以牵引整体中心像聚落中心般南移，这与前述山西镇东部驻军配置及分布情况一致。

三、各镇中心趋势空间分布

根据宣府镇中心趋势度分布图，聚落中心和驻军中心分离显著，分别位于宣府镇城东约33.8公里和东稍偏北12.5公里，两中心仅在水平方向错位，间距三镇最大。表明宣府镇聚落空间分布总体偏东，大部分聚落集中于镇城东部，而聚落分布与其内驻扎军队的空间中心分布并不匹配。驻军分布中心以西与镇城错位，以东则与聚落几何中心错位，表明宣府镇驻军分布相对镇城整体偏东，但相对整个聚落的空间分布则又向西偏移。聚落与驻军分布中心的整体偏东，与宣府镇东部极其重要的战略地位和复杂防御因素密切相关，涉及北部独石口战略要冲、沙城至永宁一线京北屏障、南山路长城防线以及皇陵守御等，因此聚落集中且驻军较多，同时基于整体防御均衡的需求，驻军又较聚落本体更接近镇城。

根据大同镇中心趋势度分布图可知，聚落中心和驻军中心均位于镇城西侧，两趋势中心到镇城的距离分别为19.2公里和14.8公里，两者中心间距整体居中。总体看，大同镇聚落及其承载的驻军宏观分布匹配较均衡，这与大同镇相对均衡舒缓的地形和全镇相同的防御模式一致。其中两中心整体偏西与西部较长的防御形态，以及以杀虎口为首的防御要冲分布直接相关。聚落中心西偏最大且与驻军中心稍错位，表明驻军分布偏心倾向弱于聚落本体，两者整体较均衡，进一步说明西部聚落承载的驻军要素较东部权重略偏低，即某种意义上大同镇东部防御较紧要而大型驻军聚落较多，西部聚落虽多但大型驻军聚落比重则偏小。

根据山西镇中心趋势度分布图可知，聚落中心和驻军中心重合度三镇最好，但偏离镇城显著，约位于镇城宁武关正北略偏西28.8公里。两中心几乎重合，表明山西镇聚落和驻军宏观布局整体偏于西北部且分布较均衡。而山西镇与其他两镇较大区别在于，两中心与镇城方向错位为正北略偏西，而其他两镇基本在相对镇城的水平方向错位，这源于山西镇防御的复杂性。山西镇西北部外长城及相关区域，在聚落数量、驻军配置方面均有所偏重，由此导致三者中心趋势度向其偏移，推测山西镇的整体军事力量分布格局较重于外长城。

第三章　三镇长城军事防御聚落体系交通网络研究

基于人类道路认知的表面成本最小原则以及GIS相应的计算方法，复原宣大山西三镇长城军事防御聚落体系的交通网络，并科学检验复原道路的精确性以及方法的可行性；以复原的三镇交通网络为基础，量化统计分析交通网络的系统关系，建立交通网络的理论结构框架，并探索性分析其分形特征；基于分形理论相关方法深入研究交通网络的分形特征、关联性和发育程度。

长城军事防御聚落体系相关的长城、聚落体系以及其他要素，是广泛分布于边疆防区相对孤立、静态的防御设施，诸要素通过信息、驻军、物资等因素的沟通和传递，实现了协同联动和动态防御的系统功能，而长城军事防御聚落体系的交通网络便是诸要素沟通和传递的基础，是聚落体系系统关系研究的重点。由于聚落间古代道路多已无从考证，成为今天古代聚落体系系统关系量化研究的瓶颈。

第一节　聚落体系交通网络复原

一、复原依据

明朝北方边疆战患丛生，明人编纂大量关于长城军事防御体系的边防图集，以探讨应对之策[①]和方便战略布局之用。鉴于内容主要涉及地理位置和江川形胜，边防图集采取图文并茂体例。其时所绘图集主要有《九边图说》[②]、《九边图论》[③]、《宣大山西三镇图说》[④]（简称《宣大图说》）和《皇明九边考》[⑤]等。其中大量边防地图对研究长城军事防御聚落体系具有很高价值。但是，这些地图并未遵循严格的制图原则[⑥]，依然沿用中国古代地图的主流绘法——形象绘法[⑦]，地图呈现明显拓扑变形，由此带来今天传统聚落量化研究的诸多不便。本书依据古代边防地图，基于GIS的表面成本计算和最佳路径分析功能，计算并绘制明代长城军事防御聚落间的道路图，复原其时的空间布局、交通网络和驿传通行等

① 向燕南．明代边防史地撰述的勃兴［J］．北京师范大学学报（社会科学版），2000（1）：137-143.
② 明兵部．九边图说［M］．玄览堂丛书初集影印明隆庆三年刊本．台北：正中书局印行，1981.
③（明）许论．九边图论［M］．嘉靖十七年谢少南刻本．藏国家图书馆．
④（明）杨时宁．宣大山西三镇图说（三卷）明万历癸卯刊本［M］．国立中央图书馆出版，中正书局印行，1981.
⑤（明）魏焕．皇明九边考［M］．中华文史丛书影印明嘉靖刻本．台北：华文书局，1969.
⑥ 卢良志．裴秀与“制图六体”理论［J］．国土资源，2008（2）：54-57.
⑦ 赵现海．明代嘉隆年间长城图籍撰绘考［J］．内蒙古师范大学学报（哲学社会科学版），2010（4）：26-38.

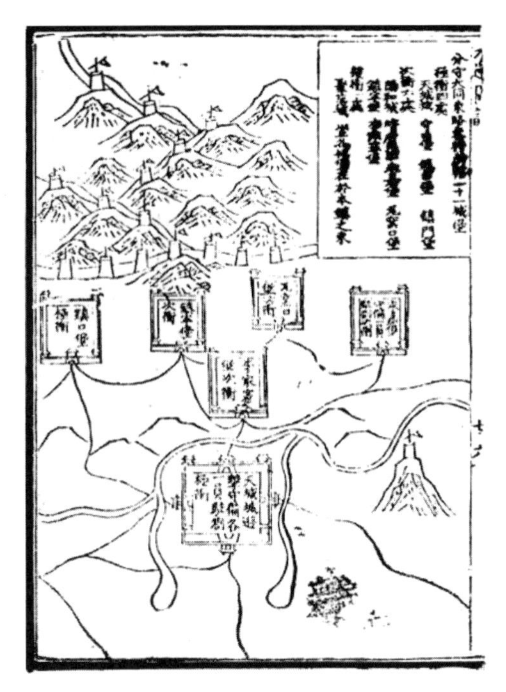

图3–1 《九边图说》中地图

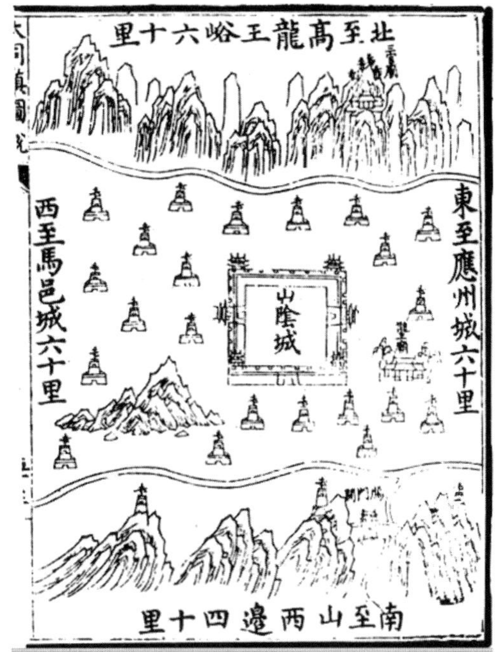

图3–2 《宣大图说》中地图

信息，为长城军事防御聚落体系的量化研究建立相对精确的地图和数据基础，并尝试建立一种复原长城军事防御聚落体系交通网络的基本方法。其中以《九边图说》和《宣大图说》中所绘宣大山西三镇地图为主要依据。两者均采用形象绘法，其中《九边图说》为明兵部所著，详尽绘制九边军事布防。以图为主，文字甚略，总图之后绘分路堡寨图，各分路图并未遵循相同比例，图中绘有详细道路，但无四至道里（图3–1）；《三镇图说》则详细绘制宣大山西三镇形胜沿革、边情兵略。先制总图，后依堡寨级别分篇逐堡绘制，未绘道路，但标有明确四至道里（图3–2），同时辅助参考其他图绘集著。驿路以《明代驿站考》①为依据。

二、计算数据和方法

（一）计算数据

本书使用的数字高程模型DEM（Digital Elevation Model）来源于中国遥感与地球数字研究所的数据共享资源，水平精度30米，垂直精度20米；1∶400万河流（一至五级河流）、行政区划（省级至县级）、各级城市居住点等数据来源于中国国家基础地理信息中心提供的共享资料②；宣大山西三镇军事防御聚落体系的地

① （明）杨正泰. 明代驿站考［M］. 上海古籍出版社，2006.
② 曹迎春，张玉坤，张昊雁. 基于GIS的明代长城边防图集地图道路复原——以大同镇为例［J］. 河北农业大学学报，2014，37（2），138–144.

理信息数据则来源于天津大学明长城军事防御体系研究课题组建立的数据库——“明长城军事防御聚落体系地理信息系统”①。

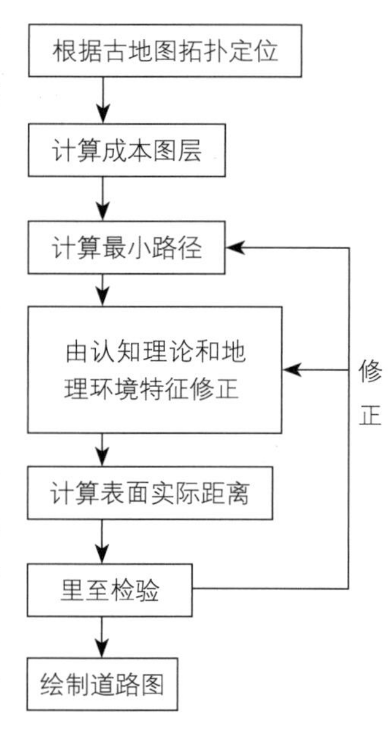

图3-3 道路复原技术路线

（二）计算原理和过程

通行成本最小是自古至今人类选择道路的核心标准，通行成本主要包括体力成本和时间成本②。决定人类通行成本的自然地理因素涉及河流、山体坡度和起伏度、表面粗糙度等，其影响人类穿越所需体力和时间，进而影响道路选择③。本书基于GIS支持的表面成本建模④、最小成本路径分析等功能，结合大同镇实际情况（由于研究主要关注宏观尺度，且与日常频繁的通勤行进相比，军事防御聚落间调兵支援的道路选择以时间成本为首要因素，军队行进对表面粗糙度要求相对较低，因而忽略此因素对表面成本相对微观的影响），设定相关成本如下：长城是防御范围边界，设定为道路不可逾越的最高成本（cost_Wall）；河流为道路选择重要因素，设为较高成本（cost_river），并根据河流级别确定相应成本；而坡度成本（cost_slope）和起伏度成本（cost_QFD）则根据相应影响强度加权叠合⑤。建立总成本（COST）公式3-1，据此计算获得表面成本栅格图，并建立道路寻找的技术路线（图3-3）。由于古代边防地图主要为认知地图⑥，精度较低，同时本计算方法无法面对复杂的实际情况自动调整，因此需基于环境认知理论对计算结果判断和修正。主要涉及同向并行、文化吸引力⑦、弯曲沟谷“短路”等几种情况。

$$COST=cost\_river+cost\_Wall+(cost\_slope\times 0.6+cost\_QFD\times 0.4)$$ 公式3-1

① 曹迎春，张玉坤，张昊雁．基于GIS的明代长城边防图集地图道路复原——以大同镇为例［J］．河北农业大学学报，2014，37（2），138-144.

② 曹迎春，张玉坤，张昊雁．基于GIS的明代长城边防图集地图道路复原——以大同镇为例［J］．河北农业大学学报，2014，37（2），138-144.

③ 曹迎春，张玉坤，张昊雁，基于GIS的明代长城边防图集地图道路复原——以大同镇为例，河北农业大学学报，2014，37（2），138-144.

④ Douglas, D. H. Least cost Path in GIS Using an A accumulated Cost Surface and Slopelines. Cartographical, 1994, 31（3）: 37-51.

⑤ 曹迎春，张玉坤，张昊雁，基于GIS的明代长城边防图集地图道路复原——以大同镇为例，河北农业大学学报，2014，37（2），138-144.

⑥ 若林芳樹，空间认知とGIS［J］，地理学评论，2003，76（10）：703-724.

⑦ 何捷，邹经宇，文化线路遗产原真性保护的GIS空间分析支持，2009空间综合人文学与社会科学论坛.

同向并行由于逐堡计算与其相关堡间距离，同一行进方向较远与较近堡或附近堡会出现若干道路并行（不严格平行或有部分重叠）的情况。例如：最初计算所得马邑至井坪与朔州至井坪的部分道路为同向并行，而实际道路很少如此，考虑到朔州至井坪为本区域路城间主要道路，所以将初次计算所得马邑至井坪部分道路与朔州至井坪道路合并，经重新计算修正为一条道路（图3-4a）。文化吸引力是指由于社会、政治、经济等文化设施所产生的吸引力对环境认知的显著影响①，聚落将吸引周边一定范围道路穿越。如首次计算左卫城至宁虏堡道路（绿色道路）并未经过但非常接近三屯堡，根据文化吸引力的影响将其修正为道路穿越该堡（图3-4b）；弯曲沟谷“短路”是指区域存在显著“肠状”排布的多次弯曲回绕的沟谷，由于计算公式中起伏度的影响，可能会机械计算获得纵穿弯曲沟谷之山壁和沟槽的最小成本道路，道路便出现“短路”状态，而实际行进中沿“短路”道路行进是非常困难的，实际情况则沿沟谷迂回行进。由此根据常识并参照今天区域实际道路的布局，通过分段计算进行修正。如宣府镇由滴水岩堡（或宁远堡）到靖胡堡需穿越弯曲回转的沟谷，计算道路发生短路现象，将其分段计算修正（图3-5）。经过计算和多次修正，获得宣大山西三镇军事防御聚落体系道路长度数据，以大同镇为例（图3-6），以及交通网络复原图（图3-7）。

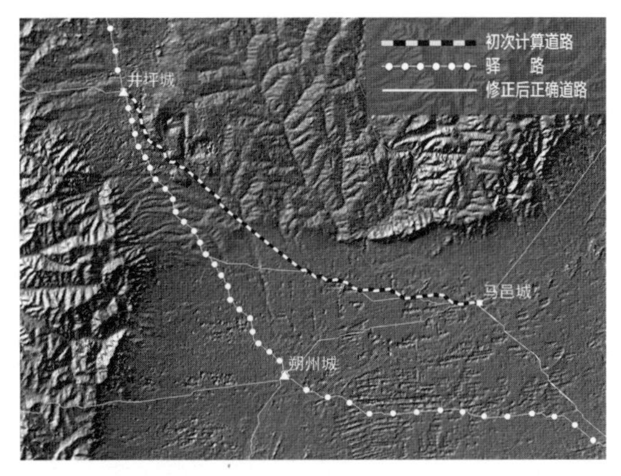

图3-4a　同向并行道路修正

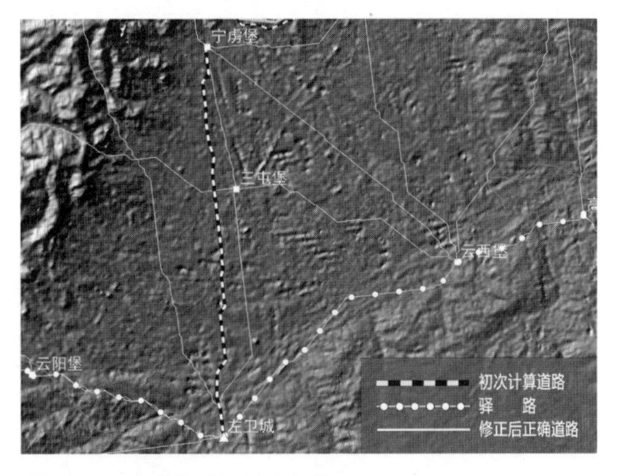

图3-4b　文化设施吸引力修正

图3-5　弯曲沟谷“短路”修正

① HE Jie. GIS-based Cultural Route Heritage Authenticity Analysis and Conservation Support in Cost-surface and Visibility Study Approaches［D］. Hong Kong: The Chinese University of Hong Kong, 2008.

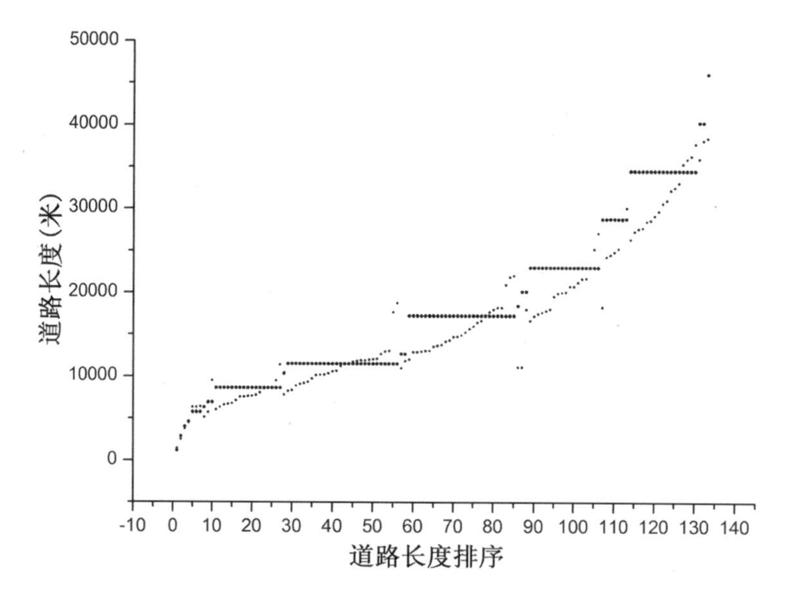

图3-6　计算数据

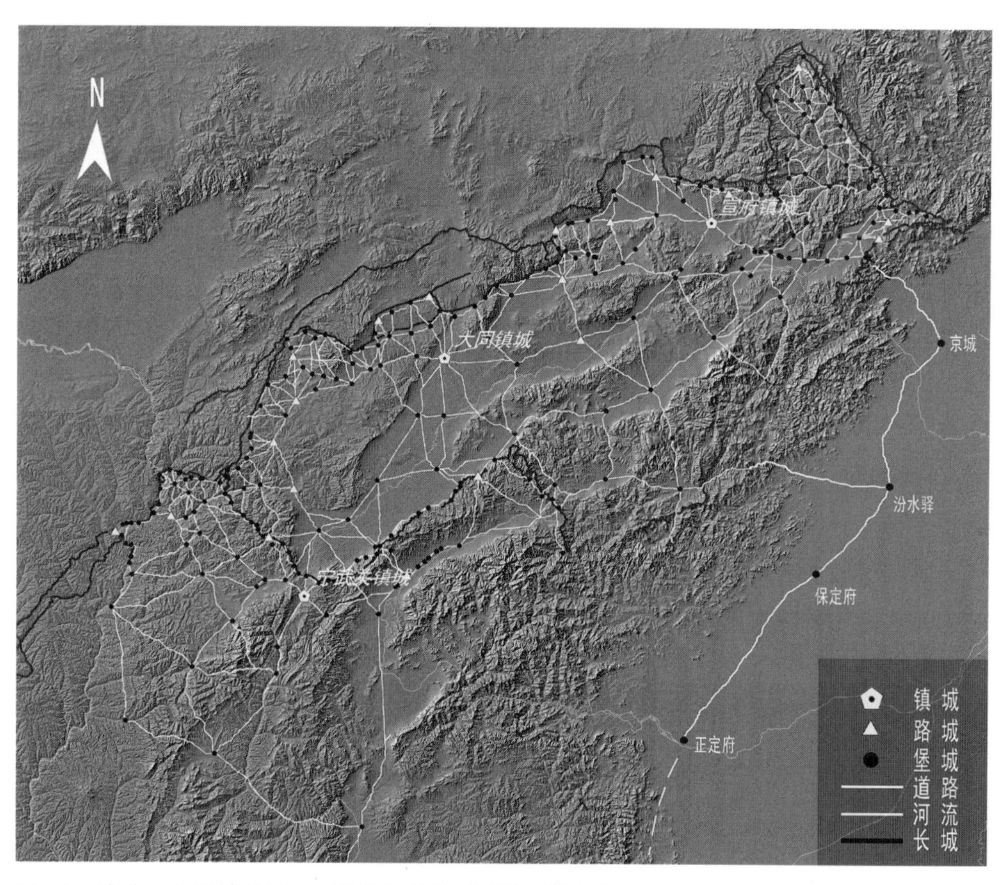

图3-7　宣大山西三镇长城军事防御聚落体系道路网络复原图

三、数据分析

相关名词定义：

记载值：史料记载堡寨间路程值

计算值：GIS计算获得的基于地形的堡寨间地球表面距离

真实值：明代堡寨间真实道路的实际路程值

理论值：明代堡寨布局的理论规划值

图3-6横坐标为整数单位，代表某两堡寨间道路序号，无意义，仅将数据依记载值长度升序排列。纵轴为道路长度，同一横坐标对应红、黑两点，其纵坐标分别为某道路相应的计算值和记载值。

（一）数据基本情况

计算值呈现规律上升的近似线性变化，经检验为正态分布。记载值则为规律上升的分段定值。两者比较显示，计算值相对记载值整体向下略有偏移，即计算值整体稍偏小，这与严格整体计算所获得表面成本最小值方法的效率高于人为感知所获得的直接相关。根据统计学和地理学原理，某区域自然聚落间道路长度值排序应呈均匀的、近似的线性变化或分段线性变化规律。记载值严格的分段定值特征表明数据存在人为规划和修正因素。人为规划源于防御体系的人为距离设定，即防御体系不同级别堡寨根据职能和布防要求，各级堡寨间规划设计的距离[①]（后续的统计分析进一步证明此结论）；而数据修正则由古人基于心理地图的认知特点产生。古人认知和测量道路方向和长度的尺度并不如现代精细，常采用较大尺度，其测量值存在明显的“值域”——某范围内的方位和距离都将归于某一大约值，本例便有显著表现；方向方面，图集地图采用极坐标的认知和表现方式，道路记载方位与实际地理方位存在偏差，大部分于10°～30°范围域内变化，个别甚至大于45°；数据方面虽然存在理论规划定值，但其实际值也必然围绕理论值偏移呈现大致的对称分布，不会呈现如此严格的分段定值，因此推测图集的编绘者受规划值先入为主的影响而将记载值向理论规划值靠近，亦有可能资料上报者、收集者或道路使用者等相关人员基于较宽松的认知值域，将实际道路归并于某些笼统的整数范围，由此形成后续汇总成集的道路记载值。

（二）数据差异水平比较

1．单位换算

数据差异性检验，需将明代记载道路长度的里等标准换算为公制，以便与复

① 汪涛．明代大同镇长城与自然环境地理关系研究［D］．南京：东南大学，2010.

原道路比较。详细考察相关资料发现，目前换算标准繁多、莫衷一是，主要有以下几种换算结果（表3-1），数据大约呈现“哑铃”式分布，偏小一端主要集中于500米左右，较大一端则主要集中于570米附近，两者相差约70米，而落位于两者中间区位的数据较少。本书同时采取史料推导和实测检验两种方式换算以确保换算数据的准确性。

明代里与现代公制换算　　表3-1

出处	明代1里换算（米）	作者	时间
《长城》	480	景爱	2008
《河北省志·长城志》第81卷	500	河北省地方志编纂委员会	2011.12
《中国历史大辞典》	572.4	郑天挺，谭其骧	2000.03
《中国历代尺度概述》(《历史研究》)	510	曾武秀	1964.03
《中国历代度量衡考》	530	丘光明	1992

史料推导方面，明代聚落间道路长度单位多以里计，里则由标准营造尺换算得出。营造尺是明代工匠营建用尺（官尺），又称木尺、工尺等，为十进制系统，区别于八进制系统的鲁班尺、门光尺、八字尺等①。明代营造尺标准繁多，说法不一，目前主要研究成果见表3-2。通过比较和甄别，本书采用1尺=0.318米（保留三位小数）标准进行换算，原因有三，第一，此标准出自由国家组织编写的权威特大型历史专科辞典的《中国历史大辞典》；第二，傅熹年先生进一步论述此标准为明代中期通用，本研究主要集中于明中期前后；第三，基于统计学误差考虑，此标准在众多标准中相对适中并不偏颇。本书中所有涉及明代尺度换算，如无特殊说明均以1尺=0.318米标准计算，由此推知明代1里≈572.4米。由此看来，具有严谨推导依据的换算标准位于数据较大端。

明代尺与现代公制换算结果　　表3-2

出处	明代1尺换算长度（米）	作者	时间
《中国度量衡史》	0.311	吴承洛	1937
《中国历代尺度考》	0.317	杨宽	1938.06
《中国历代尺度概述》(《历史研究》)	0.320	曾武秀	1964.03
《中国历代度量衡考》	0.319	丘光明	1992
《中国历史大辞典》	0.318	郑天挺，谭其骧	2000.03
《中国古代城市规划建筑群布局及建筑设计法研究》	明初0.3173	傅熹年	2001
	明中0.3184		
	明末0.3197		

① 林哲．桂林明代靖江王陵营造尺初探［J］．桂林工学院学报，2004，24（3）：289-294.

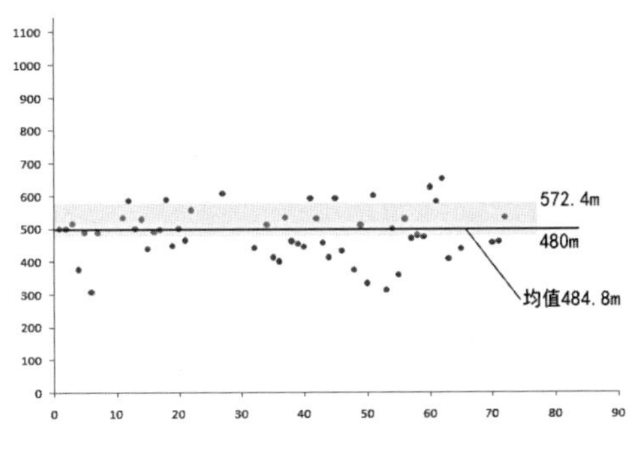

图3-8　聚落实测周长与记载值转换关系

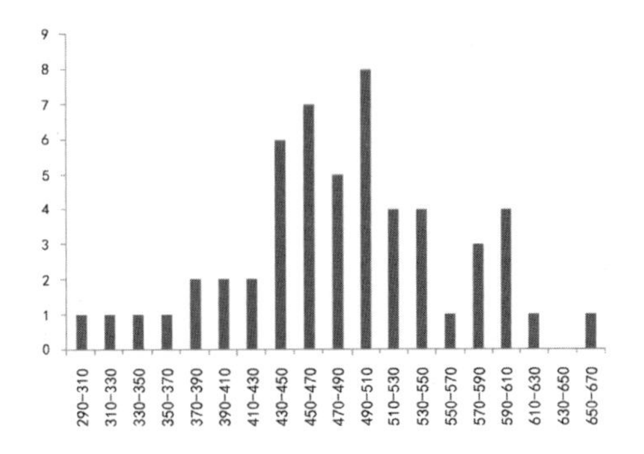

图3-9　数据分布状态

实测检验方面，以《中国文物地图集　山西分册》[①]记载的大同镇保存较好聚落为研究对象，基于统计学原理系统比较相应聚落周长实际测量结果（公制）与其明代记载值（明里）的转换关系并建立图表（图3-8），其中浅蓝色范围为480~572.4米的参考区间。数据整体集中于400~600米的区间内，全部数据均值为484.4米，数据于500米标准线的集聚特征显著优于572.4米和480米两线。进一步考察数据分布状态（图3-9），数据整体呈现正态分布，最多数据落于500米左右（490~510米），其中等于500米的值有5个。480米和572.4米两标准附近数据分布较少，尤其是后者。由此可知，在统计意义上，实测考察500米较接近明代1里的尺度，靠近偏小值一端，表明此换算标准具有一定实践基础。

综上论述，为保证数据检验的精确性和实际性，本书同时采用572.4米和500米两种换算标准检验数据。前者换算推导轨迹明确严谨，视为理论精确值；后者则由大量实测数据的系统性比较得出，具有宏观统计意义。

2．差异水平检验

各镇相应两数据均呈现显著相关性，即计算值分段特征对记载值分段趋势响应显著，且两者偏差随道路长度增加而逐渐扩大，以大同镇为例（图3-6）。由于古代距离认知值域的存在，系统比较记载值和计算值两组数据的差异性，显然比计算某条具体道路两值的相对精确度更有意义。基于SPSS18.0统计软件检验两组数据的系统性差异，由于记载值和计算值是对同一受试对象采用不同处理方法获得的成对数据，且均呈正态分布，符合配对T检验[②]的适用条件。采用配对T检验的方法检测各镇记载值和计算值的整体差异性水平，记载值为分别依照572.4米和500米两个标准换算获得两组数据。以大同镇为例测试结果如上（表3-3）：采用572.4米时，在30明里（17290米）尺度范围以内获得结果：

① 国家文物局．中国文物地图集·山西分册［M］．北京：中国地图出版社，2006.
② 李洪成．SPSS18数据分析基础与实践［M］．北京：电子工业出版社，2010.

Sig（2-tailed）值为0.053，大于0.05的显著性水平标准，因此接受两组数据总体均值无显著性差异的原假设，即在30明里范围内复原道路长度和记载道路长度无明显差异，整体上可视为严格一致，以此检验三镇相应数据获得差异性水平结果（表3-4），三镇一致显示在30明里范围内，记载值和计算值无显著差异，30明里以上则差异随绝对距离的增加而逐渐增大。分析原因在于GIS在各种尺度条件下均采用整体计算比较成本的方法获得最小值，而人类感知距离虽然同样基于最小成本，但认知能力所限只能在有限范围内整体比较获得局部最小成本值，而在更大范围内则无法整体把握，且距离越大把握越差，只能分段把握，距离越短两者差异性相对越小。这与前述计算所得数据和数据比较结果均一致；若采用500米为标准，则三镇至少在60里范围甚至全程数据，均接受两组数据总体均值无显著性差异的原假设，即几乎全部计算数据与记载值整体相符良好。

大同镇记载值和计算值成对样本检验　　表3-3

	成对差分					t	df	Sig.（双侧）
	均值	标准差	均值的标准误差	差分的95%置信区间				
				下限	上限			
记载值-计算值	464.92405	2102.0779	236.50224	-5.91575	935.76385	1.966	78	0.053

各镇配对T检验Sig.（双侧）值　　表3-4

标准	572.4米		500米
	<30里（17290）	>30里（17290）	全部数据
宣府镇	0.055	—	均大于0.050
大同镇	0.053	—	
山西镇	0.051	—	

综合三镇的差异性检验、古人距离认知宽松范围、记载值人为性的存在、距离换算的多样性，以及宏观研究可接受的精度要求等因素，确定基于GIS的表面成本计算和最佳路径寻找功能，复原古代长城军事防御地图道路的方法具有明确的适用性和可行性，但适用程度存在条件性，同时计算道路需要基于认知常识和文化因素进行修正。总体而言随着道路长度的增加，此方法复原道路与记载道路的误差相对增加，这源于人类感知和GIS最小表面成本分析两者对最小成本所能关照范围的不同。细微而言，若使用偏小换算单位（500米），方法具有广泛甚至相对三镇的绝对适用性；若使用偏大换算单位（572.4米），在30明里以下，此方法具有很高的精确性和适用性，而此范围涵盖了大部分长城沿线聚落最密集区域两聚落间的距离分布区段，30明里以上随距离的增加此方法的误差将逐渐变大。在实际使用中可以聚落为节点，将较长距离分解为若干

区段，且控制每段距离在计算精确范围内，之后累加各段计算结果，从而获得较精确的总距离。

四、复原道路的属性特征

聚落间道路特征的属性主要涉及道路长度和空间定位。复原道路是根据地理环境特征以及表面成本最小的原则计算绘制，并以道路长度为参量经差异性检验最终获得。就道路长度属性来看，计算数据和记载值具有较好的匹配性和相关性，复原交通网络所呈现的长度特征在研究所需精度范围内可以表征古代实际道路网络；道路的空间定位属性则相对复杂，复原道路并不一定严格与古代实际道路重合，更多是与实际道路表现为某种“拓扑”关系，即复原道路和实际道路均以空间定位准确的聚落为两端点，在两者长度大致相同的情况下，复原道路的空间位置与实际道路可能存在某种程度偏离、伴依或交叉行进的状态（图3–10）。这种偏差在越微观的程度表现越显著，而宏观尺度则相对减弱，尤其是在整个军镇为尺度的层面，道路空间定位偏差对交通网络的宏观系统性特征影响微弱。本书随后的相关研究均是对复原交通网络的宏观系统性研究，主要涉及交通网络的宏观空间布局，以及基于交通网络长度属性的宏观统计研究和分形特征研究，因此复原道路空间定位属性方面的误差相对研究尺度和内容来说可以接受甚至忽略。

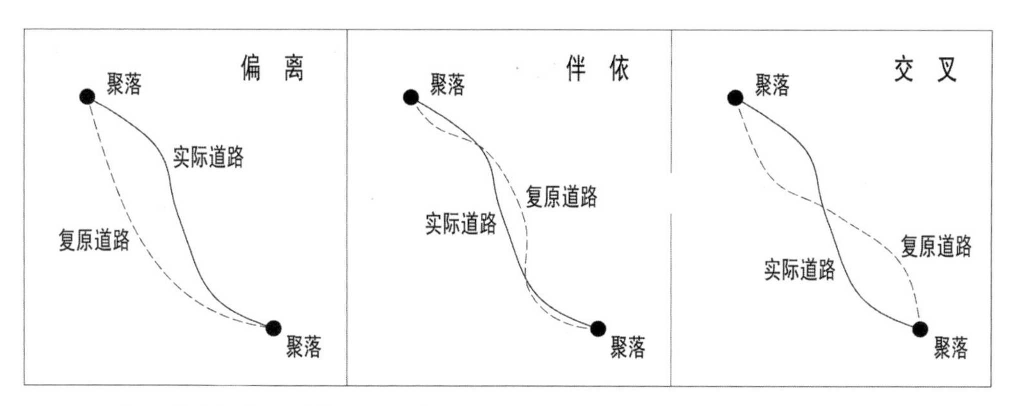

图3–10　复原道路与实际道路理论关系

第二节　交通网络系统关系研究

基于复原的交通网络图，对交通网络宏观分布、区域交通联系以及镇城与交通网络关系等基本情况进行初步分析。随后，基于复原道路的长度属性，详细统计分析军事防御聚落体系各等级聚落间道路长度的系统关系，归纳聚落体系交通网络规划的基本规律，以此建构交通网络的宏观量化结构框架。

一、研究方法和数据

本节在历史学、人文地理以及建筑学常规研究方法的基础上，针对不同研究内容采用不同的量化研究方法。在交通网络基础统计分析中，采用统计学的均值、最值、标准差、线性拟合等方法，其原理此处不再赘述，统计工具以SPSS和Excel为主；在道路统计过程中，基于道路系统依照聚落等级逐层放射分布的对称性，设计了以基准距离逐层向外扩散的对称式统计方法，以此准确反映数据信息并保留其空间意义；交通网络复杂性研究方面，基于分形工具所属的计盒维数、半径维数和关联维数等不同分形计算方法，研究交通网络的分维数、半径—长度维数和关联维数，深入探索三镇交通网络的复杂性。为保持论述的完整性和连续性，具体方法和过程将在相应章节中详述。研究数据则采用前期复原道路计算所获得的交通网络数据。

二、交通网络基础分析

（一）三镇交通网络基础分析

1. 交通网络总体分布

三镇整体交通网络分布明显不均匀，总体呈现沿边密集、腹内疏松的分布特征（图3-11）。就沿边区域看，外长城沿线形成狭长的交通网络高密集带，由西部山西镇偏头关，经中部大同镇大同城，达宣府镇龙门所，高密集带基本由路城（严格意义上说还涉及镇城，这与镇城前置现象密切相关）及其下辖沿边堡城之间相互联系的交通网络构成。由于守边堡城、路城数量较多，且两类聚落之间距离（指聚落间实际道路的长度，后续除特殊说明外均为此意）相对较近，由此形成道路密集带。外长城密集带与山西镇内长城交接并向内部延伸后，密集程度发生变化。尤其是穿过利民堡后继续向中部、东部延伸的部分，其网络特征减弱，主要表现为以重要关隘为核心的放射状或沿与长城大致垂直的纵向沟谷的线性走向，这与区域独特防御形态密切相关。山西中部与东部主要防御形态为，以内长城沿恒山走向设置大量关隘防守沟谷通道阻止纵向穿越山体进入南部，由此聚落分布形态涉及两类，一类沿内长城布局，扼守与内长城相交的纵向沟谷；另一类则以要冲关隘为率沿纵向沟谷次第布置的多层防御形态。两种形态形成的交通网络多呈现以重要关隘为核心的放射形态或众多道路重合而一的线性形态，由此弱化了区域道路的网络特征。

进一步分析发现交通网络高密集带亦非匀质分布，高密集区与战略和战术要冲相关性甚高，如宣府镇独石口、野狐岭区域，大同镇北部得胜堡、右玉城区域，山西镇偏头关等区域的交通网络高密集程度显著；而各镇外长城的交接处，如新平堡—西洋河堡（宣府镇与大同镇）、老营堡—井坪堡（山西镇和大同镇）

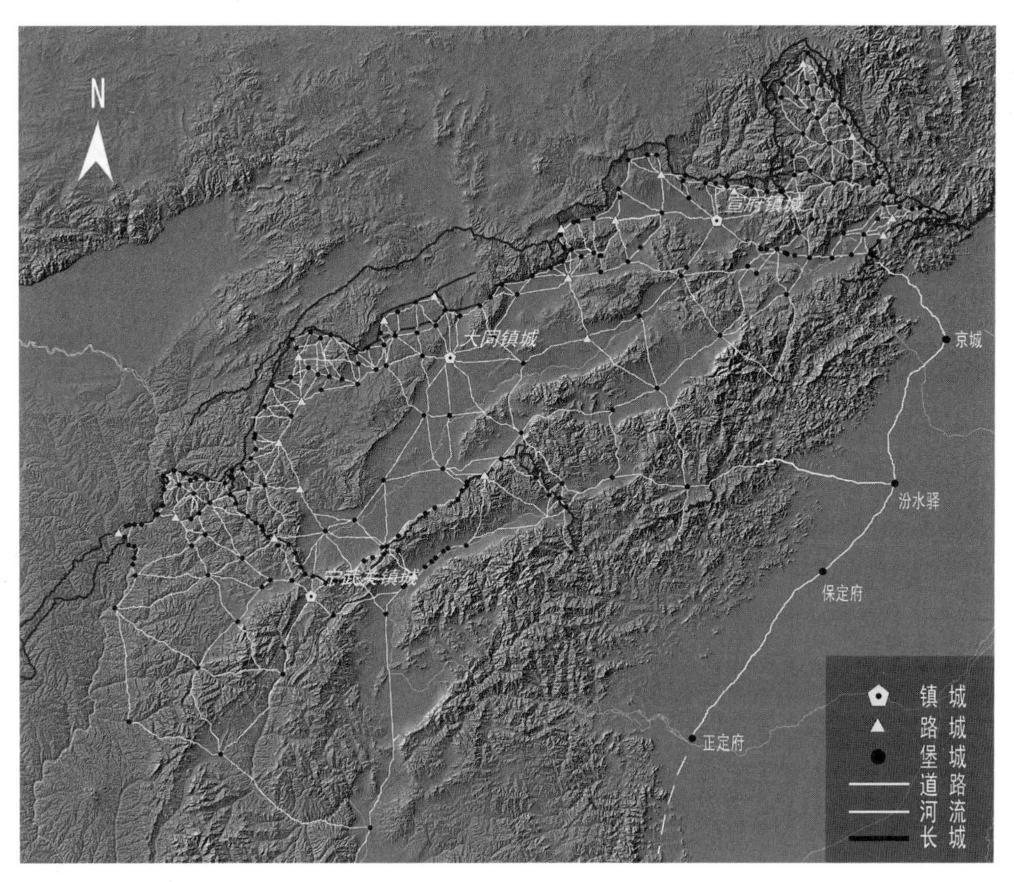

图3-11　宣大山西三镇长城军事防御聚落体系道路复原图

防区同样出现加密区域；此外，高密集区域与长城分布特征亦存在相关性，长城外凸区域甚至折叠靠近区域的交通网络密集程度显著提高，外凸和折叠形态使其中点两翼的长城相对靠近，促使沿边聚落靠近并建立交通联系，加之前述沿边路网密集的基本特征，交通网络密集程度必然升高，此例以宣府镇上北路独石口防区最为显著。腹内交通网络的密集程度则显著降低，主要原因在于腹内聚落较少且距离较远，相应交通网络密集度偏低。

2．区域交通联系

区域交通关系可大致分为横向和纵向交通联系。横向联系主要承担沟通区域狭长的东部、中部、西部的功能；纵向联系则负责沟通南、北向的沿边和腹内间的纵深联系。两者共同形成复杂的交通网络，承载区域聚落体系驻军、物资和信息等因素的运转功能。

横向交通联系方面，宣大山西三镇区域由四条大致东西走向的主干道路横向沟通（图3-12）。包括偏头—大同—天镇—宣府城（或中途至天镇后转经稍南的积儿岭堡和怀安城再至宣府城）—赤城—独石口的道路（后文均由1号路代称）、

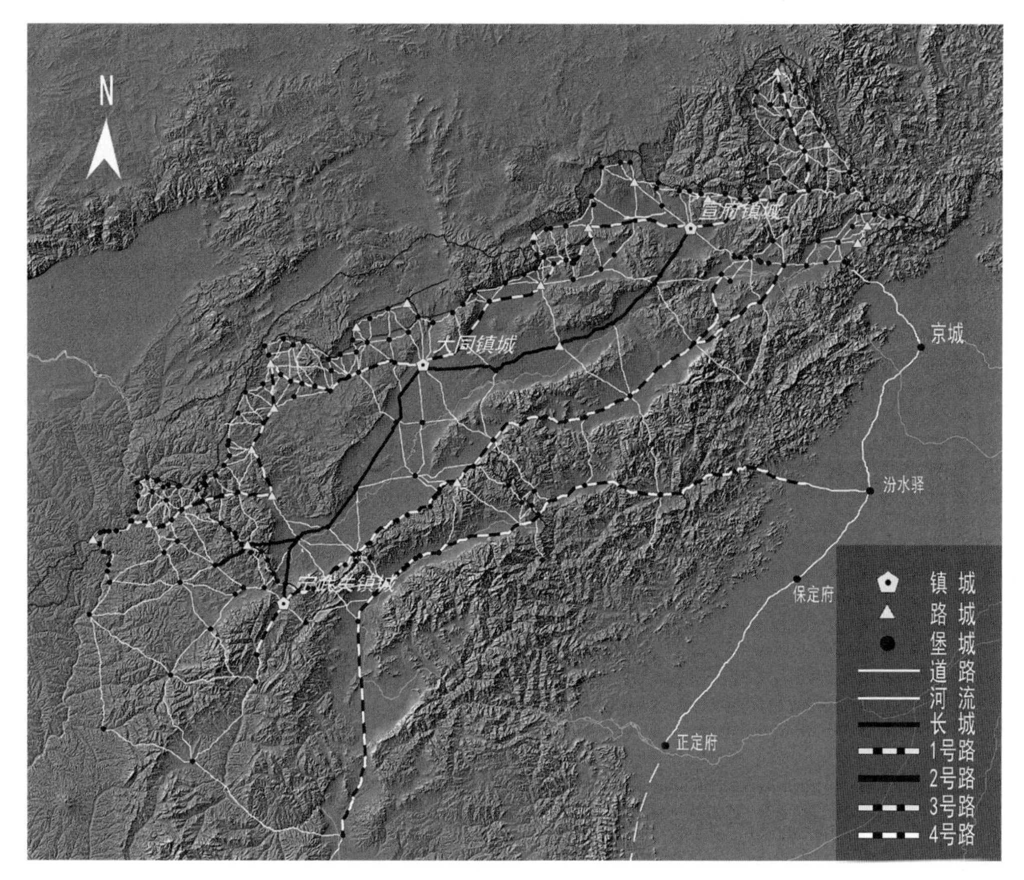

图3-12　宣大山西长城军事防御聚落体系道路复原图

朔州区域—大同—顺圣川西城—宣府城的道路（2号路）、宁武—广武—北楼口—蔚州—新保安一带的道路（3号路）、太原—代州—平型关—广昌城—紫荆关入真保镇的道路（4号路）。需要说明的是，将具有相同等级属性、系统关系和战略关联等联系的道路视为主干道路，且将上述四条主干道路较明显涉及的聚落作为起止端点，以代表道路的走向和形态（事实上端点之外道路依然会继续延伸或扩散为若干条并不显著的支路）。1号路位于区域最北部紧邻长城，道路较蜿蜒曲折，走向大致与长城同向并行。道路连接沿边大部分路城，大致形成前述沿边交通网络高密集带的内边界，同时三镇驿传通路之一基本也沿此道路行进。推测1号道路应是三镇横向主干道路中涉及作战、通信、运输等功能且最为繁忙的通道；2号道路沿大同盆地大致呈东西走向，道路舒展，宏观看直接连接三镇镇城，并以大同城为中心东西展开直达宣府镇和宁武关。微观上则连接腹内重要的核心聚落，大同以西连接怀仁、山阴、朔州等，以东则连接顺圣川东、西城及深井堡等。此道路是横向直接沟通三镇指挥核心最便利的通道，同时直接和间接沟通区域重要聚落；3号路则沿大同盆地南部狭长盆地与恒山的交界地带向东延伸，过蔚州直抵新保安一带，道路较平直。道路西段、中段沿内长城行进，涉及宁武、广武、雁门等关堡，东段则沿盆地串联浑源州城、广灵城以及蔚州等腹内重要核心聚落。此道路是连接内长城重要关隘与腹内深部核心聚落的重要通道；4号道路则位于内长城内部，由腹内太原城经忻定盆地，进入真保镇并最终向北汇于京城，道路相对平直。道路西部连接太原、代州平型关等核心关堡，东部则涉及灵丘城、广昌和紫荆关等腹内核心聚落和关隘。

总体考察，四条主干道路大致平行走向，四者在西端汇入山西镇的复杂道路网，中部则贯穿大同镇辖区盆地和山体的层状重叠地带，东部主要终结于宣府城至新保安一线的道路，仅4号道路进入真保镇后北上，四者最终趋向并交汇于京城。其中1、2号道路与外长城密切相关，两者于宣大山西三镇的战略核心——大同镇城交叠，一方面串联整合外长城沿线军事防御作战的核心机构——路城；另一方面沟通链接三镇最高指挥中枢镇城及部分腹内重要聚落，由此在战略和战术层面构建总控三镇军事防务的东西向核心渠道；3、4号路则与内长城密切相关，两路分居恒山南北，涉及区域重要关隘——外三关的宁武和雁门、内三关的紫荆关和倒马关（延伸道路相关），以及平型关等关隘，是内长城与腹内要冲关隘沟通联系的主要渠道；2、3号道路则分居大同盆地及其延伸区域南北部，两者通过密集的局部纵向道路沟通连接，并在宁武关和朔州一带融合。4条道路共同组成三镇交通网络的核心结构框架。

纵向交通联系方面，在4条横向主干道路之间存在大量沟通联系的纵向（大致南北向）道路，由于区域南北向短，加之东西走向层状山体阻隔，纵向道路相对较短，仅个别完全贯通4条横向主干道路，其余纵向道路只沟通部分横向干路形成局部交通网络。纵向道路分布同样不均匀，主要以山西镇西部、大同城周边和宣府镇中部三区域较密集。尤以山西镇西北部区域最为复杂，多条纵向通路沟通连接四条主干道路或其向西延伸部分，形成复杂通达的交通网络。这与山西镇西部内、外长城并存，以及两者独特的分布形态密切相关。区域内长城走向几乎与外长城垂直，于是相对外长城沟通腹内的纵向道路（相对横向主干道路）便大致与内长城平行，而相对内长城沟通腹内的道路（大约平行于横向主干道路）便大致垂直上述纵向道路，于是两者交叉构成复杂的交通网络，而在内、外长城以及西部黄河的夹持之下，聚落的半环形分布进一步加剧了区域道路的密集程度。这些交通网络在山西镇腹内构建出沟通西部偏头关、老牛湾，中部利民堡、宁武关，以及南部岢岚州、宁化城等战略要冲的渠道，而在更宏观尺度上完成了整个区域横向主干道路西端的融汇；第二组相对密集区出现在大同城周边，若干条道路由大同相关区域向南延伸，贯通4条主干横路，形成三镇中部沿边与腹内沟通的核心网络，同时建立了外、内长城防御的直接联系；第三个区域为宣府镇—新保安—榆林堡一线，道路虽简洁通直但异常重要。此道路宏观上作为三镇整体交通核心网络的东部终结——3条横向主干道路汇合于此，具有极其重要的战略意义。历次由外向内威胁京北的战事，不管从哪里攻入绝大部分都将归于此处，亦有来自于三镇的军情和民政信息经此路汇于京城。而由内向外发于京城的军事与民事政令、通告，以及支援和补给等同样由此达于三镇；微观方面，此道路是宣府镇连接东西、内外以及核心聚落的主干道路，在军防支援、资源调度、民政生产等方面发挥着重要作用。

3．镇城与交通网络的关系

以镇城与交通网络的关系为考察对象，大同镇的中心特征非常显著，以大同城为中心向各方向放射出四通八达的蛛网状交通线，向东、西两翼展开的1、2号横向主干道路，沟通东西部交通、三镇镇城等中、高等级聚落，以及沿边路城的系统联系；向南辐射的纵向道路及其贯通的3、4号横向干路，微观上直接和间接沟通内长城宁武关、雁门关、北楼口以及平型关等要隘，宏观上则建立了与内长城防御事务连接的桥梁，通过点、线的连接实现了内、外长城军事防御活动的协同连动。由此辐射控制了三镇全局以及不同尺度的交通联系；宣府镇镇城于全镇范围的辐射特征并不显著，而区域的辐射控制特征较明显。宣府镇城坐镇宣化盆地，以其为核心，向周边路城集团和核心聚落延伸数条道路，有效控制区域军事防御和民政事务，其中宣府镇—新保安—榆林堡一线是区域主干道路，如前所述，其实质功能和等级已超越镇级道路，成为三镇东西部联系的东端汇集处和沟通三镇与京城联系的中枢；山西镇镇城宁武关，整体看辐射特征表现并不很强，但进一步分析发现其交通特征较复杂且极具战略意义。首先，宁武关是大同盆地和山西腹地（太原地区）两个相对独立地理单元的天然分界点，堪称山西门户；其次，宁武关区域是山西镇内沟通左右两翼连接的纽带，但基于宁武关区域独特的地理和防御特征，交通被压缩在宁武关——阳方口一线的狭长地带，不能自由辐射展开。而区域以关为主导的线性交通联系进一步弱化区域网络特征；此外，宁武关北部“V”形的山体与内长城围合的大同盆地西南端部三角地带，促使山西镇东西两翼部分交通功能由朔州分担，同样弱化了网络特征；而山西镇镇城多变、内外长城两种防御模式或多或少影响了镇城对区域的辐射控制形态。

三、交通网络综合分析

（一）统计方法

本节交通网络统计分析包括基本统计分析和综合统计分析，基本统计分析相对简单，对全部数据进行基本的数值统计和比较分析，以呈现数据的基本情况和一般规律，为后续综合统计分析建立基础；综合统计分析则较复杂，基于不同统计和分析方法，深入挖掘数据隐含的复杂系统关系。具体而言，综合统计分析以建构长城军事防御聚落体系道路系统的量化理论结构框架为目的，主要关注构成道路系统结构框架的主干结构和形成此结构的关键聚落。而前期基本统计分析表明，不同类型的聚落间距离设定存在不同程度的规律性——各等级核心聚落及其下辖的位于临边和相对临边的聚落间距存在显著的规律性，而各级核心聚落下辖的相对位于本层级范围腹内空间的聚落则绝大部分规律性较差。当然，这些聚落并非绝对无规律，仅是其规律相对于形成聚落体系空间结构框架的核心规律更松散，其规律可以基于核心空间结构框架发展形成，因此建构核心空间结构框架才是关键。鉴于上述原因，综合统计分析聚焦形成交通网络核心结构的关键聚落与具有显著和普遍规律的道路系统，忽略无规律数据对整体的影响。这些关键聚落包括支撑交通网络主体结构的核心聚落——镇城和路城，以及形成结构主要边界（与长城接触部分）的聚落——临边堡城（图3-13）。黑色聚落点为支撑交通网络主体结构的关键聚落点，这些聚落之间的连线为交通网络的理论结构，两者共同构成主干交通网络结构；浅灰色点则为腹内的各等级聚落，在主干结构所形成的空间中，基于层级隶属关系，以所属核心聚落为依据相对自由的放射状散布于周边，到核心聚落的道路长度相对宽松且通常偏大。由前述可知，主干交通网络结构具有显著规律，遵守较严格的距离规划。需要说明的是本研究主要在宏观层面建构交通网络的基本量化理论框架，在统计层面具有明确的意义，而不考察微观的具体细节。

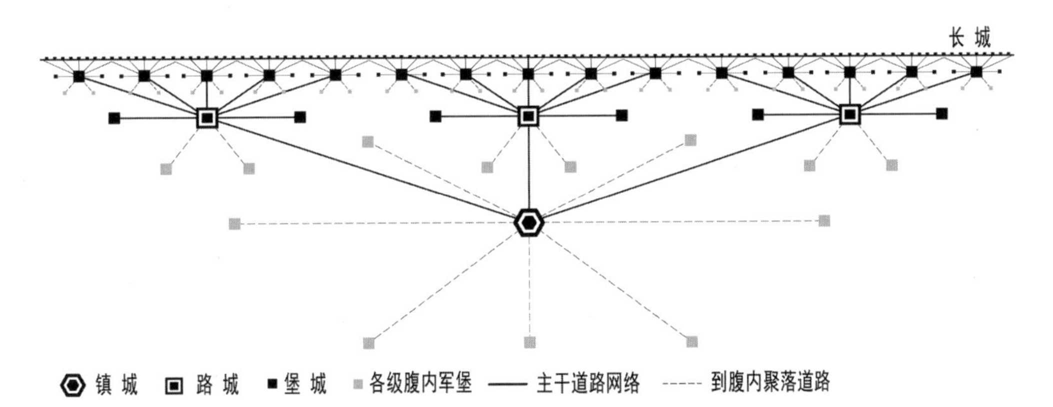

图3-13　交通网络空间结构理论示意图

（二）三镇道路基本统计分析

基于道路复原图，依据聚落体系的隶属关系，分类统计不同类型聚落间的实际道路长度距离（为简化表述以距离简称，后续如无特殊说明均为此意）。第一类以堡城为参照点，统计堡城到上级直属路城的距离、临边相邻堡城之间的距离；第二类以路城和镇城为参照点，统计路城到上级镇城的距离、本镇相邻同级路城间的距离、相邻同级镇城间的距离。以统计数据建立各镇聚落间道路的统计图表，初步分析聚落间距离的规划特征。需要说明的是，相同类型聚落统计顺序，基本遵循沿长城从左向右的顺序和以此为依据的以相应上级聚落为中心的顺时针顺序，从而尽可能直观呈现统计数据与其实际空间位置和排布的关系。此外，由于数据与空间的关系密切，数据多以图表呈现，以直观展现其特征。

1．以堡城为参照点

以堡城为参照点的统计数据涉及堡城到上级直属路城的距离和临边相邻堡城之间的距离。

堡城到上级直属路城的距离方面，每一统计数据均采用双线表示，浅灰色柱状线表示全部堡城到路城的距离，深灰色柱状线则表示路城集团内直接临边聚落到其对应路城的距离，因此表示不临边堡城到路城距离的深灰色线柱值便为0。整体考察（图3–14~图3–17），各镇数据（灰色数据线）整体存在显著的单元重复特征（各路城单元以空格分开），且大部分单元形态一致，呈现中部低两端渐高的大致对称形态，少部分数据值则存在较大波动。数据表明各路城单元到其下辖堡城的距离存在明显的内在规律，并具有某种与空间位置相关的对称性。进一步结合聚落空间分布特征（深灰色数据线）分析其内在规律。由图3–14~图3–17可知，深灰色部分的特征更加显著，数值明显规范在一定范围内，且差异显著小于灰色数据，表明之前在不区分聚落空间位置整体考察时，波动较大的值基本来自于不临边堡城到路城的距离（灰色数据线），由此说明路城到其下临边堡城的距离存在较严整的规划距离，其中路城到相对处于中部的堡的距离最短，其他相应堡城则大致以此为标准沿长城两翼展开，形成理论上的对称形态；而灰色部分则几乎全部为腹内聚落，总体看同样以相应路城为中心向腹内放射展开，距离设置则相对宽松，通常长于到临边堡城的距离，同样贡献了对称的数据分布特征。上述的单元重复和对称性，与堡城和路城的管理隶属关系以及由此形成的以路城为中心的放射空间结构直接相关；而临边堡城除了上述关系之外，亦受长城影响而大致沿长城均匀分布，由此形成更加严格的数据关系。腹内的堡城则相对自由，因而数据波动较大。其深层次原因则来自于两者的功能属性差异，临边堡城具有严格防御守边的军事属性，兼具民政属性，而腹内堡城则承载交通联系、物资支撑、饲马后备以及防御等多样化功能。后续研究两者驻军的差异性同样支持这一论断（参见第五章第二节规模结构相关性分析）。

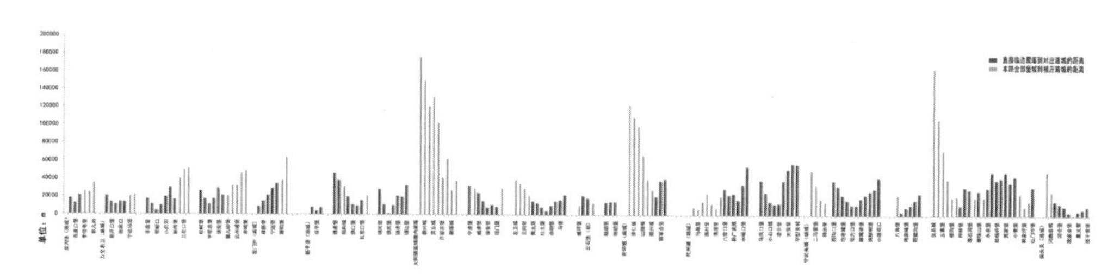

图3–14　宣大山西三镇整体堡城到路城距离数据分布

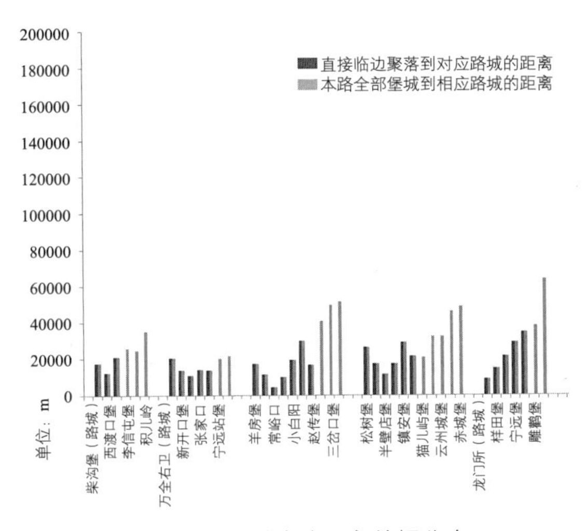

图3-15　宣府镇堡城到路城距离数据分布

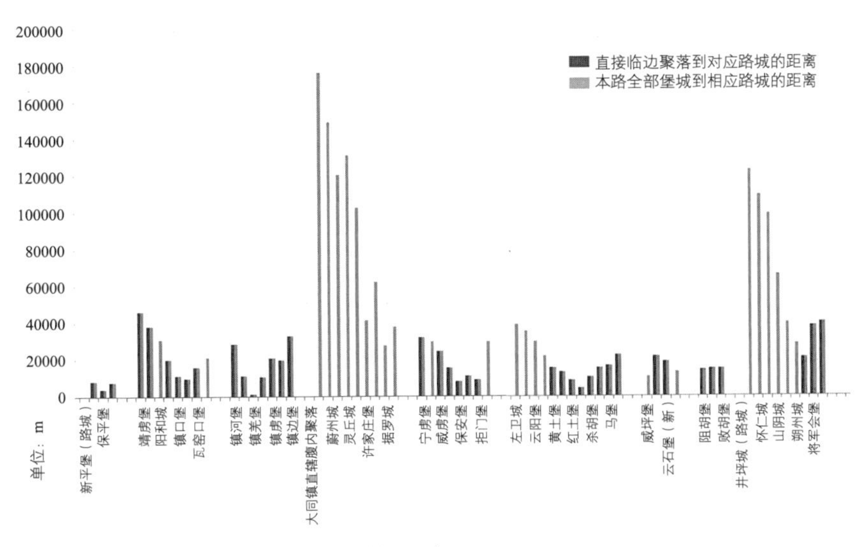

图3-16　大同镇堡城到路城距离数据分布

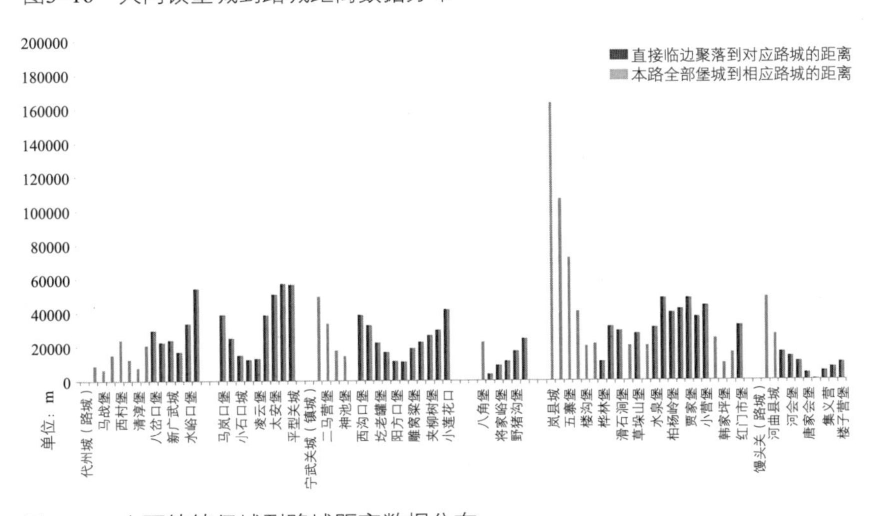

图3-17　山西镇镇堡城到路城距离数据分布

临边相邻堡城之间的距离方面，临边相邻堡城间关系相对简单，相关数据并无特别区分。需要说明的是，由于部分高等级路城前置现象的存在——路城前置于要冲关口处而临边，虽在等级、驻军等方面高于一般临边堡城，但相对于长城、左右相邻临边堡城，以及腹内对应堡城，路城到相关聚落的距离并未因其较高等级而显著不同。从功能角度看，临边路城基于要冲防御的特别需求而前置，兼顾路城支援调度和临边堡城常规防御的功能，实质上相当于军事力量升级版的临边堡城；从规划布局角度看，部分前置临边路城所在的聚落初期仅规划为守边的低等级堡城，后期路城级防御配置才逐渐调防于此，其空间距离特征更多反映的是临边堡城的布局关系；而后续统计过程中，临边路城到相邻堡城的距离与普通临边堡城间距并无显著不同的事实同样支持这一判断。因此，为保证统计的完整性，将临边的前置路城统计入临边堡城间距离的集合中。

统计结果显示（图3-18~图3-21），各值同样采用双线表示，深灰色线为堡城间的实际统计距离，浅灰色则为各镇临边堡城间距离的均值，作为参照呈现数

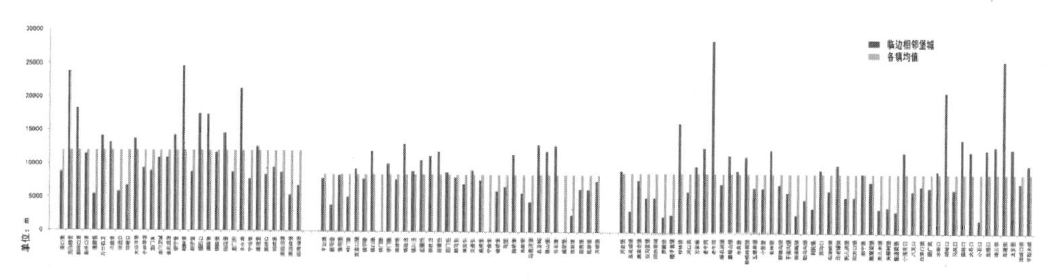

图3-18　宣大山西三镇整体临边相邻堡城间距离

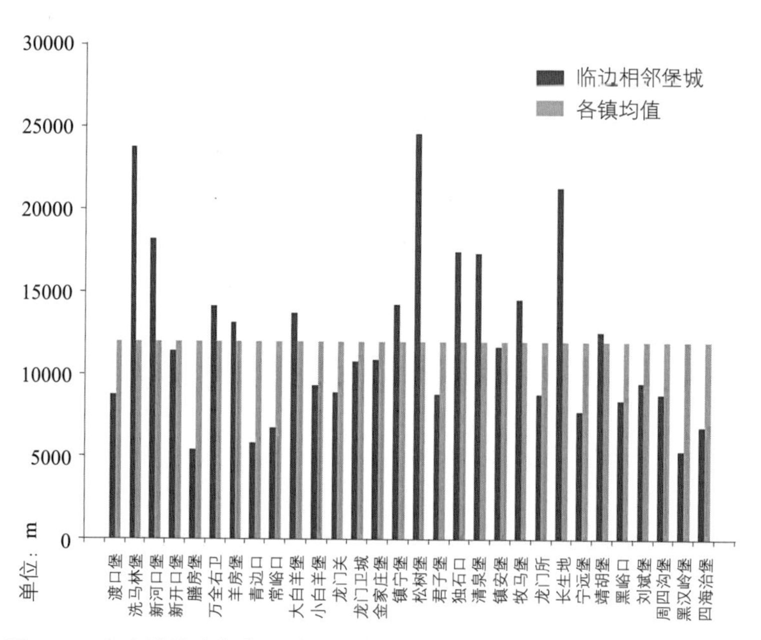

图3-19　宣府镇临边相邻堡城间距离

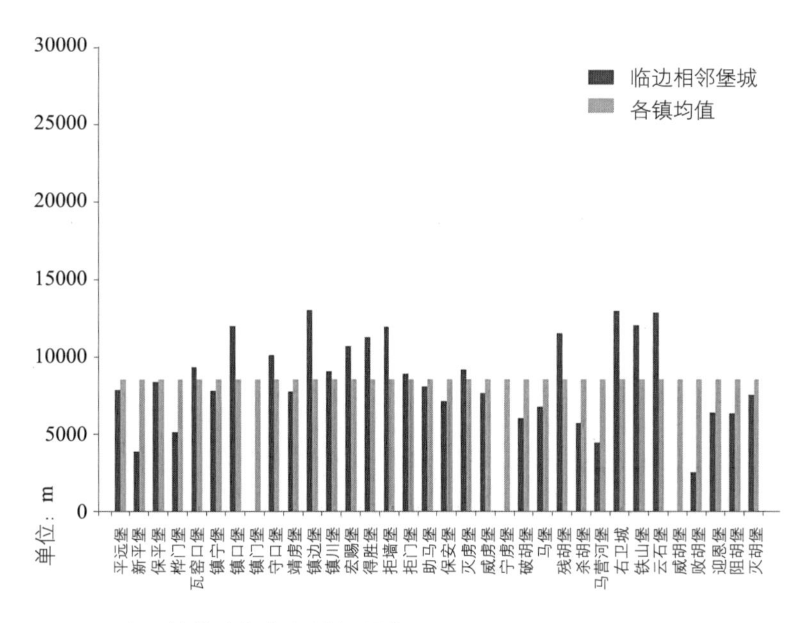

图3-20　大同镇临边相邻堡城间距离

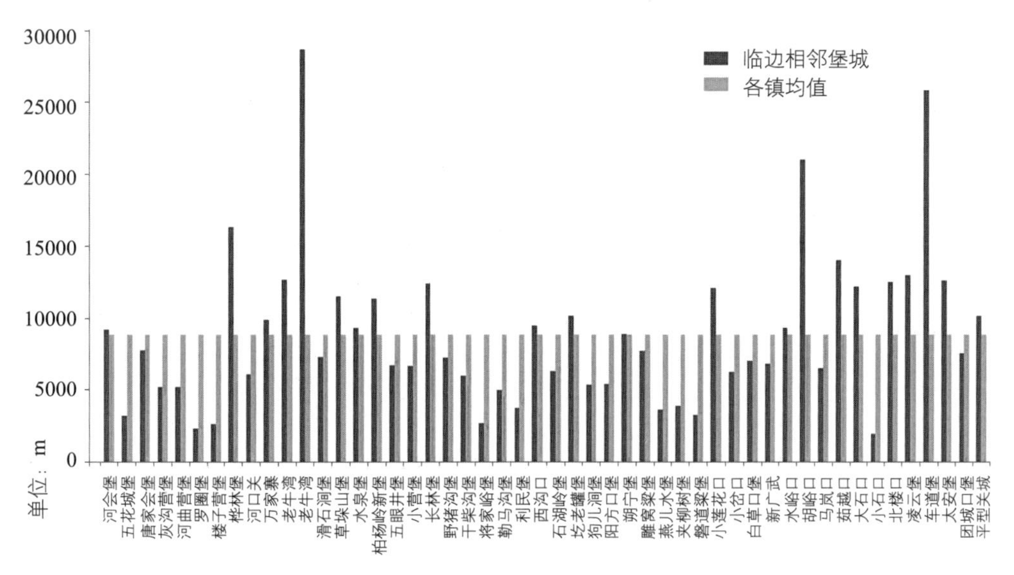

图3-21　山西镇临边相邻堡城间距离

据的变化情况。总体考查发现，宣府镇堡城间距离整体最大，均值11978米；山西镇居中，均值8854米；大同镇最小且与山西镇较接近，均值8539米。而以标准差考察三镇数据波动情况，其中山西镇为5396，距离变化较剧烈；宣府镇居中，为5099且与山西镇接近；大同镇为2813，波动则相对平缓，其中最大值（28667米）和最小值（1978米）均出现在山西镇。上述特征与地形地貌和防御负荷密切相关，其中宣府镇以较大尺度山体为主，地形地貌变化相对剧烈，因而临边堡城间距离整体较大且波动显著，而防御负荷略弱于大同镇同样对较大间距起到一定作用；大同镇临边堡城所处地理特征相对舒缓，以平坦地貌和相对较小的山体为主，加之地处防御重心，临边堡寨间距设置偏密，因此堡城布局相对均匀而距离变化平缓；山西镇情况较复杂，其西北部为黄土高原沟壑纵横的中小尺度细碎山体，东部则为相对较大的恒山山体，加之在其常规管理层级之外，宏观上以“三关”为核心又设立巡道等级，微观上则基于细碎沟谷的关隘防御特点又设立更小防御层级（详见第五章），影响了临边聚落间距的稳定性（相对其他两镇）。因而数据虽整体居中但波动显著。其兼涉内外长城的防御特征，同样导致防御需求极其复杂而加剧数据的波动。

进一步考察数据细节发现，较大数据分布与地理环境和战略形势同样高度相关。若区域出现与长城紧邻且走向大致平行，或成一定角度交叉的巨大山体，天然障碍阻隔减弱了蒙军侵入可能，此区域临边聚落布局距离便较远；而部分非主要战略区域因战事舒缓，同样影响临边堡城间距较大，上述微观特征直接影响宏观统计数据的整体分布特征。

2. 以路城和镇城为参照点

以路城为参照点的数据统计涉及路城到上级镇城的距离、本镇相邻同级路城间的距离。由于以镇城为参照点的道路性质与路程近似——相邻同级镇城间的距离，且统计数据甚少，因此将其归入此节，不再单独论述。

路城到上级镇城距离方面，采用与堡城到路城距离相同的统计方法。数据呈现显著的对称形态（图3–22），且三镇数据分布以及大致对应位置的数值都很近似，显然这与镇城和下辖路城的居中放射结构，以及路城作为长城沿线堡城的管理和支撑机构而呈现沿长城线规律布局的双重影响密切相关。此特征与堡城到上级路城距离数据集所呈现的状态一致，甚至由于很少类似腹内堡城的影响而更加单纯、明确，两者的一致性均来自于军事防御聚落体系相似的放射性层级衍生结构，以及理论规划距离的约束。这种衍生由镇城开始，沿着镇城—路城—堡城的路线，逐层向下传递。

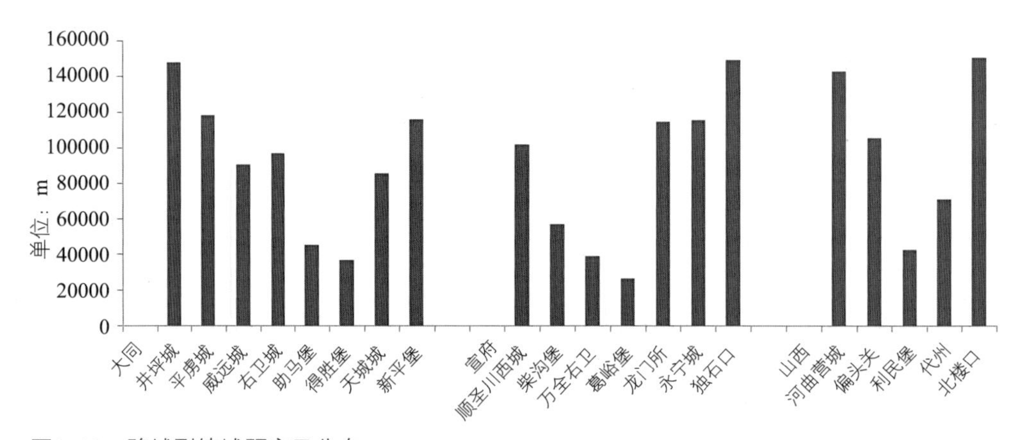

图3–22　路城到镇城距离及分布

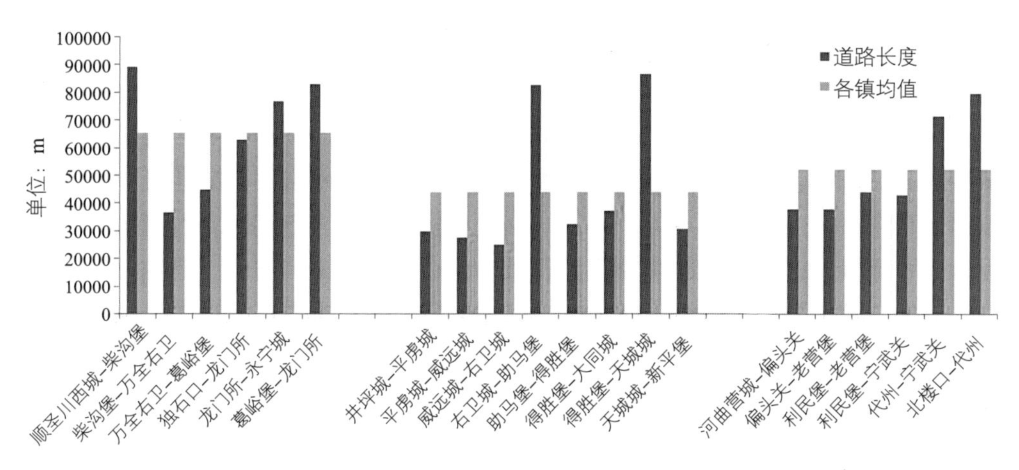

图3–23　路城到路城距离及分布

本镇相邻路城之间距离方面，数据性质相对单纯（图3–23），仅在特殊区域出现较大值，整体看各镇较大值间和较小值间的数值差距不大，最大值为88854米，最小值为24865米，但各镇内部最大值和最小值差距较大。三镇均值为宣府镇最大（65323米），山西镇次之（52046米），大同镇最小（43811米）。这与地理特征直接相关，宣府镇全镇较大山体占据很大比例，山西镇山体比重亦大但山体尺度整体较宣府镇小——尤其是西部，大同镇则平坦地势占据相当比例。大型山地的阻隔宏观上有助于军事防御，聚落间距便可适度拓长，而平坦地势则需加密。实际上，三镇相邻路城之间距离与前述临边相邻堡城之间距离表现出明确而显著的一致性，进一步证明地理环境对聚落间距设置影响的论断，且其贯穿于宏观和微观的不同尺度，并在宏观尺度更加显著。进一步比较标准差，宣府镇21296、大同镇25393、山西镇18091，显然各镇路城之间距离标准差差异较小，表明在路城的更大尺度上，各镇聚落间的距离相对更加接近。大同镇波动略大于宣府镇，宣府则略大于山西镇，数据波动性同样与地形及防御特征相关。大同镇道路网东西向拉开较长，整体数据平稳，仅两处较大突变造成波动。一处为得胜堡到天城城，尺度约达到2个常规距离，但实际上两者中部存在阳和城，早期即为防御重镇，后期虽调防但驻军数量与军种配比甚至超越一般路城，因此本突变实质上依然遵循常规距离设定；另一突变为右卫城到助马堡距离，区域北部山体使两者宏观上半环绕分布，间距因而加长，而山体阻隔增加蒙军侵入难度，同样促使其拉大。这种情况亦与临边堡城间距的微观突变一致，仅是在更大尺度上的反映；宣府镇波动居中，数据“V”形对称迹象较明显，这与其较好的以镇城为中心的放射状分布相关，放射形态易于保持镇城到路城数据的稳定性，但线性长城又在宏观层面拉长了放射性形态，从而造成数据的“V”形对称波动特征；山西镇波动最小，表明在路尺度上，其重要军事据点路城的设置总体均匀，但由于局部地形和防御情势的不同依然存在差异。西部路城间的4个距离数值和波动整体较小，其中本次统计将老营堡视为路城，原因如下：由于老营堡战略位置重要①，其驻军数量和长官（参将、副总兵、游击）等级与路城近似甚至过之，曾断续提升为路城乃至镇城配置②，而山西镇治的频繁转换进一步显示其险要的地位，老营堡防御作用实质等同于此地的路城。由此出现以河曲营、偏头关、老营堡、利民堡、宁武关连续的两两聚落之间相对均衡的距离，此区域的地形地貌与大同镇西部较接近，因此距离较小；但东部则出现宁武关—代州、代州—北楼口两个较显著高值，一方面与东部恒山大尺度山脉的地貌特征相关，另一方面则与内长城相对较低的防御负荷有关。

镇城与镇城之间距离方面，以相对主干道路和最近距离为基本原则选择道路统计镇城间的距离，仅涉及三个数据。大同镇到宣府镇约186811米，大同镇至宁武关约162063米，而宣府镇到宁武关因跨越大同镇防区，距离较远约344074米。从整个区域布防格局看，以大同镇城为防御核心，宣府镇和宁武关大致等距分居左右两翼，三者空间分布近似等腰三角形，构成拱卫核心的犄角态势，防御轴心直指大同镇以北的防御负荷重心，在宏观战略上形成均衡、稳定、针对性的布局。

（三）三镇交通网络综合统计分析

根据基础统计数据和分析结果，不同等级聚落之间的道路特征和数据显著不同。基于聚落体系的结构关系建立交通网络的理论结构框架（图3–24），据此进一步挖掘交通网络的数理关系。由图可知，道路根据等级、属性和形态等特征可明确分为两种序列，分别为纵向等级隶属的放射状道路序列（红色放射线构成的多层次结构）和横向同级相邻聚落间道路序列（蓝色水平线构成的多层次结构）。两序列内部又根据聚落等级及其空间尺度形成不同的层次。其中，纵向等级隶属的放射状道路序列包括镇城到下属若干路城的距离（D_Z）、路城到下属若干堡城的距离（D_L），继续延伸还涉及堡城到其下辖若干长城相关墩台的距离（D_b）；横向同级相邻聚落间道路序列则包括相邻镇城间距离（d_z超出镇尺度）、相邻路城间的距离（d_L）、相邻堡城间的距离（d_b）。这些道路建构了道路网络的基本结构框架。如前所述，聚落到其上级核心聚落的距离遵循相对严格的数据规律，而与其同级的相对偏向腹内的聚落（图蓝色方框和圆点）到上级核心聚落的距离却相对宽松，距离波动较大，且这些聚落从空间架构角度看，多以填充空间为主。综上所述，本节着重分析构成交通网络基本结构框架的关键性数据，以此建构交通网络的理论模型框架。

①《偏关志·堡寨》中记载："明代给事中刘东星曾疏云：老营左控平鲁，右接偏头、阳方诸口，视为耳目，最为要害。"

②（明）杨时宁. 宣大山西三镇图说［M］. 长城文化网制作.

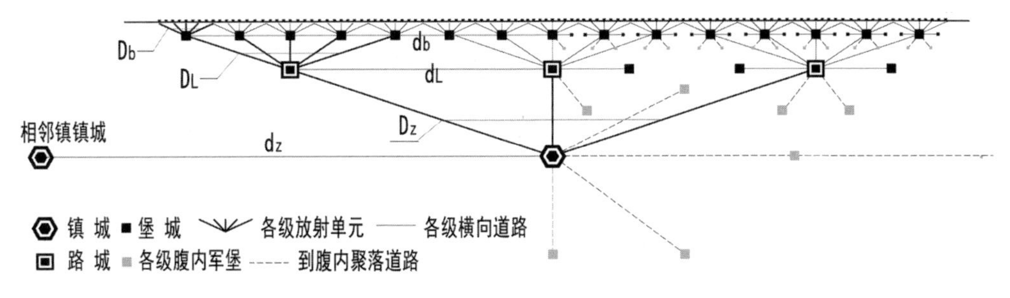

图3-24　聚落体系交通网络理论结构框架

1．纵向等级隶属的放射状道路序列

1）统计方法

为便于表述，将高等级聚落与其直辖的若干低一级聚落所形成的放射状道路系统整体称作“放射单元”，例如镇城与其下辖的若干路城可称为镇城放射单元。如图3-25所示，道路结构框架由镇城开始沿着等级关系，趋向长城逐层自相似衍生更低等级、更小尺度的放射单元，依次形成镇城放射单元、路城放射单元和堡城放射单元（堡城放射到墩台）。基于放射单元的放射性，以及沿长城大致匀质线性分布的基本结构（越趋向长城的聚落，受长城线性影响越大），放射单元不宜采用统计均值表征其长度特征，如此将丢失对称性、放射性等大量信息。因此针对性设计了对称分层的分类统计方法，既获得精确的统计均值，又保留数据的对称性、放射性和受长城影响的线性特征。具体方法如下：

首先，确定基准聚落。基准聚落是放射单元内高一级聚落到其下辖若干主干结构相关聚落中距离最近的聚落，到基准聚落的距离为基准距离（D_1），理论上基准距离位于对称轴上（图3-25a）。基准距离对放射单元具有重要的意义，是本层级（或尺度）放射单元高、低级聚落间距离规划中最近距离的标准控制点，单元内其余聚落到上级聚落的距离均以此为依据向两端扩展[①]，直至最大距离。据此，逐个统计同镇同等级放射单元的基准距离并计算基准距离均值，即统计意义上的本镇本级放射单元古代规划最小值的最接近值；其次，以各同等级放射单元基准聚落为标志，对称统计其左右紧邻两聚落到上级聚落的距离（D_2），计算均值获得第二个数据。以此类推以近似“剥洋葱”的方式逐层向外对称统计聚落到上级聚落的距离（D_n）。需要注意的是，每次必须以基准堡寨向左右推进相同层数的数据对应统计。由此获得各镇同等级放射单元高等级聚落到其下辖的，由中心向左右扩散且沿长城线性分布各聚落距离的统计均值数据集；最后，逐一统计各镇三个层级的放射单元，获得全镇本类型道路的整体统计值。

① 当然亦有可能存在平均标准距离，集团内所有距离以此为依据减少或增加，但这不如以标准增加简单实用，控制某一范围，最小距离因与范围低值一致。

需要说明的是，放射单元理论上呈现严格对称的放射状，统计较简单，其中除D_1仅有一个数据之外，其余由D_1向外每层都会有对称的$D_{2左}$、$D_{2右}$，$D_{3左}$、$D_{3右}$，…，$D_{n左}$、$D_{n右}$两对数据参与统计和均值计算。但现实中会出现放射单元非对称和高级别聚落前置的复杂情况。放射单元非对称指基准聚落两侧聚落数量不等，甚至聚落均集中于一侧，而另一侧则无聚落（图3-25b），此时数据不会成对出现，要严格遵循每次必须以基准堡寨向左（或右）推进相同层数的数据统计原则，如果推进至一侧无数据时，则本次及之后均只统计另一侧还有的相应单独数据。对一侧无数据的特殊情况，则仅逐一统计另一侧数据即可；而高级别聚落前置靠近长城的情况，此时高级别聚落的空间位置实质与其下辖聚落位置类似。此种情况以路城放射单元为多，聚落分布以路城为中心沿长城向两边展开分布，统计则以路城为基准聚落，此时D_1为0，D_2则由路城到其下辖的左右紧邻聚落数据得出，之后再沿两侧拓展一组聚落统计长度即可，其余统计以此类推（图3-25c）；此外，有可能合并出现非对称和前置情况，统计方式同时遵守各项规则即可。

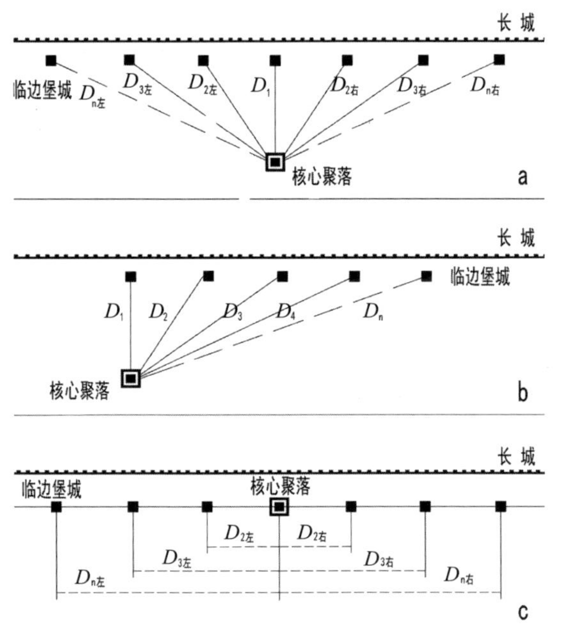

图3-25　放射单元对称分层的统计方式

2）统计结果及分析

基于上述对称分层的统计方法，分别统计宣大山西三镇纵向等级隶属的放射状道路序列并获得各镇均值数列。建立坐标并拟合考察其系统关系，数据显示各镇数列存在明确的数理规律。

就路城单元看（图3-26），各镇由基准聚落向其两侧渐序展开的堡城（或单个堡寨）到本集团路城的距离数列呈现良好的线性增长规律，线性拟合系数均大于0.94，且三镇数列在数值大小及分布形态等方面很接近，表明此线性增长规律非常明确且稳定的控制着三镇路城单元的距离布局，即聚落体系间的距离存在严格的规划值。进一步分析发现宣府镇线性规律最好（拟合优度0.983），对应数值整体最小；大同镇次之（拟合优度0.96），数值大小整体居中，低值数据部分拟合较好，最大值则离散；山西镇数值波动相对较大（拟合优度0.941），中部拟合较好，两端数值离散较明显且极值有沉降趋势。比较发现，三镇基准距离均值接近，随后数值差异则由小到大增加。路城单元的数据分布特征与三镇地理环境及相应的空间布局密切相关。宣府镇长城大部分位于山体与盆地的过渡地带，且整体和局部山脉环绕特征均相对明显，促使不同层次聚落的中心放射形态优于其他两镇，且整体紧凑，由此路城到沿边堡城的放射特征明显，因而数据序列整体较小并规整、稳定；大同镇为平缓地形和山地沟壑兼而有之，均占据相当比重，聚落整体布局东西向拉伸较大，放射感较弱，加之中部双层长城的影响。导致路城单元距离数列整体偏大且波动较显著；山西镇则较复杂，一方面，山西镇多为内长城，腹内防御相对舒缓，相关距离整体偏大；另一方面，与地形地貌密切相关，东、西部路城单元的空间分布差异显著，西部放射特征明显，东部放射形态较弱并存在更小“子中心”的不稳定衍生倾向。这与其宏观和微观方向上，更高和更低防御层级的设立相关，两者在不同层面影响路城单元的常规形态，尤其是小防御集团相对独立且多偏离路城单元的常规放射形态，程度以实际防御为准不等，出现以低等级堡城为“子中心”的更小的局部放射状聚落集团。因此，若以路城为核心统计则数据整体偏大且波动较强。

就镇城单元看（图3–27），各镇由基准路城向其两侧渐序展开的成对（或单个）聚落，到本单元镇城距离的均值数列同样呈现良好的线性增长规律①，除大同镇线性拟合系数0.898稍低外，其余两镇均为0.994，三镇数据分布形态接近，且三数列的中值、小值段数值大小较接近（仅大同镇后三个较大值数据偏离显著，后续详述）。这表明三镇线性增长规律明显，并较稳定的控制着三镇镇城放射单元到路城的距离布局。进一步分析发现，宣府镇线性规律最好，镇城到路城的对应距离整体最小，这是其较好的环状放射性和紧凑、聚团防御形态的宏观呈现；山西镇数据线性规律良好，数据整体偏大，表明镇尺度上镇城到路城的距离整体最大，这同样源于山西镇东部山体巨大，且地形地貌复杂、两翼展开拉伸较

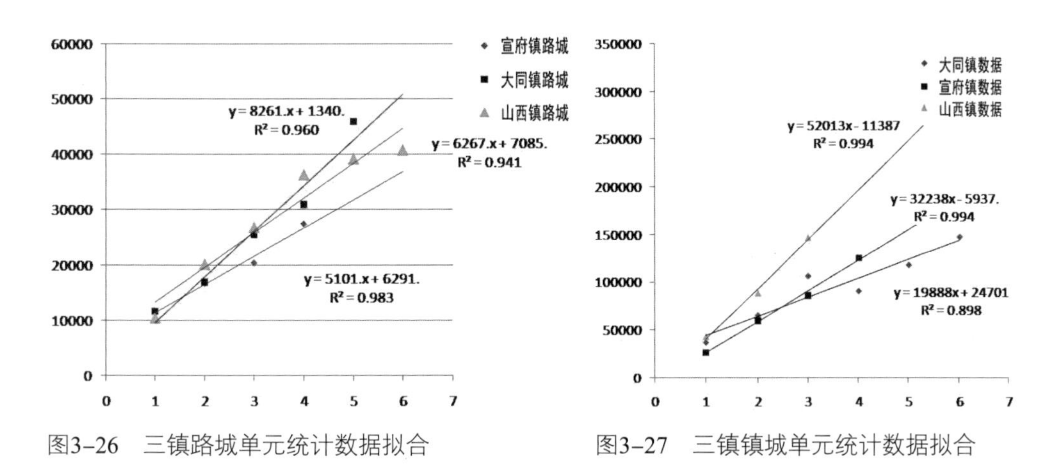

图3–26　三镇路城单元统计数据拟合　　图3–27　三镇镇城单元统计数据拟合

① 若采用幂函数拟合上述数据，同样可获得较好拟合结果。实际上，根据理论模型聚落的展开排布方式，数据理论上更可能遵循幂函数。但考虑到实际数据个数较少（正是数据较少才出现两种函数拟合均较好的情况），且在有限取值范围内精度足够使用，而一次函数又较容易计算结果，因此采用此一次函数为基本关系控制数据序列。

长，腹内防御相对舒缓，以及更复杂的防御管理等级设置等因素在宏观层面的综合作用；大同镇数据则波动很大，分为前后两部分且均遵循良好的线性规律，其中前半程较稳定，数值整体居中，后半程整体突然减小。结合空间位置分析，其前半段以基准聚落为起点，向两翼对称统计，但到左卫城之后，由于地形和防御形态的变化，聚落走向分为两叉。其中向西北右卫城方向依然与东部对应路城对称统计而数据正常，由此形成前半段数据。数据整体居中略大于宣府镇，与此段形态平直、舒展的特征一致；而向西南方向，从大同城（镇城）分别到威远城（路城）、平虏城（路城）和井坪城（路城）的距离形成后半段数据，此分岔支路的路城间距整体偏小，且此段为非对称数据的统计情况（东部无对应统计值），单一的数据很可能减弱数据遵循规划标准的稳定性，从而进一步影响此段统计数据整体偏低。

而就堡城单元来说，精确距离统计相对困难。由于堡城到墩台之间的具体路径并不明确，可能类似于路城放射单元——以堡城为中心逐一与墩台形成单独的放射状道路，即最短路径，之后分别登上墩台；亦可能由堡城到长城的最近处登上长城，之后在长城上左右扩散到达各墩台；还有可能两者兼而有之，先大致以第一种方式合并几条主干道路通向不同片区的登长城点，之后从这些点沿长城向左右扩散到局部片区内各墩台。不过，不管采用上述哪种方式，其实质依然遵循放射状单元的逻辑特征，数据应呈现同样或近似的分布状态；同时，相对整个交通网络长度，堡城到长城的距离甚小。因此，不采用分层对称统计的方法，而根据史料记载的堡城到长城的统计均值表示，数据基于《宣大图说》[①]统计堡城到边的距离，三镇统计数据显示（图3-28），整体均值为8.3明里，最小值0.17明里，最大值60明里，绝大部分数据位于中低值范围。进一步分析显示≤10明里的数据约占78%，而≤15明里的数据达到86%，因此综合数据整体分布情况，以≤15明里区段统计均值5.5明里（约为3148米），作为本次研究堡城到边距离的表征值。宏观层面，此均值的精度可以反映其整体情况，且后续的探索性研究仅采用均值做粗略分析，其精度足以满足要求。

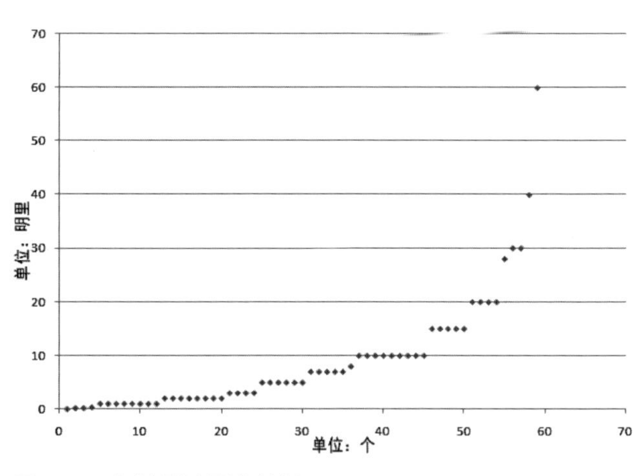

图3-28　堡城到边距离统计

①（明）杨时宁．宣大山西三镇图说（三卷）明万历癸卯刊本［M］．国立中央图书馆出版，中正书局印行，1981.

3）整体比较分析

将镇城单元和路城单元置于相同坐标系整体考察（图3-29），总体看镇城单元绝对数值显著高于路城单元，其总体斜率亦大于路城单元。这源于镇城单元尺度显著大于路城单元，且其到下辖对称扩散路城距离的增长速率快于对应路城到下辖堡城距离的增长速率。进一步考查两组数据，路城单元数据的重合程度以及稳定性显著高于镇城单元，尤其是较高值区段，表明在宏观上镇城单元距离设定适度放宽。综合前述分析，发现纵向等级隶属的放射状道路数列可能存在幂律增长特征——分形规则。采用纵向等级隶属的放射状道路数列所属的镇城、路城和堡城三个递进尺度单元的均值，建立双对数坐标进行粗略的探索性分析——以宣府镇为例（图3-30），数据显示拟合优度分别为宣府镇0.908、大同镇0.929、山西镇0.893，由此推测在统计意义上各层级放射单元道路整体存在幂率变化规律，交通系统很可能是分形结构体，后续将基于分形理论和方法严格探索其复杂性规律。

2．横向同级相邻聚落间道路序列

横向同级相邻聚落间道路序列关系相对单纯，仅在不同尺度呈现显著数据差异。对各镇相邻的镇城到镇城、路城到路城及堡城到堡城三递进尺度的距离均值，同样进行粗略的探索性分析，三镇线性拟合优度分别为：宣府镇0.912、大同镇0.920、山西镇0.882，表明各镇横向同级相邻聚落间道路序列与放射单元一致，同样符合幂率增长规律。

综上所述，纵向等级隶属的放射状道路序列和横向同级相邻聚落间道路序列实际上是同一交通网络所属的不同类型道路，两者在不同尺度下显然同步遵循一致的增长规律。其实质是军事防御聚落体系应对地理环境、系统管理、线性长城等防御因素的自相似性组织行为。不同尺度上的核心聚落到下辖若干聚落以及到同级相邻聚落的距离，应在尽可能防御（实质是占据空间）更大范围长城的同

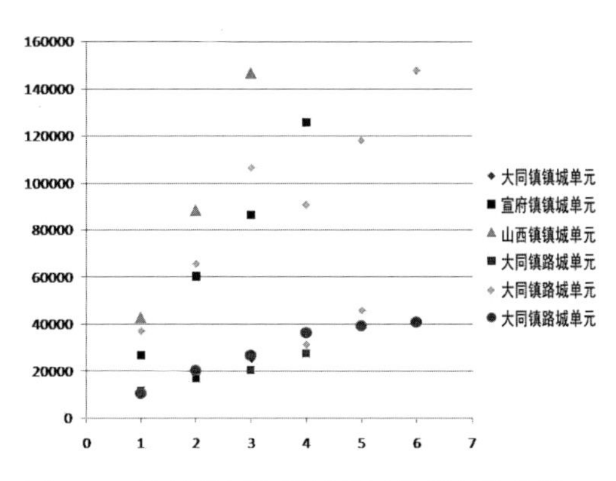

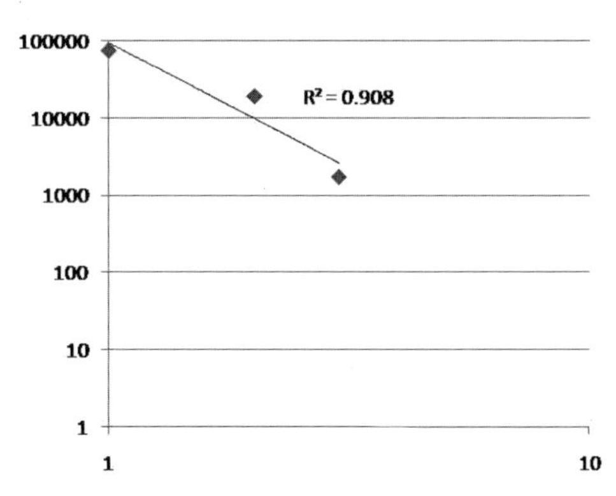

图3-29　镇城单元和路城单元数据总体比较　　图3-30　宣府镇三级道路探索性拟合

时，又保证支援的有效可达性，于是距离设定必然出现某种相对严格的制约关系，且这种关系基于管理等级在不同层面自相似的延续，最终形成整个长城军事防御聚落体系距离控制的系统性关系。

（四）交通网络理论结构框架

基于统计意义，建立三镇交通网络的理论结构框架（图3-31），以此控制聚落体系的空间结构形态和尺度范围，框架涉及放射单元的控制范围和横向道路的控制范围。

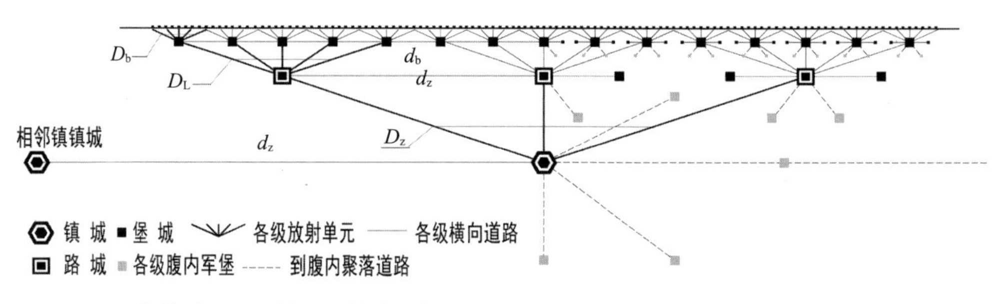

图3-31　聚落体系交通网络理论结构框架

放射单元存在较好的计量规律，采用公式描述。路城单元和镇城单元均遵循一次函数，即公式3-2，其中D为各级放射单元逐层展开的道路长度，x表示层数，a、b分别为相应镇不同等级放射单元的具体参数，上述参数取值范围如表3-5，不同镇和各镇内不同等级的参数取值不同，通过逐层向外计算，获得各镇相应放射单元各层道路的长度数据。其中路城单元取值为整数，通常由1开始大致到5左右，当x=1时，D为基准距离，随后依次对称展开，一般各镇最多有9个左右临边堡城；镇城单元取值为整数，通常由1开始最大到4左右，同样当x=1时，D为基准距离，随后依次对称展开，一般各镇最多有7左右路城。其中大同镇镇城单元由于防御形势和地理环境的原因，数据波动较大，采用其核心的对称部分拟合数学关系，以呈现正常部分的特征；堡城单元方面，统一采用史料统计均值3148米。

$$D(x)=ax+b \qquad \text{公式3-2}$$

各等级横向道路d值则采用具体范围控制方式（表3-5、表3-6），其中均值为全部道路平均数，为道路尺度取值的核心参照；多数数据范围为大部分较稳定的数据出现的范围，帮助控制大部分数据的取值范围；而全部数据范围则是道路数据波动甚至突变所能达到的最大范围，可以作为突变数据的参考控制范围，主要用以控制相应等级聚落到其所辖腹内聚落的道路长度。

三镇交通网络的理论结构框架，通过具有明确和稳定关联关系的各等级以及同级聚落之间的道路数据控制，可建构出各镇主干道路网络的宏观理论结构框架，其横向道路不同层次的取值范围，有利于主干道路网络有限的拓扑变化以更接近实际情况。而相对随机且道路长度范围较宽松的腹内聚落，并不严格控制，以保留较大可能的拓扑适应性调整[①]。

放射单元道路长度控制关系及取值范围　　表3-5

对象	数据关系式	镇	参数范围（km）			
			参数	数值	参数	数值
堡城单元 堡城到墩台	—	—	3.1			
路城单元 堡城到路城	$D(x)=a_1x+b_1$ x=1、2、…、n 通常取到5	宣府镇	a_1	8.3	b_1	1.3
		大同镇	a_1	5.1	b_1	6.3
		山西镇	a_1	6.3	b_1	7.1
镇城单元 路城到镇城	$D(x)=a_2x+b_2$ x=1、2、…、n 通常取到4	宣府镇	a_2	32.2	b_2	−5.9
		大同镇	a_2	34.7	b_2	0.2
		山西镇	a_2	52	b_2	−11.4

横向道路长度控制范围　　表3-6

对象	镇	多数数据范围（公里）	均值（公里）	全部数据范围（公里）	数据数量（个）
堡城-堡城	宣府镇	7.0~14.0	11.9	5.0~25.0	30
	大同镇	7.0~12.0	9.4	2.0~19.0	34
	山西镇	6.0~15.0	8.9	1.9~29.0	50
路城-路城	宣府镇	40.0~80.0	65.3	36.0~89.0	6
	大同镇	25.0~40.0	43.8	24.0~87.0	8
	山西镇	35.0~50.0	54.6	37.0~80.0	7
镇城-镇城	三镇间距	160.0~190.0	174.4	160.0~190.0	2

第三节　交通网络空间复杂性研究

区域聚落体系及其间交通网络的演化是空间同步交互作用的结果[②]。城市体系的分形特征暗示了交通网络的自相似特征[③]。根据前期的探索性分析，推测军

① 长城军事防御聚落体系拓扑变化特征，详细参见第六章6.2.4长城军事防御聚落体系量化理论模型

② 陈涛. 城镇体系随机聚集的分形研究［J］. 科技通报，1995，11（2）：98-101.

③ 刘继生，陈涛. 东北地区城市体系空间结构的分形研究［J］. 地理科学，1995，15（2）：136-143.

事防御聚落体系的交通网络存在分形特征，通过基于不同研究目标的计盒维数、长度一半径维数和空间关联维数的分形计算方法，研究交通网络的分维数、空间结构特征、通达性及发育程度，揭示三镇交通网络的量化系统关系。需要指出的是由于分形结构“谜题”现象的存在[①]，仅对同一对象采用相同的计算标准，才能获得相同的结果，或者对不同研究对象采用相同的方法计算，所得分维数才具有可比性。

一、交通网络的分维计算

（一）计算方法

计盒维数是分维计算的经典方法，具有广泛的适应性而用于各类分形结构的维数计算；同时，为了与以往采用此方法的其他交通网络分形研究成果，进行具有相同标准的比较，本节采用计盒维数法计算军事防御聚落体系交通网络的分形维数。计盒维数计算方法如下：以方格网等分割对象，格边长为d，逐步减小d，如每次减为上次的一半，计算每次包含对象格子数，由此计算盒维数[②]。D_{box}为计盒维数（公式3-3），且盒维数采用标准方法计算，与当代道路系统比较。通常，逐尺度计算盒子数的工作量极其巨大，可用Fractalyse2.4[③]软件统计宣大山西交通网络的计盒维数[④]。

$$D_{box}=\lim_{d\to 0}\frac{\log N(d)}{\log(1/d)} \qquad \text{公式3-3}$$

（二）计算结果与分析

以Fractalyse2.4分别计算获得三镇逐次划分所得的非空盒子数$N(\varepsilon)$和与之对应的网格边长ε的数据组，在Excel中采用双对数坐标线性拟合各数据组（图3-32~图3-35），拟合优度均达到0.990，获得三镇交通网络的计盒维数值分别为：宣府镇1.216、大同镇1.180、山西镇1.208。整体看，三镇交通网络具有明确的分形结构，三维数稳定且较接近，均保持在1.2左右。结合三者具有相同聚落组织结构的事实，表明三镇存在深刻的内在共性。参考现代和当代交通网络维数[⑤]（表3-7），由其整体发展趋势可知，交通网络越发达则维数值越高，

---

① 刘继生，陈彦光．交通网络空间结构的分形维数及其测算方法探讨［J］．地理学报，1999，54（5）：471-478.

② 曹迎春，张玉坤．基于分形理论的城市天际线量化分析［J］．城市问题，2013（12）：32-36.

③ Fractalyse2.4由哈尔滨理工大学非线性科学研究室分形频道网站下载http://www.fractal.cn/net/。

④ 曹迎春，张玉坤．基于分形理论的城市天际线量化分析［J］．城市问题，2013（12）：32-36.

⑤ 管楚度．交通区位论［M］．北京：人民交通出版社，2000.

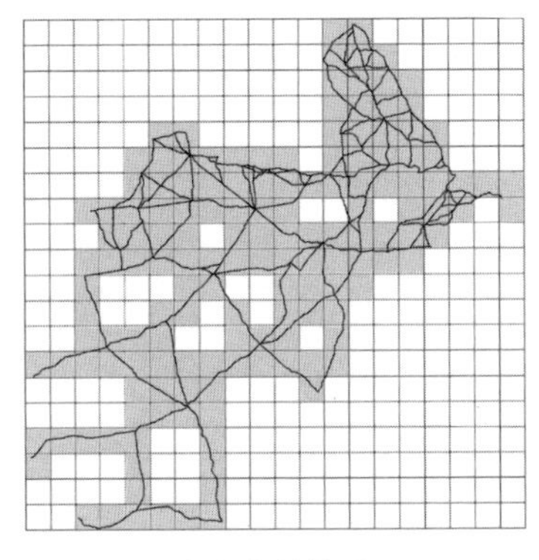

图3-32　计盒维数算法

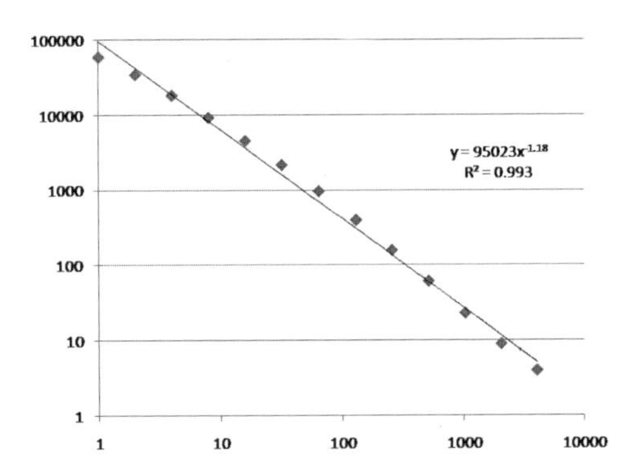

图3-33　大同镇计盒维数计算

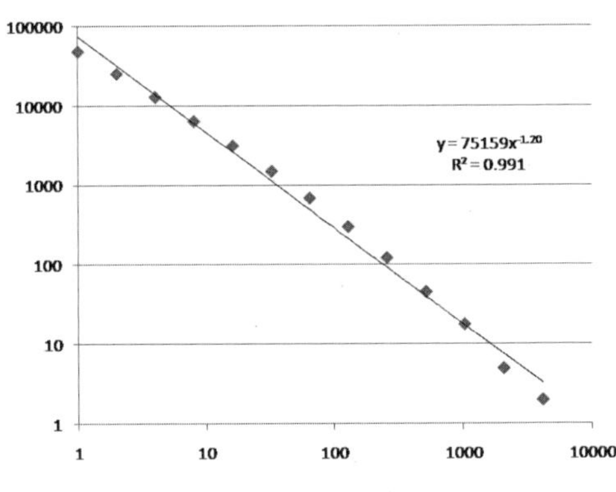

图3-34　宣府镇计盒维数计算

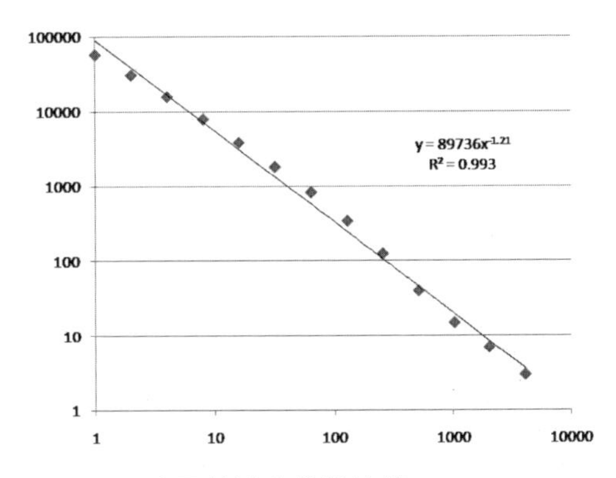

图3-35　山西镇计盒维数计算

而经济发达条件下干线公路网的平均分维数应在1.5左右[①]。三镇交通网络维数显著低于现代和当代高速公路维数的事实，一方面，直接说明军事防御体系交通网络整体发展水平相对较低；另一方面，可大致确定古代区域交通网在连续时空中较绝对的发展程度定位。进一步比较三镇数据，宣府镇维数最高且与山西镇接近，而两者交通网络整体发育水平稍好于大同镇。宣府镇交通网络发育程度较高，与全镇军事防御聚落较好的中心放射性分布特征以及相对紧凑的空间布局密切相关；山西镇交通网络对称性较差，紧凑性一般，尤其是东部交通线路网状特征不显著，但其网络特征相对明显的西部交通网在结构中占很大比例，而且东部由于地形和聚落分布特征形成绝大多数聚落均共用线性道路的情况（因此网状特征较弱），实际效率并不低。这同样为居中的维数值贡献了一定力量；而大同镇交通网络占据空间甚大，整体舒展，东西部不对称，内部路网较松散且网络特征一般，仅沿边存在较窄的密集带型路网，这些因素共同影响其分形维数略微偏低。

① 张鹏，韩增林. 辽宁省公路交通网络的分形研究［J］. 交通运输系统工程与信息，2006，6（1），123-127.

三镇交通网络及现代和当代交通网络计盒维数　　表3-7

<table>
<tr><th>时间</th><th colspan="2">对象</th><th>维数D</th><th>说明</th></tr>
<tr><td rowspan="3">明代</td><td colspan="2">宣府镇交通网络</td><td>1.216</td><td></td></tr>
<tr><td colspan="2">大同镇交通网络</td><td>1.180</td><td></td></tr>
<tr><td colspan="2">山西镇交通网络</td><td>1.208</td><td></td></tr>
<tr><td>20世纪60年代初期</td><td colspan="2">日本高速公路网络</td><td>1.316</td><td></td></tr>
<tr><td rowspan="4">20世纪90年代初</td><td colspan="2">德国高速公路网</td><td>1.538</td><td></td></tr>
<tr><td colspan="2">美国洲际公路网</td><td>1.515</td><td>全国均值</td></tr>
<tr><td rowspan="2">其中</td><td>密西西比河以西</td><td>1.426</td><td rowspan="2">分区值</td></tr>
<tr><td>密西西比河以东</td><td>1.677</td></tr>
<tr><td>当前</td><td colspan="2">辽宁省干线公路网</td><td>1.361</td><td></td></tr>
<tr><td>2020年</td><td colspan="2">中国规划国道干线</td><td>1.226</td><td>未来规划目标</td></tr>
</table>

二、交通网络的长度——半径维数

（一）计算方法

基于具有分形特征的某区域（面积为S）交通网络以某种测度考察时，其交通网络的总长度$L(S)$与区域面积之间具有$L(S)^{1/D} \propto S^{1/2}$基本关系的事实，当采用半径为$r$的圆形作为测度标准，由于$S \propto r^2$，则可转变为公式3-4，其中$L(r)$为测度半径为$r$的圆形范围所涵盖交通网络的长度总和，$k$为系数，$D$为分维数。长度—半径维数又称半径维数（radial dimension），定量刻画交通线路长度与不同尺度裁切半径的关系[①]。较早由Frankhouser等人提出并应用于研究铁路等交通网络的分形特征。长度—半径维数的地理意义标志交通网络分布密度从测算中心（通常为交通枢纽）向周边区域的变化状态[②]。通常采用的判断标准为：$D<2$，从测算中心向周围路网密度分布衰减；$D=2$，从测算中心向周围地带路网密度分布均匀变化；$D>2$，则路网密度从测算中心向周围地带上升[③]。

$$L(r)=kr^D \quad \text{公式3-4}$$

（二）计算结果与分析

采用相同半径（10公里），以各镇城为中心，建立10公里为增长梯级的半径

① 刘继生，陈彦光. 交通网络空间结构的分形维数及其测算方法探讨［J］. 地理学报，1999，54（5），471-478.

② 刘继生，陈彦光. 交通网络空间结构的分形维数及其测算方法探讨［J］. 地理学报，1999，54（5），471-478.

③ 刘继生，陈彦光. 交通网络空间结构的分形维数及其测算方法探讨［J］. 地理学报，1999，54（5），471-478.

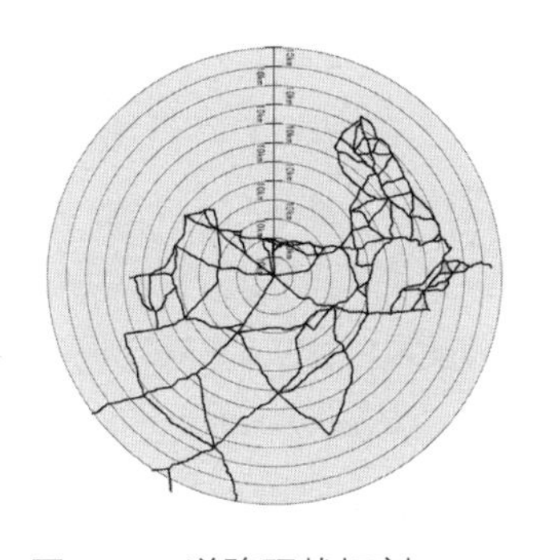

图3-36　道路环状切割

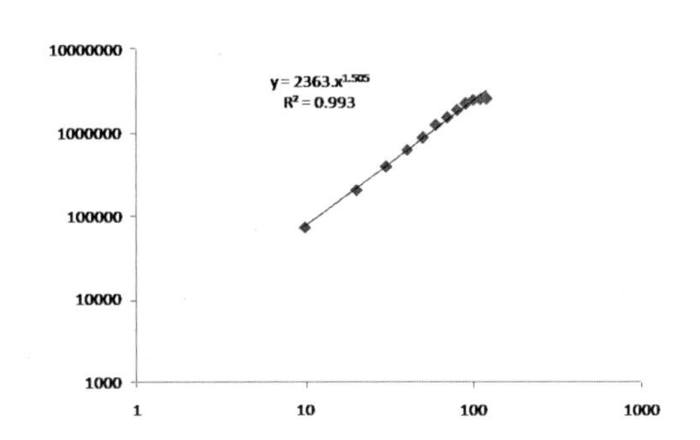

图3-37　宣府镇数据拟合系数

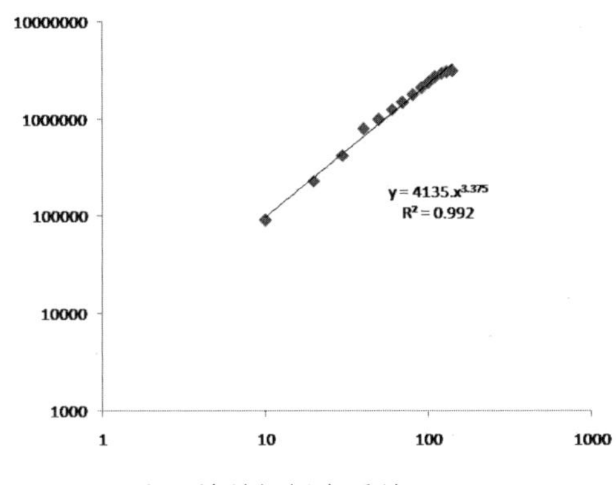

图3-38　大同镇数据拟合系数

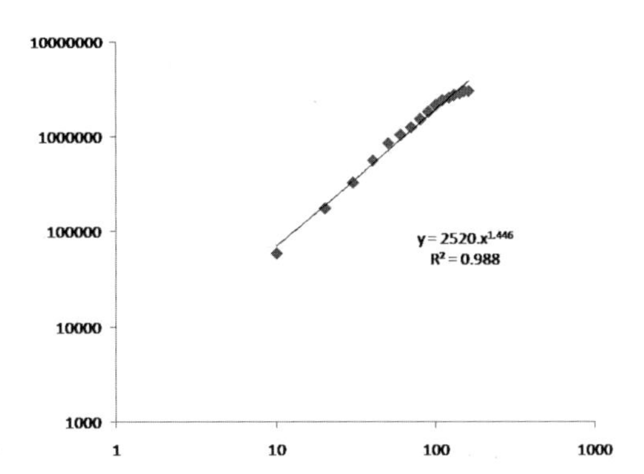

图3-39　山西镇数据拟合系数

同心环，切割各镇道路网络（图3-36），获得长度—半径序列，基于此分别建立三镇长度—半径双对数坐标（图3-37~图3-39），由最小二乘法计算相关维数和拟合优度。数据显示宣府、大同、山西各镇交通网络分布存在显著分形特征，拟合优度均达到0.98以上，分维数分别1.51、1.38和1.45，均小于2。总体看三镇维数相对接近，并约保持在1.45左右，表明军事防御聚落体系交通网络的分形结构特征稳定并存在共性。根据交通网络密度分布状态界定标准可知，三镇交通网络分布密度均呈现由中心向外围递减的趋势，镇城在本防区交通组织中的核心枢纽作用较显著。

比较三镇与现代道路网络维数，三镇维数与早期Frankhouser于1988研究Stuttgart郊区铁路网络所得分维值1. 58较接近但略低于此时期数值，而显著低于当代宏观或相对微观区域城市体系交通网络的维数，如豫南信阳地区的公路网络维数1.750[①]。一般情况下，当维数较高且系数较大时，交通网络的通达性较好[②]。由此推测三镇交通网络的通达性整体较高，并与现代早期交通网络具有大

① 刘继生，陈彦光. 交通网络空间结构的分形维数及其测算方法探讨［J］. 地理学报，1999，54（5），471-478.
② 刘继生，陈彦光. 交通网络空间结构的分形维数及其测算方法探讨［J］. 地理学报，1999，54（5），471-478.

致的近似性，但较当代交通网络来说依然存在不小差距。当然亦有可能几种测算所考察道路的等级范围或尺度有所不同而出现差异。进一步考察三镇数据发现，交通网络密度由中心向外围衰减的速度，大同镇最快，山西镇次之，宣府镇最慢。大同镇交通网络舒展布局、内部松散、边缘存在密集带但很窄的特征显然容易形成快速衰减；宣府镇较好的中心放射特征、紧凑的布局，以及较好的网状特征促使其衰减较慢；而山西镇交通网络对称性较差，紧凑性一般，但其网络特征相对明显的西部交通网络在结构中占很大比例，使之整体居中。此外，山西镇的拟合系数稍低于其他两镇，这与其交通网络空间分布不均衡有关，而深层次原因则与山西镇镇城不稳定、地理环境复杂以及双线长城的多样防御特征密切相关。

三、交通网络的空间关联维数

（一）计算方法

某区域聚落间交通网络的空间关联维数可由如下函数关系确定：其中$C(r)$表示关联函数，r为测度标准，d_{ij}为区域内任意i、j两城市之间的距离，θ为Heaviside函数，遵循如上计算规则。当$C(r)\propto r^D$时，表征此区域聚落间的交通网络具有分形结构[①]。D为交通网络的空间关联维数。空间关联维数根据取值不同具有不同意义，若取直线距离D_1——聚落体系间交通全部为理论上最便捷的直线距离，此时D_1表征聚落体系的空间布局特征（称乌鸦距离）[②]；若d_{ij}取相应城市间的实际道路长度（考虑地形地貌特征）D_2，或称乳牛距离（cow distance）[③]，D_2则表示聚落交通的联通程度。通常采用实际道路长度关联维数与直线距离关联维数的比值——网络直通度d（亦称牛鸦维数比），表征聚落交通网络的通达性和发育程度[④]。如公式3-7当实际道路长度关联维数越接近直线距离关联维数时，交通网络的通达性和发育程度越高，直通度的衡量标准为：当$d<0.5$时，道路系统联通性差；而$0.5<d<1$时，则连通性较好；当d接近或等于1时[⑤]，近乎直线或直通度达到理论极限状态，一般情况下，极限状态不可能出现。

$$C(r)=\frac{1}{N}\sum_{j}^{N}\sum_{j}^{N}\theta(r-d_{ij}) \qquad \text{公式3-5}$$

① 刘继生，陈彦光. 交通网络空间结构的分形维数及其测算方法探讨［J］. 地理学报，1999，54（5），471-478.

② 刘继生，陈彦光. 交通网络空间结构的分形维数及其测算方法探讨［J］. 地理学报，1999，54（5），471-478.

③ Kaye B. H. A Random Walk Through Fractal Dimensions［M］. New York：VCH Publishers，1989.

④ 刘继生，陈彦光. 交通网络空间结构的分形维数及其测算方法探讨［J］. 地理学报，1999，54（5），471-478.

⑤ 刘继生，陈彦光. 交通网络空间结构的分形维数及其测算方法探讨［J］. 地理学报，1999，54（5），471-478.

$$\theta(r-d_{ij})=\begin{cases}1 \text{当} d_{ij}\leqslant r \\ 0 \text{当} d_{ij}>r\end{cases}$$ 公式3-6

$$d=D_2/D_1\text{（通常}0<d\leqslant 1\text{）}$$ 公式3-7

（二）计算与分析

以宣大山西各镇聚落体系为研究对象，基于宣府镇（73个聚落）、大同镇（72个聚落）和山西镇（80个聚落）各聚落体系聚落间直线距离和实际道路长度建立两组6个矩阵。其中实际道路长度矩阵构建时，因依据“就高取直”原则，即尽量遵循选择高等级道路和走近路两个原则，二者冲突则以后者为主[①]。由此在选择道路过程中可能存在基于主观因素的不同选择和结果，但从统计意义上看，若遵循“就高取直”原则，主观性对系统整体空间关联维数的影响有限且可以接受。由于数据量极其巨大，以宣府镇为例其矩阵规模便达到73行×73列，总点数N^2=73×73=5329，因此仅列出宣府镇实际道路长度矩阵的部分数据（表3-8），以呈现其计算过程。基于空间关联函数计算各镇关联维数，经过详细比较分析，三镇选择统一标准步长r=10公里，以及基于此步长的阶梯尺码，r=1000、11000、21000、31000……阶梯尺码最大值范围以包络本镇所有数据为标准，由此获得各镇数据的直线距离和实际道路的关联维数以及牛鸦比（表3-9）。需要说明的是，由于分形结构的特点，测量尺度选取不同，可能获得不同的维数计算值。

宣府镇实际道路长度矩阵　　表3-8

	宣府镇城	鸡鸣驿堡	万全右卫将	张家口堡	膳房堡	新开口堡	新河口堡	万全左卫	宁远站	柴沟堡
宣府镇	0	30579	43594	29903	54235	57519	64227	31835	106461	77300
鸡鸣驿堡	30579	0	84009	60482	94650	97934	104642	62414	137040	12518
万全右卫	43594	84009	0	13691	13691	13925	20633	21595	24195	89818
张家口堡	29903	60482	13691	0	24332	27616	34324	35286	10504	70215
膳房堡	54235	94650	13691	24332	0	5407	16836	32236	34836	52727
新开口堡	57519	97934	13925	27616	5407	0	11429	35520	38120	47320
新河口堡	64227	104642	20633	34324	16836	11429	0	42228	44828	35891
万全左卫	31835	62414	21595	35286	32236	35520	42228	0	138296	45465
宁远站堡	106461	137040	24195	10504	34836	38120	44828	138296	0	80719
柴沟堡	77300	12518	89818	70215	52727	47320	35891	45465	80719	0

① 刘继生，陈彦光. 交通网络空间结构的分形维数及其测算方法探讨［J］. 地理学报，1999，54（5），471-478.

三镇关联维数及网络直通度 表3-9

关联维数	宣府镇	大同镇	山西镇	说明
直线距离关联维数D_1	1.321	1.166	1.183	拟合系数>0.990
道路长度关联维数D_2	1.281	1.114	1.100	
网络直通度$d=D_2/D_1$	0.970	0.955	0.930	—

根据表3-9可知，整体看三镇的直线距离关联维数、道路长度关联维数以及直通度的对应关系良好，数据整体很稳定（图3-40），进一步表明三镇交通网络遵循明确、稳定的内在共性规律。直线距离关联维数和道路长度关联维数均一致呈现三镇相应的发育程度，即宣府镇最好、大同镇居中、山西稍差，此结果与前述结论基本一致。大致参考现代区域交通网络的相关数据，以相同方法但尺码不同，计算获得的河南省17个主要城市（地级市和地区首位城市）的直线距离关联维数和道路长度关联维数分别为1.450和1.344[①]，整体高于明代交通网络的维数，可大致推测其整体发育程度低于现代交通网络，这同样与前期研究成果一致。

进一步考察三镇交通网络直通度，宣府镇的交通网络直通度0.970最好，大同镇0.955次之，山西镇稍差0.930。这表明宣府镇交通网络通达性最好，同样与宣府镇紧凑的布局、良好的网状特征以及中心放射特征密切相关；大同镇居中，交通网络占据空间甚大，东西部不对称，腹内路网较松散且网络特征一般，尤其是西部区域的中部洪涛山脉的阻隔，向东交通需绕行北部左云或自南部朔州经由大同盆地，因此交通网络通达性一般；而山西镇交通网络对称性较差，尤其是东部交通线路网状特征不显著，而整个镇“V”形的空间格局，促使东部、西部之间交通必须经由狭窄的中部宁武关防区，实质是沿“V”一翼绕道而行至另一侧，因而整体通达性必然降低，但以上情况仅是就山西镇自身而言，不涉及大同镇参与的情况。若大同镇南部交通网络参与，则山西镇左右两翼可通过以朔州为核心的局域网络“捷径”实现快速通达，这充分表明大同镇与山西镇交通网络密不可分的天然秉性。

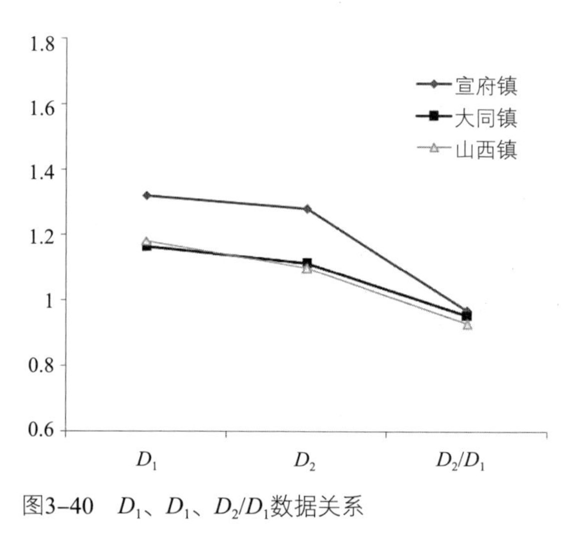

图3-40 D_1、D_1、D_2/D_1数据关系

① 刘继生，陈彦光．交通网络空间结构的分形维数及其测算方法探讨［J］．地理学报，1999，54（5），471-478.

第四章　三镇长城军事防御聚落体系信息系统研究

基于宣大山西三镇烽传系统和驿传系统的历史遗迹、史料记载以及实地考察资料，从宏观角度探索两者的空间分布、运行机制和系统关系。长城军事防御聚落体系的信息系统是建立广泛分布于北疆的众多军事要素系统关系的纽带。信息系统通过其物质传输体系连接诸要素，建构出点、线结合的信息网络。基于此，信息在要素间快速扩散和反馈，实现了诸要素的相互作用和协同工作，进而使长城军事防御聚落体系成为统筹联动和协同配合的系统整体。宏观层面，长城军事防御聚落体系信息系统主要包括烽传系统和驿传系统。

第一节　研究方法和数据

一、研究方法

本节研究方法主要基于GIS空间分析工具箱[①]（Spatial Analyst）的相关工具。空间分析工具箱集成了条件分析、插值分析、表面分析、数学逻辑分析等22个工具集，共约170多个工具，用于执行空间分析和建模所需的各种操作。本节主要涉及点密度分布、距离分析、高程分析、可视域分析等工具。上述工具大部分都是GIS相对常规的基本分析方法，相关计算原理论述众多，此处不再赘述；此外，本节通过实验的方法，实地测试烽传载体的可感知性与距离变化的关系。

（一）可视域分析

地形可视域分析，基于ArcGIS 的Spatial Analyst扩展模块，采用三维地形建模、通视分析、叠置分析等技术，分析观察点与目标点之间的可见性情况[②]。通视性分析的实质是在三维空间中分析观察者发现目标的概率[③]。地形可视域分析被广泛用于火灾监控、军事监测、保护区规划控制等方面。可视域分析通过综合计算，分析视点和对象之间的遮挡情况以探测区域或某点的可视性[④]。基于地形网格，视域可识别输入栅格中能够从一个或多个观测位

① 汤国安，杨昕．ArcGIS地理信息系统空间分析实验教程［M］．北京：科学出版社，2006.
② 张艳军，曾咺．GIS技术在景观视觉分析中的应用［J］．地理空间信息，2008，6（4）：87-89.
③ 张艳军，曾咺．GIS技术在景观视觉分析中的应用［J］．地理空间信息，2008，6（4）：87-89.
④ 张艳军，曾咺．GIS技术在景观视觉分析中的应用［J］．地理空间信息，2008，6（4）：87-89.

图4-1 可视域计算输出图
（图片来源：http://help.arcgis.com/zh-cn/arcgisdesktop/10.0/help/index.html#/na/00q90000008n000000/）

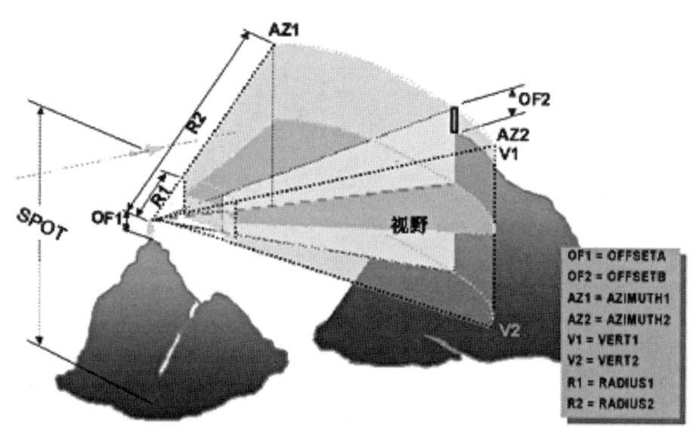

图4-2 可见性分析的理论控制方式

置看到的像元。输出栅格中的每个像元都会获得一个用于指示可从每个位置看到的视点数值。如果只有一个视点，则会将可看到该视点的每个像元的值指定为1，将所有无法看到该视点的像元值指定为0。之后合并视域分析的输出，从而显示可见性与地形之间的关系（图4-1）。通常视点要素类可包含点或线，线的结点和折点将用作观测点①。影响可视域分析的主要参数涉及观测点高程值（SPOT）、垂直偏移（OFFSETA和OFFSETB）、方位角（AZIMUTH1和AZIMUTH2），垂直角（VERT1和VERT2）等②。以图形方式描绘可见性分析的理论控制方式（图4-2），观测点在左侧的山顶上，视域的方向在朝向右侧的圆锥体内③。如果视点要素数据集是折线要素类，则沿输入折线的每个折点都会使用属性表的折线记录中包含的相同观测约束④。

（二）实地感知实验

通过实验测试烽传系统实际条件下所用载体（烽火、鼓等）的绝对可感知距离，为烽燧空间设置研究建立更加准确的参考标准。实验基于可达域理论。可达域是指某对象（人类、动物或其感官）在一定时间内和环境条件下，直接或借助工具从基准点到达、感知或作用于目标点所能涉及的空间范围，其考察指标包括

① ArcGIS资源中心（ArcGIS Resource Center）帮助库http://help.arcgis.com/zh-cn/arcgisdesktop/10.0/help/index.html#/na/00q90000008n000000/。
② ArcGIS资源中心（ArcGIS Resource Center）帮助库http://help.arcgis.com/zh-cn/arcgisdesktop/10.0/help/index.html#/na/00q90000008n000000/。
③ ArcGIS资源中心（ArcGIS Resource Center）帮助库http://help.arcgis.com/zh-cn/arcgisdesktop/10.0/help/index.html#/na/00q90000008n000000/。
④ ArcGIS资源中心（ArcGIS Resource Center）帮助库http://help.arcgis.com/zh-cn/arcgisdesktop/10.0/help/index.html#/na/00q90000008n000000/。

时间、空间和成本等[1]。可达域反映的是具体条件下，考察对象针对目标所能发生作用的空间范围。可达域也是传统可达性研究针对空间层面的深层次和具体化的拓展及延伸，即从空间角度以空间为尺度和标准考察和描述对象在具体条件下的可达性问题。通常采用可达域筏值描述对象具体条件下的最大有效作用空间。可达域可直观呈现研究对象的空间作用范围，可直接沟通比较不同对象或不同条件下相同对象的可达域情况，是空间分析的重要理论和方法，在空间研究方面具有非常重要的价值，广泛适用于考古学、景观规划、道路交通、城市规划、人文地理等领域。

实验选择明朝北疆“九边”之宣府镇区域，实地测试传信载体对应感官的可达域情况。不同情景下，烽传系统传信采用不同的载体以及不同载体组合的方式，而不同载体相同条件下可感知的空间范围相差很大，为保证信息在各种情境下采用相应载体发信时均被感知，烽燧间距离设置必须以使用载体及相应感官的最低可感知距离——最小筏值，为确定烽燧间距规划的标准。通过比较常用载体的可达域情况，发现夜间视看举火和听闻打鼓两种情况的可感知距离相对最小；而白天烽烟体量很大，在很远距离内容易感知；炮声感知方面，由于无法进行明代炮的实测，采用边疆地区传统易得的两响“二踢脚”爆竹的声音作为对比参照，同时结合史料记载炮声可传递距离[2]，推测古代较大口径的炮声传送距离整体大于晚间举火和打鼓两种情况。综合以上，将视看举火和听闻打鼓的可达域作为烽传系统规划布局的最低筏限，通过实地测试视看举火和听闻鼓声随距离变化的情况，进一步考察烽燧间距设置的相对精确标准。

二、研究数据

烽燧是长城军事防御聚落体系的重要物质要素之一。由于烽燧建筑并不精美，艺术价值不及长城及堡寨显著，且处在城市周边、农田和野外山地等处，长期得不到应有重视和保护，加之建筑活动、农业生产、自然风化等因素的破坏，现存状况堪忧。宣大山西三镇地区烽燧毁损非常严重，尤其是宣府镇烽燧只能在农业和经济活动很难达到的区域保留个别烽燧，根本无法提供有效的宏观布局信息以还原其系统结构关系。通过仔细选择和实地勘察，最终以大同镇西北部地区——由威远、井坪、左卫、右卫等路包括范围的烽燧做为研究对象（图4-3、图4-4），区域烽燧保存相对较好，基本能够呈现当时烽传系统的整体结构。基于实地调研、文献记载以及山西省文物局和相关地方文物局提供的数据资料，建立“山西镇西部烽传系统地理信息数据库（GIS）”（图4-5），烽燧数据约286个，

---

① 刘建军，张玉坤，曹迎春. 基于可达域分析的明长城防御体系研究［J］. 建筑学报，2013（增刊1）：108-111.

② 张姗姗. 明代蓟镇长城预警系统研究［D］. 呼和浩特：内蒙古大学，2013.

图4-3　烽燧近景

图4-4　烽燧远景

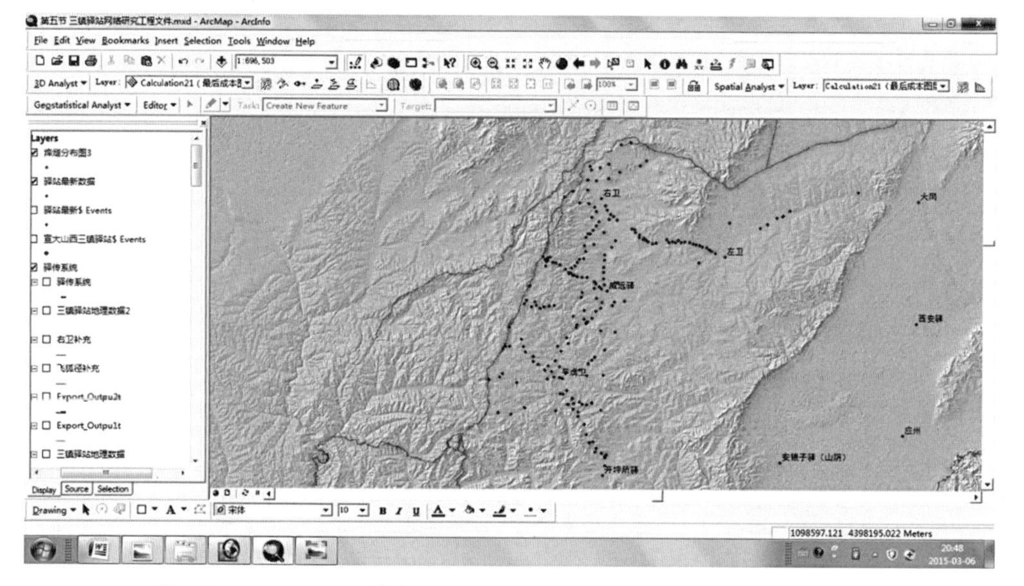

图4-5　山西镇西部烽传系统地理信息数据库

整体呈现出较好的系统关系；驿传系统则主要参考《明代驿站考》所记载三镇的驿站分布资料，同时参考相关地区志书记载，在“明长城军事防御聚落体系地理信息数据库（3.1）”及交通网络数据基础上，建立“宣大山西三镇驿传系统数据库（GIS）”，据此作为驿传系统分析的基础数据。

第二节　烽传系统研究

一、烽传系统基本情况

（一）基本概念和作用

烽传系统是明长城军事防御体系通过连续烽火台，基于狼烟、烽火或声音等载体传信预警的信息传递系统。烽传系统主要物质设施为烽火台，又称烽燧、墩台等。烽火台亦称之为“火路墩”（宣大山西地区常用），是烽火台的一种，兼具传信、防御等功能的腹里接火台，因其传信时形似连续的“火路”而得名[①]。烽火台逐台连接，遥望相视，连绵穿越崇山峻岭、沟谷盆地，由长城向腹内紧密连接军事防御聚落，形成整个军事防御聚落体系复杂通达的信息网络。当遇敌警时，烽火逐台接力传递，情报便由长城向内部聚落逐层传递，根据警情级别传至不同等级管理机构。烽传预警系统对长城军事防御聚落体系运作至关重要，“夫调度兵马，随警策应，全仗墩台烽火。烽火预期，则征发不误。地方预办，则调度中机所傺至重”[②]。由此可知，整个长城军事防御聚落体系兵、马的布防、调度、策应和支援等系统功能运作全部依赖烽传信息系统的支撑。烽传系统传信具有速度快、传递距离长、定向性好、准确性高等优势，能够高速传递简明扼要的情报[③]。

（二）烽传系统的传信方式和内容

烽传系统基于光、烟、声等载体，通过逐台连接的烽火台接力复制信号以传递信息。系统传信方式主要涉及相关载体及其组合模式和烽火台之间的传递方式。载体及其组合模式方面，传统烽传系统传信的基本载体为烽火和狼烟，传递方式为白天燃烟，夜晚举火。明代中期，随着对长城军事防御聚落体系防御依赖性不断增强，对高质量传信需求日益加剧，烽传系统传信方式持续发展，载体种类也不断拓展，信号表现方式因而更加丰富和优化。“若见敌一二人至百余人，举放一烽一炮……千人上三烽三炮”[④]。基于炮声载体的加入，烽烟与炮声相结合拓展了感知要素，在传信形式优化、内容丰富度和信号辨识度等方面均有提高，促使传信速度和准确性显著提高。明后期，蓟镇更以悬灯、举旗与放炮等结合取代了举火、放炮组合的传统方式，进一步优化了传信方式[⑤]；而烽火台之间的传递方式则主要有两种，逐台传递和隔台传递，逐台传递相对简单。隔台传递则多出现在长城线上或烽火台距离较近的情况下[⑥]，以防止逐台传递因辗转次数过多而导致错误率上升的问题。

烽传系统传信方式相对粗陋简单，因此其传信内容相对简单，主要以敌军人数为核心。从宏观层面看，冷兵器时代敌军人数信息实际表征敌军攻击能力的量级，量级不同将决定烽信传递范围、达至管理机构等级，以及布局防御和支援等

① 尚珩. 火路墩考［J］. 万里长城，2008（1）：2-30.
②（明）陈仁锡. 皇明世法录·卷五十五·蓟镇边防·墩堠［M］. 中国史学丛书影印明崇祯刻本，551页.
③ 高巍. 我国古代军事情报技术的发展与演变［J］. 情报探索，2011（5）：61-63.
④（明）申时行. 大明会典·一百三十二卷·兵部十五·镇戍七·各镇边例［M］. 第336页.
⑤ 张姗姗. 明代蓟镇长城预警系统研究. 呼和浩特：内蒙古大学，2013.
⑥ 张姗姗. 明代蓟镇长城预警系统研究. 呼和浩特：内蒙古大学，2013.

级的不同。通常将九百人以下进攻的敌人称为零贼，零贼人数较少，敌情舒缓，无需调度过多兵力，预警信息亦无需大尺度扩散，《皇明世法录》中记载“零贼专用声辨（声者，梆炮之类是也）”①，而信息到达的管理机构也止于有限的局部范围，蓟镇规定：“九百以下是零贼，止传本协各成功。”即零贼攻击的预警信息传递范围止于本协（蓟镇长城防御体系的管理层级名称）②；而千人以上则视为大举进犯，通常传信采用更多形式组合传递，“大举一照零贼先辨之以声，而又兼之以色（色者，旗火之类是也）”③，以此确保信息稳定和准确的传达；此外还有更细致的区分，明成化二年（1466年）法令规定：“令边候举烽放炮，若见敌一、二人至百余人举放一烽一炮，五百人二烽二炮，千人以上三烽三炮，五千以上四烽四炮，万人以上五烽五炮。”④通过对敌军规模的精确划分，进一步提高整个军事防御体系布防、调度和支援的准确性和针对性。

（三）烽传系统的系统性作用

从系统性角度看，烽传系统对整个军事防御聚落体系的核心价值有二：速度和内容。基于快速的预警信息，聚落体系诸要素获得预判时间优势，并依据信息内容制定整个聚落体系（或局部）的军队布局、调防以及支援方略。

传信速度方面，烽传系统的传信速度必须超越蒙军骑兵攻击推进速度，才能在信息传输的同步时间进程中，获得更大的空间辐射范围，使军防聚落系统获得更多的反馈时间，以赢得布防、调度和集结先机。烽传系统以简便易得的烽烟、火和声音等为载体，基于人类视觉和听觉感观，采用易于操作的逐台复制模式，最大限度获得了传递速度。其中逐台传递简捷方便，便于快速准确传递情报，且对操作人员要求甚低，适合广泛推广；而基于烽烟、举火等载体，视觉感知理论上以光速传递，而听觉（炮声）则相差极大，约340米/秒，但考虑到两相邻烽燧间平均距离较短（声音大约6秒左右亦可传达）、烽传系统相对粗糙的发信和感知操作方式，以及传信过程中其他操作程序所需的时间，可大致将视觉和听觉视为即时获得——一旦发出信息便可感知，就此看来，信息在烽火台之间传递所需时间微乎其微，甚至可以忽略。根据烽传系统的传信程序，影响传递速度的主要因素则是传信线路起止点间的烽燧数量（简称烽燧数量）和各烽燧守军从感知信息到复制发出信息所用的平均时间（平均复制时间），由此从某地传到另一地所需相对精确的时间可计算为：传信时间=烽燧数量×平均复制时间⑤。根据实验平均复制时间约1分钟~2分钟；同时，为获得更大时间优势，明政府将信息系统的感

① （明）陈仁锡. 皇明世法录·卷五十九·蓟镇边防·墩堠·昼夜旗火炮数，第552页.
② （明）戚祚国. 戚少保年谱耆编·卷九·额设守堠军卒定编传烽警报法，第293页.
③ （明）陈仁锡. 皇明世法录·卷五十九·蓟镇边防·墩堠·昼夜旗火炮数，第552页.
④ （明）申时行. 大明会典·一百三十二卷·兵部十五·镇戍七·各镇边例，第336页.
⑤ 如需再精确可在平均复制时间内加入声音传递时间，但实际上声音传递的时间在宏观意义上，完全可以忽略。

知触角跨出长城进入蒙军疆界以获得提前预警。通常以哨探（又称为夜不收、尖哨、暗哨等）穿过长城进入蒙军境内，刺探或预知蒙军军情以提前布防。暗哨“暗伏尖夜、架炮口外，嘹见虏马南下，星夜腾山鳞次传炮相闻，是暗哨之所当急矣”[①]。暗哨设于长城塞外近郊，从关隘向外三四里（或五六里）一组，设置若干组隐藏于暗处，遇敌警便次第传递情报[②]。通过这种方法将预警时间大大提前，为系统防御提供巨大帮助；此外，严格挑选年轻、身健，并善于奔跑疾走、行进轻便、视听俱佳者作为哨探并严加训练[③，④]，以确保情报快速、稳定的传递。

传信内容方面，就现代战争来看，战争涉及的兵种、方式和武器千差万别，进犯敌军的相关信息越丰富，愈能制定出效率和胜率更高的应对策略。但明代，复杂的信息将使传信系统负荷加大，导致传信时间冗长、难度加大和错误率提高等问题，而传信速度和准确性对整个系统至关重要，因此传信内容因以适度为标准而尽可能简捷。一方面，与明代相对粗糙的烽传系统运作模式匹配，越简单的信息越容易快速传递，而最为关键的是越简单的信息可较大提高传递过程的准确性；另一方面，就更高层次的系统性角度看，整个军事防御体系宏观运作所仰赖的关键信息实质上就仅仅是敌军规模。冷兵器时代，明蒙军队攻击模式、单兵战斗力和装备配置相对稳定。两军依托工事和直接交战的对抗耗损，在宏观统计意义上可视为具有相对稳定的理论比例关系，其中直接遭遇对抗损耗率较稳定，而依托工事（如攻城）则变数稍大，但依然存在大致的宏观损耗比率。由此可知，宏观上决定蒙军攻入长城与否、攻入后纵深进入深度，以及腹内遭遇战胜败的核心因素就是双方军事力量的规模对比，规模越大则越有可能突破长城，且纵深攻入深度越大。

综上可知，长城军事防御聚落体系依据快速传递的敌军规模信息，提前制定布防规划、应援等级、响应空间范围等预警策略。如“零贼”时，战事相对舒缓，因而传信只限于路城层级或相邻路城，以局部力量调动便完成防御；而超过万人以上的攻击，则上升至国家层面战争，据史料记载通常均可击穿长城进入腹内。

二、烽传系统的空间分布

基于烽燧分布地理信息数据，从宏观角度，系统分析烽传系统的整体布局特征；从微观角度，探索烽燧与地形地貌、军事聚落、道路系统等因素的系统关系。

---

①（明）戚继光．戚少保奏议补遗·卷二·条议·著哨守条约颁谕各台官兵传习守御以防边警，戚继光研究丛书［M］．北京：中华书局，2001：228.

②（清）顾炎武．天下郡国利病书·北直上，原编第一册，续修四库全书·史部．地理类［M］．上海：古籍出版社，2002，记载“暗哨，则出口按拨，常川嘹望者也。”

③（明）戚祚国．戚少保年谱耆编·卷九·呈复蓟镇条陈尖哨事宜，戚继光研究丛书［M］．北京：中华书局，2003：271。

④（明）茅元仪，《武备志·阵练制》卷六十八，明天启元年（1621年）本．记载“有能踔高、绝远、轻足、疾走、精健者为一等，名健步，可使规敌贼情”，“有少壮、疾走能行者为一等，可使探报应接期敌”。

（一）烽传系统的分布

根据大同镇西北部局部烽燧的地理分布信息（图4-6），烽燧呈现显著线性分布（因局部稍宽，或称带状），由此形成传信线路。不同走向的传信路线交织连接，构成与道路系统类似的网状布局，建构出广泛覆盖军事防区的信息网络。上述事实表明，烽燧宏观上并非完全匀质分布于边疆区域，而是线性聚集构成的网状分布，这与《宣大图说》所绘的以聚落为中心大致均匀散布于其辖区的状态并不完全相符（图4-7），进一步证明古代图绘更多采用传统的意向绘法，后续密度分布结果同样支撑此结论；同时推测若烽燧保存完整，则将在整个宣大山西地区形成蔚为壮观的信息网络。

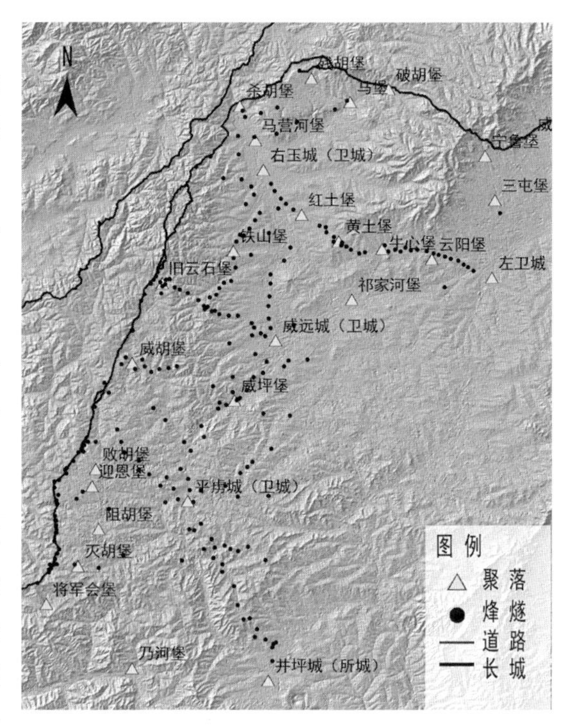

图4-6　烽燧地理分布图

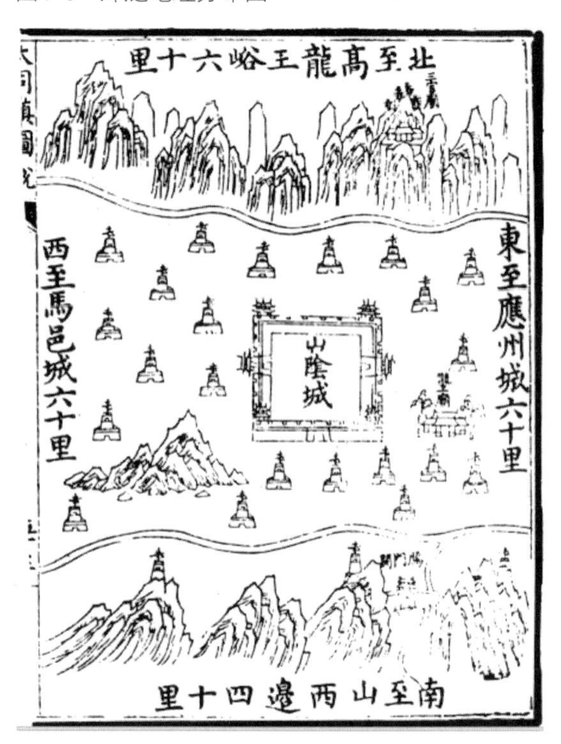

图4-7　《宣大图说》绘制的烽燧分布

进一步分析发现，烽传线路大致分为主干线路和支端线路两类。主干线路位于内部，总体与长城走向大致并行，主要连接路城等核心聚落。例如，由最南部井坪城北上至平虏城，经威坪堡到威远堡后，北上红土堡（但理论上似乎应有一条线路向东穿越祁家河直通左卫方向，因仅存个别烽燧无法确定），再折向东经黄土堡、牛心堡直至左卫城；终端线路则由主干线路上的聚落向其所辖长城防线延伸出支端传信线路并直抵长城，线路大致与长城垂直。如平虏城至迎恩堡和败胡堡一线、威远堡至云石堡一线等。分析发现，支端线路与长城接触的终端部位存在显著膨大和扩散现象，即端部若干终端烽燧并不延续传信线路的线性特征，而是依附于长城墙体内外并沿

图4-8　昆虫端部扩散的触角

长城向两端散布，形成类似“喇叭状”的扩散形态。散开的终端烽燧便于广泛获取前沿较大锋面的攻击警报，随后将警报汇集至单一的支端线路传回内部主干信息网。端部膨大策略可类比生物触角端部分叉散开的特征（图4-8），在尽可能扩大刺激感受器的同时，又减少向内传递线路的数量和长度（多点共用信息通道），从而极大提高预警和传信效率；在烽传系统信息网络格局基本框架中，部分地区还存在显著“短路”现象，例如除威远堡—红土堡—黄土堡一线道路沿线烽燧外，西部还存在右卫城—铁山堡及其南延部分的大致平行信息通道，若云石堡欲发出预警信息至北部右卫城，通过“短路”线路显然较先传至威远而再传至右卫城快捷。推测“短路”现象可能出现在局部战略相关性较高的区域，通过局部的信息快速通道联络区域重要军事据点，无需采用将信息汇总至主干网络再行扩散的常规方式，从而节省时间加快局部反应速度。

烽传线路与聚落分布的关系，由图4-6可知两者相关性很高。烽传线路实质就是聚落体系诸聚落向边境（长城）延伸的感知“神经”，起于聚落达至长城，将各聚落直接或间接与长城联系在一起，因此其空间分布整体呈现以聚落为节点的网状特征。进一步以聚落等级考察，高等级的路城和内部交通联系为主的部分低等级聚落由主干传信线路连接，并于各城堡间首尾串联形成连续传信通路；低等级的临边堡城则由支端线路与主干信息网上的路城或其他堡城连接，并大致由堡城周边开始向长城膨大扩散。由此推测在明代完整情况下，烽传系统应以区域路城为主要节点，形成宏观闭合的主干预警信息网络，再由主干网向堡城和长城延伸出支端线路，形成基本预警信息系统（图4-9）。系统中的支端线路是局部、单向的传信线路，只将信息传至主干网络才能向整个系统的路城和镇城扩散，据此推证路城是预警系统的核心节点，综合前期交通网络研究结果，进一步证明路

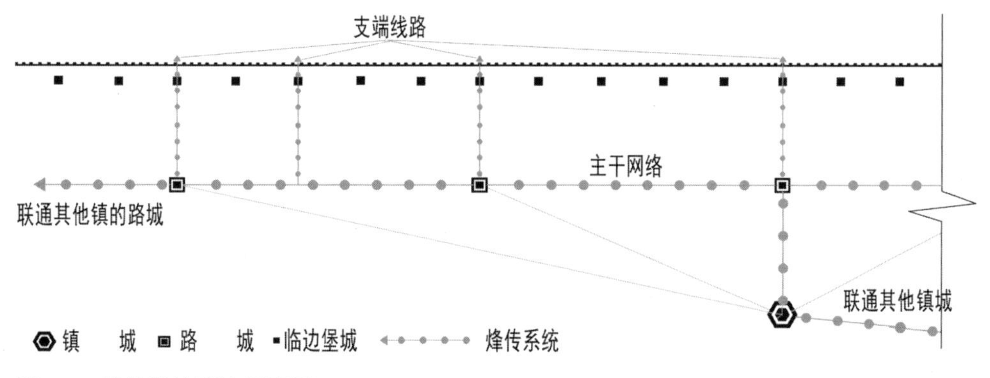

图4-9　烽传系统理论示意图

城是长城军事防御聚落体系作战和信息传输的核心。

烽传系统与道路分布的关系。由于前章复原道路拓扑性的存在，复原道路在地理分布方面仅表达理论性的大致布局，因此本节只进行意向性的相关性比较。烽燧分布与道路复原图叠加分析显示，烽燧分布与道路相关性整体较高（图4–10）。烽燧主干线路与路城间主干道路相关性相对较好，而与路城通向堡城的道路相关性则一般；从驿路角度考察，烽燧系统与驿路（路城间道路）相关性较好，表明烽燧系统与驿传系统实质内涵接近，只在信息的传递方向和内容方面有所不同。两者分属聚落防御体系信息系统的两个方面，即烽传系统获得攻击信息由长城向内部各级核心聚落传递；而驿传系统则将核心聚落针对烽传预警信息的应对防御策略和军事调防信息，由内部核心聚落逐次向下反馈至各级聚落，从而形成相对完善的信息闭环。

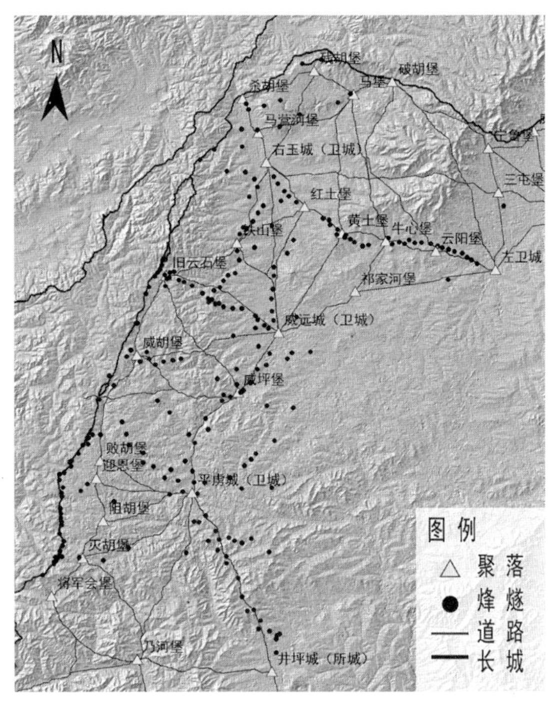

图4–10 烽传线路与道路分布的关系

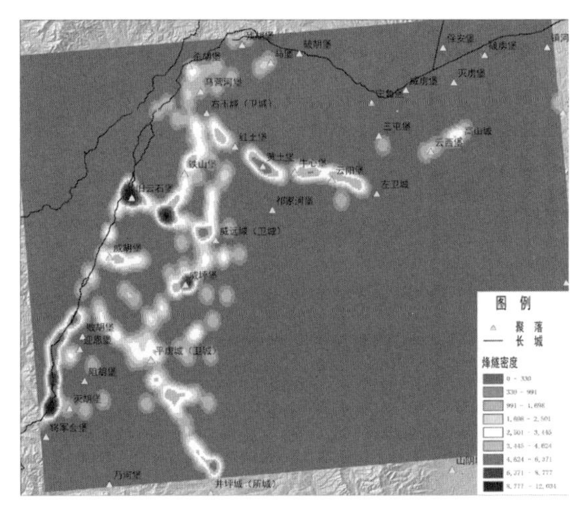

图4–11 烽燧密度分布图

（二）烽传系统的密度分布

基于GIS密度制图建立烽燧密度分布图（图4–11），进一步考察烽燧分布状况，发现烽传线路密度分布不均匀，部分呈现断续的“佛珠状”高密度分布，而高密度分布区与军事防御聚落、烽传线路交接处、平缓地形及长城相关性较高。

总体看，烽燧线路通过且串联区域聚落，烽燧高密度区分布与聚落显著相关性，而两者的具体关系则呈现两种似乎截然相反的状态，第一种为烽燧高密度区与聚落严格重合；第二种为聚落处于密度空白区但紧邻伴随烽燧高密度区。高密度区与聚落严格重合的情况以威坪堡、黄土堡等最为显著，进一步分析发现这些堡寨多是低级别军事聚落，较小的规模禀赋使其至今依然未演化为大型聚落，因而周边烽燧保存较好呈高密度分布；聚落处于空白区但紧邻伴随烽燧高密度区的情况，以右玉、威远和平虏最为显著，这些聚落多为级别较高的大型路城，周边土地承载力甚高，传统的演化优势促使其形成今天较大的城市，规模拓展造成周边大量烽燧损毁，由此聚落周边出现密度空白区。而基于其同时紧邻伴随烽燧高密度区的特征，推测正常状态下，聚落周边相当范围内应存在烽燧加密的情况。据《宣大图说》之图绘显示，聚落周边烽燧分布确实存在由近及远逐渐稀疏的趋势，可佐证上述推测。

烽传线路交接处多出现高密度区分布，例如右卫城至铁山堡一线与威远堡到云石堡（旧）一线的交接处，以及威远堡西部附近主干线路与支端线路交界处，此外还有威坪堡周边和平虏城南部的高密度区均存在线路交叉迹象（图4–11）。可以推断连续烽传线路交界处通常烽燧较多因而密度较高。而从功能角度考虑，交界处的高密度烽燧布置可以保证传信交叉和转接的正确性、稳定性以及多角度的可视性。需要特别指出的是此类高密度区多与聚落伴随，根据前述的传信线路多串联聚落，由此交叉处附近常出现聚落。交叉处加密现象与聚落附近高密度区现象常同时作用，较难严格区别两者独立影响密度分布的强度，但当两种现象叠加时，区域密度将高于一般交叉处的密度，如威远堡至云石堡（旧）一线中间的聚落处。

平缓地形处烽燧布置常出现较高的密度分布，以右玉城—黄土堡—左卫城一线最为显著。整体看，此线路密度分布基本均匀，沿线烽燧排布多为线性，其较高密度来源于相邻烽燧之间较近的距离。此线路密度明显高于其他位于山地和谷道的相对匀质排布的传信线路，推测其原因有以下几点。第一，通常情况下，平缓地形由于地形、植物、建筑等遮挡，视看范围有限，因而距离较近；第二，有可能采用隔烽传信，相邻烽燧必然距离较近而密度较高；第三，亦有可能此处为杀虎口要冲通往大同乃至京城的战略要道，与道路伴随的烽燧同时兼做防御攻击工事之用，因而密度较高。

（三）烽传系统的微观分布

1．烽燧的排方式

分析烽燧地理信息数据发现，受地理环境、聚落分布和长城等因素影响，烽燧的微观布置呈现不同方式，主要有以下5种：

第一种，线性排布方式，即烽火台逐台呈线状排列。这是烽传系统的基本排布方式，主要出现在地形相对平坦连续的地区，以及连续的山脊或山侧坡上（图4–12a），以右卫城—黄土堡—左卫城烽燧的排布最为明显，而红土堡到威远堡的传信线路则沿连续低地线性排列行进。

第二种，折尺排布方式。即烽燧排布连线呈折尺形状，亦是传信线路基本排布方式之一（图4–12b）。主要出现在沿沟谷通道两侧山坡交替布置行进的传信线路，以及传信线路与多条平行走向的中小尺度山体之脊谷肌理走向存在较大角度的情况，前者为威坪堡—平房城一线的烽燧排布方式，后者则出现在平房城向西走向的传信线路上。

第三种，三角对视排布方式。此种排列通常出现在两传信线路交叉处或传信线路在山谷三岔口（或多岔口）处分岔走向的情况，烽燧排布成三角或四角的对立形态（图4-12c），使任意烽燧都可同时视看其他两个烽燧，以强化交接或多岔山谷部位的视看效果，上述情况存在于平房城附近。

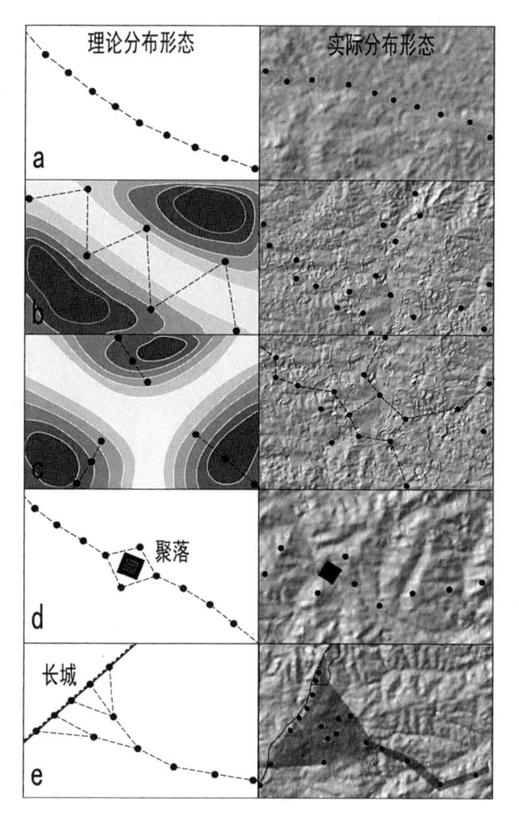

图4-12　烽燧的排布方式

第四种，菱形包围排布方式。即当传信线路到达军事聚落并穿过继续行进时，烽燧呈大致菱形排布包围聚落城堡的形式（图4-12d），以使传信绕过聚落而继续传播，如黄头堡、云石堡等聚落周边，同时兼顾聚落的防卫。此种情况多出现在堡城周边，通常完整的菱形包围方式将增加局部密度；路城则因演化较快导致周边烽燧损毁而遗存较少，“只能”伴随密度“空白”，这与前述密度分析显示的聚落周边加密和“空白”两种相反结论一致。

第五种，端部扩散排布。烽传线路终端线路与长城交接区域，出现“喇叭状”扩散形态（图4-12e），如云石堡（旧）区域，由此获取前沿较大锋面的攻击警报，随后将警报汇集至单一支端线路传至主干信息网。

2．烽燧的高程分析

基于DEM建立高程分析图（图4-13），宏观看，烽燧分布与地形高程形态密切相关，大致分为三种情况：

第一种为烽燧顺应山脊脉络、沟谷或连续一致地形分布。区域地形存在显著山脊和沟谷脉络，且尺度较大，烽燧分布线路沿山脉脊部、沟谷或连续高地脉络行进，主要信息通道多以此种方式分布（图4-13a）。如右玉城—黄土堡—左卫城一线和威远—红土堡一线小段；

第二种为烽燧大致垂直于山脊脉络肌理分布。区域存在多条中小尺度山脊脉络且山脊肌理走向一致，烽燧传信线路大致与山脊肌理垂直或保持一定角度行进，烽燧则呈现在多条山脊线上跳跃行进的特征，支线传信线路多以此形态分布

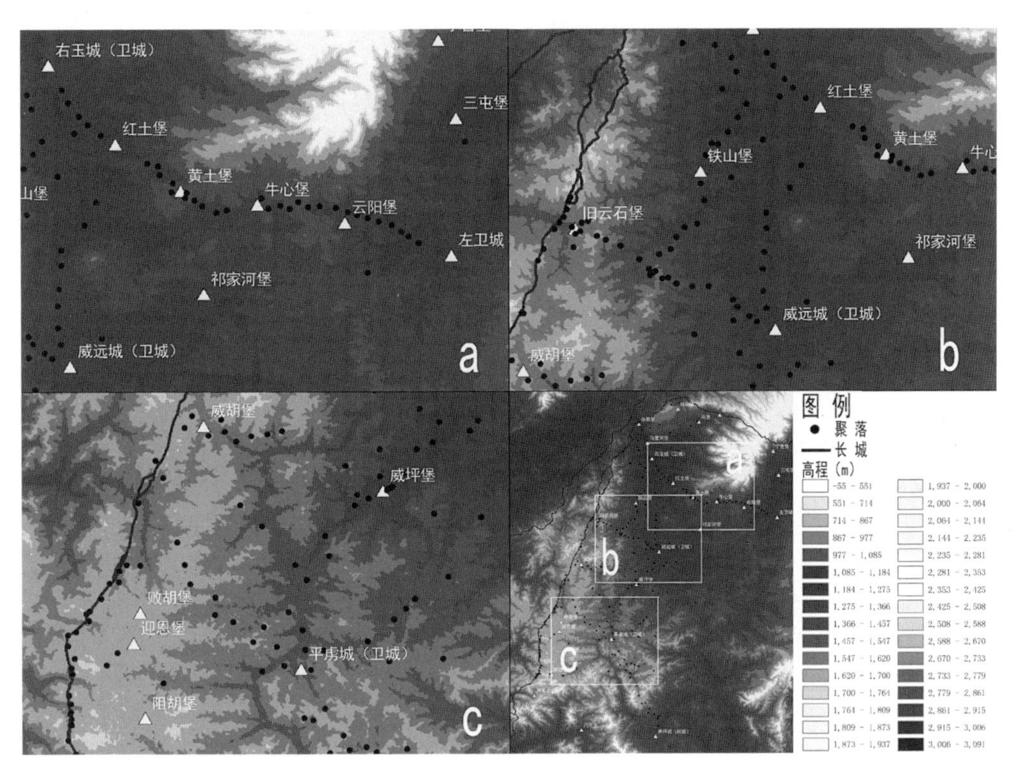

图4-13　烽燧分布高程分析

（图4-13b）。如铁山堡南北一线和威胡堡西部一线；

第三种为烽燧择高跳跃分布。区域地形不存在明显连续山脊脉络，地形肌理碎众且山体尺度较小，高程呈现随机斑块状匀质分布，烽燧分布线则朝传递方向择高跳跃行进，支线烽燧线路多以此形态分布（图4-13c）。如平虏城西北走向一线。

此外上述三种方式经常混合出现，如平虏城—井坪城一线就频繁出现三种模式，具体分布模式与烽燧线路通过的地形相适应。

微观进一步考察发现，整体看烽燧微观分布特征有以下几种情况。需要说明的是，与前期猜测不符，烽燧分布并不总是位于所在小区域的最高处，而且此种现象占相当比例。

第一，烽燧位于区域最高处。这种情况在烽燧传信线路沿连续山脊分布时，或大致垂直于山脊脉络肌理分布时出现，因需跨越纵隔山体，位于最高处利于识别（图4-14a）；此外，当传输线路连续三烽燧中，相隔的两烽燧有一个或两个同时位于所处区域较低位置（或洼地）时，中间的烽燧则通常位于最高区域，同时伴有最高区域较窄的特征（即形态上更像山梁而非平顶山），当这种情况连续出现时，位于小区域最高处的烽燧便呈现跳跃式分布。以上两种情况出现并不非常多（图4-14b）。

第二，烽燧位于高程较高区域边缘处，即由区域高程最高地带向下过渡至区域平缓地带之前的半坡处，且偏向较高一侧（图4-14c）。具体位置以连续可视为依据，此种分布特征非常广泛，占据烽燧中的大多数；而从传输系统整体看，多个烽燧所构成的区域系统存在显著整体特征——某区域烽燧均分布于朝向区域核心一侧的山体坡向面上，区域核心指盆地中的军堡、沟谷中的道路、沟谷通道的三岔口等（图4-14d）。附属于或伴随区域核心要素，便于相对核心的可视性，或相机射杀敌军等。

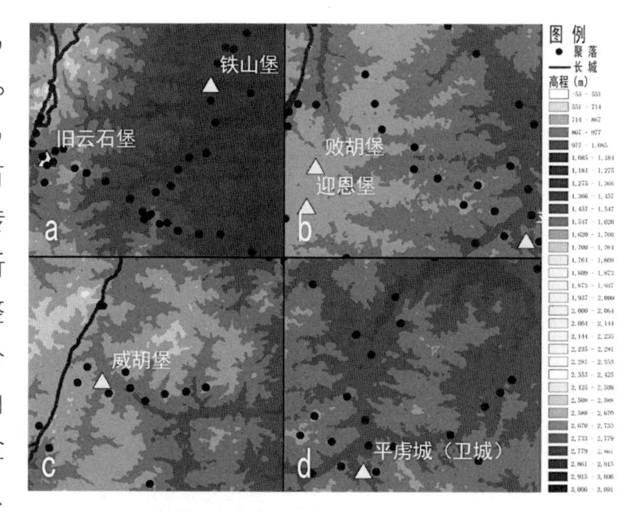

图4-14　烽燧微观高程分布

第三，烽燧位于高程较低区域。这种情况常出现在烽燧处于连续沟谷中，烽燧伴随交通线路分布等。虽然所处高程甚低，但基于连续的多点可视域分析，烽燧始终处于可视范围中（图4-15）。

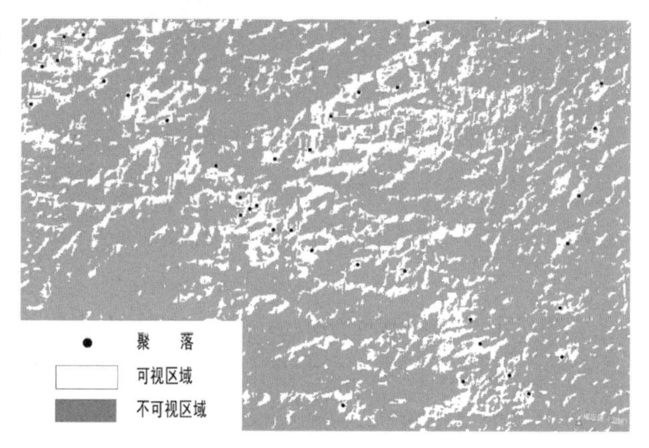

图4-15　多点可视域分析

（四）烽燧距离研究

通过基本统计分析、理论计算和感官实验三种不同方式，独立分析相关数据，随后综合多渠道分析成果，以更精确呈现烽燧距离规划的基本规律。基本统计分析基于现存遗址，统计获得烽燧间距设置的相关数据，分析确定烽燧设置规律，数据具有精确的统计意义；理论计算则基于人眼可感知的最小理论尺度，计算确定理论状态下可视距离的极限，以此确定绝对视距范围；感官实验通过模拟古代烽燧传信，现场实验测量在天气环境、人为感官、空间距离等综合因素作用下，人类对传信感知的情况，数据具有较精确的现实意义。综合三者分析成果，最终确定烽燧的理论规划规律以及取值范围。

1．基本统计分析

通过对研究范围内相邻烽燧间距离的统计，考察烽燧距离的规划规律。由于烽燧存在缺损、聚落附近烽燧加密，以及不同地形地貌排布差异等因素，为保证

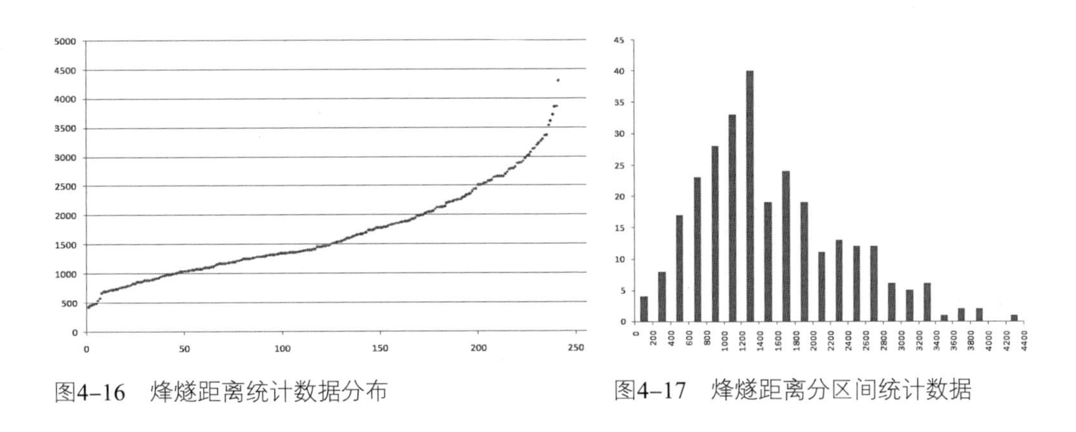

图4-16　烽燧距离统计数据分布　　图4-17　烽燧距离分区间统计数据

数据的精确性，采用多范围、多角度的统计方法以归纳合理理论值。

统计全部数据考察全貌，将所有数据依照数值升序排列建立数据图（图4-16），数据共286个，均值为1533米，最大值4309米，最小值126米。进一步考察数据分布细节，以200米为步长（0为起点）建立连续分段区间，统计落于各区间内的距离数量，数据显示不同区间的烽燧距离呈现显著正态分布（图4-17）。其中大部分数据位于区间400~2000米范围内，约占统计总数的71%，将其称为核心区间，此区间之外两端出现明显跌落趋势。而在200~2800米的区间内则涵盖了91%的统计数据，此段称为一般区间。2800米之后出现显著沉降。一般区间再向两端扩展的数据仅占很小部分（9%）。据此推测，核心区间囊括大部分数据，应是烽燧间距布置的常规取值范围；一般区间涉及的烽燧间距已进入相对较大距离的范围，可能因为地形地貌、战略战术等需要而布置的相对特殊的距离取值；而大于3000米直至4000米的则属于非常极端的情况（至少在明代烽燧间距设置已属极端，如蓟镇烽燧间距整体小于宣大山西三镇[1]），亦或者是两烽燧之间原有聚落现已毁损，形成空隙导致统计距离变大。

进一步采用多范围、多角度的统计方法，将整体观感排列较均匀，没有显著缺损、加密等特殊情况的烽燧线路区段提取后单独统计（表4-1），共135个数据，均值约1359米；考察威远堡相关小范围内完整单元的烽燧布局，共13个统计数据，均值1302米；此外，由于烽燧分布地带地形情况较复杂，根据地形情况分别统计明显处于相对平缓地带的右玉至左云区段，共32个数据，均值1007米；而处于山地或山地与平地交接地带的烽燧传输路线，烽燧间距均值约为1300米左右，这与测量结果基本一致；由于聚落周边存在烽燧加密的情况，单独统计聚落到周边紧邻烽燧的距离获得49个数据，均值为766米，与密度分析结果一致，聚落周边烽燧确实距离较近。

① 张姗姗．明代蓟镇长城预警系统研究［D］．呼和浩特：内蒙古大学，2013.

相邻烽燧间距统计　　表4-1

<table>
<tr><th>范围</th><th colspan="2">距离均值（米）</th><th>数据数量</th><th>地形特征</th><th>说明</th></tr>
<tr><td rowspan="3">全部数据计算</td><td colspan="2">1533</td><td>286</td><td></td><td></td></tr>
<tr><td>MAX</td><td>4309</td><td></td><td></td><td>最大值</td></tr>
<tr><td>MIN</td><td>126</td><td></td><td></td><td>最小值</td></tr>
<tr><td>整体观感排列较均匀</td><td colspan="2">1359</td><td>135</td><td>山地、平地</td><td>无显著缺损或加密等</td></tr>
<tr><td>威远堡独立单元</td><td colspan="2">1302</td><td>13</td><td>山地</td><td>分布均匀、完整</td></tr>
<tr><td>堡到周边紧邻烽燧</td><td colspan="2">766</td><td>49</td><td>较平坦</td><td>—</td></tr>
<tr><td>右玉至左云</td><td colspan="2">1007</td><td>32</td><td>地形平坦</td><td>不含加密段、数据观感好</td></tr>
<tr><td>与长城紧临烽燧</td><td colspan="2">1521</td><td>22</td><td>山地</td><td>内部烽燧到长城</td></tr>
</table>

综合以上分析，由于全部数据包括烽燧缺损后所形成的空隙，造成间距较大而促使均值偏大，亦包括聚落加密而使均值偏小的情况，总体看间距1533米数据较难呈现精确的细节，仅作为参考框架。而多层次分类统计的数据能够较精确反映实际情况，常规情况下烽燧间距均值应在1300~1400米之间。相对平缓地区的间距均值较小，约为1000米左右，而700~800米之间数据也不少，表明可能存在隔烽传信的可能，此时隔烽间距约为1400~1600米依然在统计数据的中部。综合上述结果，烽燧间距较适宜的常规距离规划值应大致在1400米左右。

2．理论计算

根据人类视觉感知距离与物体尺寸的关系，建立公式4–1，其中L为物体与人的距离，a为视看物体的尺寸[①]。此关系仅考察物体尺寸与视距的理论关系，不涉及环境亮度、对比度、大气能见度等问题，计算结果为理论状态下可视距离的极限值，以此确立绝对视距范围。由于古代具体火焰高度不明，为保证精确性，本书直接依据出土文物确定计算标准，出土草捆的主要材料为芨芨草，长度约0.89米[②]；结合史料记载烽燧守军可能混淆照明火把和传信举火[③]，需要结合梆声区别两者，因此推测两者的火焰大小接近（同时亦有可能因为距离较远无法区别大小，仅以是否有光亮确认），而现代火把燃烧后火焰最大高度约1米左右；此外，根据史料记载夜间以灯笼传信的情况，其最大尺寸为3尺（约1米）[④]。根据上述信息，综合确定本部分计算以1米为标准。由公式4–1获得理论最远可视距离约为3438米。此数据与基本统计分析的数据基本一致，并进一步证明3000米以上已逐渐进入不太适宜辨识信息的范围。

① 章萍．人眼的视觉敏锐度［J］．郑州大学学报（医学版），1987，22（1）：30–32.
② 初仕宾，任步云．居延汉代遗址的发掘和新出土的简册文物［J］．北京文物，1978（1）：1–32.
③ 张姗姗．明代蓟镇长城预警系统研究［D］．呼和浩特：内蒙古大学，2013.
④（明）戚继光，练兵实纪杂集，卷六，车、步、骑营阵解·烽堠解.

$$L=3437.75a$$ 公式4-1

3．实地感知实验

通过实地测试视看举火和听闻鼓声随距离变化的可感知关系，进一步考察烽燧间距设置的较精确标准。

测试项目：测试晚间举火视看和鼓声听闻随距离变化的可感知关系。

时间地点：2014年12月6日。地点选择明朝北疆九边宣府镇镇城（东经115°03'21"，北纬40°36'45"）以西约13.2公里的洋河两岸，区域地势非常平坦，洋河底部宽约130米，两岸边宽约170米，河岸到底部高度约10米~15米（图4-18）。选择原因如下，由于测试最远距离为4000米（8华里），常规情况下，平原地区由于地球曲率、植物、微观地形等因素影响，如此远距离的视看将非常困难；此区域地势整体平坦，实验地点分居河两岸，在很远范围内两点间的直线视域范围内均为空旷低洼的河道，可视性极好；而且两岸距河底的高差接近烽燧高度，分居两岸边的任意两点间视看可模拟在烽火台上的效果。

场地设置：在北岸边设置一固定点作为举火和打鼓的基准点，在对岸设置6个点，各点到基准点的直线距离分别为1500米、2000米、2500米、3000米、3500米、4000米（图4-18a、图4-18b、图4-18c）。距离取值依据为：根据前述统计实测烽燧间距离的分布特征，其中1500米为最接近数据最集中的区间（1200~1400米）的整数值，且稍大于此区间，以此为起点若可视性好，则小于1500米的距离均可视看。而最大值4000米同样参照数据分布的较大值，其后数据仅占全部距离统计数据的0.37%，已不具实际意义。点定位方法为：首先通过Google Earth软件大致确定范围，再以手持GPS精确测定并计算定位，误差小于10米。

测试人员：测试者5人，性别均为男性，年龄介于20~35岁之间（参照标准为明代适宜作战的年龄），视力均为1.5或以上。

气象条件：2014年12月6日，阴，微风（感觉无风），气温-15℃~1℃，能见度良好。本次测试主要考察“绝对”条件下，载体随距离变化的可感知情况，所谓“绝对”条件含义有二，第一，在真实条件下的实际测试，以尽可能还原古代真实情况；第二，气象条件相对正常，不显著影响载体被感知情况的实验条件，以此获得较单纯的载体感知与距离的整体关系。通常，区域影响感知的气象条件主要包括风、雨、雾。一般来说，常规气象条件对烽燧传信影响较小，宣大山西三镇地处北方干燥地区，大雨及大雾出现的频率和持续时间均较小。需要说明的是，偶然特殊气象条件对感知影响显著，若以此特殊值为筏值规划距离则并不适宜。例如，因偶然一年中一天能见度为50米的雾而为筏值规划传信线路，烽火台数量将显著增加，建造成本极大提高，而更关键的是传信速度大大降低且传信错误率将显著提高。因此以偶然性不利气象条件确定的筏值作为规划距离并不现实。史料记载，明时针对不利气象条件通常采用特殊

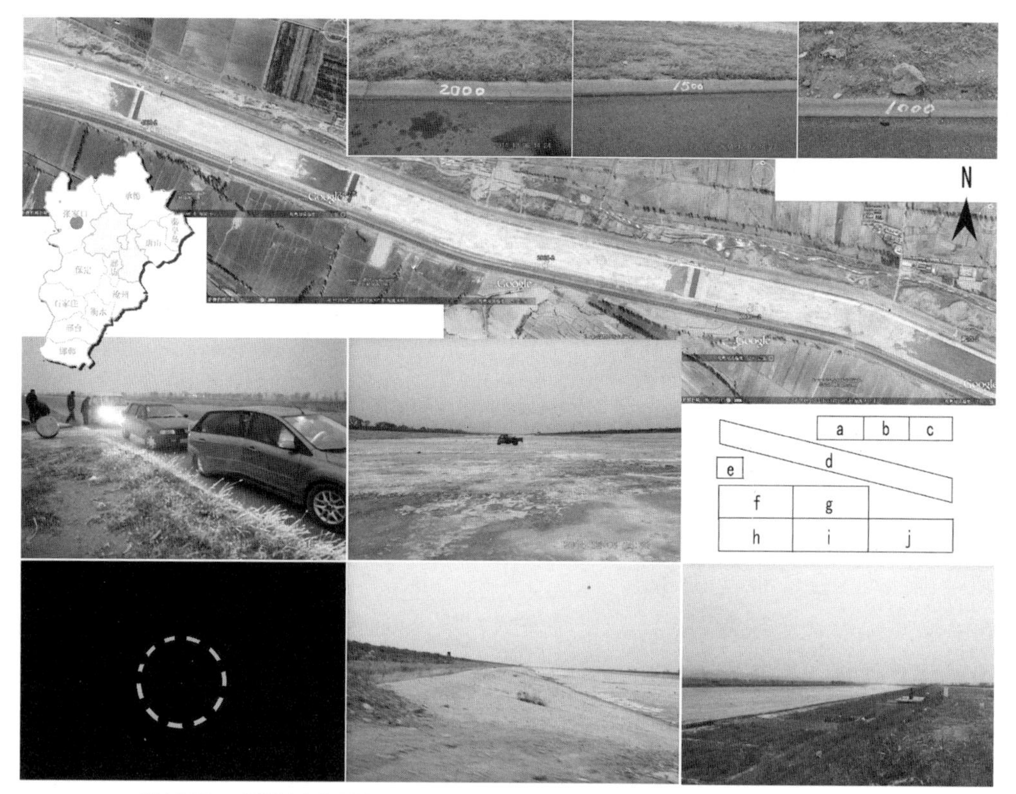

a、b、c距离标记 d 测试地点总平面图 e 区位图 f 测试准备 g 河底照片 h 烽火拍摄 i 河岸高度 j 远眺

图4-18 实验影像

（图片来源：测试地点总平面图基础图来源于Google Earth地图）

传信方式，如能见度较低举火不能识别时，则将烽火台上房屋屋架点燃以放大燃烧体的体量增强识别性[①]；如果依然无法奏效，值守人员将下台急速徒步至下一烽火台传信[②]。可见古人在烽传系统的距离规划与气象条件的影响之间达成了更倾重于常规气象条件的标准。

实验材料：主要实验材料包括草捆和鼓，草捆点燃测试视觉，鼓测试听觉。草捆采用2尺左右（0.5~0.6米）和3尺左右（1~1.2米）两种型号，数量20个，其中2尺15个，3尺5个；鼓一面，为中国传统的威风鼓，鼓面直径0.63米，高度0.53米。

草捆规格依据。直接依据为出土文物，据《居延汉代遗址的发掘和新出土的简册文物》记载甲渠第四燧出土的草捆（其时称为苣），残长82厘米，径8厘米，以芨芨草把束绳4道，分5节，中间3节贯以小木橛，原长大约1米[③]。这是目前最

① 张姗姗. 明代蓟镇长城预警系统研究［D］. 呼和浩特：内蒙古大学，2013.

②（明）戚继光. 练兵实纪杂集，卷六，车、步、骑营阵解·烽堠解［M］.

③ 初仕宾，任步云. 居延汉代遗址的发掘和新出土的简册文物［J］. 北京文物，1978（1）：1-32.

好的直接证据；现实依据则通过对宣府镇宁远堡、葛峪堡及赵传堡附近老农采访获知，当地普通以野草为主的一捆标准草捆的规格一般有两种：如果以野草的长度单独对齐捆绑，草捆长度大约为2尺左右（0.6~0.8米），若交错搭接捆绑则大致达到3尺左右（1~1.2米），直径为0.3~0.5米不等，此常识在边疆区域应有一定的传承；此外，根据史料记载举火传信易与日常火把照明混淆，从而改进为烽火信号与声音组合的传信方式，以避免误读①。据此推测两者燃烧时火焰体量应有相关性。当然也可能因距离甚远在燃烧体差距有限的情况下较难辨别。亦有可能即使传信火焰比照明火焰大很多，依然难以区分是照明偶然性大体量火焰的个体差异所代表的照明，还是传信的不同意义表达。最后，还有可能古代火把与今天火把尺寸不同。综合以上因素，实验采用2尺和3尺的草捆规格为举火测试材料。以此常规尺度为标准，如果可以感知，则较大草捆会看得更清晰。同时因统计结果和理论计算筏值框架的限制，并不会因为过大的火焰体量而使测试距离超出现实。

草捆材料依据。史料记载烽火台守官指派守军于周边割野草细柴以捆绑火炬②，柴草是区域最易获得的材料；根据出土文物的参照，火炬所用草捆以芨芨草（宣大山西地区广泛生长的野草）和芦苇等野草为主，野草燃烧性能好，尤其以芨芨草等野草燃烧最快、火焰猛烈且高昂。单一较细山地灌木枝条燃烧较慢，但少许几根可以作为草捆的支撑框架。通常，草捆需松散，捆绑密实的草捆燃烧较慢且不旺，少许灌木枝条正好作为蓬松的支撑结构。实测2尺草捆燃烧稳定后火焰高度大约为1.5~1.8米左右，3尺草捆则达到2~2.5米，火焰极高时分别可达2米和3米，但时间非常短暂。

实验结果：因试验为主观判断实验，无法建立精确图表关系，以描述的方式呈现实验结果。

首先，举火视觉实验。整体看，在测试全过程中不同距离处举火均可见，但火炬燃烧细节特征、识别度、多燃烧点的辨识性等差异较大，火炬燃烧火焰颜色为橙红或橙黄色，整体略昏不鲜亮，仅燃烧剧烈时中心偏亮。

就单个火炬看，2000米以下时，所有测试者视看较轻松，单个火炬燃烧较大的细节基本可感知，以火炬实体形状为基础的火焰波动感较明确（燃烧稳定后的火焰波动，不涉及不稳定时火焰高低的瞬间巨大变化，之后论述均为燃烧稳定后的特征），且几乎所有测试者有火炬的形态感；2000~3000米范围内，细节感知整体减弱，少部分测试者的火焰波动感觉趋向闪烁感，即在此范围内火炬整体开始逐渐变为点的感觉，细节感逐渐弱化，个别观察者细节感甚至消失；当到达3000米~4000米范围时，二尺火炬变为较小红点，测试者感知时需努力加强注意力，

① 张姗姗．明代蓟镇长城预警系统研究［D］．呼和浩特：内蒙古大学，2013.
② 韦占彬．明代边防预警机制探略［J］．石家庄学院学报，2007，9（5）：56-60.

感觉均为闪烁且较不明显。此时开始使用3尺火炬，整体感觉稍好于2尺火炬，但两者火焰尺寸和亮度区别并不特别显著。由此可知，随着距离的增加，火炬燃烧的细节感知逐渐减弱，大概以3000米为界，之后逐渐变为点的感觉，需主动凝聚注意力才能感知，但细节感知困难。

两个举火点的辨识实验。两个举火点的辨识度与距离的基本关系为：2000米以内时，大约1米左右部分人犹豫，约在1.5米以上时，所有人两点感觉渐趋明显；2米以上则均较清晰区别；当在2000~3000米范围时，两点间距3米时，部分测试者模糊，4米以上基本均可识别；当3000~4000米范围时，测试换为3尺火炬，水平距离约为5~6米以上可辨识，但此时需要集中注意力认真视看，个别测试者仍然模糊，不能肯定。

其次是敲鼓听觉实验。2000米以内，声音清晰，能感知声音的细节变化，即每下敲击不同时刻的声音强度、音色变化基本可以识别，总体可辨识度较高；鼓声在不特别注意的情况下，较易引起注意。声音延迟感——从发出信号至听到鼓声的时间感觉（以保持通话的手机为时间参照，可视为即时可达）——不太显著；2000~3000米时，听觉感知逐渐减弱，听声较清晰，但部分测试人员无法辨识音色，总体可辨识度一般。在不特别关注的情况下，基本可以引起注意，但较2000米以下时弱，声音延迟感逐渐明显；3000~4000米时，听声有飘忽感，声音为短暂较闷的声音，无音色变化，仅以极短的“点”式声脉冲特征出现，大部分测试人员需要认真关汴才可听闻声音，如果不通过打鼓特有节奏的参照，较难判断是鼓声。声音延迟感非常显著，从发声起，约等待10秒左右才能感知。由于事先知道是鼓，在听觉有犹豫时，可能存在因心理暗示而感觉到音色隐约变化的可能，如果事先不知，可能感觉会减弱。

4．综合分析

预警信息对长城军事防御聚落体系的系统协同和防御成败至关重要，预警传信必须确保信息的准确到达。在快速传信的情况下，较容易和轻松的识别烽火信号显然是关键，因此推测在可以识别的基本条件下，烽燧距离设置会以容易识别为原则尽量靠近；但同时烽燧距离规划又必须在准确识别和尽可能远的矛盾——距离近易识别、距离远整体传输快之间取得平衡。根据前述“传信时间=烽燧数量×平均复制时间”，过近的间距将导致传信速度迅速减慢以及传信误差的增加。基于上述原则，结合前述基本统计数据、理论计算值和感官实验成果，最终确定2000米以内应是视觉、听觉最易于感知的范围，进一步基于实测数据大致确认1400（±100）米应是最广泛和最合适的烽燧间距规划布置距离，且具有明确的统计意义，而3000米可作为最大限值。根据此值可宏观计算某烽燧传输线路上的烽燧理论规划布局数量，进而确定其传输信息所需的理论时间。

第三节　驿传系统研究

基于“明长城军事防御聚落体系地理信息数据库”、宣大山西三镇道路复原数据以及区域驿传系统研究的相关历史文献，建立“宣大山西驿传系统地理信息系统”并绘制驿传系统分布图。在此基础上，采用定性的人文分析和定量的SPSS统计分析等方法研究驿传系统宏观分布特征，以及驿路与聚落系统、长城分布、道路系统和烽传系统的相对关系，由此探索驿传系统与军事防御体系的宏观系统关系。由于本研究主要关注宏观尺度的驿传系统，考察以《明代驿站考》所列出的驿站为主要考察对象，不涉及未记载的驿站、更变的驿站，或仅在地方性史料记载的个别较小驿站，以保证三镇宏观层面的整体均衡。

一、驿传系统基本情况

（一）基本概念和作用

驿传系统是在陆路和水路交通要道上，每隔一定距离设置驿站，驿站逐个连接所构成的信息传递系统，古代称之为水马驿①。驿传系统隶属于明代驿邮机构，与递运所和急递铺组成明代官方邮驿系统，三者在传递的任务、速度及尺度方面既相互配合，又有显著差别，共同为明政府的政治、经济、文化及军事等方面的信息和物资运转发挥了巨大作用②。驿邮系统的主体是水马驿，承担了宣传政令、飞报军情、接待使客等大量主要任务，工具以马、船为主，传递速度快，涉及范围大；递运所负责运送军需物资与上供物品③，以马、船、车等为主，速度相对较慢、范围因传送物资可大可小；而急递铺则负责日常重要公文传递，以步行为主，速度较慢，多以局部范围分区运营④。驿递活动通常遵循“常事入递，重事给驿”的原则，即重要、紧急的军情急报、奏陈由马驿传送，平常的文书交给步行的急递铺⑤。通常三者线路多有重合，由此形成相互联系，协同工作的整体。驿传系统（水马驿）以其传信等级高、传递速度快、涉及空间尺度大、准确性高及保密性好等特点，在整个邮驿系统中占据核心地位⑥。因此，就长城军事防御聚落体系军情传递的紧迫性和重要性来看，驿传系统应是其宏观层面的核心信息传递系统，也是本书关注的重点。

---

① 戚明健，胡梦飞．明代徐州地区驿站机构的设置及其发展演变［J］．鸡西大学学报，2011，11（3）：142-143.
② 林金树．关于明代急递铺的几个问题［J］．北方论丛，1995（6）：30-36.
③《明太祖实录·卷二五》记载“专在递送使客，飞报军务，转运军需等物”。
④ 孙锡芳．明代陕北地区驿站交通的发展及其对军事、经济的影响［J］．长安大学学报（社会科学版），2011，12（4）：27-32.
⑤ 林金树．关于明代急递铺的几个问题［J］．北方论丛，1995（6）：30-36.
⑥ 孙锡芳．明代陕北地区驿站交通的发展及其对军事、经济的影响［J］．长安大学学报（社会科学版），2011，12（4）：27-32.

明代邮驿机构采用中央与地方双层管理体制，中央由兵部统辖总务，地方则由府、州、县都管驿递事务和官吏任免等庶务。邮驿系统在国家扮演极其重要的作用，“驿递者，国之脉络。不容壅滞者也。”[①]驿传系统在宏观和微观层面均作用非凡，通过驿传系统情报、政令等在中央与底层之间往来通达，可以“宣上德，达下情，防奸宄，诛暴乱，驭边疆等项机宜，不过旬月之间遍及天下，可以立待无或后期者，实于驿传是赖”[②]，对长城军事防御体系运作至关重要。把驿站机构的设立和军国大事相提并论，并上升到国家安全的高度，可见驿站对维护封建统治的重要政治意义[③]。“驿传不通则行旅滞，而国家之气脉攸关。”[④]。在北疆九边地区，驿传系统主要由陆路驿站构成（图4-19），驿站逐个链接，连绵分布于核心聚落之间，形成整个军事防御聚落体系复杂通达的信息网络，为长城军事防御体系的信息沟通和兵马布防、调度、支援等系统活动提供支撑。

图4-19　宣大山西地区最大的驿站鸡鸣驿

（二）驿传系统的传信方式和内容

驿传系统与烽传系统类似，依据大致距离标准设置驿站，逐个驿站依次以接力方式传递信息。驿站间距离一般以60明里或80明里左右为标准布局[⑤]。驿站之间通常以马为主要传输工具连接（内陆边疆以马为主），各驿站根据实际情况配置马匹数。驿传系统的传信速度主要取决于信息的紧迫程度和马匹的速度。通常政府根据信息的紧急程度设定相应传递速度，常以一天或一昼为单位规定传输距离，如400里或500里急件等。

驿站系统传递的信息内容，主要涉及重要政令、军情急报、紧急奏陈等重要信息。就宣大山西三镇的防御功能看，驿传内容主要以军事防御为主的军情急报和较重要的民政事务信息；而从传递尺度和目的地看，一类是往来于中央和边疆的下达和上传信息，涉及由中央各部门下达的政令、调度和军事命令等，以及边疆地区向中央上传的军情飞报和紧急奏陈等；另一类则是以镇之间或镇内局部间

① 王夫之. 恶梦·驿递［M］//引自谢国桢《明代社会经济史料选编》(下册)，第216-217页.
② 孙锡芳. 明代陕北地区驿站交通的发展及其对军事、经济的影响［J］. 长安大学学报（社会科学版），2011，12（4）：27-32.
③ 戚明健，胡梦飞. 明代徐州地区驿站机构的设置及其发展演变［J］. 鸡西大学学报，2011，11（3）：142-143.
④ 杨士奇. 明世宗实录·卷517［M］. 台湾中央研究院历史语言研究所校勘，上海书店，1982：731.
⑤ 苏同炳. 明代驿递制度［M］. 台北：中华丛书出版社，1969.

的信息沟通，以实现三镇及各镇之间的信息共享、布局调动和协同联动；而从紧迫程度看，驿传系统主要以紧急的军情布防和遇警反馈信息为主，可能兼涉常规的军情布防信息。由此可知，与烽传系统传信内容相比，驿传系统传信内容非常复杂且保密，面对瞬息万变的战局，信息的准确、保密和快速传递是驿传系统的核心价值。

（三）驿传系统的系统性作用

驿传系统是长城军事防御聚落体系的核心信息传递系统。从整体看，驿传系统对聚落体系的系统性价值，一方面表现为将空间孤立的聚落个体连接成整体，管理、政令、急报等军事信息得以沟通传递，基于此聚落体系及其诸要素形成协同联动的防御系统；另一方面，由驿传系统直接联系的聚落看，这些聚落具有显著的战略和战术价值，主要包括镇城、路城和区域的核心军事据点，几乎囊括宣府镇和大同镇的所有镇城、路城，山西镇则以“三关”为轴心的区域核心聚落，上述聚落除守城军队外，拥有大量游击、骑兵的快速运动和支援军事力量，是聚落体系中具有动态作战能力的关键机构；此外，还涉及不少沟通联系的驿传枢纽，以及少数腹内州、府等重要后备和支撑性聚落，共同组成驿传系统的整体结构。上述聚落集合的实质是基于驿传系统将极具战略和战术价值的关键聚落沟通连接为协同整体，从而在相对庞大、复杂的军事防御聚落体系网络上，在更高层面又建构了“主干军事防御聚落系统”——主动、快速反应的动态作战系统。主干系统可直接依托驿传系统和烽传系统的信息，具有迅速主动出击、快速形成动态战斗力，以及组织局域乃至更大规模军事行动等能力，为应对复杂的突发状况赢得战事先机，并进一步带动整个聚落体系的军事防御活动。

二、驿传系统的空间分布

（一）驿传系统的整体布局

研究主要关注宏观尺度的驿传系统，所列驿站以《明代驿站考》中记载资料为主。考虑到宣大山西三镇宏观尺度驿站的整体均衡性、记载口径的一致性，以及便于比较共时性等因素，地方性史料中记载的尺度细微或者后期变更的个别驿站不作考察对象。基于道路复原图和史料，绘制宣大山西三镇的长城军事防御聚落体系驿传系统图。

宣大山西三镇地区由于东部大马群山、西部黄河、北部长城以及南部太行山等地理要素的围合，形成相对独立的地理单元。三镇驿传系统以此为依据广泛贯穿其间并形成较独立的整体。根据驿路走向、延续长度和连接聚落的性质，驿传系统的驿路分布可分为大致东西走向和南北走向两类。其中东西走向的驿路有两条：一条由偏头关向东沿外长城行进，途经老营堡达至朔州，之后北上经平虏

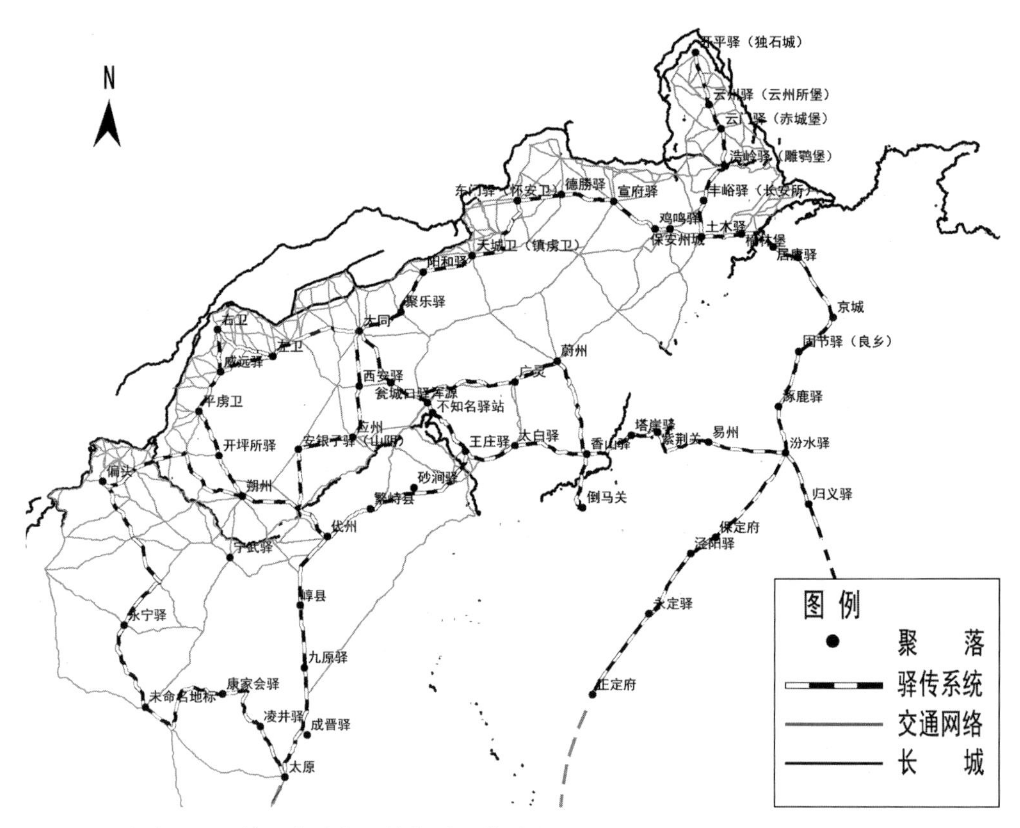

图4-20　宣大山西三镇军事防御聚落体系驿传系统图

城、右卫城、大同城、德胜驿、鸡鸣驿、榆林驿，入居庸关后达至北京城；另一条则大致沿内长城行进，由腹内太原出发，沿忻定盆地东进，经代州、王庄驿、香山驿，达至紫荆关，随后进入真保镇，经汾水驿北上汇于京城。两条驿路建构了三镇驿传系统的结构框架；而大致南北走向的驿路则分布于东西走向驿路之间，主要涉及中部由大同城向南放射出的三条南北向驿路，一条经应州至广武和雁门关；另一条经瓮城口和浑源州，到达王庄驿和平型关；第三条则在瓮城口转向蔚州再至紫荆关。三条驿路构成驿传系统中部纵深联系的主干。西部沟通腹内的驿路则由偏头关向南，经永宁驿、岚县、唐家会，至太原，两条主干驿路西端由此驿路连接，形成三镇驿传系统的西部终结；此外，还有沿长城走向的东西向驿路，在朔州分出一支进入广武和雁门关。这些南北向驿路一方面建立了两条东西走向驿路之间的联系；另一方面则广泛织构了腹内纵深核心聚落与重要关隘的信息沟通渠道。由此，在宏观层面建构出宣大山西三镇的驿传网络。

驿传网络对军事防御活动的作用可分为三个层次：第一层沿长城行进联系各路城，并连接相邻军镇防区，是防御作战信息沟通的主要渠道[①]。进一步佐证路

① 曹迎春，张玉坤，张昊雁．基于GIS的明代长城边防图集地图道路复原——以大同镇为例［J］．河北农业大学学报，2014，37（2）：138-144.

城是信息传递和防御作战的关键机构，并与堡城和路城间高度密集的路网互为印证，共同支撑路城在常规防御中处于核心地位的结论①；第二层次则联系远离长城防线的内部州、府、县城，作为战事布防和后勤保障配合行动的沟通渠道，并沟通联系第一和第三两个层次②；第三层次则联系内长城相关防区山西镇和真保镇。由于三镇防区的正面战略要冲大同镇一旦陷落，京城西北部仅余真保镇一道屏障，山西腹内亦只存山西镇一线③，此时内线长城的提前布防成为防御关键，因此第三层次与其他两层次之间的信息沟通至关重要。

（二）驿传系统与相关要素的关系

1．驿传系统与聚落分布的关系

驿传系统依附于交通网络存在，而其基本元素驿站则居于聚落，由此驿传系统与聚落系统融合为一。根据驿传系统直接涉及聚落在等级和作用等方面的差异，大致可分为两类：高、中等级聚落和普通聚落。其中高、中等级聚落基本都纳入驿传系统，包括三镇全部镇城，大部分路城、区域核心聚落以及重要关隘，数量众多，这些聚落大部分具有显著共性——驻扎大量游骑、骑军和步兵等动态作战力量。此例以三镇中部长城沿线的德胜驿、天成城、阳和城、大同城、左卫城、右卫城一线最为显著；普通聚落则部分为低等级军事防御聚落，其余为民属或介于两者之间的聚落。普通聚落相对较少，主要以驿传系统的距离设定为依据，选择高等级聚落间的一般聚落设立，以腹内的安银子驿、瓮城口驿、唐家会驿等为例。由此可知，一方面，驿传系统主要沟通联系宣大山西三镇区域等级较高、传统核心聚落以及要冲关隘，使消息能够快速传导至军事防御体系的核心机构，同步实现军事布防与后备支撑的协同运作；另一方面，推测本节绘制的驿传系统应是区域的主干信息系统，局部地区的消息下达或汇总应存在更小尺度的局部驿传线路，主干信息系统基于高、中等级聚落对局部地区的控制力，以点控面实现消息的更细微扩散。而层级式的消息传递模式有利于提高传信效率、缩短时间，其实质是多层次的自相似衍生结构。

2．驿传系统与长城的关系

驿传系统与长城虽未直接相连，但长城的布局同样影响了驿传系统的宏观布局。依照空间分布看，驿传线路的走向可分为沿长城走向和大致垂直长城的纵深

① 曹迎春，张玉坤，张昊雁．基于GIS的明代长城边防图集地图道路复原——以大同镇为例[J]．河北农业大学学报，2014，37（2）：138-144．

② 曹迎春，张玉坤，张昊雁．基于GIS的明代长城边防图集地图道路复原——以大同镇为例[J]．河北农业大学学报，2014，37（2）：138-144．

③ 曹迎春，张玉坤，张昊雁．基于GIS的明代长城边防图集地图道路复原——以大同镇为例[J]．河北农业大学学报，2014，37（2）：138-144．

方向两类。沿外长城走向的驿传线路，连续穿过沿边路城或个别堡城，形成与长城大致平行的形态，距离长城约几公里到几十公里不等，宏观上建立了沿边核心作战聚落的同步协同防御整体。其中外长城以宣府镇向北延伸的万全左卫、天成城、大同镇、威远城、朔州一线的沿边，内长城则涉及偏头关、宁武关、代州一线；而垂直长城的纵深方向，驿路相对较短，由沿外长城分布的重要聚落出发，向腹内延展，全部或部分与长城大致垂直，连接腹内主要州、府等核心聚落，并与内长城同向并行的驿传道路交接，形成网络状的驿传系统框架，之后部分继续向山西地区南部腹内延伸。主要涉及大同城—安银子驿—朔州—宁武关，大同城—安银子驿—广武城（雁门关）—代州，大同城—应州—北楼口等。一方面，将与内、外长城同向并行的驿路系统连为一体，在宏观上使两道线性防线建立系统联系；另一方面，将两条横向防线之间的广大聚落串联整合为快速反应的防御网络。

3．驿传系统与道路的关系

驿传系统基于道路系统搭建，根据自身功能需求，驿传系统与道路系统存在一定规律。驿传系统传信通路有以下特征：第一，腹内主干道路。这种情况多出现于防区腹地，主要涉及宣府镇连接居庸关、榆林堡、新保安、宣府城一线（随后向西与沿边驿路重合直抵大同城），以及长安岭、雕鹗堡、赤城、独石口一线；大同镇则为大同城、蔚州、紫荆关一线；大同镇与山西镇相关的则涉及大同镇城、应州、山阴、代州、太原府一线；山西镇涉及太原、永宁驿（岢岚州城）、偏头关一线。驿路纵向穿越三镇腹地，道路相对简直通达，沟通的重要节点多为镇城、路城、腹内核心聚落等高、中等级聚落，聚落职能类型较复杂，涉及统筹管理、军事防御或民政生产等职能；第二，沿边驿路。这种驿路多为沿边道路，与长城大致平行走向，涉及聚落类型相对单纯，主要以沟通路城和镇城的道路为主，包括宣府镇向西北延伸的万全左卫—天城—大同镇—威远城—朔州一线的沿边道路；第三，驿路系统呈现不同尺度环状。多尺度的环状可以确保信息有多条通道选择（图4-20）。

4．驿传系统与烽传系统的关系

结合前述烽传系统的空间分布特征考察，就研究区域看，驿传系统线路与烽传系统的主干系统多依偎并行，部分区域大致重合，宏观上可视为两者大致重合并行。这一线路主要连接沿边路城并沿其行进，而路城是区域防御作战、应援支撑、协同调度的核心机构，驿传和烽传系统重合于此表明在区域管理的高、中等级层面两者具有较密切的相关性，推测烽传系统感知并传递预警至路城，随后反馈信息将由驿传系统在区域内传递；而在更宏观层面，由于没有烽传系统分布的全部数据，无法精确论述其分布（图4-21）。但基于上述“管窥一斑”，并结合前期烽传系统的分布研究结论，以及驿传系统的分布特征，至少可大致推测两者

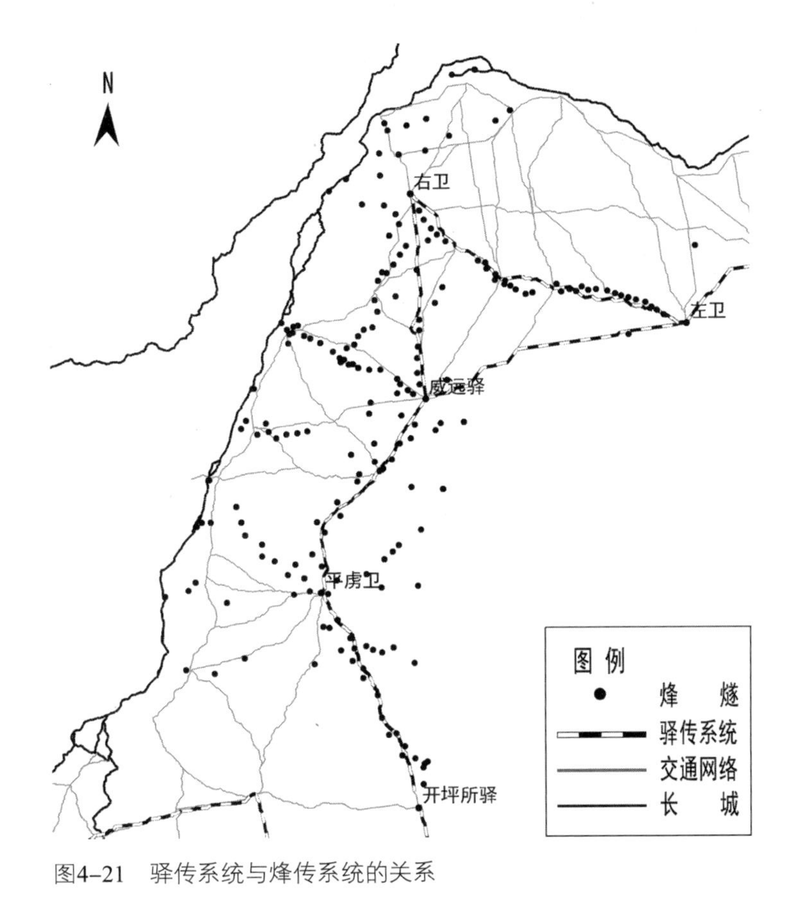

图4-21　驿传系统与烽传系统的关系

的宏观空间关系图式：驿传系统沿长城（内、外长城）沿线路城行进的线路与烽传系统的主干线路大致重合并行，两者将区域核心作战机构路城，在镇乃至三镇的更大尺度上连接构成系统整体，进而建立从局部到宏观尺度的信息网络，同时，也构建了局部快速应激作战和宏观大规模组织作战的沟通渠道，此特征尤其以宣府镇和大同镇所辖防御负荷最大的宣府城、万全左卫、天城、大同镇、威远城、朔州一线最为显著。

（三）驿传系统的距离分析

基于驿传系统图，统计全部相邻两驿站之间距离并建立数据图（图4-22）。共统计数据55个，均值37416米，约65.4明里，最大值110923米（约193.8明里），最小值8725米（约15.2明里）。若以明时驿站间距设置的常规最高限值80明里（约45792米）为标准考察数据，大于此标准的两驿站间距有可能是两站间存在其他驿站，但因历史悠久遗失或级别较低等原因未记载，亦有可能由于特殊原因就是如此设置，进一步考察发现这些较大值与巨大、狭长且村落相对稀少的山谷地形高度相关。由于这些数值特殊且数量甚少，统计上将其视为异常值舍弃（＞80明里），以避免特殊数据对常规距离统计值的影响。再次统计修正后的数据均值为30756米，约53.7明里。由此看来，古代记载的60里标准正好介于全部数据和修正后数据两均值之间，表明明时驿站距离设置确实依照此标准执行。进一步分析发现，三镇驿站间距设置不尽相同，数据拟合线由宣府镇、大同镇、至山西镇向右上倾斜（图4–23）。其中宣府镇辖区内驿站距离整体最小，均值23557米（约41明里），且数值波动较小，无较大偏离值；大同镇大部分值居中，整体均值41353米（约72明里），三镇最大，且数据波动剧烈，较大值数量较多，剔除异常偏大值后，均值为30892米（约54明里）；山西镇辖区较大值甚少，全部数据均值40198米（约70明里），而不包含异常值的均值三镇最大，为32882米（约57明里）。

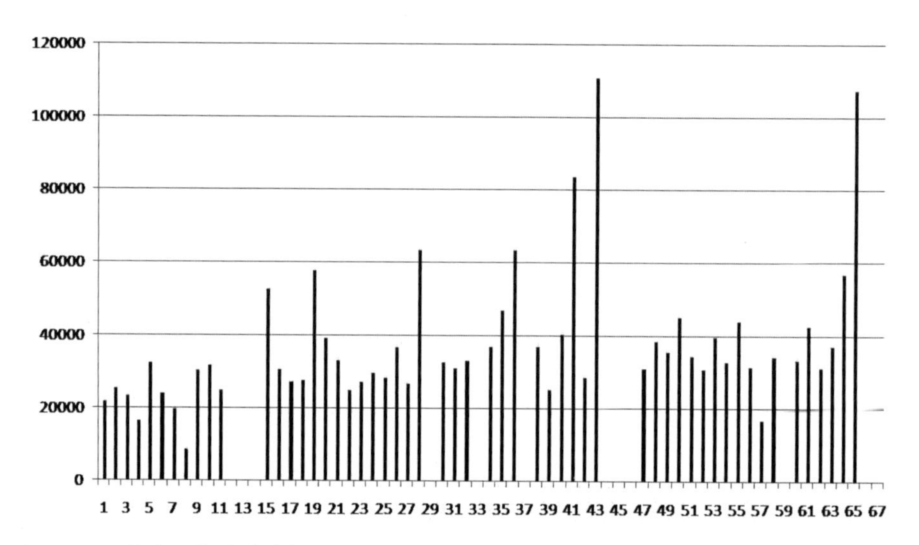

图4–22　驿站距离统计数据

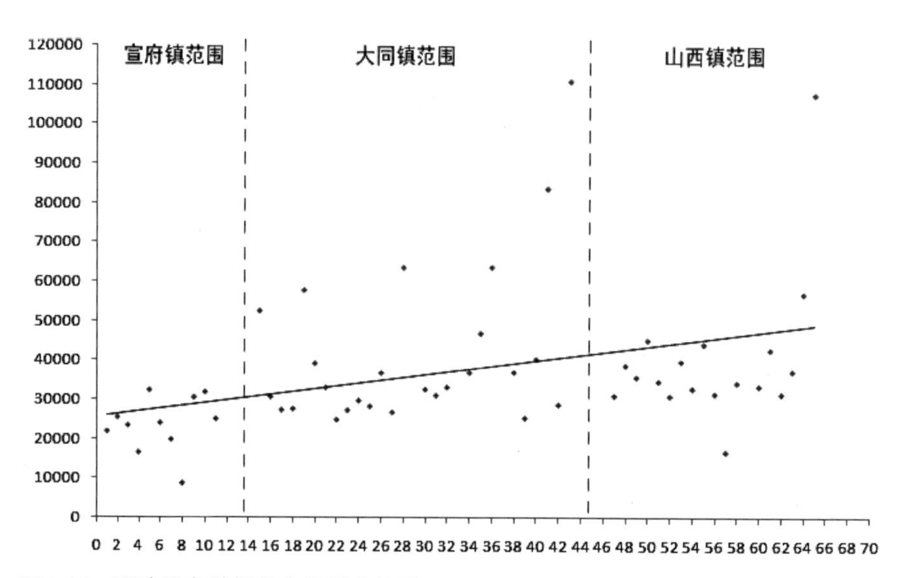

图4–23　驿站距离数据分布及拟合关系

第四节　聚落体系信息系统的系统关系

基于驿传系统和烽传系统的功能作用、内在机制和运行方式的相关性，两者共同组成长城军事防御聚落体系信息系统的主体，并形成了复杂的系统关系。一方面两者的功能属性、作用范围、运营方式有诸多不同而各司其职；但另一方面，两者在军事防御层面和系统应激预警状态下，又形成紧密的系统整体而同步协同工作。因此，从直接同步相互作用的严格系统协同角度说，烽传系统和驿传系统构成的信息系统可称之为有条件的协同系统整体；而从宽泛的角度说，军事聚落体系的信息系统，通过各司其分工职能和前述有条件的直接协同工作，实现了宏观上的系统性功能。

一、驿传系统和烽传系统的属性特征

驿传系统主要负责内部聚落之间的传递信息，信息内容相对复杂。驿传系统是军事防御聚落体系的核心信息传递系统，是连接各功能单体（聚落或防御工事）与智能中枢（高等级的军事防御管理机构）的“神经网络”，某点发出的信息及其反馈通过驿传系统在聚落体系中传播和响应，从而使空间分离的孤立聚落形成协同联动的系统整体。边疆地区军事防御活动可大致分为日常值守和遇警应激两种军事活动，如前所述漫长的日常军事值守均为遇警时刻的成功防御而努力。驿传系统在这两种活动中均发挥着重要的作用；烽传系统则主要负责由长城向内传递预警信息，传递信息相对简单、直接但快速，为系统迅速反应提供信息和依据。烽传系统主要在遇警应激时期发挥作用，更像是专司感知的“感觉系统”，以广泛获取和快速回传敌军攻击预警信息为核心，主要以被动的、机械性的传递预警情报，而无法主动灵活的分析、综合、反馈和规划，极少具备反向回传反馈信息的功能。因此在遇警应激状态时，驿传系统和烽传系统才形成相对的协同系统整体。一方面，驿传系统获得预警信息后，路城等局部指挥机构综合地理和军情等信息，经由驿传系统将复杂信息向上级奏陈或向下级通传。某种程度上，由消息自外向内（或由底层向高层）传递角度看，驿传系统应是烽传系统衍生和拓展的高级形态；另一方面，基于烽传系统的预警信息，高等级指挥机构所制定的应对策略等更为复杂的反馈信息，通过驿传系统才能传回包含遭受攻击区域的若干更大尺度区域的众聚落，而完成多层次的防御布局和调动，此时驿传系统和烽传系统实质构成了相对的闭环反馈系统。

二、驿传系统和烽传系统的协同关系

驿传系统和烽传系统所构成的有条件协同系统，依据不同预警和防御等级呈现不同程度的协同关系，大致可分为三个层次。

（一）低级别的预警和防御

即遭遇攻击时，若预警信息显示攻击人数较少，长城军事防御聚落体系通常仅做出局部范围的军事反应，这种情况的防御反馈带有显著的“预案”性质。相关史料记载甚多，“经纳峡榨，……虏零入，则班撒儿族蕃、西川兵御暗门，西宁兵出塔儿湾，南川兵出暗门，分御”①。此时敌军人数小于千人，防御模式通常为邻近低等级军事聚落前往支援，本辖区的核心聚落路城或卫城以及相关聚落则在适宜位置布防，采用多层次的“分御”方式阻击入侵敌军。防御过程中，信息系统主要以烽传系统运行为主，军事防御则呈现近似“无意识”反馈——防御活动不（或很少）经过上级指挥机关综合规划并依照其结果的反馈模式，而直接根据预警信息和应对预案快速做出的局部防御反应——其优势为在战事初期最大限度的节省反应时间。此模式可很好类比恐龙的神经结构和反馈机制，由于其庞大身体导致的漫长神经网络，若仅依靠远端刺激信号传至大脑后再做出“有意识”反馈的模式则很容易受到伤害，因此在其脊柱位置存在以植物神经的无意识反馈为特征的“副脑”，由此加快痛觉、温觉等相对简单感觉的反馈速度。这种低级别的预警和防御活动，基于烽传系统和防御预案的基本布防框架，以“无意识”反馈的防御模式，在路或卫的局部范围内实现了快速防御，而相对宏观的驿传系统则很少涉及，或者说无需或“来不及”参与，两系统协同性相对较低。当然，并不排除微观局部军队驿传系统的参与，但就此类防御作战强度和涉及空间范围所需的反应时间尺度看，参与比重应甚微。

（二）中等级别的预警和防御

若预警信息显示攻击人数较多，防御体系则做出较大范围的军事反应。此时防御反馈同样存在“预案”性质，但相对宏观、粗陋。承接前述引文，“虏大入，则诸兵又于班撒儿暗门上下合击之”②。此时敌军约数千人，除邻近低等级军事聚落前往支援外，本辖区的核心聚落路城或卫以及相关聚落则在大致预设位置，以“合击”方式攻击敌军而减少反应时间。事实上，在涉及时空范围相对更大的战事中，做出精细的预案是困难的，或者说实际意义并不大，而宏观、粗陋的预设规划却更便于“临场发挥”；更为重要的是升级的防御负荷和简略的预案，标志着需紧急调动相邻路城或更高等级的聚落参与，以组织更大规模的复杂协同军事防御活动，此时聚落体系的协同联动成为关键。基于烽传系统信息，路城将汇总信息和初步制定的防御计划，经驿传奏报本镇城、相关镇城乃至中央，同时根据大致预案组织本级防御并等待反馈和支援。当然，此间前后烽传系统亦将敌情同

① 刘敏宽，龙膺．西宁卫志·载西宁卫志西宁志［M］．西宁：青海人民出版社，1993：57-64.

② 刘敏宽，龙膺．西宁卫志·载西宁卫志西宁志［M］．西宁：青海人民出版社，1993：57-64.

步传至全镇诸聚落，镇城很可能亦大致制定出应对方略（或同样采用更宏观的“预案”），并经由驿传系统联络相关聚落协同布防，同时出兵驰援。于是，上下同步行动而最大限度节省时间，并实现大规模的协同作战。在上述军事活动中，与烽传系统同步运行的驿传系统将成为传递奏报和反馈复杂布防计划的主渠道。而就聚落体系整体看，驿传系统和烽传系统则共同构成密切协同的信息系统。

（三）高等级别的预警和防御

此层次涉及大规模的国家层面的战争——攻击人数达至数万人，防御活动需调集若干镇乃至国家级军队参与。相关军事活动规模庞大、涉及空间范围甚广、时间跨度很长。烽传系统虽可全镇甚至京城范围内转送信息，但从战争的规模、空间和时间尺度来讲，长城很可能被击穿，战争将延伸至腹内乃至京城。随着时间的积累，战局逐渐进入愈加复杂的运动战和以聚落城池为依据的防守战，严格意义的长城军事防御聚落体系于局部地区亦将逐渐失效。烽传系统在战争初期于局部地区为整个聚落体系提供的系统性作用——时间优势，将随着战事规模和尺度的升级而愈加减弱（实际上烽传系统在常规防御作战初期极具价值，参见第六章6.3.3长城与军事防御聚落体系的系统性作用），而驿传系统却恰恰相反，随着规模和尺度的升级，庞大的系统性协同作战将更加依赖以驿传为核心的信息传输系统。

第五章　三镇长城军事防御聚落体系规模结构和空间结构研究

以分形理论为视角，基于分形、数学以及计量地理学等方法，以宣大山西三镇长城军事防御聚落体系的等级规模结构和空间结构为研究对象，深入研究军事防御聚落体系的等级规模结构和空间结构、驻军体系的等级规模结构和空间分布，以及聚落体系发育演化的复杂系统关系，初步探索军事防御聚落体系在聚落系统本身自组织和线性长城双重作用下的宏观动力演化机制。

聚落体系是在一定地理范围内，以中心聚落为核心，各种不同属性、规模和等级的聚落相互联系、互动作用的聚落群体系统。聚落体系通过物资、人员和信息等因素在聚落系统内部以及与外界的流动和沟通，维持其有序性和正常运转①。聚落系统涉及城市聚落、乡村聚落、传统聚落以及特殊功能聚落等多种聚落类型，长城军事防御聚落体系是隶属于聚落系统的具有军事和民政双重功能的特殊功能聚落系统。通常，聚落体系的刻画主要包括等级规模结构和空间结构两个方面。其中等级规模结构是聚落体系三大结构之一②，可以直观反映聚落体系中不同规模聚落的系统结构关系和分布状况、聚落中人口分布的集中和分散程度，以及揭示聚落体系发育演化的程度和阶段。聚落体系的等级规模结构是聚落体系动态演化最核心的综合性表征，是政治管理、经济贸易、屯田生产、军事防御等各种影响聚落体系演化复杂因素综合作用的宏观结果；空间结构则是聚落体系的空间分布形态，与聚落体系的功能属性、运作模式、空间尺度及等级规模结构等因素密切相关。通常，聚落体系的等级规模结构和空间结构在自组织演化下，逐渐进化为相互匹配的合理状态，甚至优化成完美的系统结构③。

第一节　研究方法和数据

一、研究方法

长城军事防御聚落体系是由多系统构成的复杂体系，其等级规模结构和空间结构的描述涉及非线性复杂科学理论和工具。当前探索聚落系统空间复杂性主要涉及三大理论工具：后现代数学理论（混沌理论、分形理论和协同理论）、

① 李家成．湖北省城市体系分形特征及其规模结构研究［J］．华中师范大学学报（自然科学版），1998，32（4）：521-522．
② 那伟，刘继生．吉林省城市体系等级规模结构研究［J］．人文地理，2007（5）：50-54．
③ 陈彦光，刘继生．城市等级体系分形模型中的最大熵原理［J］．自然科学进展，2001（11）：1170-1174．

GIS（地理信息系统）及CA（元胞自动机）模拟①，其中分形理论是兼具世界观和方法论的有力工具，尤其在等级规模结构和空间结构方面独具优势。分形理论是由美国数学家B.B. Mandelbrot（1975）提出的描述表象虽支离破碎，却在不同尺度下自相似复杂形体的科学。分形理论集系统思想与分形几何于一体，广泛用于解析分形体在形态、结构及时序等方面自组织演化的规律②。研究表明聚落体系的规模等级结构和空间结构通常呈现显著的分形形态，而分形结构则是人地关系的优化模式③。基于分形理论的聚落体系规模结构及演化理论主要包括城市位序—规模法则和聚集维数等。

（一）位序—规模法则

聚落体系等级规模结构研究常采用位序—规模法则和城市数目—规模方法，两者实质相同，仅从不同尺度和不同参量考察城市等级体系的分维特征。位序—规模法则一般指相对完整的城市等级体系内部的城市积累数与人口尺度呈降幂率分布，是城市体系自组织临界性的基本特征。位序—规模法则以Pareto分布和Zipf定律描述，两者在数学上等价。Zipf定律见公式5-1，ρ为按照降序排列的城市位序，$P(\rho)$为第ρ位城市的人口规模，P_1为常数，而$q=1/D$（D为城市体系的分维）称为Zipf维数。q值反映城市规模分布的特征：当$q>1$、$D<1$，城市规模分布较分散，规模差异较大，首位城市垄断地位强；当$q<1$、$D>1$，则规模分布相对集中，中间位序城市较多；而$q=D=1$，区域首位城市与最小城市人口之比等于城市总数，城市自然分布处于理论最优状态；而城市数目—规模方法则从更宏观的角度，以城市数目为尺度度量城市等级体系的规模结构，其中f_m为第m级城镇的数目，P_m为m级所有城市规模的平均值，D为等级体系的维数，见公式5-2。此外，亦可采用首位度和城市指数考察城市规模类型，p_n为区域城市规模降序排列的第n位序的城市规模，P_2为2城市指数、P_4为4城市指数、P_{11}为11城市指数，见公式5-3、公式5-4、公式5-5。其中P_2合理值为2，P_4和P_{11}合理值均为1，大于合理值表示具有垄断性；反之，为非垄断型。

$$P(\rho)=P_1\rho^{-q} \qquad \text{公式5-1}$$

$$f_m \propto P_m^{-D} \qquad \text{公式5-2}$$

$$P_2=p_1/p_2 \qquad \text{公式5-3}$$

$$P_4=p_1/(p_2+p_3+p_4) \qquad \text{公式5-4}$$

$$P_{11}=2p_1/(p_1+p_2+\cdots+p_{10}+p_{11}) \qquad \text{公式5-5}$$

① 陈彦光. 分形城市系统：标度·对称·空间复杂性［M］. 北京：科学出版社，2008.
② 李后强，陈光钺. 分形与分维：探索复杂性的新方法［M］. 成都：四川教育出版社，1990.
③ 陈彦光. 分形城市系统：标度·对称·空间复杂性［M］. 北京：科学出版社，2008.

通常以城市人口、城区面积表征城市规模，本书采用军堡面积表示聚落规模，以此建立位序—规模关系考察军事防御聚落体系的规模结构；同时，由于军事防御聚落的特殊性，各聚落驻军规模结构体系是军事防御聚落规模结构布局的核心，直接反映其军事力量规模配置的系统关系，并以此为导向布局其他聚落要素，因此以各聚落驻军规模表征其军事属性，采用位序—驻军规模，以及更宏观的聚落数目—驻军规模，进一步考察长城军事防御聚落系统核心——驻军体系的规模结构特征。需要说明的是，其中位序—军堡规模关系中的军堡面积严格代表该聚落的规模，而基于异速生长理论以及古代聚落严格的水平向生长特征[①]，推定城堡面积与城堡所住人口表征的规模结构严格对应并等价转换；但位序—驻军和聚落数目—驻军规模关系中，驻军规模与聚落规模则不严格对应，史料记载军堡内居住相当数量的非军事人口。不过，由于驻军是军事防御聚落的核心，其他相关要素配置或多或少与驻军相关，驻军与非军人口在宏观统计层面应存在某种宽泛的对应关系。

（二）聚集维数

围绕中心城市依照自相似规则衍生所形成的城市体系，常采用聚集维数测定其维数，以半径r和其所对应圆周涵盖的城市数目$N(r)$，建立量度关系测定分维数。由于r取值影响维数值，通常采用平均半径，见公式5-6，$R(s)$为平均半径，s为区域城镇个数，r_i为第i个城市到中心城市的欧氏距离[②]。D为分维数，反映周边城市向中心城市的随机集聚状态。当$D<2$时，城市沿半径呈向心的凝聚态分布；当$D>2$时，呈离心的离散状态分布；当$D=2$时，则呈均匀分布。聚集维数适用于以高等级城市为核心由内向外以阶梯方式自组织演化的簇状城市体系，在反映城市等级体系中心和边缘的区位关系方面，显著优于计盒维数和网络维数等方法。本书采用聚集维数计算军事防御聚落体系的空间分布特征。

$$R(s) \equiv \left(\frac{1}{s}\sum_{i=1}^{s} r_i^2\right)^{\frac{1}{2}} \qquad \text{公式5-6}$$

二、研究数据

本节计算和分析所采用的数据，主要涉及聚落体系相关的历史和地理信息数据。历史信息方面，由于历史久远，宣府、大同和山西三镇相关数据部分残缺。

---

① 陈彦光. Beckmann城市体系异速生长模型的理论基础与实证分析［J］. 科学通报，2002，18（5）：360-367.

② 刘继生，陈彦光. 城镇体系空间结构的分形维数及其测算方法［J］. 地理研究，1999，18（2）：171-178.

其中大同镇数据最为完整，其他两镇数据均有局部缺损，但整体看各镇数据能够全面反映聚落体系的系统性信息；同时，通过不同方法多层次、多角度处理数据，以深入挖掘数据蕴含的信息，并确保研究的准确性和互证性。研究数据涉及军事防御聚落体系中各军堡的规模数据和地理信息数据。军堡规模数据包括军堡面积和驻军数量。面积数据来源于实测及史料①，驻军数据来源于史料记载，主要涉及《宣大图说》、《宣府镇志》、《赤城县志译注》及《太原府志》等史料。由于不同史料记载数据存在些许差异，文章主要以《宣大图说》记载为准，其缺损数据则辅助参考其他历史资料补充并注释说明。

地理数据方面，军堡和长城的地理空间信息数据来源于天津大学明长城军事防御体系研究课题组建立的“明长城军事防御体系地理信息系统（3.1）”，详细绘制三镇军事防御聚落的地理空间分布数据；地理信息数据包括数字高程模型和地图要素信息，地理环境信息的数字高程模型DEM（Digital Elevation Model）来源于中国遥感与地球数字研究所的数据共享资源②；1：400万河流（一至五级河流）、行政区划（省级至县级）、各级城市居住点等数据来源于中国国家基础地理信息中心提供的共享资料③。

第二节　聚落体系等级规模结构研究

一、聚落体系等级规模结构

以三镇整体聚落（简称三镇整体）以及各镇聚落规模数据，建立位序—面积双对数坐标，由最小二乘法计算各组数据无标度区维数和拟合优度，同时计算各组数据全部聚落相关数据作为参照（表5-1），以了解数据全貌。通过反复计算分析并结合实际情况，同时参考已有研究成果涉及标准，将双对数坐标下无标度区拟合优度≥0.970作为界定数据符合良好分形结构的标准，而≥0.900为较好，≥0.800则为大致符合分形结构的临界点。基于此标准，坐标图和计算数据均显示三镇整体以及各镇聚落位序—规模关系存在显著无标度区，而且三镇整体和山西镇数据同时分别存在两个明确无标度区，由此表明三镇整体和各镇聚落体系等级规模结构具有显著分形特征——长城军事防御聚落体系规模结构遵循幂率分布规律，而且部分聚落体系在不同层次上存在更加复杂的多个分形结构。

---

① 损毁军堡根据史料记载数据换算。由于史料通常仅记载军堡周长，在损毁不知形状的情况下，假设军堡为方形，由周长换算其面积，但换算结果与真实值存在一定误差。其中大同镇和辽东镇仅有个别军堡面积由换算获得，整体数据较好；而宣府镇则主要通过假设换算，误差较大，仅作为辅助证明。

② http://www.ceode.cas.cn/sjyhfw/.

③ http://www.ngcc.cn/article//sjcg/dem/.

军事防御聚落体系维数 表5-1

范围		拟合度≥0.97无标度区所涉聚落				所有聚落参考信息		
		q	D维数	R^2	无标度区范围（单位：m^2）	q	D	R^2
三镇	无标度区1	1.12	0.89	0.970	47600~9176000	1.59	0.63	0.811
	无标度区2	10.6	0.09	0.973	1256~25500			
宣府		1.19	0.84	0.971	40000~9176000	1.35	0.74	0.847
大同		1.57	0.64	0.975	12100~2240000	1.51	0.66	0.939
山西	无标度区1	1.14	0.88	0.970	40000~2251876	1.86	0.54	0.869
	无标度区2	4.41	0.23	0.990	1256~36000			

位序—面积数据显示研究对象分维数分别为：三镇整体两标度区0.89和0.09、宣府镇0.84、大同镇0.64、山西镇两标度区0.88和0.23。总体看，聚落体系等级规模结构（位于聚落规模等级中、高区段核心聚落的规模结构）相对稳定，介于0.84~0.89之间，仅大同镇为0.64，而三镇整体和山西镇位于聚落等级规模较低区段聚落的规模结构维数同样较稳定且介于0.09~0.23。三镇整体与各镇维数均<1，表明四者聚落体系规模结构特征均为首位城市（聚落）垄断型——聚落体系内部各聚落规模较分散，规模差异大，首位聚落具有显著垄断性。垄断型的规模结构特征与长城军事防御聚落体系对严密和强力控制各级聚落的军事防御需求一致；同时垄断型结构特征与其凌驾于整个区域广义军事防御聚落系统（三镇军事防御聚落体系和非军事聚落系统的总和）之上，而兼管军事与民政的“军管型”特殊边疆管理模式亦高度一致（后续详述）。

进一步比较各镇数据发现（为表述清晰，对于存在两个无标度区的聚落体系，此处仅考察占较大范围的高、中区段聚落，低区段后续详述），三镇整体聚落体系规模结构分维数最大（0.89），且较接近1的临界状态，表明三镇整体虽为垄断型结构，但首位镇城垄断性相对较低，聚落体系规模结构发育总体较均衡，接近自然分布的理论较优化状态，此事实表明宣大山西三镇整体聚落体系的整体性和系统性；另一方面，虽然宣大山西三镇天然的整体性和战略的一致性，促成三者早期的隶属一致和后期的系统整合，但中期存在军事管控、政治权属以及经济管理方面的分而治之，甚至权属“斗争”①，使各镇在整体进化的同时又兼具独立演化，由此出现各镇显著的规模结构差异（维数不同），各镇聚落体系独立发育的力量某种程度上分化了三镇的整体性，因而导致三镇整体聚落体系垄断性的下降，而各镇垄断性却强于三镇整体（各镇维数低于三镇整体），这与前述宣大山西各镇既相互独立又密切关联的复杂时空演化过程一致；山西镇分维数（0.88）与三镇整体接近，表明首位镇城垄断性同样较弱，体系规模结构发育相

①《明仁宗实录》卷六上，洪熙元年春正月甲申条，第208页.

对均衡。这与山西镇镇城驻地多变的历史事实密切相关，镇治的不稳定性必然导致“准”首位聚落发育的间断而不良，无法形成强有力的垄断性规模，而其内、外双线长城的多重防御形态进一步分化了高区段聚落与防御相关的聚落规模，进而弱化相应的垄断性；宣府镇维数（0.84）居中且偏高，首位镇城垄断性增强，体系规模结构发育较均衡。根据前章时空演化分析，宣府镇演化时间在三镇中较为悠久，各等级聚落混合出现，时间分界并不明显，漫长的时间有利于聚落间的自组织作用，形成相对均衡的规模结构；同时，区域演化涉及边墙戍守、近京防御、饲马备战等多种重要且独特的因素，众因素此弱彼强于不同层面交织作用，综合之下促使区域内聚落规模趋向均衡；而大同镇维数（0.64）为四者之首，首位聚落规模垄断性很强，诸聚落规模差异较大。大同镇居于三镇防区中部，属战略要冲之首，兼具东西策应驰援，紧密的系统联动是防御的关键。聚落规模结构的强垄断性有助于聚落体系在政治、军事和经济等方面集权管控，进而在综合功能上有力支撑区域系统联动；同时，其聚落虽在空间上落于大同镇范围，并参与本镇聚落体系演化，但因其居中的区位特征，而更易同步参与与三镇整体规模格局匹配的宏观演化，故而促使其高级别聚落规模等级发育甚高（在三镇整体聚落规模排序前10位中，大同镇占50%，宣府占30%，山西仅占20%）。而其更小尺度区域的低级别聚落较晚于高等级聚落产生，且在短期内大量建设，规模规划基本与其他镇同级聚落一致。由此体系内部聚落规模差异甚大，形成较强的垄断性。

考察三镇整体和山西镇的两段无标度区，两组数据的两个无标度区分布位置大致相同，三镇整体自聚落位序—面积序列后部约1/3处分为两段（图5-1），无标度区1（左上段）为聚落规模较大区段，包括聚落体系规模序列中高、中及部分低等级的聚落，无标度区2（右下段）则以规模等级较低聚落为主；山西镇分界点则约在1/2处（图5-4），无标度区1（左上段）包括聚落体系规模序列中高、中等级聚落，无标度区2（右下段）则为部分中偏低和低等级聚落。三镇整体和山西镇的无标度区2的分形结构维数分别为0.09和0.23，拟合优度均很高，数据表明内部聚落规模差异极大，同时，其维数显著低于常规值（约0.85左右）。比较发现，三镇整体无标度区2中大多数聚落（74%）与山西镇无标度区2的聚落一致，仅少数来自于宣府镇和大同镇位序—面积序列尾端显著偏离拟合线的聚落（图5-2、图5-3），说明三镇整体无标度区2的出现与山西镇无标度区2所涉及聚落直接相关。分析发现，山西镇无标度区2所涉及聚落具有区别于其他聚落的显著特点。首先，这些聚落在《宣大图说》的表述方式独特，书中各镇不同等级聚落均独立设篇详细描述，仅山西镇中部和东部与宣府镇南山路明显不同。山西镇西部和外线长城相关的聚落与其他镇表述方式一致，但中部和东部防御内长城的聚落（或聚落集团），则广泛出现仅将地理上密切相关的小型聚落集团的核心聚落独立设篇描述，其下辖诸聚落则含于其中极简论述，对应图绘亦以聚落集团整体呈现，且核心聚落突出描绘，这种模式只会在绘制更高等级的路城集团总图时

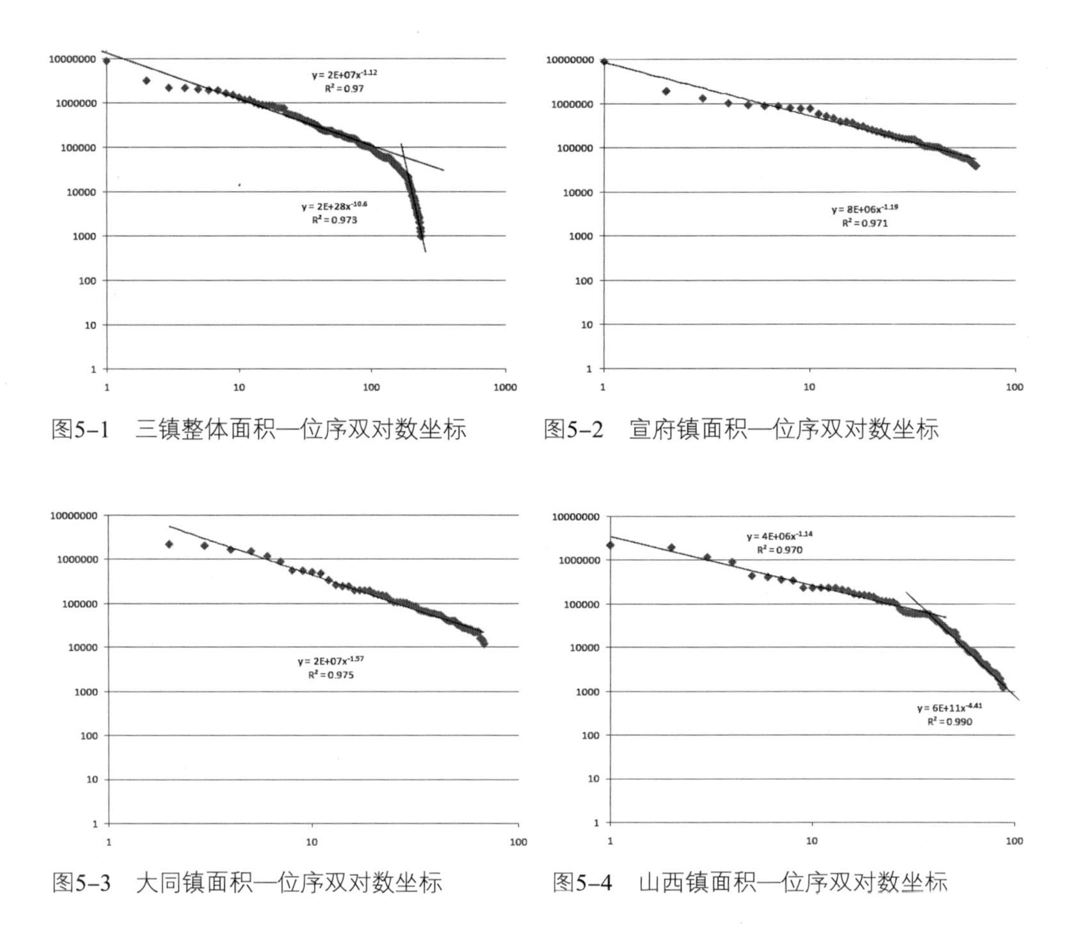

图5–1　三镇整体面积—位序双对数坐标

图5–2　宣府镇面积—位序双对数坐标

图5–3　大同镇面积—位序双对数坐标

图5–4　山西镇面积—位序双对数坐标

使用（图5–5、图5–6）；其次，记载驻军方式同样特殊，其他镇聚落分堡逐一记载，但山西镇这些小聚落集团仅记载总数，并无各堡明细。而从数值上看小集团驻军总数虽比常规个体堡城多，但若将总数依照集团内常规等级（规模）关系分配至各堡，除核心聚落外其他聚落所属人数明显少于三镇常规堡城；其次，考古成果进一步佐证其独特性，小集团下辖聚落规模明显小于三镇常规堡城级别的聚落规模，如利民路下辖茹越堡，虽为堡城但仅50米×50米①，显著小于常规约100米左右的边长。以上事实证明，小聚落集团下属的聚落应是其核心聚落（其等级和规模基本与常规的堡城等同），独立演化出的更低等级的军事防御聚落，因其军事等级、驻军数量、聚落规模以及显著性等方面均低于常规堡城，且不具普遍性因而其关注度较低，记载甚略。

综合分析，其形成原因源于独特的地理环境，山西自古关隘众多，山西镇东部、中部更借助恒山屏障，其防御模式以戍守长城关隘为主。区域沟谷发育复杂，主干沟谷之下多层次衍生众多细碎支谷岔沟。通常，区域核心聚落扼守主要沟谷，其下因地制宜衍生数量不等的小聚落分守支脉，因支脉细小且多非极端要

① 国家文物局. 中国文物地图集·山西分册［M］. 北京：中国地图出版社，2006.

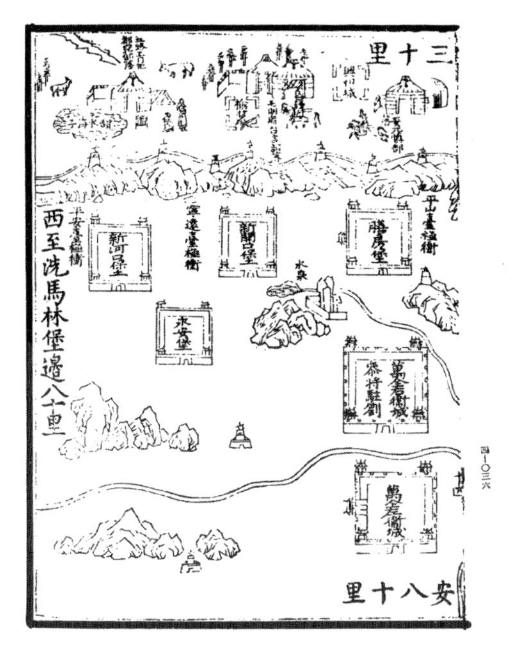

图5-5　宣府镇路城集团图绘

图5-6　山西镇堡城小集团图绘

冲，因此相应聚落规模很小、级别甚低、守军亦少。这些聚落是在常规等级堡城之下，因特殊环境而衍生出的更低一级军事聚落，以防御山体自然演化出的不同尺度下具有相似结构的分岔沟谷，其实质是防御聚落体系应对自然分形特征的自适应演化。由于地理环境不同，本现象在宣、大两镇并不显著，但两镇位序—面积序列尾端的部分聚落或已呈现出此种迹象。而宣府和大同两镇尾段无标度区甚小，表明其整个聚落规模结构的分形特征比较一致。但根据史料的零星记载，也不排除未严格详尽统计规模甚小，军事价值微弱，或军事与民政属性模糊的过渡性聚落。山西镇则由于独特的地形特征和多样的防御模式而产生了相对复杂的分形结构；此外，宣府镇南山路虽不是本书研究重点，但其在《宣大图说》中的记载方式同样特殊。南山路为路城集团，与同级其他路城集团比较，其记载方式甚略、图绘简化，且聚落规模似乎较常规偏小（资料不详，仅基于现有调研获得的很小部分数据），其表述特征与山西镇小聚落集团非常相似，但两者成因有所不同。南山路主要为增加整体防御层次以强化局部特殊区域而出现，且等级高于山西镇小聚落集团。

根据以上事实，一方面表明，这种特殊衍生现象在长城军事防御聚落体系中具有一定普遍性，很可能在不同等级均有存在，但程度不同且微弱；另一方面，由于成因、等级以及出现地点不尽相同，又表现出一定的不稳定性，应是聚落体系基于主体结构上的进一步衍生结构，是长城军事防御聚落体系的特殊特征之一。这种现象实际上是聚落体系遵循分形规律——不同尺度（层级）自相似性——衍生的进一步佐证，是分形结构的理论无限性在现实中，于常规无标度区尾端应对实际需求而自相似演化的新分形结构，这种新结构便伴随着不稳定性，直接反映在山西镇聚落等级规模结构一分为二的拟合形态上，同时亦可能表现在大同镇和宣府镇位序—面积序列尾端很小的偏离数据上。

二、驻军体系等级规模结构

在北方边疆地区，总兵镇守制度凌驾于卫所民政管理系统之上，形成以军事防御功能为主导的“军管型”边疆区政制度，而区域的军事防御功能主要由驻守于长城军事防御聚落的驻军实现，因此驻军规模体系是构成军事防御聚落的核心要素，其他诸军事要素均以此为导向适应性配置。驻军规模体系研究是军事防御聚落体系研究的核心，可深刻揭示各镇驻军规模体系的系统结构和规划布局的内在规律。驻军体系研究采用常规的驻军—位序以及相对宏观的聚落数目—驻军规模两种不同方法，探索其规模结构特征，同时辅以城市指数指标考察。

以三镇全部聚落驻军规模以及各镇聚落驻军规模，建立位序—驻军规模对数坐标，由最小二乘法计算相关维数和拟合优度（表5-2）。位序—驻军数据显示三镇整体与各镇驻军规模结构体系存在显著分形特征，拟合优度均达到0.97以上，分维数较稳定，介于0.75~1.03间，无标度区范围稳定位于约100~24000人之间（山西镇驻军相对较少，因而标度区较窄）。需要说明的是，山西镇较低区段的小聚落集团因未详细记载驻军，采取以集团核心聚落为代表，由集团整体驻军值计算山西镇和三镇整体规模结构，计算结果未出现多段无标度区，但根据聚落规模与驻军（或住人口数）具有一定对应关系（低级别聚落尤其显著），若集团内低级别聚落驻军规模均参与计算，推测驻军—规模序列很可能出现多段无标度区。

军事防御聚落体系维数　　表5-2

范围	拟合度≥0.97无标度区所涉聚落				所有聚落参考信息		
	q	D维数	R^2	无标度区范围（单位：人）	q	D	R^2
三镇整体	1.03	0.97	0.970	约120~24000	1.08	0.93	0.944
宣府	1.10	0.91	0.970	约150~20300	1.22	0.82	0.932
大同	0.97	1.03	0.975	约200~24200	0.97	1.03	0.975
山西	1.33	0.75	0.970	约250~8400	1.30	0.77	0.936

总体看，三镇整体、宣府镇和山西镇的驻军规模结构为垄断型，各聚落驻军规模分布相对分散，规模差异相对较大，首位聚落驻军具有垄断性；大同镇驻军规模结构则为非垄断型，各聚落驻军规模分布相对集中，中间位序驻军规模较多。进一步考察，三镇整体（0.97）、宣府镇（0.91）和大同镇（1.03）所属类型虽有不

同，但三者维数均非常接近临界值1，表明三者驻军规模结构格局均衡，进化程度甚高，已趋于自然分布的理论最优化状态。

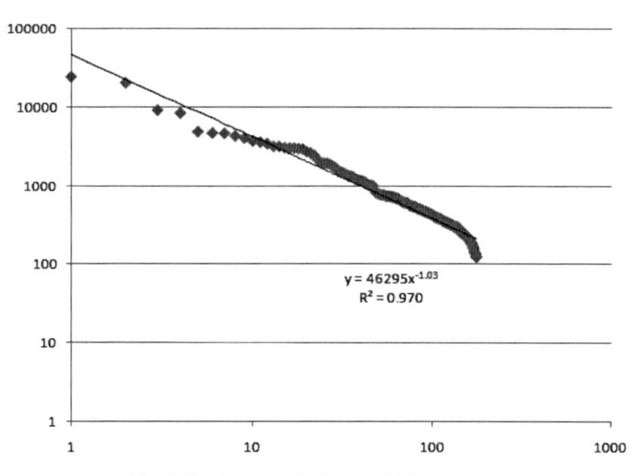

图5-7 三镇整体驻军—位序双对数坐标

三镇整体驻军规模体系结构（0.97）分布格局最优化。进一步采用P_2、P_4和P_{11}，考察高位序区段聚落规模分布，结果分别为P_2=1.19、P_4=0.64、P_{11}=0.71，P_2较小于合理值2，P_4和P_{11}则小于合理值1，但并不是很多。表明在高位序区段内，首位聚落驻军不具垄断性，由其位序—驻军对数坐标显示（图5-7），首位排序前几位城市，略向下偏离拟合线，规模相对接近且呈阶梯式排布，前三阶梯驻军规模如表5-3。大同城（大同镇镇城）与宣府城（宣府镇镇城）规模近似，位于第一集团；阳和城（属大同镇）与宁武关（山西镇镇城）位列第二；第三阶梯则包括宣府镇辖独石口堡和永宁城，以及山西镇辖代州城、偏头关和老营堡。不同阶梯内各镇所属聚落交叉排布，整体看大致分配均匀。大同镇2个聚落虽少，但排序较高；宣府镇3个聚落整体居中；山西镇4个聚落虽多，但排序较后。综合以上事实，三镇整体驻军规模结构总体上优化程度较高，表明三镇具有显著的整体性和系统性，从数理上确切证实宣大山西三镇自古被视为军事防御整体的人文学和历史学结论；但规模阶梯分布特征的存在又表明各镇驻军体系独立性亦较强，存在分化三镇整体性的趋势。其中大同与宣府镇城紧邻且地理环境类似，一方面，演化出近似的首位聚落规模；另一方面，对军事资源的竞争又直接弱化区域聚落驻军的规模，并进一步加剧两镇城驻军的匀质性，上述这种各镇独立演化的痕迹在不同阶梯内均有表现。而山西镇则由于地理环境、防御模式与其他两镇差异显著，驻军规模相对偏低，但数据显示山西镇镇城驻军虽明显少于其他镇，但其部分路城（“外三关”核心聚落）反而存在高于其他镇路城的倾向，这与其“三关”为核心的防御特征密切相关。

三镇聚落驻军整体排序前9位驻军　　表5-3

	聚落	三镇排序	驻军
1阶梯	大同城	1	24186
	宣府城	2	20348
2阶梯	阳和城	3	9109
	宁武关	4	8390

续表

	聚落	三镇排序	驻军
3阶梯	独石口堡	5	4872
	代州城	6	4681
	永宁城	7	4645
	偏头堡	8	4303
	老营堡	9	4022

宣府镇（0.91）驻军规模结构较三镇整体和大同镇差，略偏垄断型。进一步采用城市指数考察高位序区段聚落规模分布，结果分别为P_2=4.18、P_4=1.54、P_{11}=1.40，P_2显著大于合理值2，P_4和P_{11}则大于理论合理值1，但并不很多。这表明在高位序区段内，首位聚落规模明显高于后续聚落。结合前述位序—驻军结果综合考察（图5-8），整个聚落体系以及局部高等级区段的驻军规模结构均为垄断型。宣府镇较强垄断性来自于其独特的战略地位。整体看，宣府镇居于宣大山西三镇区域由西向东纵向沟谷通道的最东终端，是蒙古军队东进攻击京城的主要通道之一，而宣府镇则是扼守此通道的核心防御机构，一旦失手便直击京城北门居庸关，战略地位极其重要，因此垄断性的驻军与战略防御重心需求相匹配；局部看，其雄踞宣化盆地，是区域战略和交通核心，对于区域各地驰援、支撑极其重要；就聚落演化角度看，宣府镇与大同镇在地理和战略方面的天然一体性，直接导致其在三镇整体驻军体系演化过程中，与大同镇既相关又竞争的关系，因而促使宣府镇城驻军规模与大同镇相差无几。然而，首位城市之外的后续聚落整体规模较大、各聚落规模较均衡且稳定，一定程度上减弱了镇城的垄断性，使其整体上又呈现相对较好的规模结构特征。

大同镇驻军规模结构（1.03）与三镇整体优化程度基本一致，仅略偏向非垄断型。进一步采用城市指数考察高位序区段聚落规模分布，结果分别为P_2=2.66、P_4=1.57、P_{11}=1.55，P_2大于合理值2，P_4和P_{11}则大于理论合理值1，但并不很多。表明在高位序区段内，首位聚落驻军具有垄断性但并不强，这与大同镇位序—驻军对数坐标高位序区段显示一致（图5-9）。结合前述位序—驻军结果综合考察，大同镇整体驻军规模体系接近理论优化状态，但体系内部依然存在波动，首位镇城驻军规模偏多。而高区段内路城级聚落（路城、卫及镇辖守御千户所）驻军的整体规模优势——路城共驻军占全镇的40.8%，镇城和堡城级聚落则分别为29.3%和29.8%——弱化了镇城的垄断性，加之中低区段规模的聚落分布较多且稳定性良好，共同保证了整个体系的优化状态。大同镇驻军规模结构整体的良好形态，与其处于“三镇之首”的战略防御地位和居中的空间区位息息相关，极大的战略防御负荷促使其驻军规模结构快速进化为最优化状态；而大同镇除本镇外

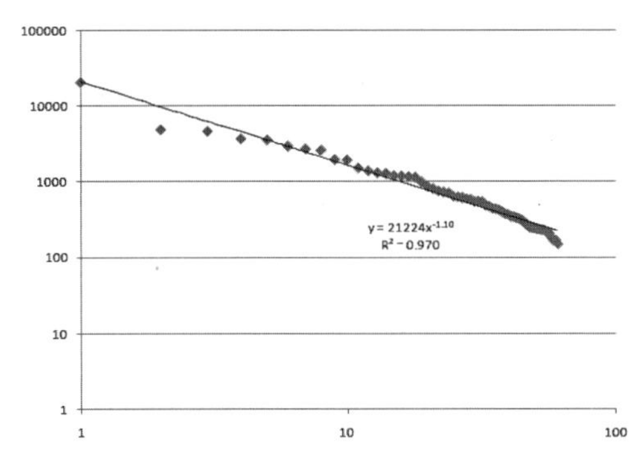

图5-8　宣府镇驻军—位序双对数坐标

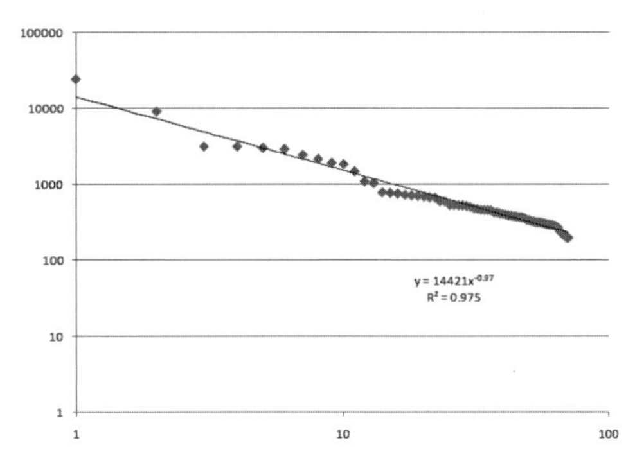

图5-9　大同镇驻军—位序双对数坐标

同步参与三镇整体聚落体系宏观演化，居三镇之首的驻军规模显然是与三镇整体规模格局匹配的结果；此外，路城作为大同镇内部的常规防御核心，面对频繁、严酷的局部战术性防御，保有较大规模的驻军配置（游骑兵甚多）才能顺利完成防御和支援要求。

山西镇驻军规模结构垄断性显著，驻军首位聚落垄断性很强，各聚落驻军规模差异较大。进一步采用城市指数考察高位序区段聚落规模分布，结果分别为P_2=1.79、P_4=0.65、P_{11}=0.59，P_2小于合理值2但接近，P_4和P_{11}明显小于理论合理值1，表明首位镇城驻军虽明显多于其他聚落，但其垄断性并不很强。在高位序区段内，各聚落驻军规模较集中，差异较小（表5-4），结合前述驻军—位序分析可知（图5-10），山西镇驻军体系规模结构的垄断性，主要来自于整个聚落体系高区段和低区段聚落规模的显著差异，即较大规模驻军都集中于高区段的有限聚落且相对均匀分配，而首位镇城驻军规模并不特别突出，数据显示前11位聚落驻军占山西镇全部驻军的75.7%，中低区段的29个聚落仅占全驻军的24.3%。上述驻军规模体系分布格局与山西镇军事防御特征密切相关。根据前述时空演化，山西镇以“三关”防御为主导的防守形态很大程度上影响了长城聚落防御体系的形成，“三关”均系战略急冲要害，统筹兼顾的防御需求，促使以“三关”为核心（三关相关堡寨集团所辖区域）屯驻大量军队且规模较接近，直接分化了首位镇城的驻军规模；其次，山西内线和外线长城的多重防御态势在宏观层面进一步分流驻军；而山西镇治的多次异址以及主力驻军的季节性频繁移驻，所形成的不稳定性和无极性防御（相对具有单一、稳定的防御形态的极性防御），导致宁武、偏头、雁门等战略核心驻军规模的匀质化。

山西镇聚落驻军前11位　　表5-4

驻军排序	聚落	驻兵数（单位：人）
1	宁武关城	8390
2	代州城	4681

续表

驻军排序	聚落	驻兵数（单位：人）
3	偏头关	4303
4	老营堡	4022
5	利民堡	3420
6	马站堡	3049
7	北楼城	3009
8	岢岚州城	1758
9	河曲营城	1694
10	神池堡	1452
11	八角堡	1130

三、聚落数目——驻军规模结构

（一）军事防御聚落体系的等级

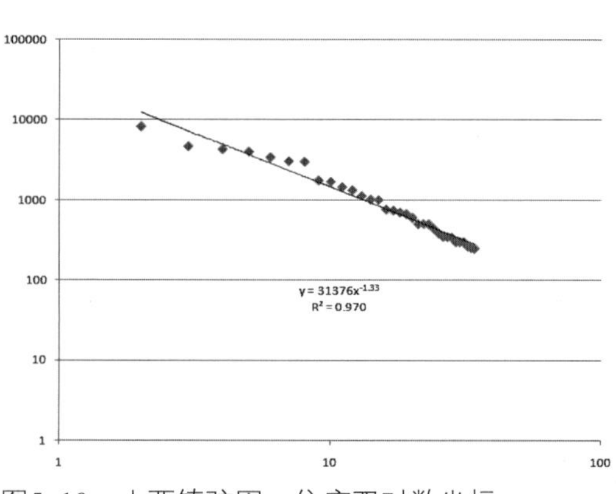

图5-10　山西镇驻军—位序双对数坐标

军事防御聚落的防御级别与该聚落所驻官职等级密切相关，并由此形成聚落体系等级层次的基本结构关系。根据基本关系，聚落防御体系的管理等级有不同划分方法，其中较多的是基于管理级别大小，划分为“镇—路—卫—所—堡”五级①，或类似的层级划分②。此分类忽略或混淆了决定军事防御聚落等级的关键因素——总兵镇守和都司卫所两种不同管理序列的生成机制，而将不同体系的两层级关系简单合二为一③；亦有基于所驻官职层级，划分为“总兵级—参将级—守备级—守兵级”四级，其判断逻辑为“制度体制—驻官等级—聚落层级”④，此分类根据两种管理制度的对应关系更为合理的划分出聚落等级层次；此外，还有“镇—路—堡”三级的等级划分方式⑤，以及针对山西镇聚落特殊层级的“镇城级—路城级—堡城级—堡寨级”的四级分级方式⑥。本书基于分形理论视角，以军事防御聚落体系为核心，以聚落所驻官职层级关系为基本框架，综合考察三镇

① 李严．明长城“九边”重镇军事防御性聚落研究［D］．天津：天津大学，2007.
② 艾冲．明代陕西四镇长城［M］．西安：陕西师范大学出版，1990.
③ 王琳峰．明长城蓟镇军事防御性聚落研究［D］．天津：天津大学，2011.
④ 王琳峰．明长城蓟镇军事防御性聚落研究［D］．天津：天津大学，2011.
⑤ 赵子彦．明清时期大同地区屯堡的历史变迁研究［D］．北京：中央民族大学，2012.
⑥ 李贞娥．长城山西镇段沿线明代城堡建筑研究［D］．北京：清华大学，2005.

聚落体系的实际管理等级、功能属性、历史演化以及系统关系，从宏观层面提出军事防御聚落体系“镇城级—路城级—堡城级—墩台级”四级的划分方法：

首先，镇城级指各镇最高军事管理机构对应的聚落，包括总兵制下的总兵驻地和都司卫所制下的都司驻地，通常总兵与都司驻地同位于镇城，对应物质载体为镇城；

其次，路城级则是直辖于镇城下的路城和守御千户所（一级所）①，纳入军事防御聚落体系的辖于都司之下的卫，还有可能涉及相应等级的直隶州和府等，对应物质载体为路城、卫城、所城、州城和府城等；

再而，堡城级则包括各路城下辖的堡城，纳入军事防御聚落体系的卫直辖守御千户所（二级所）②或守御百户所等，以及驿站、关隘等较低级别的各类机构，还可能涉及部分相应等级的州、县等，对应物质载体为堡城、所城、县城等。本级聚落的功能属性、聚落规模、驻军规模、空间位置等特征，是四等级中个体差异最大的层次。各特征在不同层次互有消长，甚至个别聚落在某单项属性上略有越级，但就其隶属关系、层级稳定性、功能综合性以及重要性等因素综合考察，与路城级和墩台级存在明显区别，因此将其归为一类。

最后，墩台级则包括长城线上和临近的边墩，以及腹内的火路墩，对应物质载体为墩台。

以上四级划分的前三级与常规聚落分级类似，将墩台级纳入聚落体系分级主要基于以下原因，管理层级方面，墩台是明长城军事防御聚落体系最低等级的实体防御单位，明确隶于堡城和各级聚落之下。包括边墩和火路墩，其中边墩主要由堡城下辖，各堡一般约辖0~30多个墩不等（宣大山西三镇个别达到40多个），每墩10人左右③，而蓟镇甚至达到50人之多④。火路墩则各级聚落均有管辖，辖约0~30多个墩不等（个别达到40或50多个），每墩5人左右（急冲处适度增加），边墩与火路墩等级相同；功能属性方面，墩台具有防御作战、生活起居、瞭望传信等与聚落军事防御属性内涵完全一致的功能，是防御聚落核心功能属性的浓缩和延伸，其实质是防御聚落体系功能属性向更小尺度（等级）自相似衍生的产物；空间分布方面，墩台分布呈现两种空间形态：边墩主要分布于堡城前方（迎向长城），堡城大约居中分辖，与常规各级聚落等级序列中，高等级聚落与其下辖聚落的空间分布格局完全一致。而火路墩则各级聚落均有辖制，其空间分布以辖制聚落为依据和中心，周边线性扩散或环绕分布，广泛分散于聚落间的空间中。火路墩较边墩在空间方向上分布更自由，但实质与边墩相同，仅基于功能需求而对应变化；此外，史料记载均将边墩和火路墩视为同类防御设施描述，且对其管理

① 郭红，靳润成. 中国行政区划通史·明代卷［M］. 上海：复旦大学出版社，2007.
② 郭红，靳润成. 中国行政区划通史·明代卷［M］. 上海：复旦大学出版社，2007.
③《明世宗实录》卷四一五，嘉靖三十三年十月丙子条。
④《明穆宗实录》卷二九，隆庆三年二月癸未条。

等级、防御功能和空间布局的记载进一步佐证上述结论①。而稍后四级聚落的聚落数目—驻军规模结构良好的数理系统关系，从数理角度再次充分证明四级分类的确切性。

（二）聚落数目—驻军规模结构

基于四级分级，从更宏观层面，以相应等级的聚落数目和驻军规模建立三镇整体和各镇聚落数目—驻军规模双对数坐标（图5-11~图5-14），由最小二乘法计算相关维数和拟合优度（表5-5），数据显示各镇维数D稳定接近1，拟合优度基本超过0.980（仅山西镇略低），表明宣大山西三镇军事防御聚落与驻军体系在宏观层面呈现优化的分形结构关系，且关系非常稳定并相当接近理论最优化状态。综合前述研究结果，在宏观层面，看似纷繁复杂的驻军配置表象背后，三镇军事防御聚落体系遵循严格、明确的数理结构规律；而在相对微观的位序—驻军规模层面上，各镇根据实际情况发生复杂的适应性变化，呈现不同的规模结构特征，这进一步证明长城防御聚落体系在不同层面均具有稳定的分形结构。

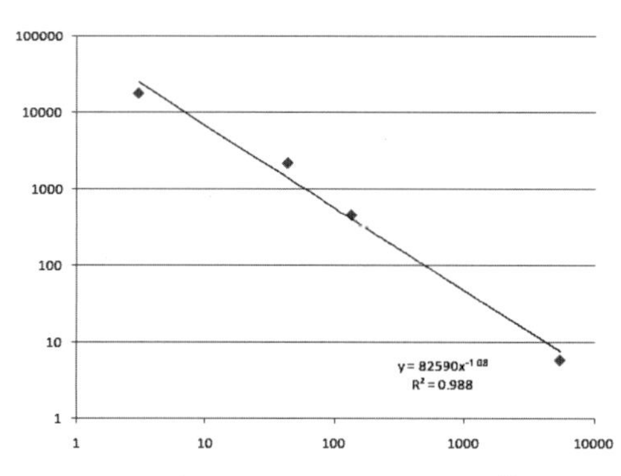

图5-11　三镇整体聚落数目—驻军规模坐标

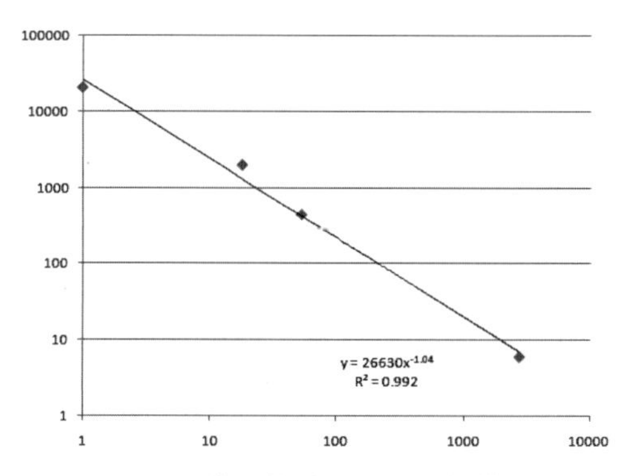

图5-12　宣府镇聚落数目—驻军规模坐标

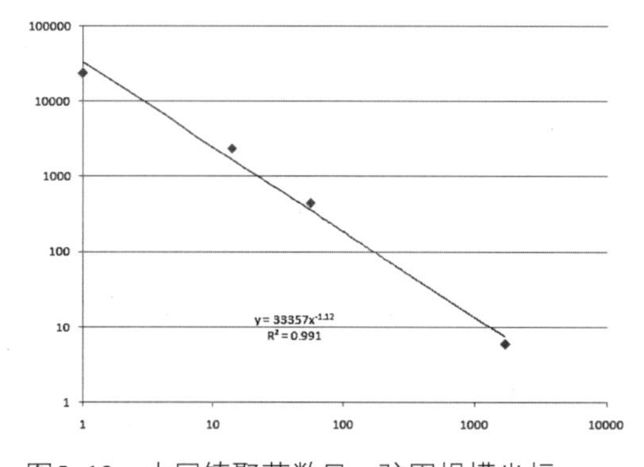

图5-13　大同镇聚落数目—驻军规模坐标

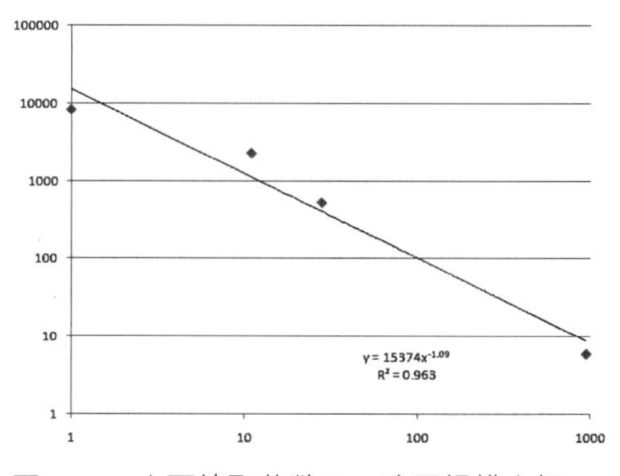

图5-14　山西镇聚落数目—驻军规模坐标

① 尚珩. 火路墩考［J］. 万里长城，2008（1）：2-30.

聚落数目—驻军规模结构分维数　　表5-5

考察范围	分维D	拟合优度
三镇整体	1.08	0.988
大同镇	1.12	0.991
宣府镇	1.04	0.992
山西镇	1.09	0.963

长城军事防御聚落四层体系存在严格数理逻辑的事实更重要的意义在于，标志着军事防御聚落体系与长城本体真正耦合为系统整体——长城军事防御聚落体系。明早期，长城作为相对孤立的军事防御设施存在，史学界多称之为战略长城[①]。之后长城介入军事防御聚落系统，并不断与其相互作用，最终耦合为长城军事防御聚落体系，形成复杂的联动系统而呈现更优异的系统性防御功能。而空心敌台的创立和广泛使用则标志着军事聚落体系与长城本体的最终耦合。空心敌台嵌入（或靠近）长城本体，与其深度融合，一方面将军事防御聚落体系防御功能延伸至线性长城；另一方面标志着军事防御聚落体系与长城本体完成系统性整合。空心敌台可居住生活、防御作战和瞭望传信等[②]，是防御聚落核心功能属性的浓缩和延伸，直接增强长城防御作战、阻抗强度和动态反应能力，同时使聚落系统与长城联系愈加紧密，因而促进更加复杂的系统联动功能的发育。就整个聚落体系看，最低等级的空心敌台是军事防御聚落体系功能属性向更小尺度（等级）自相似衍生的产物——分形结构，其实质是点式聚落体系通过分形结构组织，由管理中心（镇城）逐层向下衍生，通过四级自相似组织结构，将主动、动态的防御功能传递至线性长城墙体，最终与线性长城耦合（图5-15）；就理论推导看，若将长城视为无数个可以作战的点集合，则其便可视为更低层次的分形衍生物（第五等级），在并不严格的条件下，就更抽象的层面看，两者甚至可视为一个点基于分形规则演化为一条线的关系。

需要指出的是，常规认为空心边墩由明末戚继光于蓟镇所创，但事实上，明弘治时期已出现空心敌台，嘉靖时已在山西地区使用[③]，至迟到隆庆时期便普遍推广，虽使用功能与建筑结构的逻辑还未完美统一而相对简陋，但较之后世敌台

① 赵现海. 明代九边长城军镇史——中国边疆假说视野下的长城制度史研究［M］. 北京：社会科学文献出版社，2012.

②（明）戚祚国，《戚少保年谱耆编》卷九《秋八月台功告成鹰一子百户赏银三十两贮丝二表里》，清道光二十七年仙游崇勋祠刻本，第288页。《为增设重险以保万世治安疏》中详细概括敌台的作用，“军以台为家，内有薪水刍粮之备，外无风雨霜雪之侵，一也；多贮火器，给用不乏，二也；贼弓矢不能及，构杆不能施，我之铳礮矢石皆可远击，三也；军依于台身既无恐，胆力自壮，即弱兵可兼而用之，四也；偏坡壕堑恃台为固，五也；因台得势制令节制可施，六也；即有狡贼乘马跄险出吾之不意，而台制高坚八面如一，彼既不能仰攻，而步贼又不敢深入，七也；相持可守又可待援兵，八也；贼谋入必谋其出，来可据阻，归可游击，九也；即贼攻一台溃一墙而虏马不能拥入台得肆力无患，十也”。

③《明世宗实录》卷四一五，嘉靖三十三年十月丙子条，第7214-7215页。

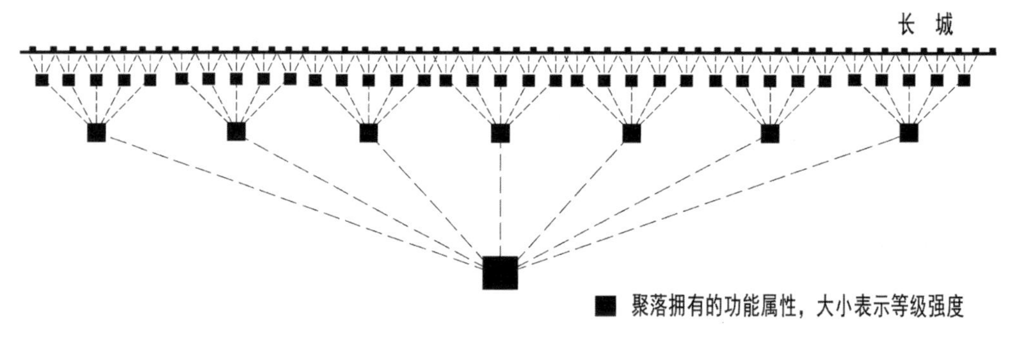

图5-15　聚落功能属性向长城传递理论示意图

图5-16　大同镇镇边堡长城敌台

图5-17　大同镇镇宁楼敌台

已具备全部功能内涵（图5-16、图5-17）。后期，戚继光仅在早期基础上发展、完善。因此，长城军事防御聚落体系进入成熟期较确切的时间应在明嘉靖末至隆庆时期。此外，史学界部分学者将契合于长城之上空心敌台的出现视为战略和战术长城的分界点①，其判断仅是限于长城本体的微观、个体的讨论。若将整个长城、军事防御聚落以及其他相关防御设施整体考察，则在更宏观、系统的北疆军事防御体系整体层面，空心敌台的使用则标志着军事防御聚落体系与长城本体的融合而一。而且，就聚落体系演化的长期性和稳定性、整个防御体系功能实施的主体性和动态性，以及面对高级别的大型战争长城墙体被多次攻破后军事防御聚落成为驱逐蒙军的主体力量等层面看，军事防御聚落体系显然具有明确的主体性地位，而长城则是整个系统的重要组成要素之一。

四、规模结构相关性分析

聚落体系的城堡规模和驻军规模均呈现分形结构，但两者结构细节特征不尽相同，且在聚落体系相应聚落中两者并不严格匹配，而是因地制宜呈现不同的结构

① 赵现海，明代九边长城军镇史——中国边疆假说视野下的长城制度史研究［M］. 北京：社会科学文献出版社，2012.

形态。本节对各镇聚落体系各聚落对应的两要素进行相关性检验，由于两组数据量纲、大小相差较大，为了便于比较将原始数据极差变换后进行相关性检验，深入考察两核心要素的系统关系。需要说明的是由于在数据统计阶段，发现沿边聚落的聚落规模结构和驻军规模结构的匹配性整体上明显优于腹内聚落，初步推测聚落空间分布位置与两者的匹配程度存在相关性，因此将检验分为全部聚落、沿边聚落、腹内聚落三组数据检测相关性。沿边聚落指与长城距离较近的聚落，占大多数，涉及由镇城和路城空间位置趋向长城方向范围形成的，约与长城大致平行走向的带形区域所包含的聚落，包括镇城、路城、严格临边的边堡，还包括并不严格临边但也处于此范围的较靠近长城的聚落。分析发现，这些聚落的聚落规模和驻军规模的匹配度实际上已逐渐不稳定，但为研究简化、明确起见，将其归为沿边聚落；腹内聚落则指此区域之外距离长城较远的内部纵深聚落，聚落数量较少。

总体看，各镇相应的聚落规模和驻军规模整体相关性较弱①。分区域考察，沿边聚落呈现强相关或中等程度相关，而腹内聚落两属性则呈现比全部聚落更差的极弱相关性（表5–6）。以大同镇为例进一步考察具体数据形态分布（图5–18~图5–22），沿边聚落两者波动中存在较明显的相关趋势，而腹内聚落两者趋势差异显著，其中聚落规模大小变化明显，但驻军保持较稳定状态，推证腹内聚落应常驻具有一定规模标准且数量较少的基本防御军队。

各镇聚落体系聚落规模和驻军规模相关性　　表5–6

	全体聚落相关性	沿边聚落相关性	腹内聚落相关性
宣府镇	0.183	0.637	0.147
大同镇	0.444	0.569	0.113
山西镇	0.068	0.424	0.017

聚落规模和驻军规模的整体较弱匹配性，源于军事聚落规模体系和驻军体系所涉及的功能属性差异。聚落体系除承载驻军体系，还囊括大量农业、商业和服务等非军人口（甚至比驻军还多），同时在更宏观层面还承载整个镇区域的政治、经济和文化的中枢功能所需要的庞大机构、人员和辅助设施。复杂的属性促使聚落规模结构表现出，比与驻军规模匹配的更大规模、更强垄断性和更复杂结构形态，驻军体系则相对单纯的表现为更优异的分形分布；聚落体系存在的空间异质性——聚落属性随空间分布的不同存在显著功能差异——进一步加剧其弱相关性。沿边聚落更倾向以军事防御功能为主，民政生产为辅，因此驻军规模与聚落规模相关性较高，匹配关系较好；而腹内聚落则更多以民政生产为主，防御为

① 相关性检验标准：相关系数0.8~1.0极强相关，0.6~0.8强相关，0.4~0.6中等程度相关，0.2~0.4弱相关，0.0~0.2极弱相关或无相关。

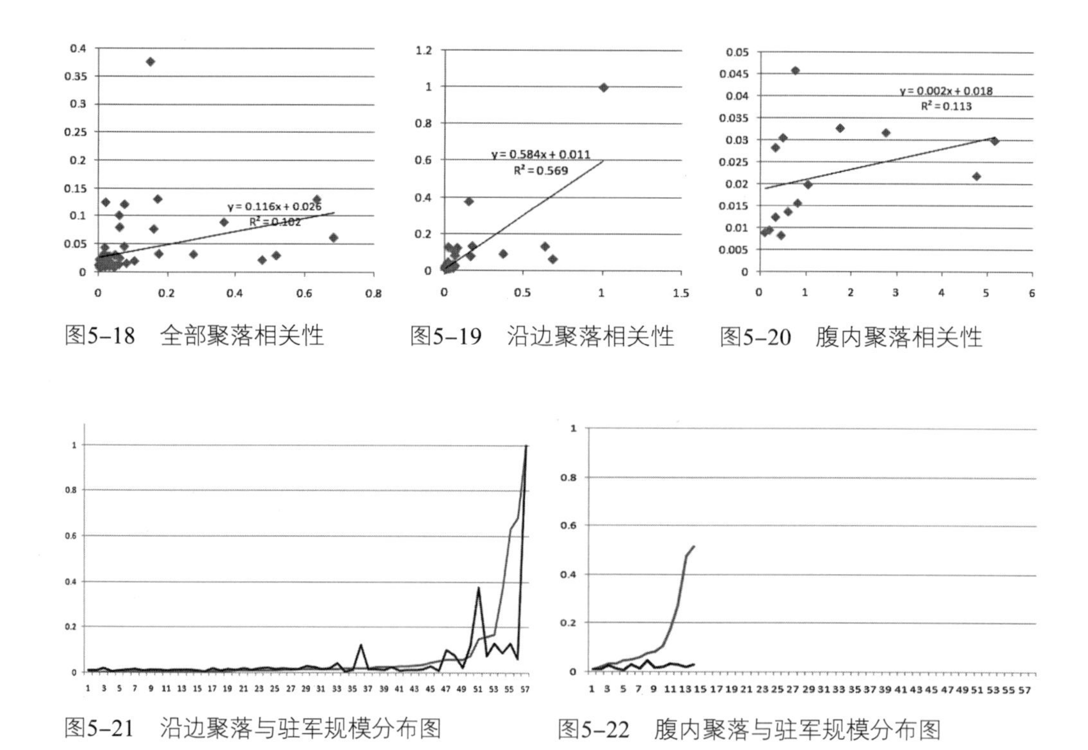

图5-18　全部聚落相关性　　图5-19　沿边聚落相关性　　图5-20　腹内聚落相关性

图5-21　沿边聚落与驻军规模分布图　　图5-22　腹内聚落与驻军规模分布图

辅，聚落规模很大（屯驻大量非军人口以司值生产、经济等民政事务），但驻军却很少，因而相关性甚弱。从历史演化看，腹内多数聚落与路城（镇城）具有高度同源性，均演化于早期卫所等传统核心聚落，这些聚落历史悠久、人口众多、所处土地肥沃，因而规模较大；最后，亦有可能聚落体系的进化还未达到最优化状态，规模结构体系和驻军规模体系的匹配关系还未实现最协调状态。

五、等级规模结构的系统关系

（一）聚落体系等级规模结构的整体比较

统一考察聚落规模、驻军规模以及聚落数目—驻军规模结构分布类型（表5-7）。四组研究对象的驻军体系宏观规模结构均处优化状态，且整体稳定于1.10左右，表明在不同的区域和尺度下，长城军事防御聚落体系各等级军事力量的宏观规划配置，均遵循严格且稳定的分形结构模式。在此基本框架下，各镇根据实际情况因地制宜演绎出更加复杂的聚落规模结构和驻军规模结构。比较发现四研究对象驻军规模结构整体接近理论优化状态，仅表现出较弱垄断性甚至非垄断型，而聚落规模结构分布则呈现垄断性。以上事实表明，作为军事防御聚落核心要素的驻军体系在严酷战争作用下，率先进化为良好的分形结构形态，且在更高的系统性结构层面亦遵循更加严格的分形军事规划配置模式；而聚落规模结构因承载除驻军体系之外更加复杂的综合社会功能，而表现出更强的垄断特征。

聚落规模、驻军规模以及聚落数目—驻军规模结构　　表5-7

	聚落规模		驻军规模		聚落数目—驻军规模结构	
	维数D	类型	维数D	类型	维数D	状态
三镇整体	0.89	垄断	0.97	垄断	1.08	优化
宣府镇	0.84	垄断	0.91	垄断	1.04	优化
大同镇	0.65	垄断	1.03	非垄断	1.12	优化
山西镇	0.88	垄断	0.75	垄断	1.09	优化

而就各镇看，三镇整体聚落规模和驻军规模均为垄断型，且分形结构发育四者最优，整体最接近理论优化状态。结合前述分析，进一步证明宣大山西三镇军事防御体系的整体性和系统性；宣府镇聚落规模和驻军规模同为垄断型且略强于三镇整体，两者分形结构发育程度三镇整体居中靠前，这得益于宣府镇偏于一角演化相对独立，而演化时间充分、京城防御要地、饲马重地等因素进一步促使聚落体系整体较成熟，之前交通网络的分析同样支撑这一结论；大同镇聚落规模和驻军规模则差异显著，聚落规模垄断性很强，但驻军规模结构发育状况四者最优，且为非垄断型。作为三镇防御重中之重，局部严酷战争促使驻军规模结构高度进化和成熟，而区域聚落规模则因处于区位中心，需承载与三镇整体等级匹配的社会功能核心作用，于是形成强有力的垄断性；山西镇聚落规模结构和驻军规模结构同为较显著垄断性，其中驻军垄断性四者最强，这与其前述复杂、特殊的防御模式和地理环境高度相关，此处不再赘述。综上可知，军事防御聚落体系涉及的聚落和驻军的规模结构存在复杂关系，其复杂性根源于军事防御聚落的双重属性。

（二）军事防御聚落体系的双重属性

战争活动就短期战事看，胜负直接依赖于驻军系统的攻防强弱；而就长期战争活动看，决定胜负的则是区域乃至国家的综合实力和耐久力。明朝北疆九边防区是以军事防御功能为主导的特殊“军管型”地区，采用全天候必然性防御模式，必须同时具备短期性和长期性——蒙军来袭的短期强有力抵抗和长期的漫长值守。就短期看，依赖驻军奋力阻击侵入敌军，需要科学有效的布局配置防御力量，以求最短时间发挥最大效率和最强力量；就长期看，一方面，同样需要科学布局以满足有限的军事防御资源对漫长防区的合理布局和配置；而更重要的则是需要长期的、强大的战争后备支撑力量，以负担长城军事防御聚落体系如此浩大系统工程的全天候运营。

在双重功能需求下，北疆逐渐演化出具有军事防御和民政生产双重属性的军事防御聚落。早期的卫所制实际上就是兼具两种功能但并未明确和深度分化的初级防御形态，随后逐渐进化为总兵镇守制度总领卫所制度并相辅相成的管理制度，形成军事防御和民政生产功能属性倾向性细分的双重管理序列，进而物化为驻军规模和聚落规模两套并不严格匹配的结构体系。前者优于专业化和系统化军事攻防，兼管与防御相关的重要民政管理，而乏于常规民政庶务经理以及与土地的深度融合；后者则专于区域民政庶务和农业生产，兼顾辖区局部守备，但弱于专业军事攻防。双重制度融合两者优势，取长补短，协同管理军事防御聚落体系。由此，军事防御聚落体系具有了双重功能属性，其核心属性为军事防御，主力依托军队，兼领卫所兵和临时武装，以长城战术防御、动态支援攻坚、聚落自卫防御等军事属性为主，功能相对明确、单一；同时，承载部分较重要的民政和生产等属性。而更关键的是军事防御聚落体系依托卫所管理体制和其他地方行政管理机构，将边疆区域整个聚落系统（包括长城军事防御聚落体系和民属聚落系统）纳入长城军事防御聚落体系，进而统筹、协同整个区域聚落系统承载的地方民政、农种屯田、物资生产和兵源供应等复杂多样的社会功能属性，在不同层面共同确保整个长城军事防御聚落体系的正常运转和功能实现。

（三）聚落规模结构与驻军规模结构的系统关系

聚落规模结构与驻军规模结构的复杂系统关系，是边疆地区军事防御聚落双重功能属性衍生的必然结果。就聚落体系的规模结构看，三镇整体和各镇均为垄断型特征，表明镇城（首位城市）对军事防御聚落体系强有力的辐射控制性，基于古代城市平面化的生长模式，人口数量与城堡面积在表征聚落体系规模结构时具有相对严格的等价性，推证镇城所包含的人口（包括非军人口和驻军）规模结构亦为垄断型，而史料记载同样佐证镇城在区域政治、经济和贸易中的统治地位[①,②]。镇城以军事为主导并在军事和民政方面的双重垄断性，显然可强力管控聚落体系的军事事务和民政事务，有助于统筹调控区域各种资源，在更广泛层面为军事防御功能提供系统性保障；驻军体系规模结构则相对单纯，三镇与各镇稳定、优化的分形结构形态。一方面，满足日常值守状态，有限军事防御资源对漫长防区的合理布局和配置；另一方面，实现了预警应激状态，明军以最大效率阻击入侵敌军。

而相关性分析可知，聚落规模和驻军规模两系统虽不严格匹配，却均遵循分形规则。就整个聚落体系的某一层面来说，该要素的规模结构进化为分形结构，有助于其更好的与广大区域融合，更合理占据和利用空间，以及更高效发挥资源配置优势。而两种规模结构错位的深层原因，则是聚落不同功能属性倾向性的结果，进而形成聚落体系社会功能和军事功能重心（并非实体）的分离；同时，规

① （明）张钦纂．大同府志（正德十年木刻本）·二卷（城池·关塞·津梁·烽喉）［M］．山东：齐鲁书社，1997.

② （清）孙士芳．宣府镇志［M］．嘉靖四十年刊本，台北：成文出版社，1970.

模错位与其空间分布的不均衡性高度相关，在后续空间结构一节详细论述；此外，亦不排除聚落体系不进化的可能——聚落与军队两者的规模结构依然未形成最优化的协同格局，还存在继续进化的空间。

第三节　聚落体系的空间结构研究

一、空间分布的探索性分析

基于各镇聚落的空间点集建立Voronoi图，以聚落点为核心，相应Voronoi图面积为值，采用GIS的克里格插值法建立空间分布特征表面，以大同镇为例（图5-23），进行点集空间分布特征的探索性分析。三镇特征表面图均显示军事防御聚落分割占据的空间明确呈现与线性长城平行的分层规律，各层厚度由内部向长城逐层较快递减。基于Voronoi图生成规则，多边形的面积宏观上能够反映其发生元（聚落）之间距离的关系，进而间接呈现聚落与长城距离的整体关系。根据Voronoi图的分布状态，表明聚落点集在平行长城的方向（大致平行长城），与长城距离大致相同位置的相邻聚落间的距离相似；而在垂直于长城纵深方向，离长城越近则相邻聚落的距离越小，且存在稳定的较快递减趋势。由此推测各镇聚落空间结构存在方向异质性——平行长城方向较均匀分布，垂直长城则向长城集聚分布。前期基于变异系数的聚落空间分布基础研究结论同样支撑这一推测。根据

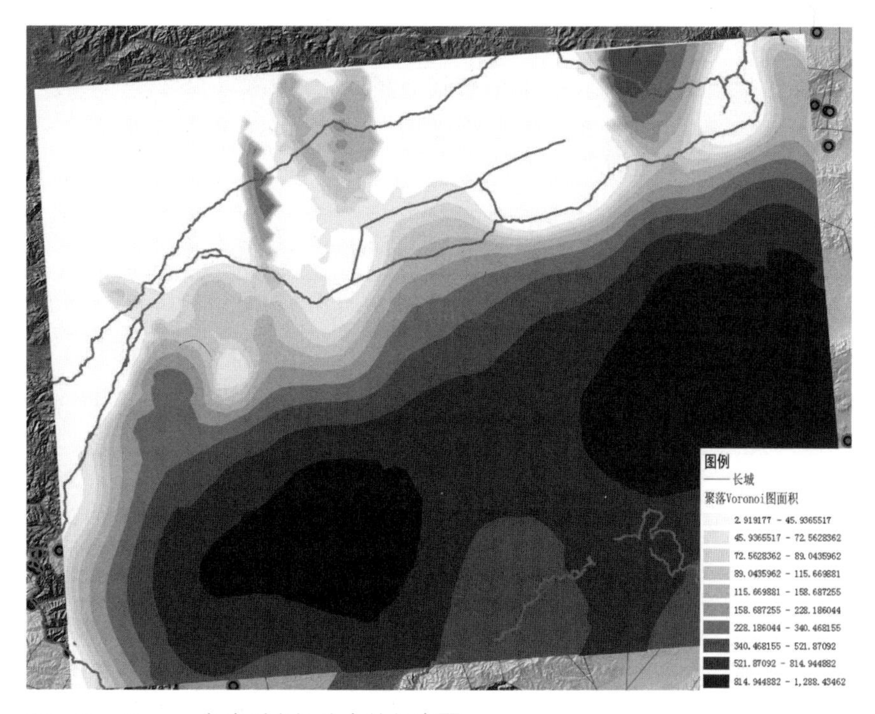

图5-23　Voronoi多边形空间分布特征表面

以往分形研究经验，长城军事防御聚落体系由镇城逐级向下衍生的聚落层级体系及其簇状空间分布结构，以及点集间距离趋向长城的较快递减形态，很可能遵循分形规律并涌现出分形结构①，由此基于分形方法进一步研究聚落体系的空间结构特征。

二、空间结构复杂性研究

（一）计算方法

采用聚集维数考察聚落的分布状态，聚集维数主要考察点集要素向某点的聚集状态，适用于军事防御聚落向镇城聚集状态的测量。通过探索性分析，军事防御聚落点集同时存在趋向线性长城聚集的特征，通常采用点集趋向线的方法计算其分维特征，但点集向线聚集的方法不适用于向点聚集的考察，基于分形计算的基本特征，采用不同方法或标准测量的维数不能进行相对比较②。为了能够比较聚落向镇城和长城凝聚的强度，以进一步揭示各要素对聚落体系空间结构的动力作用强度，本书统一采用聚集维数测量两者维数。但鉴于聚集维数仅适用于测量点集向点的凝聚特征，并不适用于点集向线的聚集状态，因此需要进行调整才能使用，且这种调整必须基于聚落体系沿长城方向相对匀质分布的前提。选择紧邻长城且位于临边中部的聚落点为标准点，测量整个聚落点集向其的聚集状态，若点集向中部标准点显著聚集，则基于聚落体系横向相对均值分布的特征，表明整个点集也趋向长城聚集，从而以点集向个别点的聚集特征间接呈现点集向线的聚集特征，以此获得相对精确的聚集维数以及可比性（图5-24）。需要说明的是，由于此方法为间接呈现，获得的数据在宏观统计意义层面，可相对精确地辅助呈现和计量表征聚落点集向长城的聚集程度。

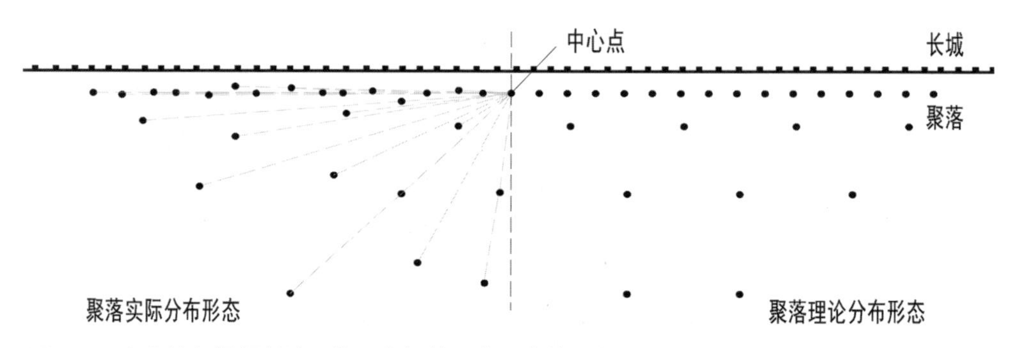

图5-24　点集趋向紧邻长城且位于中部的聚落聚集的示意图

① 陈彦光. 分形城市系统：标度·对称·空间复杂性［M］. 北京：科学出版社，2008.
② 刘继生，陈彦光. 城市体系等级结构的分形维数及其测算方法［J］. 地理研究，1998，17（1）：82-89.

（二）计算结果

采用聚集维数（公式5–6）分别以镇城为中心和以紧邻长城且位于中部的聚落为中心点，计算各镇聚落空间分布的聚集维数（表5–8）。基于此，考察各镇聚落空间分布的聚集中心、边界及整体分布状况。总体看，两组数据拟合优度均达到0.97以上，表明各镇聚落点集的空间分布具有显著分形特征。两组数据总体显示以其测试点为中心呈现凝聚态分布，仅大同镇高于临界值而具有微弱离散倾向。进一步对比以镇城为中心的数据（简称镇城数据）和以紧邻长城中部聚落为中心的数据（简称长城数据）发现，首先，各镇长城数据拟合优度显著高于相应镇城数据的拟合优度，表明聚落同时存在向镇城和长城凝聚的空间分布特征，但向长城紧邻聚落点的凝聚态趋势更加强烈；其次，两组数据的维数值进一步强化这一结论，各镇聚落整体以镇城为中心的向心凝聚状态呈现不稳定性，数据均接近甚至突破由向心转向离散的临界值（D=2），而呈现弱向心凝聚或离心发散态势；反观各镇长城数据则明确稳定于向心凝聚状态（D=1.3左右）。根据上述结果并综合前期道路体系规划以及探索性分析可知，军事防御聚落体系的空间分布呈现显著分形特征，其空间分布呈现趋向长城和趋向相应防区镇城的两种凝聚分布状态，且趋向线性长城的凝聚性推断应更加显著且稳定（因间接呈现，只能获得推断的结果），趋向镇城的凝聚性则较弱且不稳定。

三镇相关聚集维数　　表5–8

镇	以镇城			以长城		
	维数	优度	类型	维数	优度	类型
宣府镇	1.85	0.978	向心凝聚	1.31	0.991	向心凝聚
大同镇	2.03	0.975	离心发散	1.27	0.994	向心凝聚
山西镇	1.23	0.999	向心凝聚	1.22	0.998	向心凝聚

三、聚落体系空间结构分析

根据上述分析，聚落体系的空间布局受到聚落常规演化模式和线性长城的共同作用，演化出同时具有中心放射结构和向长城逐层放射的树状集簇结构的双重分形空间结构，两种空间结构模式的实质，是边疆聚落体系总兵镇守和都司卫所双重管理制度以及对应的军事防御和民政生产双重功能属性的外在空间表象，亦是双重管理制度和功能属性自组织演化融合的优化形态。

（一）多层级中心放射的空间结构

北疆地区基于早期的都司卫所制度，形成以区域传统核心聚落为卫所，管控相应空间范围的基本行政区划结构，区域聚落系统具有军农合一的双重功能属性。因其时军事强盛，且三镇尚处腹内而军防舒缓，聚落系统拓土实边、民政整治、土地管理等需求，主导演化出与实边安疆和农业生产更为适应的多等级中心放射的空间结构，其理论模型实质隶属于“中心地空间模型”范畴[①]（详细论证参见第六章6.2.2中国传统农业聚落系统的理论模型），这种结构是社会引力[②]和斥力[③,④]共同作用的产物——聚落系统内政治、经济、文化等因素的系统联系形成凝聚诸聚落的吸引力，而生存和发展必须的空间与资源需求及竞争形成推开诸聚落的排斥力——最终建构出以都司卫所等各级管理机构为核心的多等级中心放射的空间结构模式。中心地空间模型是各国家、各种族及各层次传统聚落系统，广泛遵循的常规理论空间结构形态，其形成机制源于层级式的管理模式、土地充分融合的需求，以及社会统筹管理和运营成本的综合作用，不同层级的管理中心居于相应辖区中心管控对应空间，对区域聚落体系政治、经济、文化、生产等方面的综合管理具有巨大的社会和经济成本优势；同时，此模式极易与土地深度融合以充分利用土地资源，是经典的优化空间结构，尤其适应农业文明社会聚落空间结构。

随着稍后军镇和卫所双重管理制度的建立，以军事集权强有力管控为导向的政治、经济和资源的汇集因素，促使镇城迅速发育为全镇的核心，最终形成区域聚落系统以镇城为中心的多等级中心放射结构。期间，北疆军事防御压力的加剧以及长城对聚落系统的介入，在原有基于卫所制度形成的多等级中心放射空间结构的基础上，逐渐分化出军事防御聚落体系。由于军事防御聚落数量只占区域全部聚落的一小部分。因此，以镇城为中心考察军事防御聚落凝聚性时，实际上只计算了军事防御聚落的聚集维数；此外，由于长城的影响，沿边聚落较多，腹内聚落偏少，整体导致趋向镇城的凝聚性较弱。但由于军事防御聚落体系脱胎于整个聚落系统，以镇城为中心向心模式的影响力广泛而深刻的存在，因而依然出现并不稳定的弱向心特征。这一事实间接佐证——即使局部计算依然存在其向心力的影响，镇城对整个聚落系统空间结构强有力的中心控制性，若将区域整个聚落系统全部纳入计算，镇城的强力凝聚性是毋庸置疑的。

（二）趋向长城逐层簇状放射的空间结构

随着中后期疆域的压缩、全面防御战略的确立以及长城硬性边界的形成，长城与军事防御聚落在空间、战略和战术层面的交互影响日益加剧。“建堡守边”

---

① 为论述简洁、通畅，中心地理论相关的基本特征、理论意义、适用条件等相关内容此处不做详述，详细论述参见第六章第二节中国传统农业聚落系统的理论模型。

② James O. Wheeler, Peter O. Muller, Grant Ian Thrall, Timothy J. Fik, Economic Geography, John Wiley & Sons, Inc. 1998.

③ Converse, P.D. New Laws of Retail Gravitation. Journal of Marketing, Volume 14, January, 1949.

④ 于勇刚. 淄博市城镇体系空间结构优化研究［D］. 长春：东北师范大学，2007.

为导向的相对微观的防御规划策略应运而生，严格的距离设定促进紧邻长城堡城级聚落的快速发展。基于此，堡城与其就近隶属的路城和更高级的镇城，加之后来形成的空心敌台，共同组成了军事防御聚落体系的主体结构。其中堡城等低级别聚落（涉及空心敌台）如上所述受到线性长城的显著影响；而路城虽较早演化，但在后续长城选址营建过程中亦与其相互作用——长城始终以路城为依据保持一定距离的平衡关系——既可使局部在较短时间内获得直接的军事支援以及更为重要的以同级卫所为主的综合后备支撑；又可使路城在宏观层面兼顾尽可能大的防御范围。而最高级别的镇城则在更大空间尺度上延续这种自相似关系。由此，整个长城军事防御聚落体系便受到长城墙体由外向内部纵深的反方向演化动力作用，形成以长城为线性目标的聚集态空间分布。综合前期探索性和凝聚态分析，此空间结构的实质是长城军事防御聚落体系通过分形结构在边疆广阔空间中，实现了社会和军事资源的高效管理和优化配置。通过分形自相似拓展模式，点式聚落体系逐层趋向长城扩展，并与线性长城形成深度耦合的有机整体，动态军事防御属性亦延伸及合理分配至漫长的线性长城，聚落体系内在隐形的层级管理模式亦外化为显著的簇状分形空间结构。

（三）两种空间结构模式的融合

基于北疆地区军事防御和民政生产双重功能需求，演化出总兵镇守和都司卫所的双重管理序列并融合于聚落实体，两者在不同管理层级遵循基本对应关系，并由总兵序列统筹、都管各级对应卫所序列，形成各序列自身纵向隶属及序列之间横向对应管控的复杂管理系统，以及军事和民政双重功能属性综合交错的聚落系统。管理和功能的双重属性同步演化出与之相适应的两种空间分布模式，两模式则通过空间异质性和多层次“织构”实现了系统性融合。

就军事防御聚落体系看，聚落通过空间异质性实现两种空间模式的融合。基于总兵镇守和都司卫所两序列主司的军事和民政功能，在不同等级聚落中的比重差异及其相应的空间形态所产生的空间异质性，军事防御聚落体系一方面分野为隶属关系、属性倾向和空间分布等具有明确差异的沿边聚落和腹内聚落；另一方面，以军事主导的对应管控关系又建立了两者的系统联系，由此形成了两种空间模式的禀异和融合。就高、中等级军事聚落考察，沿边聚落中的路城与腹内聚落中的卫所（镇直辖）虽隶属管理序列不同，但管理等级对应；军防与民政属性虽倾向性明显，但另一属性仍具相当比例；而两者同源演化于区域核心聚落所形成的卫所。因此，路城和卫所基于功能属性所对应的空间形态，以及更高等级镇城的隶属关系和两者之间对应性所形成的系统关系，空间化为以镇城为核心的向心空间分布模式。其实质是区域整个聚落系统多层级中心放射模式中的高、中等级聚落部分。军事防御聚落体系通过纳入区域几乎所有高、中等级核心聚落，实现

"以点控区"的战略布局，并为广义军事防御聚落系统[①]的建构预设了"织构"点（详见下述）；而就低等级军事聚落考察，聚落空间异质性愈发显著。其中临边堡城众多，沿长城大致匀质分布，其军事防御功能占据绝对优势而民政功能较弱；腹内低等级聚落则数量甚少，分布模式为相对随机的泊松分布[②]，其功能以交通、驿信、饲马等后备支援为主，除因多层次防御系统而建立的个别腹内关隘聚落外，腹内聚落驻军较少、防御功能较弱。上述众多临边堡城与少数腹内聚落所形成的空间格局，一方面残存了区域整个聚落系统的多层次中心放射结构特征，进而相对镇城贡献了微弱的向心性；但更为突出的是这些在微观战术上与长城直接相关的大量临边堡城，结合在宏观战略上与长城密切相关的路城，以压倒性的优势贡献了趋向长城簇状放射的空间分布趋势。由此，军事防御聚落体系通过不同等级聚落复杂的空间异质性实现了两种空间模式的融合。

就广义军事防御聚落体系看，军事防御聚落体系与民属聚落系统通过多层次"织构"融为一体。总兵镇守和都司卫所两管理序列在区域整个聚落系统内同步衍生的过程中，于不同等级所呈现的融合程度、涉及聚落数量以及相应的空间形态等方面存在显著差异。就最高等级镇城考察，两者合二为一形成整个军镇军事防御和民政生产的统筹核心，空间位置居于全镇战略重心；就次级的路城及卫所（镇直辖）聚落考察，两序列融合状态出现差异，大致分为沿边路城（个别路城并不严格临边，而紧邻与其他镇交界的区域，因属性与沿边路城一致，将其归为一类）和腹内卫所两类。沿边路城内两管理序列明确延续与镇城大致相同的融合状态，涉及聚落数量相对较少。而腹内卫所中两序列的融合状态并不稳定，其中都司卫所管理序列在卫所中广泛存在且相对发达，总兵序列却呈现不稳定状态甚至趋于弱化。其中大同镇腹内直辖卫所以卫所管理序列为主导，总兵序列则较弱；而宣府镇保持较好的融合关系；山西镇则一般。上述不稳定性一方面与军事防御聚落体系的空间异质性密切相关；另一方面，推测与各镇军事防御聚落体系所处区域特征和发育程度的差异相关。由于军事防御聚落体系将区域核心聚落全部纳入其内，其空间格局如前文所述保持以镇城为核心的放射形态；就第三级及以下的堡城和民属聚落考察，两序列在聚落中融合状态显著分化。大致分为低等级军事防御聚落和民属聚落两类。其中低等级军防聚落内两管理序列依然延续对应融合关系，但由于防御功能需求加剧，总兵系列比重增加而具有较大影响，卫所序列虽较路城一级聚落减弱，但两者依然遵循军事与民政事务相应的均衡关系融合，空间分布则沿长城大致呈现线性（或带型、或少数放射型分布）形态；而

① 广义军事防御聚落体系，指三镇辖区所有聚落——军事防御聚落与民属聚落——构成的整个聚落系统。从宏观层面考察，军镇辖区的所有聚落均直接或间接参与区域的军事防御活动，其中军事防御聚落直接参与军事活动，而广大民属聚落则以物质和人口支撑区域防御的可持续发展，而间接参与军事防御活动，两者相辅相成，系统联系，共同构筑了广义的军事防御聚落体系（详述参将第六章）。

② 徐建华. 现代地理学中的数学方法（第2版）[M]. 北京：高等教育出版社，2002.

数量上占据绝对优势的广大民属聚落，则明确由卫所管理序列统辖，其等级关系以卫所基本序列为依据展开，且越向下层级性越复杂模糊。常规对应的总兵镇守制度已较少介入本层级及其下如此广泛和细碎的民政生产功能个体，及其相应的多层级中心放射空间结构。

综合上述分析可知，卫所管理序列更为广泛的贯穿于区域广义军事防御聚落体系，并同步演化出多层级中心放射空间形态，以此建构出区域聚落系统的宏观背景；总兵系列则基于此背景，贯穿镇城、路城、堡城及其他相对较少的具有必要战略和战术意义的聚落，形成相对有限的军事防御聚落体系及其趋向长城和镇城的双重空间形态。两管理序列在不同等级和功能的相关聚落内呈现多层次的配比和对应关系——伴随聚落等级由高到低，两者由良好融合转向明确分野，分野趋势始于中等级聚落，并随等级降低愈发显著。上述分野的深层根源在于边疆地区对军事防御和民政生产双重功能需求的非匀质性，以及两者在组织管理方式和空间形态等方面的本质区别，这种区别在高、中等级相对意识形态化和宏观的管理层面容易对应融合且必须融合以统筹相应分工，但在越来越趋向中、下层功能实体以及实质操作层面延伸时两者必将截然分离。而明政府通过宏观不同层次的差异性融合，尤其是将区域卫所一级核心聚落全部纳入的管理策略，将聚落体系有限的聚落点多层次的“织构”入区域更为宏观、复杂、庞大的聚落系统网络，以此借助卫所管理序列将大量低等级民属聚落间接纳入严格意义的长城军事防御聚落体系，实现统筹协调区域政治、经济、文化、生产等民政功能，以获得军事防御的可持续发展支撑，而两种不同的空间模式也同步融合为一体，形成广义的长城军事防御聚落系统。其实质是基于明早期聚落原始、粗陋的军农合一防御模式，进化为高级的军事与民政功能明确倾向性细分且相辅相成的模式，所对应的两种空间模式的演化和融合，是边疆地区“军管型”区政特殊人地关系策略的空间表象。

第四节　规模结构与空间结构的动力演化系统关系

在复杂因素的综合作用下，军事防御聚落体系的规模结构和空间结构同步演化并交互作用，最终形成相互匹配的系统性结构。聚落体系的规模结构和空间结构实质是长城军事防御聚落体系同一系统的两个方面——内在功能属性和外在空间表象——两者系统耦合、互为表里，通过功能与形式的和谐统一，实现了近乎完美的军事防御功能。基于三镇长城军事防御聚落体系时空演化，以及规模结构和空间结构的研究成果，初步探索两者的动力演化过程，大致可分为两个阶段。

一、初期动力演化系统关系

军事防御聚落时空演化初期，伴随明早期的都司卫所制度，明政府首先基于区域核心聚落建立中等尺度的卫、所等军事据点，而卫、所空间尺度的确定则大致依据区域传统大、中型核心聚落的影响范围——传统行政辖域、独立地理单元或隐性的影响辐射范围等因素确定的区域。以军事据点为中心，以卫所管理序列为依据，向下逐级放射衍生军农复合的多层次卫所聚落集团，由此形成相对开放、松散的聚落防御形态。此时今宣大山西三镇尚未建立，三镇所涉区域相对处于腹里并由都司及卫（所）分而治之，区域严格意义的长城亦未出现（此时以片段墙体和关墙为主），因此聚落系统的规模结构和空间结构模式，基本遵循传统的自组织演化规则。聚落系统规模结构和空间结构大致以卫、所空间尺度为范围，理论上依照中心地或类似的空间模式衍生（详见第六章）。此空间结构是与卫所拓土实边和农种屯田等农业核心功能相适应的最优化人地关系策略，实质是农业文明与土地深度融合以充分利用土地资源的分形结构形态。

明永乐时期，由总兵节制卫所的镇守制度确立。此时军事防御与民政生产功能的倾向性分化虽以实质性开始，但两功能及其对应管理制度依然处于向明确分化协同状态进化的初级阶段——两序列相关的官职设置、责权范围以及协同配合等方面，仍呈现不稳定的磨合，甚至冲突的过渡状态。此时，边疆地区以军事为主导的政策、镇城超然的核心管理地位，以及镇城传统区位优势和历史遗惠的综合作用，促使镇城从规模较接近的诸卫中脱颖而出，逐渐演化为辖区的首位规模聚落。其兼具军事和农政双重管控属性，在更大尺度上，整合、凝聚了多个卫（所）的防御和民政功能，逐渐形成宣大山西三镇各区域的聚落规模等级体系（三镇实际演化存在时序差异，此处仅描述其宏观演化过程的理论共性）。其他卫所则相对自然生长或部分借助军事介入优势稍快演化，形成区域的第二等级聚落集团（随后大部分演化为路城），并向下衍生各自多层级的聚落系统。由于此时三镇依旧大致处于腹内，聚落演化仍然未受长城的严格影响（严格意义的长城防御体系还未形成，整体上长城的时空定位仍然在变化之中，仅少部分区域基本稳定但并非后期严格意义的长城防御聚落体系所对应的战术长城），期间聚落体系的空间模式依然延续理论上的中心地模式，该模式符合其时区域屯种实边为主的特征。但由于镇守制度于更高等级和更大尺度的整合作用，镇城在多方面卓然的统治地位，必将对区域聚落体系的规模结构和空间结构产生显著影响，基于经验、有限的资料以及后续演化的结果，推测此时规模结构很可能趋向镇城垄断性发展，空间结构则在军镇尺度上逐渐演化出趋向镇城的凝聚态分布，同时在卫所尺度内则可能突破以原有卫（所）城为核心的向心凝聚分布，而趋向镇城方向的非匀质分布，且空间上越靠近镇城的卫所辖区聚落受到的影响越大。自此，在镇城的统一控制下军事防御聚落体系的系统性和整体性相对单纯的发展演化，并初步具备了相对独立形态的军事防御聚落系统。

二、中后期动力演化系统关系

随着永乐之后疆域的不断内缩、全面防御战略的确立以及长城硬性边界的形成，长城与军事相关聚落在空间、战略和战术层面的交互作用日益加剧。经过漫长的演化约至嘉靖朝前后，以战术长城线性硬边界防御形态为代表的堡边结合的防御模式逐渐形成。遵循其空间布局的规划要求，通过选择适宜的原有民堡改建或因地制宜增筑新堡等方式，沿长城一线依照规划距离修筑低级别堡城以戍守长城。区域的多个堡城集团遵循管理、支援及后备的时间和距离成本最低原则，就近归属区域路城管辖，而这些路城基本演化于早期的卫（所）（少数则根据战略需求新建堡城，但与早期卫所具有高度同源性），其辖区范围大致与所辖守边及腹内堡城涉及区域相关，但并不严格重叠[①]。由此在路城及其下的中小尺度上，将早期卫所制主导下军农合一的部分聚落集团与新建堡城，整合为更大的以镇为尺度的长城军事防御聚落体系[②]。这些聚落（部分）的功能也由初级的军农融合功能，逐渐进化为具有明确军事防御功能倾向仅兼具民政功能。而在更宏观的层面，已具有相对独立形态的军事防御聚落以长城为导引，从区域整个聚落系统中明确分化出具有独立和完整形态的长城军事防御聚落体系，并同步进化为在自身以及区域整个聚落系统的不同层面，既具有明确军事防御和民政生产倾向性细分的功能属性，又基于双重管理制度的对应管控关系而建立了统筹互补、协同联动机制的高级军事防御聚落综合体。这与诸功能合一的低等单细胞动物进化为细胞明确分化成具有不同功能属性但又协同工作的高等级生命体，在功能的分工与协同层面具有类似的进化目标和过程。

在长城军事防御聚落体系演化的过程中，其规模结构和空间结构亦基于聚落相应的传统规模、职能属性及管理等级等因素同步演化，而长城军事防御聚落体系的核心聚落所构成的结构框架是其关键。其中守边堡城多处于沿边山地，环境多为穷山恶水的险要之地，土地承载力极其有限，天然铸就其有限的规模禀赋。长城线漫长防御负荷和相对有限军事资源（军队和物资）的矛盾决定了堡城驻军点不可能配置太大规模，堡城分段守边的功能属性以及最合理高效发挥作用的空间尺度同样限定了其内在规模特征，而堡城在军事防御聚落体系中的等级，以及系统自组织互动作用的影响同样决定其较小的规模等级；路城的规模方面，基于历史综合遗惠、进化先行的时间优势、较强天然土地承载力、区域稳定辐射控制力以及更高等级规模和更大尺度的聚落功能属性——全路范围内防御驰援的军事功能及生活屯种的民政功能，其规模相应居于中等；而镇城的规模方面，如前所述其脱胎于区域中等规模核心聚落（卫、所），基于众多优势迅速发育，最终超

---

① 郭红. 明代都司卫所研究［D］. 上海：复旦大学，2001.

② 更大尺度是指，管辖区域数量和等级而言，空间上则主要指防线回缩之后的卫所空间范围，而非早期的空间范围，早期单个卫所空间尺度可能非常巨大，但级别较低，且单一。

然于同样发育于卫、所的路城之上，完成了全镇更高等级规模的军事防御和民政生产的综合管控功能，毋庸置疑的演化成最高的规模等级。

镇城、路城和临边堡城三者基于总兵镇守和卫所双重管理制度的对应管控关系，构建出军事防御聚落体系的规模结构框架。约与规模结构框架演化同步，以其不同等级军事聚落点为中心，在其相应控制范围内不断调整，将具有战略和战术意义的相应等级聚落纳入结构框架，亦或排除早期军事防御系统遗留的但现已失去军事价值的聚落。镇城以自身为中心囊括全镇尺度的路城、卫、所等聚落而掌控全域；路城同样以其为核心整合路城辖域尺度的主要聚落构成局部集团；堡城则继续此自相似规律纳入周边的小型军属或民属聚落，上述结构形成趋向长城聚集的树状簇状分形结构。而在更宏观的层面，这些聚落均分化于区域整个聚落系统，因而保留了以镇城为核心的痕迹而呈现不稳定的趋向镇城的凝聚态分布；此外，军事防御聚落体系同步或稍后逐渐将聚落的动态军事防御属性延伸至长城本体，最终形成完善的长城军事防御聚落体系。需要说明的是不属路的卫、所、州等局部核心聚落或少数腹内堡城，由于防御压力较小，其驻军规模较聚落规模和等级显著偏小，更多倾向于民政管理和资源支撑，因而聚落规模反而较大，甚至超越路城。这些聚落多由镇城直属，便于全镇资源的统一调度，且其演化“胚胎”与路城同源，因此应与路城为同等级别；此外腹内还有少数驿站、关堡和马场等小型军事聚落，多为交通驿所、局部防御和饲马操备等防御支撑和庶务所用。

综上所述，长城军事防御聚落体系是在区域（以镇为尺度的辖区）传统聚落系统之上，以区域军事、政治、经济、生产的综合管控为核心，在传统聚落演化规则和线性长城规划双重作用下，采用分形规则组织聚落体系的规模结构和空间结构的系统关系，进而更高效的利用资源、占据空间和防御布局的系统自组织整体，是古人面对边疆地区军事防御与民政生产双重需求特殊人地关系的科学应对方略。

第六章　三镇长城军事防御聚落体系理论模型及其系统关系初探

综合前期宣大山西三镇长城军事防御聚落体系子系统宏观系统关系研究，探索性建立三镇长城军事防御聚落体系描述性量化理论模型。根据理论模型，初步论述其基本特征、结构形态和协同模式。从宏观系统关系角度，初步探索军事防御聚落体系的主体性、长城的系统性价值，以及军事防御聚落体系与长城的系统关系和协同防御机制。

第一节　研究方法

一、理论模型和数学模型

自然和社会现象纷繁复杂，尤其社会人文现象更是如此。科学研究中，以具体研究目的、范围和尺度为标准，忽略与研究无关或影响甚小的因素，抽象出理想化的客体和环境，从中“提炼”出反映事物运动变化核心规律的科学定律，以此反映客观现象的关键性质和特征。如此建立的描摹事物内部组成要素、集中反映原型的某些与一定研究目的相关的特征、结构及运行机制的假想性图示，称之为理论模型。[①]建立理论模型是理性认知的开始和基础，是科学研究的必经之路。理论模型可呈现事物内部各组成要素的空间关系，数量制约关系及其与事物表层可观察属性之间的对立关系等相对“模糊”的关系。若将理论模型呈现的规律和关系数学化和计量化，从而精确地刻画事物的属性和内在规律，便形成了数学模型；数学模型（Mathematical Model）是为某种目的的用途和表述构建的抽象、简化的数学或计量关系[②]。通常用数字、字母和符号建立等式或不等式，以及图、表以及模型等刻画某种量化系统结构关系的表达式[③]。数学模型必须具有代表性，能真实的、系统的、完整的反映客观现象。数学模型的建立标志着相关研究步入科学化、计量化和专业化的层面。数学模型具有微分方程模型、几何模型、图论模型等多种类型。通常由于现象的复杂性，数学模型会综合多种模型共同呈现某种现象。建立数学模型的目的通常包括精确描述事物特征和规律、求解理论值以及优化系统等。建立数学模型需经过准备、假设、建立、求解、分析、检验、应用几个步骤。

---

① 吴金龙，王玉芳. 物理理论模型建立的意义及其特点［J］. 江西电力职工大学学报，2001，14（3）：44-46.

② 姜启源. 数学思维与数学方法概论［M］. 北京：高等教育出版社，2007.

③ 郑隆沂，毛鄂惋. 数学思维与数学方法概论［M］. 武汉：华中理工大学出版社，1997.

二、中心地理论

中心地理论（Central Place theory）由被称之为“理论地理学之父”的德国地理学家克里斯塔勒（W·ChristaUer）首创，主要相关论著为《德国南部中心地原理》[①]，随后由廖什（A.Losch）的中心地理论、等级大小规则、引力定律等相关理论的不断丰富和完善[②]，中心地理论逐渐趋向成熟并更具广泛的实践意义，被认为是21世纪人文地理学最重要的贡献之一和城市群及城市化的基础理论之一。

中心地是指能向周围区域提供各种服务和资源的辐射中心，在不同尺度或层面上，大型城市、小镇以及商店等均可视为中心地，其等级划分主要依据其服务范围和服务职能特征。基于区域地表均质平原且资源均匀分布、人口和购买力匀质分布、相同运输条件的假设，中心地理论建立了三角形经济中心和正六边形市场区的区位理论[③]。在此经济与空间交互而成的空间结构中聚落体系、商业企业、公共服务设施等要素根据等级秩序，布局于相应等级的空间结构框架内[④]。根据中心地及其吸引范围排列原则，基于市场最优、交通最优和行政最优三种原则，呈现不同结构形态，即每个高级中心地都附属有K个中级中心地和更多（$K \cdot K$）的低级中心地[⑤]，由此形成K=3、4、7，甚至拓展到K=9、12、13、16……等多种空间结构模型（图6-1）[⑥]。其中市场最优原则及其模型是三者中最基础的。中心地理论空间结构模型是以中心地为核心的正六边形服务范围[⑦]。不同等级中心地的空间关系不同，相同等级的彼此排斥，不同等级的相互嵌套[⑧]。一般来说，某区域存在着不同等级的中心地，高等级中心地数量少，间距大，服务能力和种类多且范围大；中心地等级越低，数量越多，服务能力、种类及范围相应越小。克里斯塔勒的六边形空间结构体系是对经济地理学理论的重大发展。尽管现实世界中各种因素复杂多变，但这种六边形空间理论模型具有深刻的理论基础和广泛实用性。中心地模式实质是分形结构，是聚落体系与地理空间和自然环境深度融合织构而成的分形结构模型，中心地的K=3体系模型与Koch雪花的数学分形模型是完全等价的（忽略等级上的差异），两者分形维数均为1.262[⑨]。

---

① （德）沃尔特·克里斯塔勒（Walter Christaller）著，常正文，王兴中译.德国南部中心地原理［M］. 北京：商务印书馆，2010.

② James O. Wheeler, Peter O. Muller, Grant Ian Thrall, Timothy J. Fik, Economic Geography, John Wiley & Sons, Inc. 1998.

③ 赵建军. 中心地理论在实践中的应用［J］. 青岛大学师范学院学报，2001，18（2）：48-50.

④ 任放. 施坚雅模式与中国近代史研究［J］. 近代史研究，2004（4）：90-122.

⑤ 邱进煊，高春雷，陈丽仙. 基于中心地理论的充换电服务网络布局研究［J］. 电力与电工，2012，32（4）：1-11.

⑥ 邱进煊，高春雷，陈丽仙. 基于中心地理论的充换电服务网络布局研究［J］. 电力与电工，2012，32（4）：1-11.

⑦ （德）沃尔特·克里斯塔勒（Walter Christaller）著，常正文，王兴中译. 德国南部中心地原理［M］. 北京：商务印书馆，2010.

⑧ 赵建军. 中心地理论在实践中的应用［J］. 青岛大学师范学院学报，2001，18（2）：48-50.

⑨ 陈彦光. 分形城市系统：标度·对称·空间复杂性［M］. 北京：科学出版社，2008.

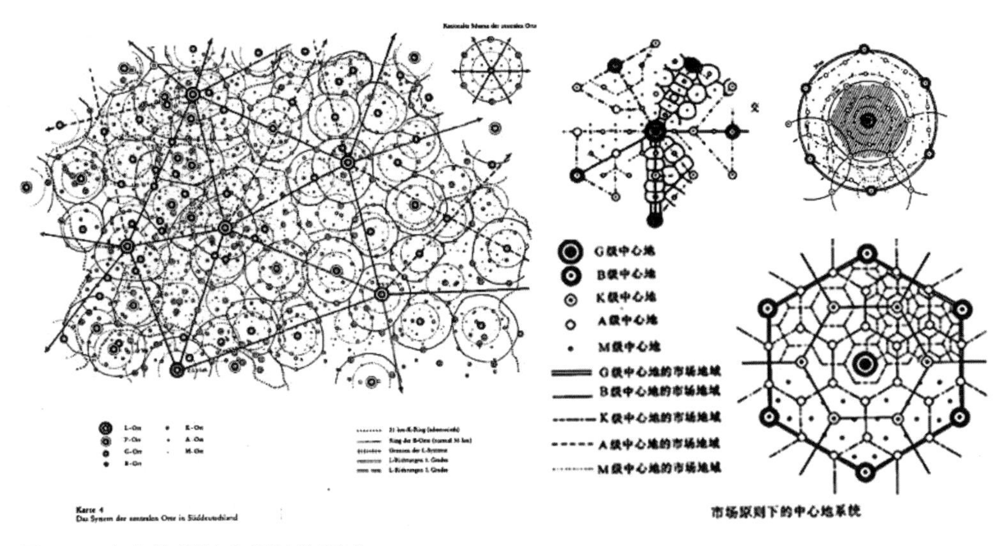

图6-1　中心地相关空间结构图式

三、拓扑学

拓扑学（Topology）可译为“地志学”，隶属几何学范畴，是19世纪兴起的研究地形、地貌连续性和类似性的学科。拓扑学用来探索各种“空间”在连续变化下的不变性质，即拓扑学考察研究对象在连续变化中要素数量、结合顺序、关联关系等不变的因素，不考察研究对象的长短、大小、面积、体积等度量性质变化，而通常后者主要是平面或立体几何的研究内容。拓扑等价性是拓扑研究众多属性的核心之一。拓扑等价性是指对于任意形状的封闭面，在不破坏曲面完整性的条件下，其上绘制的具有某种关联结构关系的点、线、面等要素，在封闭面任何拉升、压缩、扭曲等各种变形时，虽然点线面的长短、大小、面积、体积发生复杂变化，但众要素的个数，以及空间结构的结合顺序、关联关系保持不变。整个变化过程称之为拓扑变换，而不同时刻的变换图形便具有拓扑等价性。因此，在传统几何视为截然不同的方形、三角形和圆性，就拓扑变换角度看，均具有拓扑等价性，它们只是某个闭合线框拓扑变换中某一时刻的具体形态。大量自然现象在变化中均具有连续性，所以拓扑学具有广泛联系各种实际事物的可能性。20世纪，拓扑学已成为极其重要的基础研究理论，被广泛应用于代数学、几何学、物理学、化学、经济学等众多研究领域。本书基于拓扑变换的拓扑等价性原则，构建军事防御聚落体系理论模型与衍生实体沟通的桥梁。

四、混沌理论

混沌理论（Chaos theory）是研究非线性复杂系统运行的理论，复杂系统内部非线性因素相互作用而产生的非周期行为模式被称为混沌现象①。混沌现象发生于易变动的物体或系统，该系统运行之初较为单纯，运动持续按照某种规则或逻辑迭代上次的输出，导致快速放大前续的运行成果，由此产生不能预知的随机结果，称为混沌状态②。但混沌状态与常规所说的毫无秩序的混乱状况具有显著不同，长期看来，混沌现象具有明确的潜在规律——奇异吸引子③。混沌理论探索系统有序和无序状态的系统关系及其基本组织规则。由于混沌理论对世界本质生动有效的揭示，被广泛用于地震预测，气象研究，生态学研究，城市形成、发展和运行规律，计算机，文化学和股票市场的起伏等众多研究领域。混沌理论基本要点：①系统的非线性和复杂性；②非因果性和不可预测性；③初始敏感性；④分形和自相似；⑤奇异吸引子。本书将长城军事防御聚落体系视为复杂系统，运用混沌理论对复杂系统的基本论述，定性描述军事防御聚落系统运行关系的基本特征。

第二节　三镇长城军事防御聚落体系理论模型探索

一、模型界定

三镇长城军事防御聚落体系模型包括广义长城军事防御聚落体系理论模型（简称广义聚落理论模型）和长城军事防御聚落体系量化理论模型（简称聚落量化理论模型）。广义聚落理论模型是指以明朝北疆军镇为单位，其所辖区域内的整个聚落系统——长城军事防御聚落体系和更大量的民属聚落——所建立的理论模型。从宏观层面考察，军镇辖区的所有聚落均直接或间接参与区域的军事防御活动，其中军事防御聚落直接参与军事活动，而广大民属聚落则以物质和人口支撑区域防御的可持续发展，而间接参与军事防御活动，两者相辅相成、系统联系，共同构筑了广义的长城军事防御聚落体系。广义聚落理论模型相对简单，为纯示意性理论模型，不具量化关系，只用以定性说明更宏观背景下，广义长城军事防御聚落体系等级结构和空间结构的理论关系——本书核心研究对象长城军事防御聚落体系，与孕育和支撑其存在和发展的广义长城军事防御聚落体系理论上的系统关系——即系统论所指的系统（长城军事防御聚落体系）与外部环境（广义长城军事防御聚落体系）的关系，以便更清晰、明确的描述系统（长城军事防御聚落体系）的特征；聚落量化理论模型则相对复杂和精确，具有较严格的量化关系和有限的宏观实践意义，属于刻画和描述性的理论模型，在有限范围内和条件下可以再现长城军事防御聚落体系的宏观结构框架，聚落量化理论模型的详细界定如下。

建立聚落量化理论模型的主要目的，用以量化描述三镇军事防御聚落体系等

---

①（德）舒斯特，朱鋐雄，林圭年. 混沌学引论［M］. 成都：四川教育出版社，2010.

② 苗东升，刘华杰. 浑沌学纵横论［M］. 北京：中国人民大学出版社，1992.

③ 郝柏林. 分岔、混沌、奇怪吸引子、湍流及其它［J］. 物理学进展，1983，3（01）.

级规模结构和空间结构的宏观系统关系。需要严格说明的是此模型存在明确的有限性，聚落量化理论模型实际上处于理论模型和数学模型之间的过渡状态——属于相关参数具有较严格数学关系的理论模型，但还未完全具备数学模型建立需要的所有条件，仅完成了前期的准备、假设、建立、分析等基本工作，还未实现后期求解、检验和应用的工作，这与本书的研究对象、研究范围、研究阶段等因素密切相关，具体涉及以下几点：第一，研究对象的有限性。鉴于九边军事防御聚落庞大的空间范围以及个人研究能力所限，研究仅限于宣大山西三镇，未能全部涵盖全部九边十一镇，因此严格意义上说模型所需归纳、抽象的范围不完全；第二，研究范围的有限性。本研究范围限于军事防御聚落体系的宏观领域，并未涵盖军事防御聚落体系的微观层面。因此仅提取军事防御聚落体系相对有限的宏观核心要素：规模结构、交通网络、信息系统及空间结构等，以此建立有限参数的模型。而完全刻画整体长城军事防御聚落体系（宏观和微观），则需要聚落微观布局模式的数学刻画关系方可实现，本模型仅可有限描述其基本宏观结构；第三，研究阶段的有限性。本研究属基础性科学研究，此阶段研究目的旨在初步探索明长城军事防御聚落体系宏观系统关系相对精确的数学刻画和描述，为下一步微观系统关系数学刻画以及整个系统数学模型的建立奠定研究基础和框架。

二、中国传统农业聚落系统的理论模型

广义聚落体系理论模型涉及区域整个聚落系统和基于其上分化出的长城军事防御聚落体系，其模型首先需要确立古代聚落系统的理论模型，以此为背景建立长城军事防御聚落体系模型。根据前期时空演化研究可知，宣大山西三镇的广义长城军事防御聚落体系源于区域早期的传统农业聚落系统。本书选择“中心地模型”作为传统农业聚落系统的理论模型，主要基于施坚雅对19世纪之前中国农业聚落系统的研究成果，以及当代的其他相关研究成果。

（一）施坚雅的理论研究

美国加州大学戴维斯分校人类学教授G·W·施坚雅（G·William Skinner），是中国传统聚落体系及其空间结构研究的先行和集大成者，最早采用理论模型、数理量化等现代方法系统研究中国传统农业聚落系统。施坚雅基于中心地理论，通过对中国近代聚落及其空间结构的大量理论和实践研究，创立中国宏观区域学说、核心—边缘以及等级—规模等理论体系，被称为施坚雅模式[①]。施坚雅的理论体系受到中心地学说、城市空间网络学说、等级—规模等学说的影响，尤其是中心地理论更是其整个理论体系的基石。施坚雅在中心地理论基础上进一步丰富

① 任放. 施坚雅模式与中国近代史研究［J］. 近代史研究，2004（4）：90-122.

和发展，通过系统研究中国传统农村基层市场，建立了集市体系理论，随后逐步扩展到尺度更大的区域城市层面，形成区域体系理论和中国宏观区域学说，由此构建了施坚雅庞大的系统理论体系和解剖中国社会经济变迁状况的分析模式——施坚雅模式。主要研究成果包括《中国农村的市场和社会结构》①、《中华帝国晚期的城市》②、《中国历史的结构》③等。

施坚雅的区域体系理论，是传统中国城市史和以城市为中心的区域经济史相关研究的主要理论，其理论核心为区域经济中心模式，即相对独立的宏观地理范围内包括中心地区和外围边缘地区，中心地区在各方面具有显著优势④。一方面，中心区域聚落间的平均距离显著低于外围地区，且这种距离存在由内向外规律增大的趋势⑤；另一方面，中心地区的聚落规模、集市规模和服务等级显著高于外围地区，且存在向外递减趋势⑥。由此，市场范围的空间结构和基于此构建的城镇体系空间结构，呈现出中心放射的多等级连续的规则蜂窝状六边形结构，各低等级中心围绕高一等级中心布局⑦。此结构将逐层向下自相似衍生，且在统计层面整个体系中城镇数量与其市场容量和发展规模成反比⑧。基于此理论，施坚雅综合考察传统中国城市体系及其影响因素，建构出包含中央首府、地域首府、地域城市等8个等级的中国传统市场体系区域经济中心模式，在此基础上又发展出宏观地域学说和区域体系理论，并对中华帝国晚期的城市体系进行了广泛的实践研究⑨（图6–2~图6–4）。

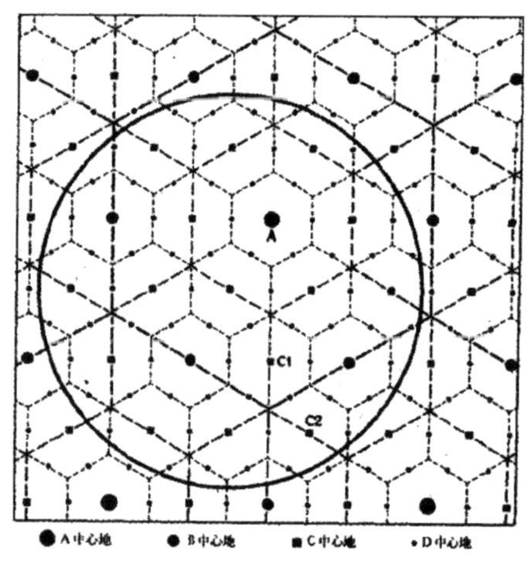

图6–2　普通中心地图式

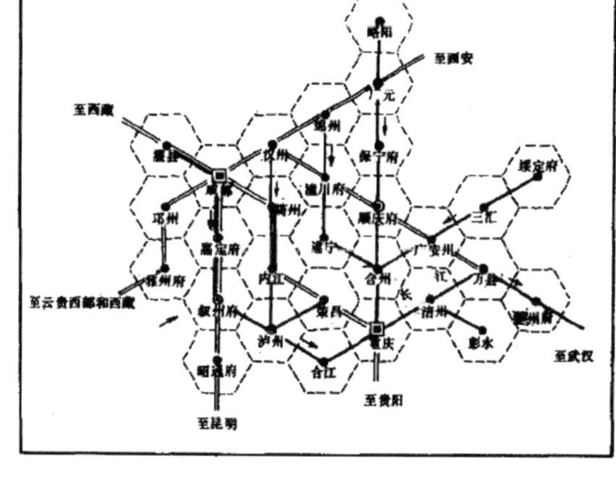

图6–3　沿线性要素分布的较大城市贸易体系图

①（美）施坚雅，史建云，徐秀丽. 中国农村的市场和社会结构［M］. 北京：中国社会科学出版社，1998.
②（美）施坚雅，叶光庭. 中华帝国晚期的城市［M］. 北京：中华书局，2000.
③（美）施坚雅，新之. 中国历史的结构［J］. 史林，1986（3）：134–144.
④ 任放. 施坚雅模式与中国近代史研究［J］. 近代史研究，2004（4）：90–122.
⑤ 任放. 施坚雅模式与中国近代史研究［J］. 近代史研究，2004（4）：90–122.
⑥ 任放. 施坚雅模式与中国近代史研究［J］. 近代史研究，2004（4），90–122.
⑦（美）施坚雅，叶光庭. 中华帝国晚期的城市［M］. 北京：中华书局，2000.
⑧（美）施坚雅，叶光庭. 中华帝国晚期的城市［M］. 北京：中华书局，2000.
⑨（美）施坚雅，叶光庭. 中华帝国晚期的城市［M］. 北京：中华书局，2000.

众多学者认为，施坚雅的宏观地域学说和区域体系理论，建构了传统中国城市体系、区域经济结构、贸易体系的理论框架，是传统中国社会区域研究的典范，对中国社会史、经济史、城市史的研究，中心地理论的丰富发展，中国城市化发展，以及区域实践研究具有创造性的贡献[①,②,③,④]；同时，亦有学者质疑施坚雅模式在经验层面与历史实际存在的显著差异，以及在理性层面施坚雅模式的理论根源及其方法论[⑤]，尤其是中心地的六边形理想模型是否合理，而此质疑大致与对克里斯塔勒中心地六边形结构模型一脉相承。今天看来，自然和人文相关的系统性和结构性问题，在限定条件下很可能存在先验的基本模式。施坚雅模式所建构的理论体系就是复杂社会系统表象背后的理论模型，而在理论研究层面六边形空间模型是最完美的形态。中心地理论以及施坚雅理论体系的意义，在于其多层次结构的六边形中心地空间结构，反映和刻画的是区域城市体系和集市体系最理想化的标准参照模式，亦是最有解释效力和最广泛共性的平均模式。基于此模型参照，学者才能对现实问题展开理性化、标准化和精确化的研究。正如中心地学说的创立者克里斯塔勒指出“理论的有效性完全不在于具体的事实怎么样，而是依靠它的逻辑的正确，以及‘判断恰当’。”[⑥]正是基于此，本书选择中心地理论的空间模型作为广义长城军事防御聚落体系的背景。

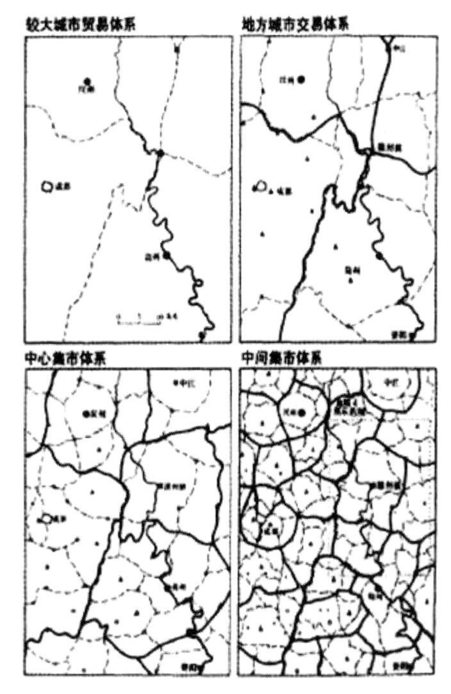

图6-4　较大城市与地方城市贸易体系不同层次集市体系的范围

（图片出处：以上图片均出自施坚雅《中华帝国晚期的城市》，中华书局，2000.12）

（二）其他相关研究

国外学者William J. Folan和Joyce Marcus等学者论证古代玛雅聚落空间分布遵循中心地的六边形多层次网状结构模型（图6-5）[⑦]；而Clifford T. Brown则基于分形理论计算确切指出古代玛雅聚落系统的分形结构，强调玛雅聚落地理空间分

① 王笛，跨出封闭的世界——长江上游区域社会研究（1644-1911）[M]. 北京：中华书局，1992：226.

② 龙登高. 施坚雅的中国社会经济史研究述评 [J]. 国外社会科学，1998（2）：66-70.

③ 行龙. 人口流动与近代中国城市化研究述评 [J]. 清史研究，1998（4）：110-117.

④ 杨天宏. 口岸开放与社会变革——近代中国自开商埠研究 [M]. 北京：中华书局，2002：225-226.

⑤ 任放. 施坚雅模式与中国近代史研究 [J]. 近代史研究，2004（4）：90-122.

⑥ 任放. 施坚雅模式与中国近代史研究 [J]. 近代史研究，2004（4）：90-122.

⑦ W. J. Folan, J. Marcus, W. F. Miller, Verification of a Maya settlement model through remote sensing, Cambridge Archaeological Journal, 1990, 5（2）: 277-283.

布的分形特征与中心地理论具有良好兼容性①，并进一步指出虽然以Peter Mathews为代表的一些学者②，③，④，质疑Folan等对各层级中心地等级关系认定程度的把握问题，但并不质疑他们使用中心地理论模型作为玛雅聚落体系理论模型的基础，这进一步佐证众多学者认可中心地理论对古代聚落体系的普遍适用性。我国学者张尚武⑤、曲晓范、周春英⑥、熊月之、沈祖炜⑦、郑忠⑧、刘景纯⑨以及黄新华⑩等的大量研究，均以中国传统聚落体系为对象，广泛使用中心地理论以及施坚雅的相关理论，成果论证、丰富和发展了中心地相关理论体系，促进了我国传统聚落体系研究领域的发展。

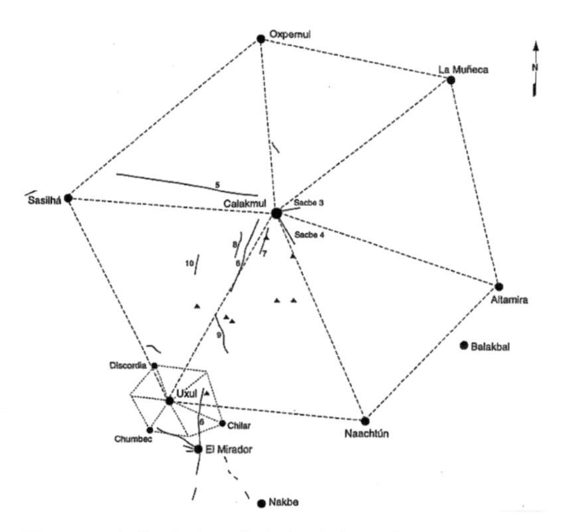

图6–5 古代玛雅聚落空间分布形态

（图片来源：W.J. Folan, J. Marcus, W.F. Miller, Verification of a Maya settlement model through remote sensing,Cambridge Archaeological Journal 5（2）(1990a) 277－283.）

就本书的研究内容来说，直接证据则来自于赵子彦对明清时期大同地区屯堡的历史变迁研究⑪。研究显示明早期（洪武和永乐），今大同镇所辖区域约建立三十多处土筑屯堡，主要分布在大同城、阳和卫城、天城卫城、右卫城、朔州卫城附近，其中大同城、右卫城周围的屯堡最多，朔州城次之，天城卫城、阳和卫城分布最少。分布方式以核心聚落为中心于周围约20~120里的范围内环绕分布（图6–6）。由于卫、所等中、高等级之下的聚落过于细碎而缺乏历史记载，因此图式仅呈现较高等级的聚落。相较区域明后期聚落体系的空间分

① Clifford T. Brown, Walter R.T. Witschey, The fractal geometry of ancient Maya settlement, Journal of Archaeological Science, 2003（30）: 1619-1632.

② C. Mathews, Classic Maya emblem glyphs, in: T.P. Culbert (Ed.),Classic Maya Political History: Hieroglyphic and Archaeological Evidence, Cambridge University Press, Cambridge, 1991, 19−29.

③ N. Hammond, Introduction, in: T.P. Culbert (Ed.), Classic Maya Political History: Hieroglyphic and Archaeological Evidence, Cambridge University Press, Cambridge, 1991, 1−18.

④ N. Hammond, Inside the black box: defining Maya polity, in:T.P. Culbert (Ed.), Classic Maya Political History: Hieroglyphicand Archaeological Evidence, Cambridge University Press, Cambridge, 1991, 253−284.

⑤ 张尚武. 长江三角洲城镇密集地区形成及发展的历史特征［J］. 城市规划汇刊，1999（1）: 40−46.

⑥ 曲晓范，周春英. 近代辽河航运业的衰落与沿岸早期城镇带的变迁［J］. 东北师大学报，1999（4）: 14−21.

⑦ 熊月之，沈祖炜. 长江沿江城市与中国近代化［J］. 史林，2000（4）: 52−67.

⑧ 郑忠. 试论影响近代北京城市转型的因素［J］. 北京社会科学，2001（3）: 86−93.

⑨ 刘景纯. 清代黄土高原地区城镇地理研究［D］. 西安：陕西师范大学，2002.

⑩ 黄新华. 湖州城市近代化及其发展滞缓的原因探析（1840−1937年）［D］. 南京：南京师范大学，2002.

⑪ 赵子彦. 明清时期大同地区屯堡的历史变迁研究［D］. 北京：中央民族大学，2012.

布（图6-7），此时聚落体系呈现的空间结构关系与中心地理论图示极其相似，两者理论结构应一脉相承。此外，当时卫所普遍称为左卫、右卫、前卫、后卫等，从语言学角度看，明确表明低等级聚落与其中心聚落的空间结构关系，而这种空间结构将沿着聚落等级关系逐层向下自相似演绎，由此形成多层级的中心结构形态——中心地理论图式。

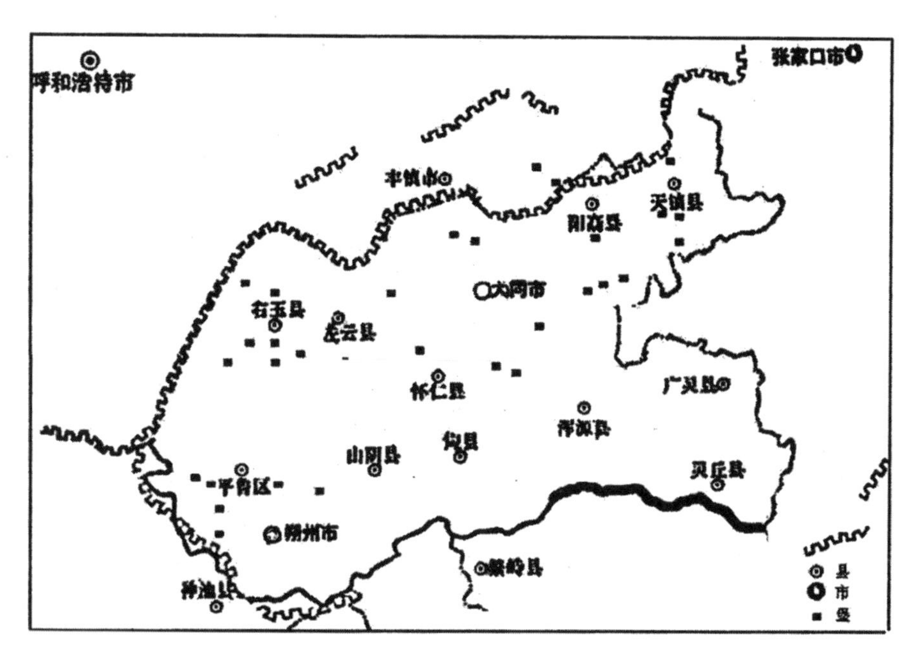

图6-6　明前期屯堡分布模拟图

（图片来源：赵子彦，明清时期大同地区屯堡的历史变迁研究，中央民族大学硕士学位论文，2012.）

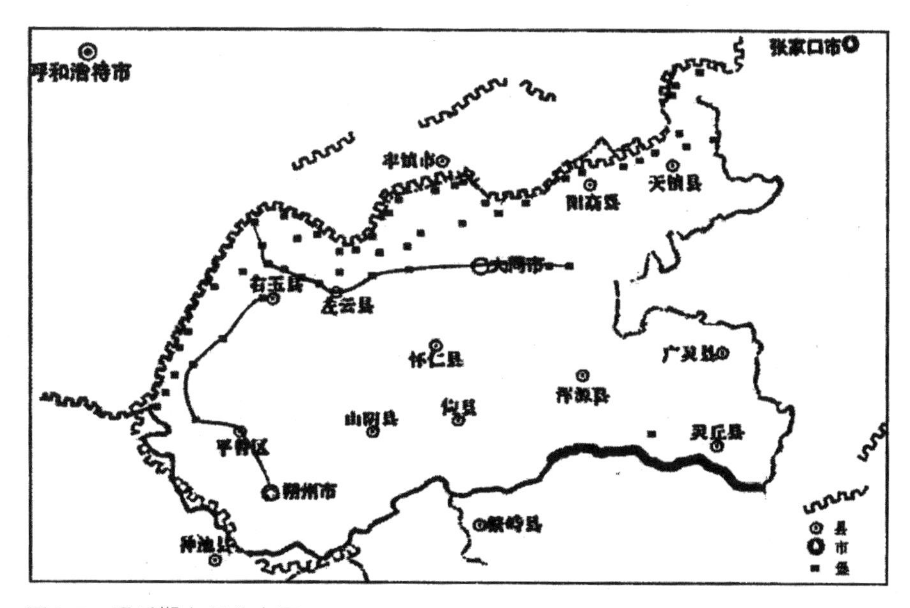

图6-7　明后期屯堡分布图

（图片来源：赵子彦，明清时期大同地区屯堡的历史变迁研究，中央民族大学硕士学位论文，2012.）

而当代理论研究则进一步从更深层面揭示了传统农业文明聚落进化为中心地模式的本质。陈彦光基于数理逻辑对中心地模型标度定律的理论研究，指出“在考察城市体系空间结构的分维时，无需涉及中心地背后的支配原则。换言之，市场原则、交通原则或管理原则的作用对城市体系的结构而言不是本质的。”[①]虽然现实中会出现更加复杂因素的影响，若众影响因素在空间上一致而只出于程度的不同，那么聚落体系的自我建构将——基于地理系统信息熵最大化与效用最大化对偶转换关系的对立统一[②]——保持一种相对独立的空间自组织优化趋势，本质上中心地就是普遍的人文地理系统自组织优化的等级体系和空间结构，因此聚落体系很有可能逐渐趋向中心地所构画出的理想图示，仅在现实中依据自然因素和社会因素相关的引力和斥力作用不同而呈现相应的拓扑形态。农业文明与土地的天然融合性和依赖性将更容易演化为中心地模式的聚落系统。

综上所述，本书最终选择“中心地模型”作为明朝北疆地区传统农业聚落系统模型。首先，国内外学者从不同角度、不同对象、不同层面对中心地理论进行了广泛的理论和实践研究，证明在理论层面中心地模型于不同时代和地域的古代聚落系统具有普遍的适用性，特别是对人地关系异常密切的传统农业聚落类型更具有天然的内在合理性；其次，中心地模型最接近传统中国农业文明的聚落范式。施坚雅主要以近代（19世纪之前）中国农村和城市聚落为研究对象，他指出19世纪之前中国为典型的农业国家，虽然此时中国正逐渐开始由传统农耕社会向现代工业社会转化，但商品经济很不发达，经济活动主要保持传统的农业文明形态，并集中在区域范围内[③]，因此其空间模型基于古代农业文明的基本状态，具有明确和清晰的代表性；而且，中心地模型依然是当前最适宜中国传统农业文明聚落体系的理论模型。目前，我国古代和近代城市史研究界虽然形成了较为完整的学科体系，但并未提出更好的中国传统农业文明聚落体系理论模型。受传统史学研究模式的影响，我国在运用理论模型研究传统聚落方面明显滞后，而施坚雅和滨下武志等国外学者的相关研究则显著领先[④]；最后，中心地理论是施坚雅模式的核心理论基石，施氏虽对中心地理论的假设条件进行了主要基于非匀质地形、中心与边缘差异以及运输成本不同的调整[⑤]，以使理论更接近实践研究。但就理论模型的理想性看，施坚雅模式是对中心地理论绝对理想模型针对某一具体案例的适应性调整，在目前还没有明朝宣大山西三镇全部聚落系统严格、直接的研究证据条件下，为保证长城军事防御聚落体系理论模型更广泛的适应性和更纯粹的理论性，本书采用中心地模型作为明朝北疆地区农业文明聚落系统模型。

---

① 陈彦光. 分形城市系统：标度·对称·空间复杂性［M］. 北京：科学出版社，2008.
② 陈彦光. 分形城市系统：标度·对称·空间复杂性［M］. 北京：科学出版社，2008.
③（美）施坚雅，叶光庭. 中华帝国晚期的城市［M］. 北京：中华书局，2000.
④ 虞和平. 中国近代史学科发展趋向之我见［J］. 中国社会科学，2000（1）：34-35.
⑤ 王旭，赵毅. 施坚雅宏观区域学说述论——中国城市史研究的理论探索［J］. 史学理论研究，1992（2）：60-80.

三、广义长城军事防御聚落体系理论模型

（一）模型建立依据及条件

广义聚落理论模型建立依据，主要涉及中国古代聚落理论模型、军事防御聚落体系时空演化，以及聚落体系规模结构和空间结构等研究成果。其中中国古代聚落理论模型基于中心地理论的空间结构模型建立；时空演化过程则形成聚落体系从卫所聚落系统中逐渐转变、分化和成熟的基本演化依据；聚落体系规模结构和空间结构研究，为聚落等级系统的确定和空间层级的建立提供理论依据。

广义聚落理论模型为纯粹的示意性理论几何模型，抽象性高，选择经典的中心地模型作为聚落系统背景，其基本假设条件较多，具体为整个聚落体系分布于地形地貌、文化习俗和资源环境等完全一致的匀质空间；各中心地到辖区范围的相应的距离成本、管理成本、经济成本相等，由此形成规则的、匀质的空间结构；聚落系统基于管理等级形成层级衍生关系，聚落规模和管理层级的等级严格匹配，各层级聚落向下衍生的聚落数量和规模相同。同等级聚落具有相同聚落规模，且各等级聚落规模之间遵循幂关系；卫所序列各等级管控的空间范围关系异常复杂，为简化复杂琐碎的枝节问题，此处进行较高程度的抽象和整合，以便清晰、严整呈现其理论宏观系统关系本质，并再次明确指出此简化结果仅用于示意性说明长城军事防御聚落体系与广义长城军事防御聚落系统的宏观系统关系。假设卫所序列以各层级中心地为核心管控相应的六边形空间范围，形成严整的多层次空间套叠图式。而总兵序列管控范围相对复杂，此处不严格设定；聚落管控范围依照等级呈现理论上的理想图式，忽略相邻的不同规模等级聚落对管理边界的加权斥力和引力作用所引起的边界改变，忽略长城影响整个空间结构出现的拓扑变化。基于上述假设建立明确、规则、匀质、抽象的广义聚落理论模型。

（二）广义长城军事防御聚落体系理论模型

广义聚落理论模型将全镇整个聚落系统（包括长城军事防御聚落体系和更大量民属聚落）视为系统整体，本书核心研究对象——长城军事防御聚落体系——则是整个系统的重要组成要素。在广义长城军事防御聚落系统更大范围和尺度的环境背景下，可更明确呈现长城军事防御聚落体系与相对更宏观和更高等级系统的系统关系，清晰了解长城军事防御聚落体系的理论边界，进而深刻解析长城军事防御聚落体系的宏观系统关系。

1．早期理论模型及分析

明早期，北疆采用军事防御和民政生产合一的都司卫所制度。此时明朝北部边疆远达漠南阴山，宣大山西三镇地区相对处于腹内，亦未受到线性长城的影响，区域传统农业聚落系统兼顾军事防御和民政生产双重功能，形成早期的军事

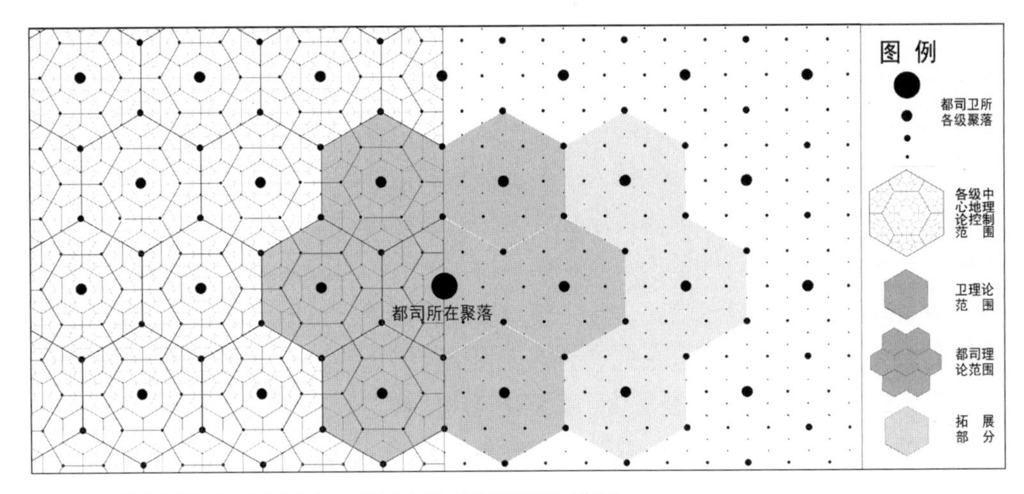

图6-8　明早期都司卫所制度下的军事防御聚落理论模型

防御聚落系统。因此，此时的军事防御聚落系统模型实质就是传统农业聚落系统的理论模型——中心地模型（图6-8），尤其是空间结构模型，而此模型便是广义长城军事防御聚落系统的前身。模型中深灰色点表示都司卫所中各等级聚落实体，点大小表征聚落的管理和规模等级。以各等级点（聚落）为中心形成的多尺度六边形网络系统，表示各层级聚落相应控制或影响的理论空间范围，基于匀质空间的假设，模型表现为规则的多层次六边形网络结构。其中最大深灰色点表示都司所在聚落，通常具备区位优势、战略地位、土地承载力和历史遗惠等特征的传统核心聚落将成为都司治所；第二大点表示卫（或平级的所），以其为核心的最大灰色六边形则表示卫管控的理论空间范围，由此形成整个聚落系统的基本组成单元——卫，若干个卫构成都司的管控范围（灰色区域），此范围可根据实际需要，以卫（或所）为单位灵活拓展或减少（浅灰色区域）。模型中各等级聚落遵循理想的都司卫所管理序列，依照等级的不同管控相应尺度的六边形空间范围，直到最低层次的最小结构单元，且越向下层级性越模糊，各等级聚落与土地广泛而深度的融合，形成距离、管理、经济、农种等方面综合效率甚高的聚落系统理想结构图式；同时，基于军农合一的边区军政，以卫为单位建构了多层级的聚落防御系统。防御系统以点式聚落为核心，形成开放、弹性、松散的防御体系，结合当时强盛的攻伐军事力量，实现了北疆地区的安全防御。

早期的广义军事防御聚落体系，以卫为防御和生产基本单位的单元组合模式，是在军队与农民合一思想指导下的军事防御和地方民政管理相结合的并未深度分化的综合体，其实质是相对独立的兼具防御和生产的自给自足的武装集团[①]。在明初快速开疆拓土时期，于戍守和稳定新拓疆土，自卫防御和地方治安、经营屯种和充实边疆等方面发挥了极其重要的作用。在更深刻的层面，卫所序列

① 范中义. 论明朝军制的演变［J］. 中国史研究，1998（2）：129-139.

逐层细分的分形自相似衍生体系，具有灵活占据土地、与土地深度融合，以及充分利用土地资源等优势，这种空间模型是从古至今人类聚落体系自组织利用空间的普遍形态，更是农业文明人地关系和谐共生的经典模式，为广义长城军事防御聚落体系最根本的生存和发展奠定了基础，形成军事防御功能的坚实背景。

2．中后期的理论模型及分析

随着明朝整体军事实力的衰退和卫所制度防御功能退化，以及蒙军军事力量的不断增强，总兵镇守制度应运而生，而以长城为硬边界的全面防御形态逐渐形成，边疆地区确立了以军镇统帅，军镇与卫所并存的二元管理制度，二元军事管理制度是伴随明蒙战势、疆域更变和防御模式调整等综合作用的适应性改变，是明政府全面防御战略模式的必然选择，其实质是早期卫所制度防御体系由初级状态，进化为具有显著功能倾向细分且协同互补的高级管理形态，最终形成系统、整体、专业化的广义长城军事防御聚落体系。

广义聚落理论模型（图6–9），在以卫所制度为核心的早期防御聚落系统背景上，倾向性分化出主司防御的长城军事防御聚落体系。图中深灰色点（深灰色实心或空心点）表示长城军事防御聚落体系所属的军事防御聚落。浅灰色点则表示广泛的民属聚落。长城军事防御聚落是区域整个聚落系统中明确纳入（或称分化）长城军事防御聚落体系的聚落；民属聚落则为未明确纳入军事防御聚落的区域其他聚落，所谓“明确”是指明朝主流史料是否记载该聚落驻军并隶属于各镇军事防御系统。实际上，军事防御聚落体系所属底层的低级别聚落与民属聚落界限相对模糊，且级别越低表现越明显。各种史料基于不同口径和尺度统计的军事防御聚落在低级别聚落部分并不一致的事实，史料亦经常记载的军事聚落与民属聚落属性的更变，以及前述多阶段分形结构和聚落体系尾端聚落规模不稳定的事实，均表明军事防御聚落体系末端低等级聚落与民属聚落的模糊边界，而高等级

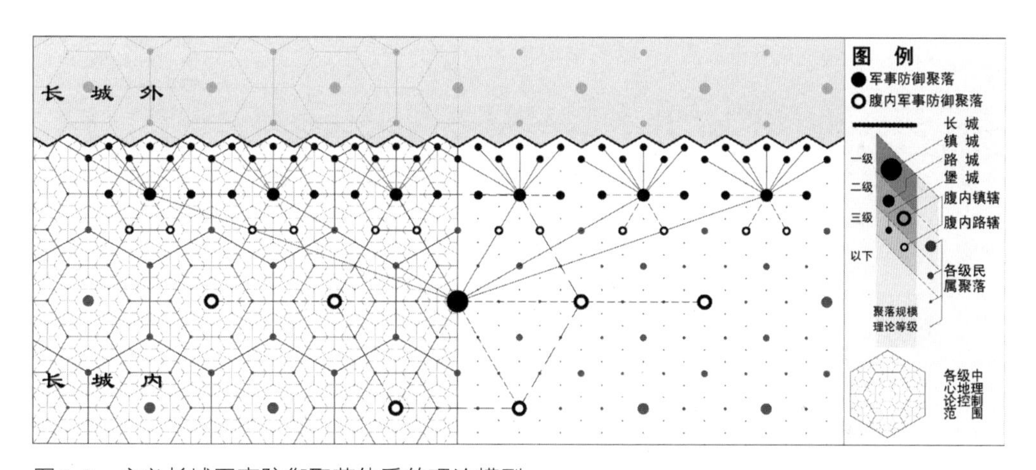

图6–9 广义长城军事防御聚落体系的理论模型

聚落（整个聚落系统）较少出现这种模糊状态，基本全部纳入军事防御聚落体系内，且一旦纳入便较稳定的参与军事防御聚落体系的演化，仅个别聚落存在更变或等级方面的调整。

多层级的军事防御聚落（深灰色点）依据大小形成镇城、路城和堡城（均为管理级别代称，后文如无特殊说明均为此意）三个基本等级，三级共同构成放射状层级结构。深灰点进一步又分为实心点和空心点，实心点为明确的镇城、路城以及紧临和近邻长城的堡城，空心圆点则表示上述聚落之外各层级之内相对处于腹内的军事防御聚落。其中最大深灰色点（第一层级）为镇城，是区域最高级别聚落，位于全镇核心部位，距离长城相对较远，由区域内具有全局战略地位的早期卫治聚落演化而成，且居于对应都司之上统管全镇；第二大深灰色点（实心点和空心点）为第二层级，表示以路城为主，可能涉及部分镇直辖卫、守御千户所等中、高等级聚落。其中实心点为路城，路城较靠近长城且沿其走向均匀布局，与镇城的放射结构关系严谨，是军事防御聚落体系的基本组成单元，若干路构成一个军镇，路城通过整合早期卫级别的防御力量而成，通常包括1至3个卫级军事集团（空间范围较复杂）；空心点则表示与路城等级相近且由镇直辖的中、高等级腹内聚落，包括镇直辖的卫、守御千户所、甚至部分州城、县等，相关聚落类型较随机，根据实际需求确定。众聚落以镇城为中心放射状分布于腹内，但较路城与镇城相对严整的关系来说则显著复杂和随机（图6-10）。根据实际需求以独立单元模式在特定区域防御或屯种，且多以屯种生产为多，驻军甚少；第三大深灰色点（实心和空心）则表示以堡城为主，可能涉及部分路城直辖千户所和守御百户所等中低等级聚落。其中实心点为严格紧临和近邻长城的堡城。这类堡城既在局部以对应路城为核心放射分布，同时又沿长城走向线性均匀布局，与路城和镇城形成严谨的多层级放射结构关系；空心点则表示与堡城等级相近的对应路城下辖的中低等级聚落，包括腹内堡城、百户所、大型驿站，甚至个别较小县城等

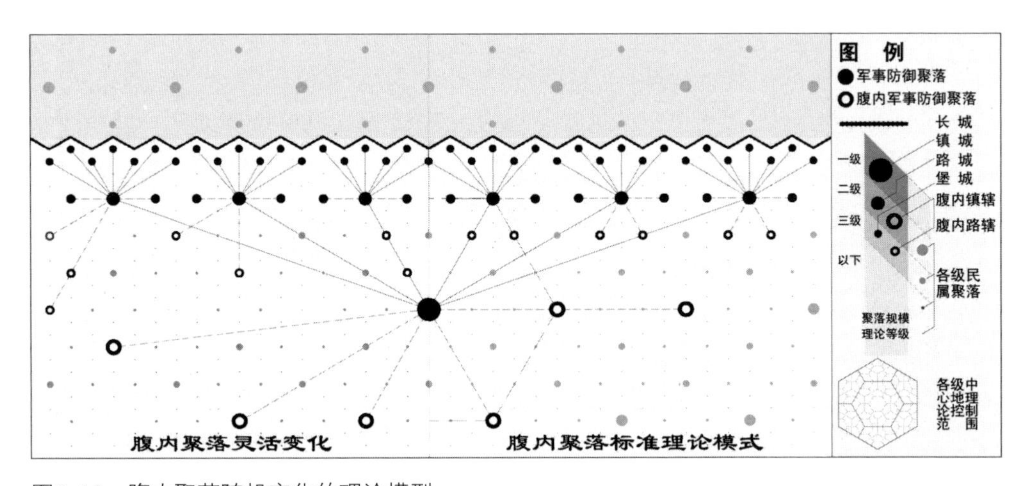

图6-10　腹内聚落随机变化的理论模型

军事聚落（类型同样随机且复杂），以相应路城聚落为中心随机分布。这些聚落通常不紧临长城，而在路城单元的尺度范围内相对位于腹内，根据实际需求以辅助防御、屯种、传信和交通为主。以上镇城—路城—堡城三等级聚落共同建构出由镇城趋向长城的深灰色树状集簇放射分形结构的军事防御聚落体系（理论模型只绘出三级，实际上还存在由堡城向长城墩台辐射的第四级，但因尺度太小未绘出），而在更宏观的层面，军事防御聚落体系与广泛大量的各级民属聚落共同构成广义的长城军事防御聚落系统。

军镇管理序列的空间管控范围，以军事防御目的为导向，而都司卫所序列则以民政生产为目标。因此，两者管辖的空间范围不尽相同，且通常并不严格重合，但大多数具有较高相关性，此特征贯穿两者对应的各个管理层级。镇城级层面，军镇与都司的管辖范围通常不同，但相关性较高；路城级层面，路与卫的管控范围较复杂，卫治与路城辖区不符，但大部分具有相关性。镇城直辖的独立卫辖区与路城辖区相邻并立，且大小不相上下者。亦有卫为非实土卫，辖区很小甚至没有，隶于路城辖区内屯兵防御，于是出现路城虽统辖两个卫但辖区空间范围却并不很大的情况。此外，根据聚落腹内分布的稀疏程度及功能属性来看，推测路城与腹内镇直辖卫所管控的空间范围具有可比性或较接近。由此可知，早期广义军事防御聚落体系各等级聚落规整的六边形范围仅可作为长城军事防御聚落管控范围的大致依据；堡城级层面，堡城与其对应和周边的民属聚落关系更加复杂多样，但根据地理学第一定律，推测堡城很有可能就近节制部分低等级聚落获得物资，或者纳入要冲位置聚落作为小区域的更低一级军事聚落，如前述山西镇的堡城之下的防御小集团聚落很可能便是如此，再或者根据需求发生军堡与民堡的互相转化。综上所述，对应军镇序列与都司序列的管辖范围并不严格重合，但两者对应等级互为依据呈现不同程度的相关性，二者相关的深刻原因在于二元管理制度以军镇序列主导的对应管控关系和综合管理成本。

（三）广义军事防御聚落系统与军事管理制度的关系

管理制度是人类社会系统组织、运行的基本规则，其实质是具体情境下人—地和人—人关系的外在表现。明北疆军事管理制度就是其时边疆地区社会应对自然环境及蒙军威胁的适应性社会组织规律。广义上看，总兵镇守和都司卫所两种管理制度均直接或间接涉及区域全部聚落，但在不同功能、范围、尺度具有明确不同的属性倾向和权重。

总兵镇守制度是全镇的最高管理机构，但更多倾向军事防御聚落的防御事务管理和区域以军事防御功能为导向的后备综合管理，其直接管理范围以各级军事防御聚落为主，相对区域整个聚落来说数量较少。进一步细分则又涉及两类：由镇城面向长城方向的各级聚落，这些聚落是与长城密切结合的核心作战部分，占军事聚落的绝大部分，依照镇城、路城、堡城、墩台等级逐层拓展，四级别聚落的军事和民政功能属性比重不同，越向低等级其军事属性比重逐渐增强，民政属性减弱，反之则军事属性渐弱，而民政属性渐强；另一类为腹内聚落，数量相对较少，各种级别均有但中、高等级偏多，军事属性比重整体较第一类弱，而民政管理和支撑功能属性却很强，大多数在区域整个聚落系统中位居中、高等级，且多为区域传统核心聚落。这些聚落实质是腹内广泛民属聚落所属的区域高等级核心聚落，被纳入军事防御聚落体系旨在统筹管理防区资源以为军事防御服务，当然亦有部分以交通联系、信息传递和牧马训练等功能为主，辅助支撑聚落体系整体防御的小型军事聚落。整体看总兵镇守制度主司的、狭义的、直接的空间管理范围，应始于镇城级而止于墩台级，贯穿整个军事防御聚落体系，其兼管的、宏观的、间接的管理范围则涉及区域整个聚落系统；都司卫所制度则直接涉及区域几乎全部聚落，在军事防御聚落分化后，卫所序列之前兼顾作战的军事属性逐渐弱化，其主力作用则倾向于民政生产和地方管理。卫所序列直接管理范围重心，主要涉及各级军事防御聚落和各级非军民属聚落的相关民政生产属性，其管辖的聚落数量、类型及空间范围显然宽于军事防御聚落。

就整个广义军事防御聚落体系看，总兵序列和卫所序列在中、高等级聚落体系中融合程度较高（如前所述军事防御聚落体系将区域几乎所有中高等级聚落均纳入其内），总兵序列对应节制卫所序列，不同等级聚落的军事属性和民政属性比重总体相对协调；但大约从路城之下的中等级聚落开始，两种制度所管理的功能逐渐产生显著倾向性，并伴随着空间分野。路城之下的军事防御聚落系列所属的堡城及其下墩台越发专司防御功能，且具有趋向长城的明确方向性和相对严整的空间结构关系；而路城都管（或镇城直辖）的卫、所、州等中等级聚落下辖的序列已较少涉及明确的军事聚落，主要管理大量多等级的民属聚落。民属聚落以核心聚落为中心广泛、随机的分散于北疆空间，尤其是腹内平原盆地，相对匀质方向趋势弱，空间结构关系较自由，形成多等级的中心放射结构。其最低衍生尺度直至卫所序列中最小的单位，甚至有可能以“经济人”为基础的最小单元，以充分开发和融合于土地。由此看来，路城一级应是军事防御聚落体系与民属聚落分化和接洽的位置，之上两序列深度融合而一；向下则功能、空间分化愈加明显而各司其职。

（四）广义军事防御聚落系统的基本特征

1. 双重分形结构

广义长城军事防御聚落体系基于民政生产和军事防御双重功能而形成双重分形结构。广义军事防御聚落系统整体呈现明确的中心地分形结构（图6-11），中心地模式是“织构”的分形结构[①]，由此聚落点集以多层级自相似放射衍生的空

① 陈彦光. 分形城市系统：标度·对称·空间复杂性［M］. 北京：科学出版社，2008.

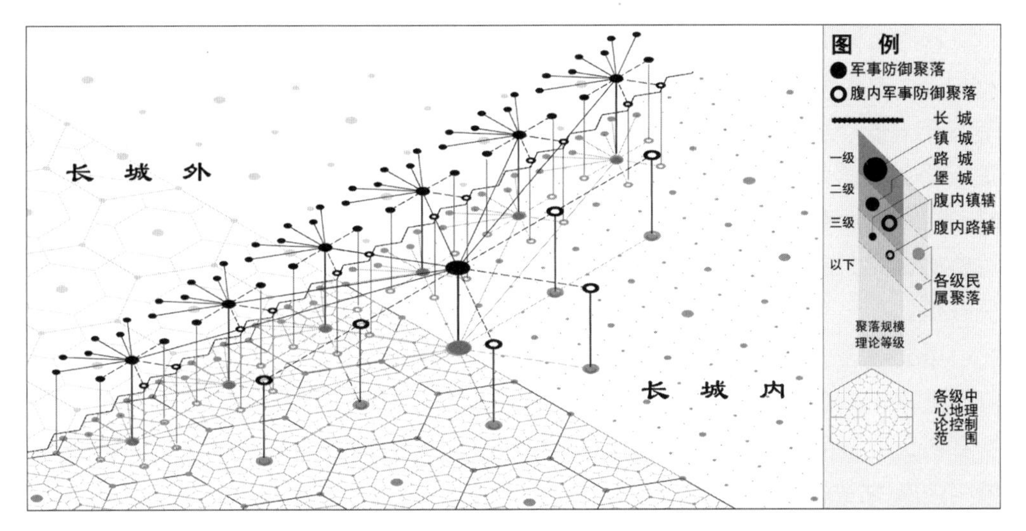

图6-11　广义军事防御聚落系统的双重分形结构

间形态（浅灰色结构）与面域（土地）深度耦合，形成相对匀质分布，无方向性的结构体系，由此最优化的占据和利用空间，实现拓土实边和开发土地的功能，为广义长城军事防御聚落体系最根本的生存和发展奠定了基础，并形成了长城军事防御聚落体系的宏观背景；而在广义军事防御聚落系统分形结构之上衍生出的长城军事防御聚落体系（深灰色结构），则是以军事防御功能为主导，军事聚落基于树状集簇分形结构趋向线性长城并与其深度耦合，通过驻守不同等级规模的军队于各级聚落，实现了以有限的军事资源对漫长防线的系统性防御，详见长城军事聚落防御体系量化理论模型，此处不再赘述。

2．系统分工与协同

长城军事防御聚落体系是基于区域整个聚落系统背景，分化出的倾向军事防御的特殊聚落系统，长城军事防御聚落体系与民属聚落系统逐渐优化为既明确分工又综合协同的和谐系统关系，进而基于两者不同功能属性同步演化出相异的空间分布形态。其中区域整个聚落系统，通过中心地模式逐层自相似演绎，深度融合于空间的各个层次，充分利用土地和资源。基于此，集权管理自上而下融入辖区的最小“细胞”，自然资源和劳动成果则自下而上汇集，之后再分配至系统各处；而长城军事防御聚落体系同样具有显著分形结构。一方面，其整体脱胎于聚落系统，系统保留了以镇城为中心的分形特征；另一方面，趋向长城的方向又形成由点式聚落系统与线形长城耦合的全新集簇树状分形结构，有效解决有限军事资源对庞大军事防区空间占据和配置的矛盾（详见长城军事聚落防御体系量化理论模型）。两组结构由军镇制度统帅在高、中等级聚落融合而一，实现了军镇对区域军事和资源的统筹管理，而越向下衍生则功能倾向越显著分化以完成各自的属性要求，最终形成既各司其职又综合协同的系统。

3．灵活的单元组合

广义军事防御聚落系统理论模型具有显著的单元组合特征，基于此可形成以路或卫（极个别情况还涉及守御千户所）为基本单元的灵活组织结构，此单元具备与路或卫等级匹配的完善的政治经济、屯种生产和军事防御等社会和军事功能，并大致拥有相应空间范围，形成具有可持续生存和支撑能力，以及基于此的军事防御能力的完整单元。根据战略防御需求灵活布局，与整体构成系统结构以提升整体战略防御和局部战术防御实力。

单元组合模式主要作用，一方面，有利于全镇范围的战略性布局和调整。随着明蒙宏观战局改变，长城硬性边界多有变迁，北疆疆域亦同步大范围回缩，而各军镇之间范围亦不断改变。通常，一般的小范围疆域调整，通过简单扩充和收缩相应路的局部空间范围即可，但宏观战略性布局则非常复杂。根据前述研究可知，长城本体的战略规划调整，必须严格依托军事防御聚落体系以及更为重要的广义长城军事防御聚落系统——某区域的整体实力将决定其能否支撑长城防御的可持续发展。若无全面的支撑，虽然通过外援性支援可解决短期的防御运营需求，但在全天候必然性防御条件下，集团自身的生产、经济、资源以及人口等支撑才是防区可持续发展的核心基础。单元结构在复杂的地区和变化频繁的情况下，具有灵活变动的优势，且保证了完善的系统支撑（图6-12）。

另一方面，便于增强局部防御强度，即通过增加基本单元以加强防御实力和战略纵深。如图6-13浅灰色区域为宣府镇独石口路城防区，由龙门所—雕鹗堡一线内长城分割在外，此区域紧邻京城，是京北重要战略纵深，且独石口自古为要冲，自开平卫内迁后，战略位置愈加险要，由此在内线长城之外重叠设置独石口和龙门所两个路城单元防区，增强防御；而从更宏观的角度看，外长城大同镇防区和宣府镇防区亦是山西镇、昌镇及真保镇（部分）一线内长城之

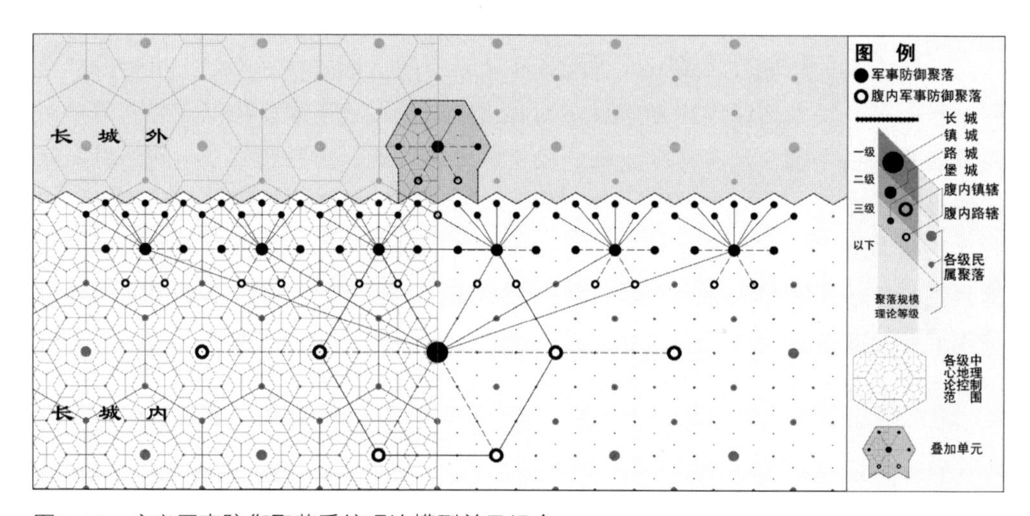

图6-12　广义军事防御聚落系统理论模型单元组合

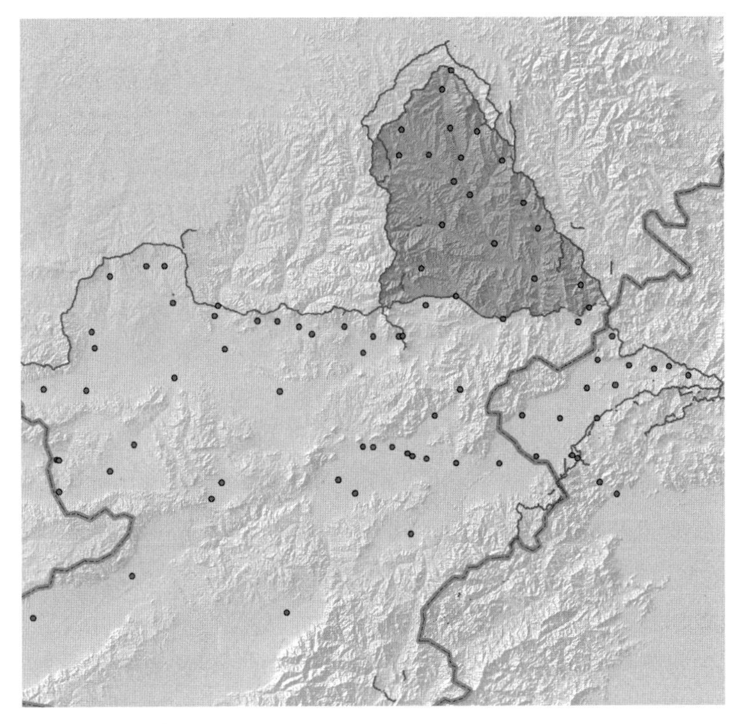

图6-13　宣府镇独石口路城防区

外增加的镇级尺度的防御单元，基于理论模型基本单元的可组合延伸性，使镇级集团同样具有灵活组合特征；而从基本单元向更微观尺度考察，同样具有有限度的灵活组合特征。上述组合关系实质来源于分形结构的不同尺度的自相似特性以及无标度伸缩性[①]。

四、长城军事防御聚落体系量化理论模型

（一）模型建立依据及条件

长城军事防御聚落体系量化理论模型，建立依据主要涉及前期军事防御聚落体系时空演化过程、交通网络系统以及聚落体系相关规模结构和空间结构等研究成果。其中时空演化过程形成了军事防御聚落体系从卫所聚落系统中逐渐分化、成熟的基本演化依据；交通网络研究成果建立了军事防御聚落体系的距离等级关系，在统计意义层面为其提供了绝对尺度标准、结构架构以及个体随机变换等依据；聚落体系相关规模结构和空间结构研究，则为聚落等级规模结构和驻军等级规模结构的确定以及空间层级的确立提供了数学关系依据。

①（波）伯努瓦·B.曼德布罗特，陈守吉，凌复华. 大自然的分形几何学［M］. 上海：上海远东出版社，1998.

长城军事防御聚落体系量化理论模型是描述性理论模型，理论公式仅给出相关系统关系理想情况下精确的数理逻辑描述，基本理论假设如下：第一，整个聚落体系分布于地形地貌、文化习俗和资源环境等完全一致的匀质空间；第二，聚落系统基于军事管理等级形成层级衍生关系，聚落规模和管理层级的等级匹配，各层级聚落向下衍生的聚落数量相同；第三，基于前期研究结论，设定聚落体系的聚落规模和驻军规模均具有严格的幂律关系，其相关数学关系式严格定量描述各聚落相应值及整体的关系。而对应的空间结构模型则采用更理论性和概念化的方式——各层级同等级聚落具有相同聚落规模（符号大小一致）——呈现聚落体系的空间图式，以使聚落的空间图式具有更严整、规则和标准的空间形态（此图式仅表达空间逻辑关系，精确规模结构以数学关系式描述为准）。需要说明的是，通常情况下，同一聚落体系对应的聚落规模结构和驻军规模结构理论模型均遵循幂律关系，并且大致同步衍生并具有相关性，但是由于空间异质性的存在，聚落规模结构与驻军规模结构关系并不严格匹配。其中主干结构的聚落规模结构与驻军规模结构匹配较好，而腹内聚落的差异较大。因此若以此模型概念性重构聚落体系的规模结构和驻军规模，则需基于各等级聚落相应的规模数据、具体功能、空间位置，以及其他微观参照信息综合调整。

（二）长城军事防御聚落体系量化理论模型

长城军事防御聚落体系描述性量化理论模型，由空间几何模型和数学方程共同组成，其中空间结构模型刻画聚落体系的空间结构框架和关联关系；数学方程则描述空间结构模型中聚落体系的聚落等级规模结构、驻军等级规模结构的系统关系，取值则依据前期宣大山西三镇的相关研究成果。两者相辅相成共同描述长城军事防御聚落体系的系统结构关系。需要说明的是，长城军事防御聚落体系量化理论模型是描述性理论模型，分为理论描述和具体描述两个层次。第一层次，理论模型（图式和公式）仅给出相关系统关系理想情况下精确的、理论上的结构和数理逻辑描述，相应取值为三镇相关的最宽泛数据范围涵盖的所有数据均值（或加权均值），以此体现整体较“平均”的理论形态；第二层次，各镇具体形态的描述则基于理论模型，根据各镇的统计和研究数据，取得相应的参数值和自变量取值范围。

空间结构模型方面，空间结构模型是整个聚落体系量化理论模型的基础。详细刻画聚落体系的等级隶属关系、空间结构关系以及聚落关联关系（图6-14a）。其中，浅灰色的部分是整个模型主干结构（图6-14b），由具有相对严格聚落规划控制关系的镇城—路城—临边堡城构成，其他部分主要为各层级所属的相对位于腹内的聚落，相对其所属核心聚落的空间和距离控制较随机和宽松，但均以其核心聚落为中心放射状分布，将其称为枝杈结构。空间结构模型的空间结构关

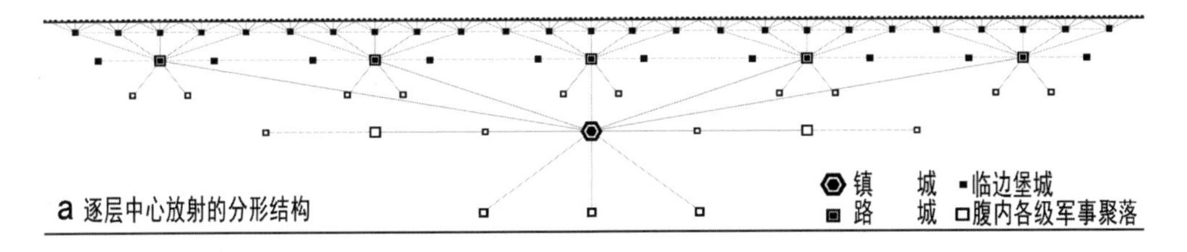

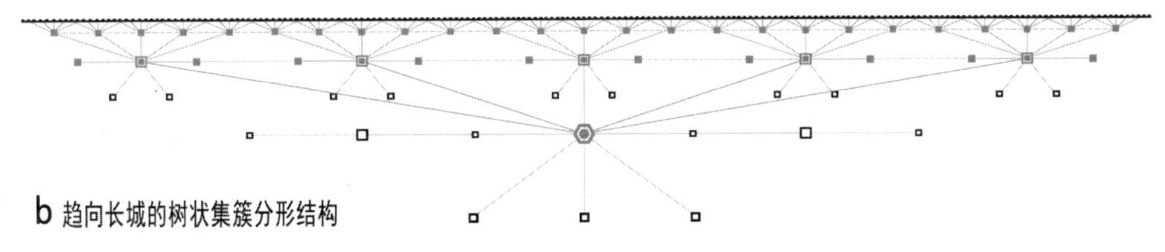

图6-14　长城军事防御聚落体系空间结构模型

系，由前建立的三镇交通网络的理论结构框架控制和描述，且相对严格、精确的控制和描述聚落体系量化理论模型的主干结构，枝杈结构则给出基于实际统计得出的相对宽泛的取值范围。

具体涉及放射单元的控制范围和横向道路的控制范围。放射单元存在较好的计量规律，采用公式描述。路城单元和镇城单元均遵循一次函数公式6-1，其中D为各级放射单元逐层展开的道路长度，x表示层数，a、b分别为相应镇不同等级放射单元的具体参数，上述参数取值范围如表6-1，不同镇和各镇内不同等级的参数取值不同，通过逐层向外计算，获得各镇相应放射单元各层道路的长度数据。基于宏观层面考察，三镇相关参数总体接近，具有显著的共性和稳定性。其中路城单元取值为整数，通常由1开始大致到5左右，当x=1时，D为基准距离，随后依次对称展开，一般各镇最多有9个左右临边堡城；镇城单元取值为整数，通常由1开始最大到4左右，同样当x=1时，D为基准距离，随后依次对称展开，一般各镇最多有7左右路城。其中大同镇镇城单元由于防御形势和地理环境的原因，数据波动较大，采用其核心的对称部分拟合数学关系，以呈现正常部分的特征；堡城单元方面，堡城到聚落的关系统一采用史料统计均值表示。横向道路控制范围，统一采用具体范围控制方式（表6-2），其中均值为全部道路平均数，为道路尺度取值的核心参照，理论描述主要以此参考取值；多数数据范围为大部分较稳定数据出现的范围，帮助控制大部分数据的取值范围，此范围是主干结构相关层级距离的控制范围；而全部数据范围则是道路数据波动甚至突变所能达到的最大范围，可以作为腹内聚落或突变数据的参考控制范围。

$$D(x)=ax+b \qquad \text{公式6-1}$$

放射单元道路的长度控制关系　　表6-1

对象	数据关系式	理论取值	镇	参数范围（km）			
				参数	数值	参数	数值
堡城单元 堡城到墩台	—	3.1	—	3.1			
路城单元 堡城到路城	$D(x)=a_1x+b_1$ x=1、2、…、n， 通常取到5	a_1=6.6 b_1=4.9	宣府镇	$a_{1\text{宣}}$	8.3	$b_{1\text{宣}}$	1.3
			大同镇	$a_{1\text{大}}$	5.1	$b_{1\text{大}}$	6.3
			山西镇	$a_{1\text{山}}$	6.3	$b_{1\text{山}}$	7.1
镇城单元 路城到镇城	$D(x)=a_2x+b_2$ x=1、2、…、n， 通常取到4	a_1=39.6 b_1=−5.7	宣府镇	$a_{2\text{宣}}$	32.2	$b_{2\text{宣}}$	−5.9
			大同镇	$a_{2\text{大}}$	34.7	$b_{2\text{大}}$	0.2
			山西镇	$a_{2\text{山}}$	52	$b_{2\text{山}}$	−11.4

横向道路尺度控制范围　　表6-2

对象	镇	多数数据范围（公里）	均值（公里）	全部数据范围（公里）	数据数量（个）
堡城—堡城	宣府镇	7.0~14.0	11.9	5.0~25.0	30
	大同镇	7.0~12.0	9.4	2.0~19.0	34
	山西镇	6.0~15.0	8.9	1.9~29.0	50
路城—路城	宣府镇	40.0~80.0	65.3	36.0~89.0	6
	大同镇	25.0~40.0	43.8	24.0~87.0	8
	山西镇	35.0~50.0	54.6	37.0~80.0	7
镇城—镇城	三镇间距	160.0~190.0	174.4	160.0~190.0	2

聚落属性方面，根据前期研究，长城军事防御聚落体系的聚落规模结构和驻军规模结构，均遵循分形规律——幂律规则，统一采用公式6-2定量描述。其中ρ为聚落体系相应的聚落规模或驻军规模排序，$P(\rho)$为聚落体系中排序第ρ位的聚落规模或驻军规模。P为常数，q为Zipf维数，D为维数，$D=1/q$，二者基于各镇实际情况而取值不同，相应参数值域范围参见表6-3。

$$P(\rho)=P\rho^{-q}$$ 公式6-2

公式参数取值控制范围　　表6-3

对象	参数	理论取值	全镇及各镇取值			
			全镇	大同镇	宣府镇	山西镇
聚落规模	P_1	1.07E+07	2E+07	2E+07	8E+06	4E+06
	D_1	0.79	0.89	0.64	0.84	0.88
	q_1	1. 3	1.12	1.57	1.19	1.14
	n_1	58	146	68	64	42

续表

对象	参数	理论取值	全镇及各镇取值			
			全镇	大同镇	宣府镇	山西镇
驻军规模	P_2	22340	46295	14421	21224	31376
	D_2	0.90	0.97	1.03	0.91	0.75
	q_2	1.13	1.03	0.97	1.10	1.33
	n_2	54	176	68	61	34

说明：1. 自变量ρ取值为1、2、3、···、n，各镇取值范围以其最大值n控制；

2. 理论取值采用各镇相应参数的均值，以确保镇尺度的适宜、稳定和均衡。

（三）长城军事防御聚落体系理论模型的基本特征

1．分形防御结构体系

总体看，长城军事防御聚落体系理论模型具有逐层中心放射和趋向长城树状集簇的双重分形结构（图6-15）。其中较弱的中心放射模式是早期中心地模式的遗存，可直接接驳大量民属聚落的生产体系，由此控制整个区域不同尺度下的民政生产功能，同时形成交通、信息以及腹内关隘防御等相关功能，进而为整个聚落体系军事防御功能提供物资和人口支撑（图6-15a）；而在整个聚落体系中占据主导地位的树状集簇分形结构，则是军事防御聚落体系宏观上直接军事防御活动的结构基础和实施核心，上述分类的解析方式基于聚落空间异质性（图6-15b）。

进一步考察，聚落规模等级和空间结构亦同时具有分形结构，聚落空间结构纵向整体呈现四个层次，各层水平方向沿长城匀质分布，每层聚落数量由镇城向长城方向逐层增加，聚落规模反而迅速减少；纵向上则双向互为幂律变化关系，即由镇城向长城方向，每层次聚落数量与反方向各层次聚落驻军规模均值遵循幂

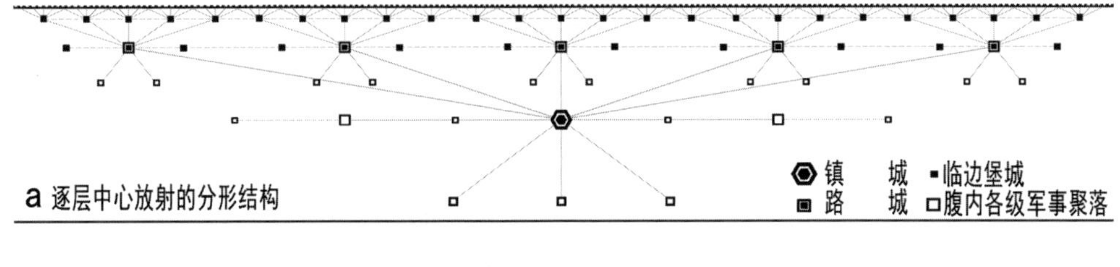

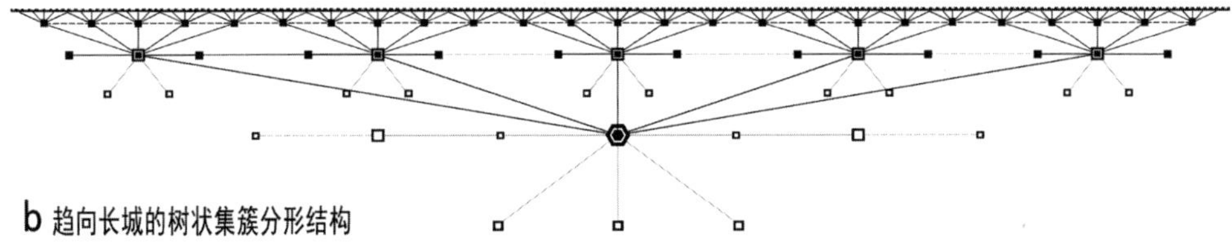

图6-15　军事防御聚落体系的分形结构

律变化——分形结构。基于复杂的等级规模和空间分形结构，军事防御聚落体系实现了军事资源的合理配置、高效利用、常规值守匀质分布与应激防御非匀质状态的转化，成功抵抗了蒙军的随机性集中攻击。

首先，聚落体系各等级层次在与长城平行的横向上均采用匀质分布模式，确保长城全线军事资源宏观上的匀质配置和整个体系的均衡防御，避免因军事资源空间上过于集中而导致漫长防线的顾此失彼。纵深方向上，则形成多等级梯度的军事资源支撑结构。两个方向整体建构出军事聚落体系全天候必然性防守的基本空间结构；其次，聚落体系纵深方向逐级向下自相似衍生的树状分形结构，以及聚落体系驻军规模—聚落数量的反向幂律梯度变化的分形关系，形成以少控多的多层次放射结构系统，实现了以较少的高等级聚落“点”逐层控制依幂律增长的下一等级聚落数目，同时以高等级聚落的军事资源逐层支援以幂律减少的下一等级聚落的资源配置，双向的一增一减，使明军以有限的聚落数量和军事资源防控了庞大的边疆范围；最后，明军采用兵力匀质分布的全天候必然性防御模式，蒙军则为以集中优势兵力随机的偶然性快速攻击模式，而冷兵器时代作战双方的胜败在宏观统计层面与军队数量对比直接相关（即使交锋兵种或攻防方式不同，同样存在对抗消耗的统计学大致比例），因此，防御的关键是集中足够兵力以御敌，聚落的簇状分形结构便是明军快速集结的优化策略。如图6–16显示，不同等级的支援力量沿着某组树状枝杈“有的放矢”的向蒙军攻击点汇集防御①，从而使整个系统由日常值守时军事资源的匀质分布状态，快速转变为局部应激条件下军事资源向预警部位优势集中的非匀质状态，集中优势力量全力防御攻击点，以有限的军事资源获得最大化的防御效益；此外，多层级梯度布局模式同步衍生出很大的纵深防御空间，进一步增强聚落体系的防御能力。

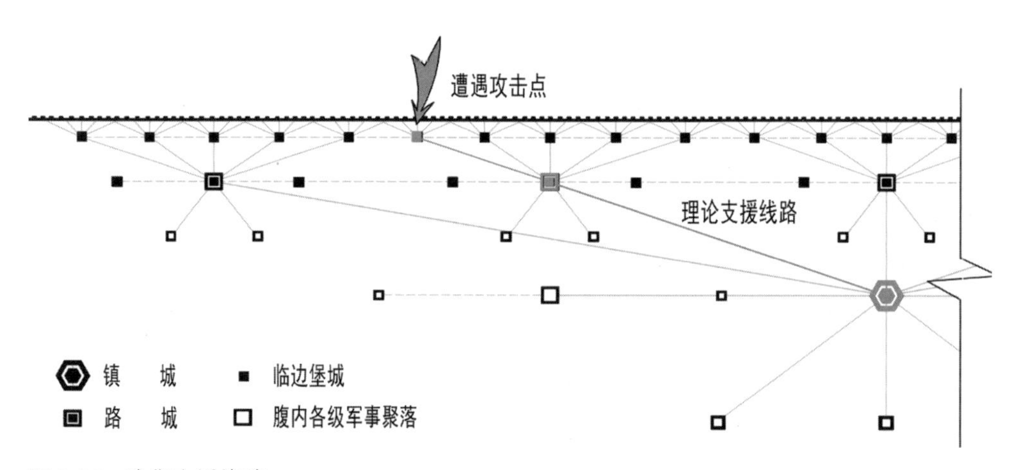

图6–16　防御支援线路

① 通常，同次攻击中攻击点数量较少，在声东击西、围点打援等战术策略下至多2~3处，分形防御模式在不同聚落协同防御下，一般情况完全可以防御。

在军事防御过程中，聚落的树状分形结构是军队由匀质状态快速集结为有效防御力量的关键，而聚落的时空分散特征则使军队汇集呈现显著的多层次性。最前沿的沿边墩台，数量众多并在空间中广泛分布，可灵敏获取预警情报并第一时间采取初步的技术性防御，但由于兵力配置很少，防御强度甚低；第二层防御来自于临边堡城。堡城距离长城很近，管控范围内兵力资源相对集中且规模等级显著升高，以相机支援和强化遭遇攻击处的长城防御为主，可较快提供第二波较强的防御支援；第三层则以路城为核心，在更大局域范围（路城管控尺度范围）内军事资源集中且规模等级更高，可实现全路甚至全镇范围的动态支援和攻击，因距离长城稍远，通常提供第三层次的强力防御支援；第四层防御则由镇城实施。镇城居于全镇中心，驻军高度集中居全镇之首，在全镇范围或多镇之间实施支援和攻击行为，防御力量最强，但通常到达较晚。整体看，四个防御层次作战强度逐级增加，但有效作用时间逐次延后；同时，由于时空分散和战争的复杂性，军队汇集更多是宏观的战略汇集，并不一定严格汇集到遭受攻击点的长城线上，而更多向以蒙军攻击点为导向所形成的某“分形树状枝杈”的支援路线的相关区域汇集。其优点在于：一方面，过于向长城附近某点汇集，不利于大型骑兵兵团展开作战；另一方面，多个层次的防御力量全部汇集到长城的时间较长，并不总有利于防御。如前所述，通常各层次会根据支援力量和作战需求因地制宜在支援路线上选择地利之地防御。综合以上可知，聚落体系的有效集结是系统性防御的关键，而有效集结的核心则是精确的敌情传递和足够的汇集时间。

分形是自然界和人类社会广泛存在的基本特征和组织法则，是人类聚落体系适应复杂人地关系的经典优化模式。在漫长的演化过程中，长城军事防御聚落与线性长城基于分形结构逐渐优化耦合为复杂的长城军事防御聚落体系，通过多方面的分形自组织结构，建立了有限军事防御聚落体系与广泛民属聚落的多层次融合体系；解决了巨大防御范围与有限军事资源配置的矛盾；实现了驻军常规匀质分布与应激快速集结的转换；以有限的军事资源获得最大化的防御效益，完成了全天候必然性值守对蒙军随机的偶然性集中攻击的系统性防御。

2．模型的拓扑变换

拓扑变换是军事防御聚落体系理论模型的最基本特征，搭建了理论模型与现实世界沟通的桥梁。长城军事防御聚落体系理论模型呈现严格、规整、匀质的几何空间形态，而现实中由于地理环境、文化习俗和军事力量等因素的复杂作用，理论模型通过局部空间的拉伸、压缩、弯曲、扭转、前置等拓扑变形，演绎出各镇独特的资源配置和空间结构布局。这正是前述理论模型的空间结构模型只给出聚落间距离变化范围的原因，以此保留理论模型于各镇拓扑变化的可能性（图6-17）。

在由理论模型拓扑变换为具体物化形态的过程中，聚落体系的空间位置、网络形状、规模结构发生复杂变化，但聚落体系等级隶属结构关系和网络关联关系均保持不变——这两者正是拓扑变换中保持连续性的不变因素——也是聚落体系系统关系建构的核心秩序。基于此，聚落体系理论模型与实际形态保持相对严格的拓扑等价性，“相对严格”的意义为由于现实情况的复杂性以及理论模型的抽象性，在理论模型向实际演绎的过程中，拓扑等价性所遵循的连续不变秩序之一——聚落理论数量，很可能会因区域整合或拓展而减少或增加，由此拓扑体发生某种程度的变异，形成理论模型与实际形态并不严格的拓扑关系。但在统计层面，就建立理论模型的目的和作用看，这种变化并不影响理论模型的实质意义。拓扑等价性使理论模型的层级隶属关系和网络关联关系始终得以保留，层级隶属关系是军事防御聚落体系系统关系的核心，而网络关联关系则是聚落体系空间关系的基础，两者共同控制众聚落的相互隶属和关联结构，并不严格控制聚落的具体空间位置，通过结合长城军事防御聚落体系交通网络的理论模型框架，便构建出具有现实意义的聚落体系空间结构模型。其中交通网络的理论模型框架，基于分形控制规则以及统计结果，保留了较宽松的道路长度取值范围，且未提供角度控制，以此保证较大拓扑变化的可能性。

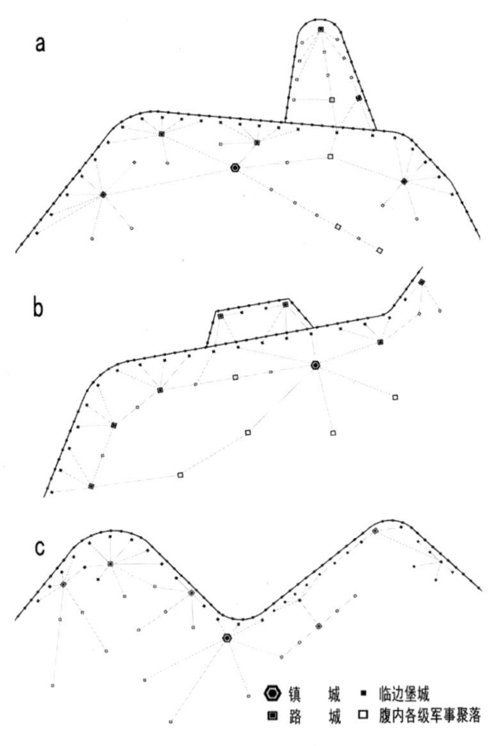

图6–17　理论模型拓扑变化示意图

3．高级别聚落前置居中

高等级聚落居中前置是指个别高等级核心聚落，在遵循管理等级秩序的情况下，空间位置并不严格按照等级图式出现在常规位置，而是前置（向长城方向为前）于下一级聚落所处的常规空间位置（相对长城），且多数同时伴随居中（图6–18）。高等级聚落前置现象较普遍，中、高等级均存在此特征。通常，聚落适度前置并接近其下一级聚落相对长城所在的空间位置，个别高等级聚落甚至直接前置到长城近边，乃至与长城融为一体。而其相关的上下级结构关系则相应向前推移，因此，前置聚落正前方的空间结构多有压缩。

高等级聚落前置居中在明朝边疆防御实践中，具有广泛的基础和一脉相承的历史渊源。明永乐时迁都北京正式确立了帝王守边的防御格局，实质是在国家尺

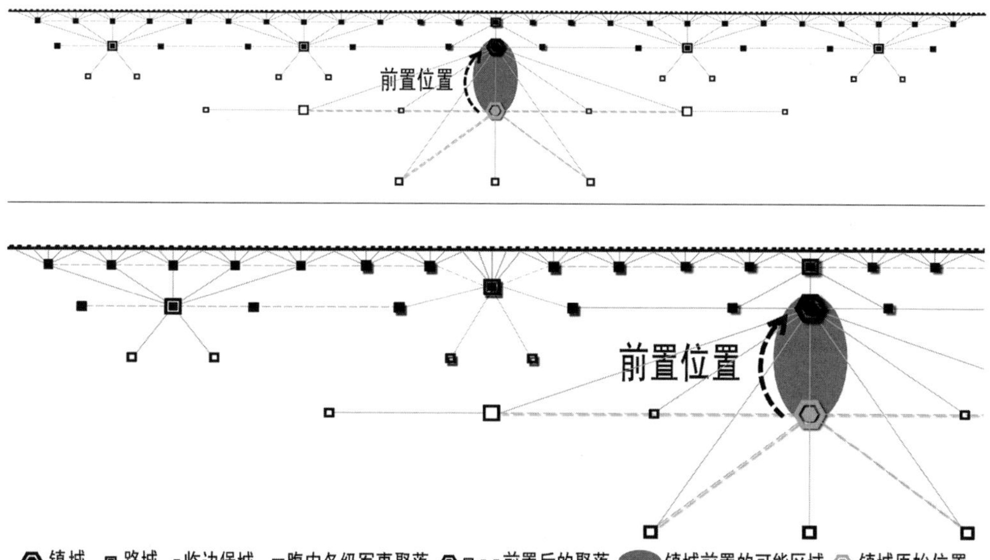

图6-18　高等级聚落居中前置

度上，将京城大约前置于靠近边疆的区域且均衡居中，京城以北直至长城的范围内军事防御聚落空间结构显著压缩，聚落体系结构层次复杂且密集[①]；而在军镇层面上，宣大山西三镇城均存在不同程度前置于路城理论所处的空间位置上并居中，尤以山西镇城前置最为显著，几乎接近长城。大同镇镇城直接位于路城位置亦居中，若以内线长城看，显著前置，以外线则较前置，从空间角度看镇城直接兼做路城之用。宣府镇空间位置整体看基本位于路城的空间范围，其北部的葛峪堡路城集团的空间范围显著压缩；而在路层面上，部分路城更加显著的前置于堡城的理论位置并居中。如大同镇的得胜堡、拒门堡，宣府镇的独石口、龙门所，山西镇利民堡、北楼城等路城均显著前置于长城线。

高等级聚落前置主要基于战略和战术目的，京城近疆和镇城前置居中多为战略性考虑，在宏观层面以最强军事资源强化防区中部整体实力，缩短支援中部防御负荷重心的整体时间，提高核心资源的利用效率，同时兼顾全镇的均衡支援，且居于中部以方便全局战略策应，因此多适度前置而并不极端；路城前置除了局域战略目的外还有攻防战术考虑，即将局部核心军事资源置于要冲，在战略上以强化整体实力提高防御效率，同时，在攻防、御敌、对战等战术层面获得先机。因此前置区域多与战略急冲地带相适应，此种情况前置较彻底，甚至与长城融为一体，但居中特征并不必然。如宣府镇独石口路城前置到边并大致居中，而大同镇得胜堡前置近边，空间位置却偏于本路一隅（可能受到双线长城的影响）。前

① 曹迎春，张玉坤，张昊雁. 基于GIS的明代长城边防图集地图道路复原——以大同镇为例[J]. 河北农业大学学报，2014，37（2）：138-144.

置路城可加强第一时间御敌的整体强度，是战术长城的局部强化措施之一。高等级聚落前置现象贯穿各镇的不同尺度和等级，表明是一种较普遍的系统性特征，但具有前置现象的聚落仅为少部分，其他多数依然严格遵守理论模型，且前置聚落中有相当部分是后续迁驻的。

前置现象应是一种系统性的适应变化，是基于标准模式的针对性防御强化特征。在基本分形防御结构的基础上，在传统上遭受攻击频率较高和强度较大的区域，或战略上极其重要的部位，设置高级别防御聚落和核心军事力量，以提高作战初期防御效率和强度为导向，宏观防御规划战略和战术策略相结合的适应性拓扑变化。从局部看，高等级聚落前置居中可降低局部防御负荷重心的预警传递时间成本、调度支援成本和综合管理成本，进而提高局部防御效率；而从更高层面的系统整体看，前置居中则是明军系统性防御顶层规划的重要组成部分，是对基本分形防御结构的深度优化。根据标准理论模型，在同等攻击的情况下，长城线（或激发点的范围）各处获得的支援强度和所用时间一致，但漫长防御体系各处的防御负荷并不相同，理论标准结构体系并非最优化状态，通过前置方式可针对性强化负荷较大和战略要冲的防御，但优化只是对基本结构适度局部调整，以保证整个结构的系统性和完整性。而各等级聚落前置居中程度以及战略和战术倾向的差异，则进一步证明了这种兼顾思想。

4．非匀质的局部次级层次衍生

非匀质的局部次级层次衍生指在长城军事防御聚落体系镇城—路城—堡城基本结构模型上，由个别低等级聚落在局部地区或防御集团内衍生出次级聚落群的现象（图6-19）。此现象通常出现在等级较低的堡城之下，即聚落等级体系向下衍生的边缘区域，由堡城衍生并受其管辖，且聚落规模和驻军规模均显著小于堡城，这些聚落又明显大于墩台，且管理若干墩台，并在建筑形态、相对长城的空间位置等方面更类似于堡城，因而属于等级更低的次级军事聚落。

非匀质的局部次级层次衍生现象主要源于独特的地理环境。这种现象主要出

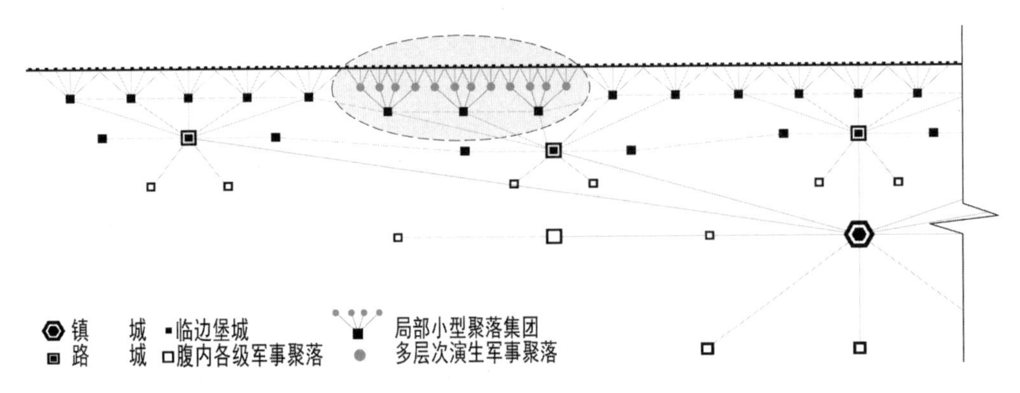

图6-19　非匀质的次级层次衍生

现在山西镇，与当地的地理环境密切相关，其中山西镇中、东部内长城区域尤为显著。山西镇中、东部借助恒山屏障，自古便关隘众多，其防御模式以戍守长城关隘为主。区域沟谷发育复杂，主干沟谷之下多层次衍生众多细碎支谷岔沟。通常区域核心聚落扼守主要沟谷，其下因地制宜衍生数量不等的小聚落分守支脉并受其节制，因支脉细小且多非要冲，因此相应聚落规模很小、级别甚低、人数亦少。这些聚落是在常规等级堡城之下，因特殊环境而衍生出的更低一级军事聚落，以防御山体自然演化出的不同尺度下具有相似结构的分岔沟谷；此外，因本现象在宣、大两镇并不显著，但两镇位序—面积序列尾端的部分聚落形态类似于山西镇尾端聚落特征，推侧或已显露出此种迹象，这些聚落相对处于与民属聚落模糊的过渡区段，有可能基于管理需求由某等堡城在局部范围衍生出次级小聚落集团；需要说明的是，非匀质的局部次级层次衍生现象在山体更加碎众，沟谷愈加繁复的蓟镇表现的愈加充分。蓟镇聚落约298个，显著超越其他镇[①, ②]。其堡城级聚落所辖局部小聚落甚多，常称为“寨”。根据现有资料显示寨的等级较低，驻军较少，辖于区域堡城，且已成为常规模式在全镇范围内广泛出现。由于蓟镇资料缺损严重，无法精确计算其聚落等级结构关系，但基于蓟镇地理环境特征、明确的次级等级关系、甚多的聚落数量以及优良的防御效果等事实，推测其与山西镇拥有近似的次级衍生结构关系和生成机制，甚至有可能在全镇范围内已形成新等级层次。

非匀质的局部次级层次衍生现象，虽在本书研究范围内仅在山西镇出现，但在更广泛的九边范围则并不鲜见，其实质就是军事防御聚落体系基本分形自相似衍生结构，针对特殊地理环境的适应性变化，因而将其视为聚落体系的基本特征之一。

5．军事防御聚落的空间异质性

军事防御聚落体系的空间异质性特征，是指军事防御聚落的功能属性及其相应的物质载体，随空间分布不同存在显著差异的现象。根据前期研究显示，临边聚落、路城、镇城的驻军与聚落规模相关性很高，匹配关系较好，呈现由镇城发出的树状集簇分形形态，结构规则相对严谨，方向性显著，聚落的军事防御属性比重越向长城靠近越显著；而相对腹内聚落则以民政生产为主，防御为辅，因而聚落驻军与聚落规模相关性甚弱，聚落规模很大（屯驻大量非军人口以司值生产和经济等民政事务），但驻军却很少，空间结构相对随机、匀质，且更多保留中心地模式痕迹，方向趋向性较差，民政属性显著高于军事属性（图6-20）。

空间异质性的实质是军事防御聚落体系双重功能属性针对地理空间异质性的适应性变化。地理空间异质性与地理相关性规律（地理学第一定律）一样，是地

① 郭栋．地理因素影响下明蓟镇长城防御体系研究［D］．天津：天津大学，2013.
② 王琳峰．明长城蓟镇军事防御性聚落研究［D］．天津：天津大学，2011.

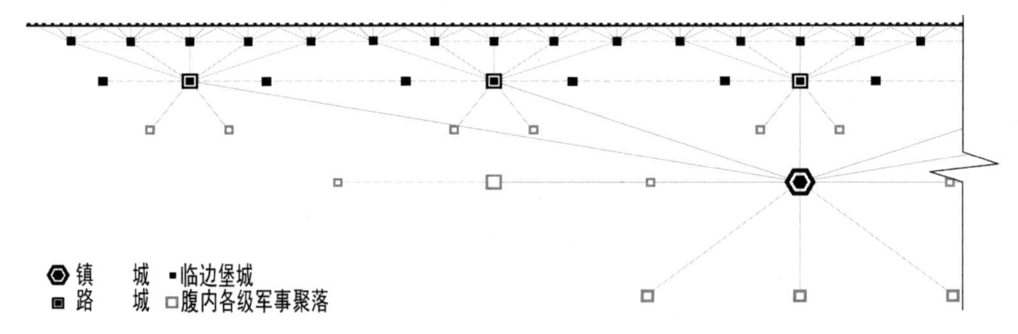

图6-20　军事防御聚落体系的空间异质性

理现象复杂性的重要特征之一，其与地理学第二定律："All other things are never equal"（任何空间事物都不是均质的）[①]密切相关，即空间事物存在空间相关和衰减现象，由此呈现相应的集合和离散特征[②,③]。空间异质性是支配复杂地理现象的重要规律，任何地理现象均是空间自相似性和空间异质性综合作用的结果，空间异质性所产生的相互作用和空间自相关作用都影响着空间结构[④]。早期卫所制度的开放、弹性的防御模式，虽然区域边缘具有明确防御方向性，但整个腹内则相对匀质，这也是当时卫所管理制度下聚落系统理论上遵循中心地模型的原因；而后期线性长城的出现，区域边疆形成显著的防御方向性和腹内与边缘的空间差异性，由此形成军事防御聚落体系的树状集簇放射结构，聚落针对空间异质性而适应性调整两属性的配置比重，由此形成聚落体系显著的空间异质现象。

第三节　军事防御聚落体系与长城的系统关系初探

一、长城认知的"主体化"倾向

长城作为中华民族文化和精神的象征已深入人心，长城被赋予的意义早已超出其基于原真功能所应具有的历史意义，而成为某层面超越时间和空间范畴的民族文化"主体"般的象征，这种意识长期、广泛、深刻的影响了文化、教育、历史、考古、文物保护等各个领域。导致后世对长城军事防御聚落体系相关遗迹非原真性的片面解读，而这些误读源于不同时代文化及价值认知的差异、不同阶段着眼点和关注度的迥异、不同要素（长城）衰败速度快慢的差异、各要素保护难

---

① Phillips J. D. Doing Justice to the Law. Annals of the Association of American Geographers, 2004, 94（2）: 290-293.

② 孙俊，潘玉君，和瑞芳，刘海琴，常楠静，刘树芬，李会仙. 地理学第一定律之争及其对地理学理论建设的启示［J］. 地理研究，2012，10：1749-1763.

③ Phillips J. D. Doing Justice to the Law. Annals of the Association of American Geographers, 2004, 94（2）: 290-293.

④ Miller, H. J. Tobler's First Law and Spatial Analysis. Annals of the Association of American Geographers, 2004, 94, 284 - 289.

易程度的不同，以及不同要素所引发的审美差别等众多因素的综合作用，进而又反作用于相应时代的普通民众和社会相关职能部门，在持续正反馈作用下不断强化，导致不同遗迹关注度“强者愈强，弱者愈弱”，而系统的原真性和整体性认知愈加偏离。

基于长城过度“主体性”认知的影响，长城相关研究、保护和宣传重点显著集中于长城本体——雄伟高大的墙体和重要关隘，但与长城相同甚至更具价值的大量军事防御聚落，却在其耀眼光辉的阴影下和快速城镇化进程中日渐衰败而消失殆尽。长城方面，长期以来长城相关界定缺乏权威依据，长城一直被视为狭义的线性墙体，由此从概念上便将其他大量军事防御要素忽略，导致相关研究和保护几乎完全以长城为主导；2006年颁布的《长城保护条例》，基于类型角度定义：“长城，包括长城的墙体、城堡、关隘、烽火台、敌楼等”。较传统的孤立概念，长城范畴更加准确和进步，但此定义显然具有长城“主体性”的特征，且缺乏对长城的墙体、城堡、关隘、烽火台、敌楼等要素之间相互关系的清晰界定①；2007年国家文物局和国家测绘局联合启动“长城资源调查工程”，认为“长城是墙体、附属设施、相关文化遗存的集合体”②。长城从“线性”、“类型”发展到“集合体”，其概念认知进一步深化，“集合体”概念在某种程度上弱化了长城的主体性，使相关要素具有了某种“平等”讨论的可能。但此次调查仅限于长城墙体及其两侧各1公里范围内的军事设施，导致“集合体”包含的由长城本体内延纵深分布的大量军事聚落和防御设施被遗漏。由此看来，长城“主体性”概念的惯性依然深刻影响着对明长城军事防御体系内涵与外延的认知；聚落方面，近年来随着城镇化的快速推进，军事防御聚落遭到严重破坏、消失殆尽，京津冀地区3/4以上的军事聚落仅存不完整墙体。甘肃、宁夏、陕西地区，约有2/3的军事聚落仅存墙体基础遗迹，内部已无建筑可寻。辽宁地区损毁最为严重，原有的100多个明长城军事聚落中，一小部分仅存基址，大多数踪迹皆无③。仅有部分历史悠久、战略地位重要、关注度较高的军事聚落得以保护，且保护源起并非基于长城军事防御聚落体系的系统关系角度，更多由于聚落本身的历史价值。由此看这些聚落依然被孤立的认识，而且相对长城军事防御聚落体系点、线、面（区域）构成的复杂系统来说，个别聚落点的保护根本无法承担再现长城军事防御聚落体系原真性和整体性意义的重任。

综上所述，亟待将长城纳入整个军事防御系统，基于系统性角度，发掘长城与军事聚落体系的系统关系，深刻认识明代长城军事防御聚落体系的真实系统关系和运行机制，全面还原其真实性和完整性，恢复其原真价值和历史意义，使之得到应有的珍视和保护。

---

①《长城保护条例》http://www.gov.cn/flfg/2006-10/23/content_421000.htm.

② 国家文物局中国文化遗产研究院长城资源调查项目，http://www.cach.org.cn/tabid/157/Default.aspx.

③ 张玉坤. 2014国家自然基金项目，明长城军事防御体系整体性保护策略研究，天津大学。

二、长城与军事防御聚落体系的主体性辨析

基于系统关系角度，探讨长城军事防御聚落体系中长城和军事防御聚落体系两核心要素的主体性问题，探索性还原长城军事防御聚落体系的原真状态，恢复长城与军事防御聚落体系相对准确的定位和真实意义。

从明朝北疆防御系统的历史演化角度看，长城始终不是北疆军事防御的主体。明早期，边疆一度达至漠南广大地区，基于强大的军事实力和积极防御战略，明政府在北疆建立了以都司卫所为核心的大纵深、开放、弹性的基本军事防御体系；而最北端阴山南部战略要地，则建立了堡寨与烽燧相结合的防御模式①——大型堡城坐镇战略要地，以堡寨为后盾和战略支撑，前沿设立大量烽燧以预警瞭望和伺机击杀，两者相辅相成；此外，加之早期腹内的太行山和燕山关隘防御体系。明政府依托都司卫所各级聚落，以及长城、壕堑、烽燧等各种防御工事，建构了以聚落体系为主体的北疆多层次防御体系②。此时长城墙体只以孤立的片段防御工事或与关隘组合的关墙形式出现，主要起到战略阻隔作用，并未形成连续整体以及明确的战术功能，亦未与其他防御设施形成严格的系统结构③；随后，伴随明朝军事衰势，北疆不断压缩回退，长城空间位置多次调整回缩，这进一步佐证此时长城很弱的战术防御和阻抗功能。从某种意义上说，这时期的长城依然偏重战略功能，长城防御体系相关各种要素均已出现④,⑤，但由于要素多孤立为战，且并不稳定而多有更变，并未系统整合而进化至完美状态；直至明朝中后期，军事防御相关的多种要素，尤其是长城和军事聚落体系才系统融合，防御体系的系统性和整体性迅速提高，最终形成长城军事防御聚落体系。军事防御聚落体系与长城的耦合，使长城具有了主动攻击能力，并获得来自内部多层级聚落体系的可持续支撑，使其防御阻抗能力显著提高。而更为关键的是，军事防御聚落体系在与长城的系统协同下，获得极大的防御预判和先机。而后期直至明末，长城军事防御聚落体系的系统功能基本上只进一步优化，并未发生实质性改变。

从防御战争不同状态看，冷兵器时代战争的等级宏观上与军队数量直接相关，基于此北疆蒙军发起的战争大致可分为三个等级。大约千人以下的低等级战

① 赵现海．明代九边长城军镇史——中国边疆假说视野下的长城制度史研究（上、下册）［M］．北京：社会科学文献出版社，2012：80.

② 赵现海．明代九边长城军镇史——中国边疆假说视野下的长城制度史研究（上、下册）［M］．北京：社会科学文献出版社，2012.

③ 此时关隘防御体系中，关隘、关堡与长城虽已有互动协同，且战术和技术的准备和演练对后期长城军事防御聚落体系的具有重要影响，但就整个体系严格、广泛的系统关系进化角度看，此时的系统关系还处于局部的、初级的阶段，与严格意义的长城军事防御聚落体系的复杂系统关系不可同日而语。

④ 李漱芳．明代边墙沿革考略［J］．禹贡半月刊，1936，5（1）.

⑤ 何宝善．永乐至宣德时期的长城防御体系［M］//第十届明史国际学术讨论会论文集．北京：人民日报出版社，2004：125-131.

事，以劫掠物资为目的，时间持续较短，长城本体基本不被击穿或击穿后仅侵入较小的局部范围便被阻挡；大约万人以上的高等级战争，以国家层面的侵略土地和夺取政权为目的，长城大多数情况下会被击穿，战争持续时间甚长，蒙军侵入范围将涉及边疆腹内广大地区乃至京城；人数介于两者之间的中等级状态，长城是否击穿由当时众多具体因素决定，战争目的较复杂，劫掠、攻击、侵略分居其一或兼而有之，持续时间较长，战事波及范围基本限于镇或几个镇范围内，随后被明军攻击败退或自行撤回。更具前述战争时序研究，中级别及以上战争占据相当数量（低等级的攻击对蒙军劫掠目的来说毫无意义，只能徒增伤亡），是蒙军侵袭的有意义的常规状态，且相当部分长城被击穿。

基于以上战争状态，北疆防御可大致分为长城完整状态下的防御和击穿后的防御两类。完整状态下，除很低等级战争情况下，仅依靠长城本体驻军就完成防御外。通常，长城军事防御体系都将采用其系统性防御，防御过程中，聚落体系的多层次系统性援助有效、持续的支撑长城发挥强大的战术阻抗作用，聚落体系的主体作用显著；当长城被击穿，大量蒙军深入腹内广大范围，此处局域范围内长城军事防御聚落体系的严格系统协同关系逐渐减弱甚至完全失效（其他区域的长城军事防御聚落体系还正常发挥作用），战争进入以运动部队现场指挥的运动战和遭遇战，以及以聚落本体防御为主的防守战相结合的状态，此时聚落体系发挥防御的主体作用，而遭受攻击区域的局部长城的作用将变得微乎其微；当战争上升到国家侵略等级时，长城军事防御体系的系统性价值虽然在战争初期发挥一定作用，但就整个战争等级和涉及的时空尺度看，长城的价值基本上又回归到其早期的战略阻隔作用，战争将演化为以广大聚落为支撑的阵地战和运动战模式。综合看，聚落体系在各种等级和阶段的防御活动中始终处于主导地位，长城本体则在部分状态下基于聚落支撑而发挥系统性防御作用。

从防御实施主体与防御设施的关系看，军事防御活动的绝对主体是人，而聚落体系是边疆地区人类生存和防御的核心载体，通过聚落的多层次结构与自然融合，获得生存和发展的基本条件，进一步基于其上又建立主司防御的军事防御聚落体系，在漫长的演化和战争中逐渐优化成为长城军事防御聚落体系，驻军依托军事防御聚落发挥协同支援、动态作战、城池防守等各项军事活动。因此，聚落体系显著优于长城、烽燧等其他设施而与防御主体——人保持最为密切的关系；防御设施管理等级方面，在长城军事防御聚落体系多层级结构中，与长城直接相关的作战机构等级最低，防御人数较少（相应管理序列比较），直接面对战争，需依靠上级机构支援或协同防御；而防御设施的协同关系方面，由前述可知显然以聚落为主体而非长城。

从物质本体的表象上看。体量方面，长城毋庸置疑具有巨大体量，相比较聚落个体则体量很小，尤其是靠近长城的临边堡城体量更小，且与长城呈现显著规律分布，由此很容易引发聚落为附属衍生物的认知。但事实上，聚落体系所涉及的空间体量极其巨大，广泛散布于北疆地区，而长城仅仅是其分布面域的一条边线；遗迹保存方面，长城多位于穷山恶水的险要之地，人类活动涉及甚少，加之长城保护的更多关注，因而保存较好。而聚落尤其是大中型聚落，其聚落特征决定了不断演化发展的属性，人类频繁活动的不断破坏，加之对军事防御聚落体系认知、关注、保护的不足，导致聚落遗迹严重损毁，这进一步造成聚落体系认知和研究的巨大障碍；美学方面，长城蜿蜒曲折、辗转腾挪、穿云过岭的雄伟壮丽，在美学和情怀等方面显然优于朴实、厚重和普通的聚落，更易引发诗歌、传说、影像等文化产物而激起广泛的关注，这也正是长城不断主体化的背景环境。而军事防御聚落体系严谨的等级结构、丰富的层次梯度、复杂的系统关系之理性美感，是线性长城所无法比拟的，它的美学价值来自于其惊人的秩序与和谐的分形之美，以及宏大与精妙的系统关系之美，已超越浅层次的感官表象而达至哲学层面“真”与“美”融合的至高境界，铸就了人类历史上无与伦比的浩大人文景观典范。

根据以上论述，在众多方面军事防御聚落体系具有更主体性的作用和价值，这根源于其主体性之形而上的本质，而这正是本书渴望努力揭示的关键。然而，由于种种原因军事防御聚落体系的主体性，以及长城军事防御聚落体系的系统关系未被充分挖掘、认知和宣传，进而被淹没于历史文化长河中。正如近期的巨石阵隐藏景观项目（Stonehenge Hidden Landscape Project）的一系列惊人发现一样，“主角”巨石阵实际仅是庞大遗址中的很小部分①。长城亦是长城军事防御聚落体系的“冰山一角”。

三、长城与军事防御聚落体系的系统性作用

长城与军事防御聚落体系耦合为系统整体，两者系统协同、综合联动高效发挥军事防御作用。本节基于长城军事防御聚落体系的系统关系角度，结合前述长城和聚落体系的主体性分析，进一步探索长城与军事防御聚落体系的系统关系。

（一）基于系统性的要素功能提升

长城与军事防御聚落体系经过漫长的演化，逐渐耦合为长城军事防御聚落体系的系统整体，并形成多系统协同联动的综合防御结构和机制，在系统性的支撑下长城与军事防御聚落体系两核心要素相互弥补缺点、强化优点，防御能力均获得极大加强和提升。

基于系统协同作用，聚落体系的军事防御功能直接延伸至长城墙体并与其深度耦合，使长城获得主动的防御与作战能力，由此长城从早期相对被动、阻抗能

① http://lbi-archpro.org/cs/stonehenge/index.html.

力较低的单纯墙体的防御工事（战略长城），转化为具有主动攻击能力的战术屏障，长城的阻抗能力极大提高。更为重要的是军防聚落体系与长城的系统耦合，使长城获得军事防御聚落体系直接，乃至整个广义军事防御聚落系统间接的多层次系统性支撑，从而使阻抗能力获得可持续的支援和补充，绝非早期系统支撑力很弱的长城墙体所能比拟；而对聚落体系来说，长城与聚落体系的耦合使后者具有了完整的硬性封闭边界，系统整合了开放、弹性的聚落防御形态，弥补了其系统协调性和整体性差的不足，使之在信息获得、整体反应、协同调度等方面极大优化，形成互为支撑的系统整体和强有力的协同作战结构（后续详述）。

（二）规划随机性攻击为相对有序性

长城将蒙军攻击“主动”组织规划到尽可能小的空间范围，从而将蒙军的随机攻击行为调整为相对有序的形态，为长城军事防御聚落体系的系统性作用奠定了基础。基于马在不同类型地域的可达性，不考虑水面、密林、粗糙表面（草地、戈壁、土路之外，碎石凌立、大量较高灌木等，地表的非地形因素阻挡马匹行进的明显障碍物）等极端和微观条件，通常影响马匹通行状态的主要地理因素为坡度。根据实际调研，通常40° 左右以上的山坡马匹将无法有效行进——具有一定速度且可发挥骑兵冲击优势，15° 以下则视为相对平坦地区而正常通行，介于两者之间的过渡坡地在无阻挡或阻击的情况下，可在平衡速度与坡度间关系的状态下有效行进①，以此看来平坦和过渡区域均可能成为行进攻击之地。根据上述事实，在无长城介入的情况下，边疆地区松散、开放的聚落防御模式，蒙军进入的空间选择性非常大，进入将基于马匹可达性、战略战术以及成本综合考虑，而采取各种方式——某区域范围内或快速通过，或多种策略通过（多时多地、同时多地、同地多次，甚至从较大坡度山上分散通过之后集结等等），于是攻击行为将形成非常无序的时空状态，即蒙军攻入时间和空间随机性太大，几乎无法预知规律，明军防御将异常困难，这也正是明军在宏观层面采取全面防守模式的重要原因之一。

随着连续、封闭及依山险而建为特征的长城的介入，与长城结合的过渡坡地部分将难以通过，加之战术长城的主动攻击，通过此类区域将异常艰难且通过成本无法接受②。由此，在宏观层面，长城将之前蒙军可以通过的大量过渡

---

① 通过采访内蒙古军分区骑兵师一团四连（原驻海拉尔）退伍骑兵连长刘福珍（63岁）、张家口军分区骑兵连退伍骑兵李春孝（86岁），以及塞北军马场（原位于张家口市张北县，已裁撤）退休军队军马场牧马人王义德（64岁）。后者相关友人出版《远去的军马——白银库伦战友博文选》（主编冀宪章，2012.06），并建立相关网站(http://bykl.q.sohu.com)。采访人为骑兵，或饲养、训练骑兵用马的专业牧马人，大约为同时期中国最后一批骑兵或牧马人，熟识马性，了解马匹相关情况，而相关马的种类均为蒙古马，与本书研究内容所涉及军马非常接近，采访所得内容具有重要参考价值。

② HE Jie. GIS-based Cultural Route Heritage Authenticity Analysis and Conservation Support in Cost-surface and Visibility Study Approaches. The Chinese University of Hong Kong October, 2008.

地带排除；而微观层面，长城基于局部地利优势的战术布局，进一步将对蒙军有利的可选攻击地规划控制到有序状态，即将攻击的时间和空间都相对集中、压缩和整理到有限的范围内。时间上，蒙军只能在一定量级士兵集中攻击的条件下，才能在易于攻击但明军重点防御的区域击穿长城，时间的分散将显著减弱攻击力、提高成本、增加风险（以佯攻为目的的分散攻击不包括在内）；空间上，长城将攻击压缩至沟谷通道和局域开阔平地等有限区域，将从前完全随机的无序攻击状态规划整理为宏观可预测的相对有序形态。有序的攻击形态对明朝极为有力，一方面，整体减少防御资源投入，使有效资源更好地集结在要冲，极大提高效率；而更重要的意义在于，使长城内部军事防御聚落的规划布局在相对有序的条件下，获得有的放矢的对应性布局——不同层级的“预案式”空间布控，不同量级的驻军配置格局，以及不同重点的区域强化方式，由此在宏观规划上获得先机，而前述长城军事防御聚落体系的基本特征——高等级聚落前置、“预案式”支援策略等，均以通过宏观规划而获得防御时空先机为目标。

（三）长城与军事防御聚落体系的系统协同

长城军事防御聚落体系是由多系统构成的复杂系统，长城与军事防御聚落体系分形结构的综合协同，是长城军事防御聚落体系系统关系的精髓，是线性长城与点式军事防御聚落系统耦合进化的最优化状态。

1. 基本概念和理论

1）时空统一性

时空统一性是长城军事防御聚落体系获得系统协同关系的基础。时空统一性是指物体在空间中运动必然涉及时间和空间的同步累积，即通常物体以任意速度在空间中任意运动，物体所经历的时间和空间始终是同步积累。静止或循环运动等特殊情况，某时刻位移虽为零，但同样遵循时空统一性。运动情况下，一段时间必然对应相应的路程；反之，一段路程的行进必然伴随相应的时间，两者不可分离，且在同一时空中两种不同的运动状态亦是同步积累的。基于此性质，长城与军事防御聚落体系的系统协同作用得以发挥，并在宏观层面上形成无与伦比系统协同防御形态。

2）攻击和防御模式

蒙军主要为骑兵，攻击模式相对单纯（仅指宏观的常规攻击形态，不涉及微观具体战术和技术），以集中兵力随时随地的偶然性攻击为主（相对明军宏观防御模式而言），还涉及后期击穿长城进入腹内的相对微观的攻城战和运动战。其优势在于快速、强悍的攻击能力，以及快速的突破和移动能力。明军通常借助长城、壕堑等马匹难以逾越的防御工事，相对容易阻挡和攻击蒙军；但在运动战和遭遇战中，蒙军骑兵的攻击力一般来说相对优于明军的骑兵和步兵[①]，而更为关键的是蒙军攻入边疆腹内广大地区后，基于其快速的运动和突袭模式以及复杂的地形地貌，使明军寻找、追赶、捕捉蒙军行踪异常困难，即使明军整体上具备阵地战的绝对优势，但因不能正面交战而“无能为力”。蒙军的缺点是后备支撑不足，在大纵深进入明境腹内后，难以维持长久的阵地战和消耗战；明军则是以必然性全天候防御为特征的全面防御模式，模式以横向匀质和纵深梯度的军事防御聚落为核心架构，结合信息系统和交通系统共同建构了复杂的防御体系。长城遭到攻击后，相关各等级聚落驻军通过向攻击区域汇集以集中优势兵力御敌。

3）不同防御阶段

从宏观整体看，防御活动大致分为严格意义的长城军事防御聚落体系有效和失效两个阶段，有效阶段的大致范围是从长城某处遭受攻击开始，至烽传系统首次传递的预警信息到达，各等级所有相关聚落的支援力量的首次有组织计划应援和调防布局完成，并以此与蒙军完成交战为止。此阶段可能涉及的空间范围包括长城线至腹内的广大范围，控制在一个镇或相关几个镇辖区之内。此阶段基于“预案性”有组织作战的先机和地利优势，明军相对居于有利态势。理论上，本镇或相关镇最高级别的防御支援力量最后到达某位置，并与此前成功击穿明军各等级防御及支援力量的蒙军遭遇并交战（理论上，当然可能涉及更高等级国家层面的支援，但此防御支援等级甚高，相应的战争量级很大、需调动兵力庞大、战争波及的空间巨大和时间漫长，因此，很可能进入到第二个阶段），此阶段的交战完成后，若明军胜，则蒙军败退，防御完成；但若蒙军胜，则战局开始逐渐进入严格意义的长城军事防御聚落体系失效阶段。此时，第一阶段对明军较为有利的“预案性”有组织防御未能击退蒙军，后续的腹内防御形态将愈加复杂多变。首先，战争模式将转变为以临场随机指挥为主的运动战、遭遇战和攻城战，涉及影响因素繁多，偶然性很大，战局瞬息万变难以预测；其次，明军再次调度集结防御力量，将耗费大量时间，期间蒙军的快速运动特征将导致二次攻击（相对前一阶段的严格有组织防御）目标不明确。且腹内范围广阔、地形地貌复杂，聚落和烽燧密度相对较低，很难捕捉蒙军踪迹；此外，蒙军侵入终会攻城劫掠，通常速度较快，此时即使明军获得明确的攻击目标，在“无计划”的临场情况下，调度集结足够数量的军队实非短期内可以完成；最后，没有预先规划作战的地利优势，野外遭遇战明军整体实力通常弱于蒙军。加之，第一阶段防御失败的心理影响，以及传统的怯战陋习，形成有效的后续防御也是难上加难。相当数量的情况下，都是蒙军劫掠之后自行退走的。由此，严格意义的长城军事防御聚落体系的系统性功能在此区域（其他区域依然有效）已很微弱，甚至完全失效，此时区域防御形态转变为聚落城池的防御战和基于聚落军事据点支撑的运动战相结合的模

①（清）张廷玉．明史·兵志·卷九十一［M］．中华书局校点本，第2243页．

式，类似早期的开放、松散的聚落系统防御状态。需要说明的是，相对瞬息万变的战争，上述分界仅是便于理论研究而简化的理想分界。严格来说，第一阶段长城军事防御聚落体系系统性防御相对明确、有序，且其后续效应还会影响第二阶段的防御，但已明显减弱。最关键的是第一阶段直接的“预案性”有组织防御完成后，防御开始进入相对无序的状态。因此第一阶段与第二阶段之间将是逐渐过渡的，两阶段实际并无严格的定量界线。

4）混沌系统

根据前期研究发现，长城军事防御聚落体系是典型的非线性复杂系统，而混沌理论是研究复杂系统内部非线性因素相互作用，而产生非周期行为模式的重要理论。基于混沌理论的基本思想，定性探索性分析长城军事防御聚落体系的系统运行和协同机制，长城军事防御聚落体系建构的复杂系统较好的契合混沌理论所关注的对象。长城军事防御聚落体系是众多系统综合协同运作的非线性复杂系统（系统的非线性和复杂性），在不同层面遵循复杂的分形自相似结构规则（分形和自相似）；长城军事防御聚落体系在常规防御初期，保持良好的系统协同关系，表现出较好的有序性和可控状态，且初期及时、有效的防御对后续整体防御状态具有极其重要的影响（初始敏感性）；若初期防御不利或战争量级较高，长城军事防御聚落体系逐渐失效时（只是攻入区域的失效，本镇其他区域和其他镇的依然有效），整个系统逐渐进入相对混沌的无序状态，偶然性显著增加难以预测结果（非因果性和不可预测性）；而长城军事防御聚落体系不同阶段的有序和无序状态，均遵循某种潜在规律（奇异吸引子），从而使系统在遭受扰动后逐渐恢复常态。

2．系统协同的物质和结构基础

长城军事防御聚落体系受到蒙军攻击后，由全线横向匀质平衡态转化为局部集中的非匀质态以集中兵力对抗蒙军，即由全天候“全面防御”的必然性方式转变为局部“应激”集中加密以应对蒙军的偶然性攻击。在这种转化中，军事防御聚落的分形结构与线性长城的系统关系起到解决性作用。一方面，聚落系统分形结构形成的横向匀质结构，满足了宏观上全面防御对漫长防线军事资源匀质配置的需求。而宏观上军事资源的非匀质集中将导致出现配置薄弱区域，此区域破溃时军事资源因空间距离过远而无法及时有效支援，将导致防御体系系统性效率的全面下降，而此时“目的性”显著的军事资源过度集中区域亦无法发挥作用。因此，相对匀质的配置是宏观上“全面防御”模式的最佳策略；另一方面，聚落体系分形结构形成的纵向聚落及驻军的纵向层级梯度配置，满足了匀质背景下资源汇集的需求。不同尺度上，低一级军事据点呈现匀质分布，同时以更高量级的军事据点为中心放射分布，从而使后方高等级聚落的军事资源，在较大范围内同时兼顾支援前方多个聚落，而高量级聚落后方还有更高量级聚落在更大尺度层级上的兼顾支援。此模式以自相似的方式，向更大尺度空间范围传递，大约通过三四个层级便广泛扩展和占据整个军镇防区。当长城某点遭遇攻击时，支援军队沿枝状结构由高等级（腹内）向低等级聚落（长城方向）逐层汇集，且任何一处战事激发点，均会获得来自同级两个方向或高级聚落一或两方的军事支援。军事防御聚落的分形结构模式，解决了整个长城防线全面防御所需匀质分布与集中兵力抵抗蒙军强力攻击两者的矛盾。

3．长城与军事防御聚落体系的系统协同

基于长城与军事防御聚落体系的基本物质和空间结构，长城军事防御聚落体系的协同防御机制得以实施，而其协同防御机制的有效运行必须建立在足够时间的条件下，只有时间足够，聚落体系的预警信息传递、组织布防、反馈支援等活动才能完成，由此获得战略布局和战术地利先机。正是长城的阻击延滞作用为整个系统协同运作赢得了珍贵的时间。当长城阻滞敌军首次攻击时，蒙军空间位置保持相对静止，随着时间的流逝（时空统一性），长城内部不同等级聚落陆续获得敌军攻击等级（人数）的烽传信息，聚落体系基于蒙军攻击等级和防御预案，组织实施调度、布防、支援等行为，期间聚落分形结构的静默状态获得激发，军队和后备沿着纵向枝状结构自上而下以激发点为导向向相关区域汇集，迅速完成各等级支援力量的运动和布防，而宏观上九边其他区域依然保持常规状态。如下将基于理论模型，从不同时间和空间尺度，初步理论推演长城军事防御聚落体系的协同防御过程和机制。

1）基本假设

假设某次蒙军以进入腹内劫掠大型聚落内物资为目的，以较高量级军队攻击入侵，人数较多，攻击较持久，战争涉及一个或多个镇空间尺度（本次只初步探索常规情况下，较高等级蒙军攻击量级入侵的防御过程，但未达到国家量级战争的层面）。假设此次蒙军入侵从攻击长城开始，整体时间进程以T表示，蒙军攻破长城的时间为T_{P}。

假设攻击激发的预警信息依次由长城向内传至堡城、路城、镇城（乃至京城），因量级较高，烽信会一直传递至本镇和相邻镇。从攻击长城开始传至各级防御聚落的时间设为$t_{堡}$、$t_{路}$和$t_{镇}$，而相应传到某一级聚落左右相邻两同级聚落的时间，堡城设为$t_{堡邻}$、路城为$t_{路邻}$、镇城为$t_{镇邻}$。此处预警信息指首次激发而连续传递达到最高指挥机构的信息，不涉及后续腹内局部再次激发而传播的信息。

假设各级聚落获得预警信息后，援军策划、集结和支援到达长城攻击点或预设计划作战地点的时间设为$T_{堡援}$、$T_{路援}$、$T_{镇援}$，通常堡城直接到达长城支援，路城和镇城支援则到达某预设地点阻击，亦可能直接支援长城防御，情况相对复杂。这些由管辖长城攻击点的各等级直接相关聚落所发出的支援称为直接援助；而相应某一级聚落左右相邻两同级聚落支援到达的时间，堡城设为$T_{堡邻援}$、路城为$T_{路邻援}$、镇城为$T_{镇邻援}$，相应支援到达的位置则相对简化，假设为与其同级的直接支援聚落所预设的地点一致。通常情况下，依路程长度考察同级相邻聚落防御支援要先于上级聚落支援（或大约同时）到达，且越向高等级这种趋势越显著。随后亦可能有来自同等级更远堡城或周边其他类型聚落的多次分批支援，现将上述来自于直接支援聚落左右相邻聚落的支援，以及其他层次的支援统称为次级援助。现实中，左右紧邻的同级聚落发出支援可能性较高，而其他次级援助的可靠性并不高，且距离越远援助可能性越低。据此，本节推演主要考察直接支援，简要涉及左右紧邻聚落的次级支援，其他次级支援忽略。以上所说的预设计划作战地点，是指明军根据地理环境特征和蒙军入侵习惯，所预先设定的可能入侵线路而在此线路上选择的有利阻击作战地点，此地具有作战地利优势，且为蒙军基本必经之路；同时，假设烽传信息传至的聚落均依据相应预警规划支援并英勇作战。

某等级的防御支援力量可细分为两类——骑兵和步兵。实际支援为不同兵种的不同支援形态，不同支援形态表现为时间和空间的不同。由于骑兵和步兵行进速度不同，到达同一预设地点会形成两次不同的支援时间；而基于行进速度和作战方式不同，不同兵种亦有可能在不同预设地点阻击作战，则到达时间更加复杂。为简化起见，假设支援军队为单一类型，以宏观统计意义上的理论平均状态出现。

2）理论推演

（1）极端状态推演

首先，考察理论极限状态——长城不被攻破而阻滞时间无限长或长城被瞬时攻破，即T_P为$\propto$或0。当T_P为$\propto$时，长城始终不被攻破，此情况通常在蒙军人数较少时出现，路城级及以下支援军队足以防御，无需镇等级援助，因此烽传信息通常不会传至镇城；当然亦存在蒙军虽人数众多，但攻击不利而无法击穿长城的情况，此时烽传信息将达至本镇甚至相邻镇城，理论上各级驰援力量经过不同时间积累到达相应的预设攻击区域等待，但蒙军始终不能攻入。事实上，理论无限长时间对蒙军来说是难以承受的，在强力防御甚至有火器存在条件下，将进入明军擅长的战争模式而不利于蒙军优势发挥，因此蒙军攻击不会持续太长时间，参考蒙军攻城来看，月余亦是较少出现的很长攻击时间；当T_P=0时，长城被0时间攻破，长城瞬间崩溃，此时长城军事防御聚落体系的协同关系无效，防御状态与早期无长城的开放聚落防御系统类似。进入此模式，明军防御蒙军将是非常困难的，战争一开始便很快进入无序的混沌状态，此状态不属于本书研究范围，故不再赘述。上述情况在极特殊情况下才可能出现，如吴三桂不抵抗而开放山海关，清军直接入关，理论上大致属于此。

（2）常规过程推演

某时刻，蒙军开始攻击长城，预警信息开始或更早时间向此段长城直属的堡城传递，并同步向左右紧邻堡城。在$T<t_{堡}$且$T_P>t_{堡}$时间内，蒙军攻击由长城上守军防御，同时附近长城上守军陆续向攻击点汇集加入防御，此时防御力量较弱，但借助地利、工事以及武器优势，一般可持续一段时间（图6–21a）。

当$T=t_{堡}+T_{堡援}$时，预警信息传达至堡城，并继续向区域更高级别的直属路城传递了$T_{堡援}$的时间，亦可能根据敌情和预案等情况向相邻路城传递。此时负责长城攻击点戍守的堡城援助抵达长城加入阻抗，由此完成堡城尺度基本防御单元与长城的协同防御。随后，左右紧邻堡城的次级支援将在$t_{堡邻}+T_{堡邻援}$时陆续到达。通常$T_P \geq t_{堡}+T_{堡援}$，即堡城紧邻长城，通常在蒙军击穿长城之前可到达防御。左右紧邻堡城支援到达时间与T_P关系较复杂，且属于后续防御，不再详述。此期间若$t_{路} \geq t_{堡}+T_{堡援}$，烽传系统继续向内同步传递预警信息；若$t_{路} \leq t_{堡}+T_{堡援}$，则路城的防御支援已出发向长城激发点附近或某预案地点集结（图6–21b）。

当$T=t_{路}+T_{路援}$时，预警信息传达至路城，并继续向区域更高级别的直属镇城传递了$T_{路援}$的时间，也可能根据敌情和预案等情况向相邻镇城传递。若$T_P \geq t_{路}+T_{路援}$则相对简单，路城支援到达长城参与攻击，或在预设阻击地点布防等待；若$T_P \leq t_{路}+T_{路援}$则路城援助军队到达长城之前，长城被击穿。明军可能在预设阻击地点攻击蒙军，也可能在赶往预设地点途中与侵入蒙军遭遇而交战，至此路城尺度基本防御单元与长城的协同防御大致完成。随后，左右紧邻路城支援在$t_{路邻}+T_{路邻援}$时陆续到达，由于路程较长，$t_{路邻}+T_{路邻援}$与T_P的关系更加复杂，同样属于后续防御，不再详述。此期间若$t_{镇} \geq t_{路}+T_{路援}$则预警信息继续向内传递预警信息；若$t_{镇}<t_{路}+T_{路援}$，则镇城的防御支援已出发赶往长城激发点附近或某预案地点（图6–21c）。需要特别说明的是，初期的长城阻抗、堡城支援，乃至路城援助对后续防御至关重要，基于堡城和路城所辖空间范围内长城规划、密集军堡和优势地利等因素，促使战争初期呈现显著的有序性和可预测性，若长城阻抗以及多层次援助的中、低等级支援能够争取足够的延滞时间，则越来越多的高等级支援力量将汇集于此，一方面，形成区域的高密度防御，全面提升防御强度和战局掌控性；另一方面，前期越有效的防御将成功阻滞蒙军行进，越可能将蒙军压缩在区域靠近边墙且远离腹内的有限范围内，而此区域正是明军在各方面均具优势的理想战场。

当$T=t_{镇}+T_{镇援}$时，预警信息传达至镇城并继续传递了$T_{镇援}$的时间，可能根据敌情和预案等情况向相邻镇城或更高级别的中央传递。若$T_P \geq t_{镇}+T_{镇援}$相对简单，镇城支援到达长城附近或在预设阻击地点布防等待；若$T_P \leq t_{镇}+T_{镇援}$则依据假设蒙军击败路城防御层次继续前进，镇城援军可能在预设阻击地点攻击蒙军，也可能在支援途中与侵入蒙军遭遇而交战，镇城尺度基本防御单元与长城的协同防御大致完成（图6–21d）。稍后，左右紧邻镇城支援在$t_{镇邻}+T_{镇邻援}$时陆续到达，由于路程较长，$t_{镇邻}+T_{镇邻援}$与T_P的关系异常复杂，不再详述。至此，镇范围内各等级聚落与长城的多层级协同防御活动基本完成。

上述一系列防御过程中（始终处于长城军事防御聚落体系协同关系有效阶段），长城军事防御聚落体系的协同防御活动逐层迭代递进的有序展开，越早

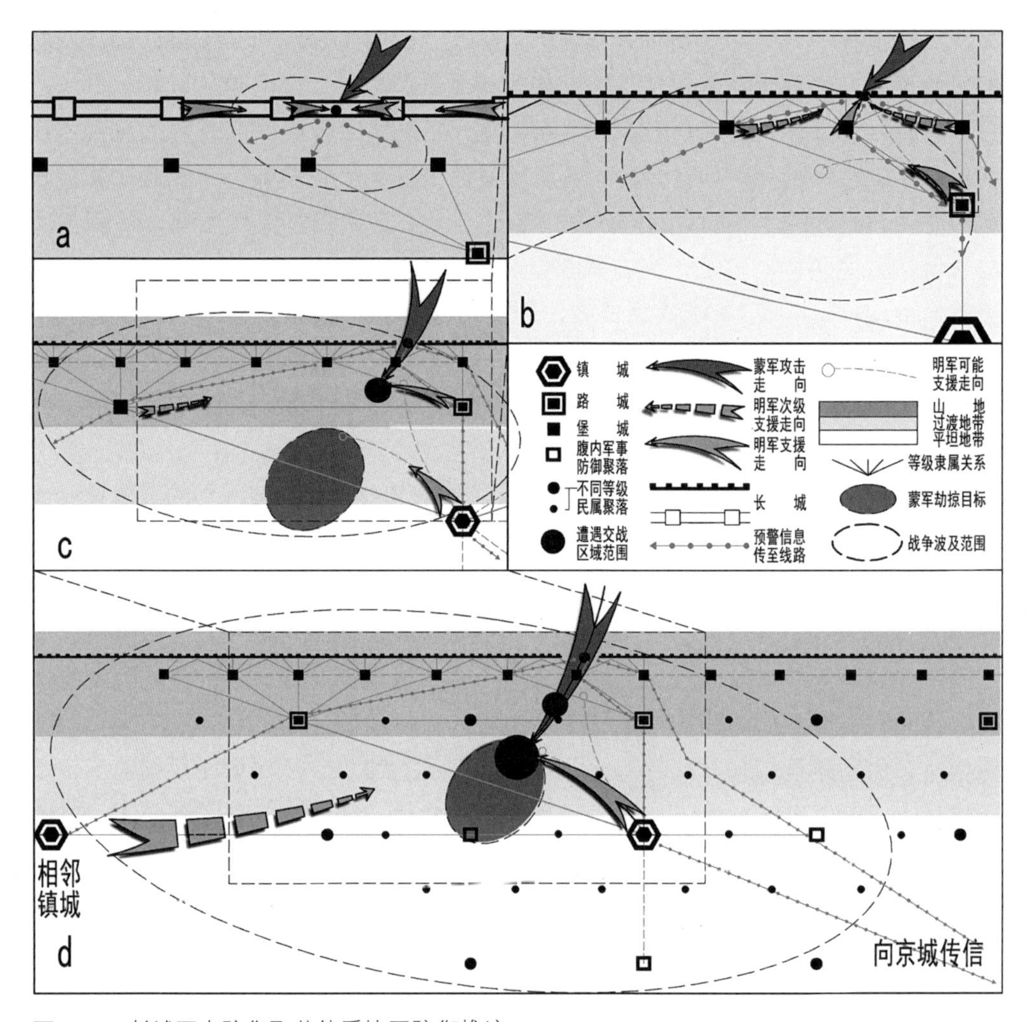

图6-21　长城军事防御聚落体系协同防御推演

期的防御活动越微观，防御的时间、地点、策略越明确具体，防御军队的等级越低，涉及空间范围越小，聚落密集度越高，防御活动对防御工事的依赖相对较多；随着时间的推进，越向后期防御活动愈加宏观，防御的时间、地点和策略愈加概略，防御军队的等级越高，涉及的空间范围越来越大，聚落密度反而越来越低，对防御工事的依赖相对较低，愈加倾向运动战且支援军队与蒙军的遭遇交战区域范围愈来愈大（即正面遭遇的可能性越来越低）。总体看来，期间整个长城军事防御聚落体系的协同防御活动，处于逐层迭代递进的基本可控和有序状态，随着时间的推进，这种有序性和可控性逐渐减弱，偶然性和随机性逐渐增加。

基于前期假设，镇城防御支援以及后续紧邻镇城支援基本可以击退蒙军，长城军事防御聚落体系的多层次协同防御机制有效完成防御任务。如果战争量级达到国家级别，还将有来自于京城方向大量卫戍军队，或国家调集的来自于其他地方的军队援助，此时战争超越长城军事防御聚落体系的常规防御预设规划，战争由相对有序状态进入越来越无序的混沌状态，严格意义上的长城军事防御聚落体系系统关系逐渐失效（其他地区的依然有效），聚落体系的物质实体和结构性功能所能提供的相对必然的防御作用越来越弱，而由人临场决策行为影响的相对随机的偶然成分越来越大，战争走向瞬息万变难以预测的无序状态。

附 录

附录一 宣府镇聚落信息一览表

道	路	聚落名称	级别	记载周长（里）	守将级别	分边沿长（里）	辖边墩数	火路墩数	驻兵数	马骡数	建堡时间	建堡时间（公元）
宣府守道	不属路	宣府镇（镇城）	镇城（总兵）	24	总兵	0	0	0	20348	13318	洪武二十七年	1394
		鸡鸣驿堡	驿站	4	防守、站官	0	0	0	445	175	永乐十八年	1420
	上西路	万全右卫（参将）	路城（驻参将）	6.1	参将、守备	31里零	25	57	2956	1602	洪武二十六年	1393
		张家口堡	堡城	4	守备（操守）	31里有奇	58	31	1295	450	宣德四年	1429
		膳房堡	堡城	2.67	守备（防守）	18里	16	20	624	351	成化十五年	1479
		新开口堡	堡城	2.08	守备（操守）	18里	22	21	606	308	宣德十年	1435
		新河口堡	堡城	2.73	守备	26里	31	19	652	250	宣德十年	1435
		万全左卫城	堡城	9.04	守备	0	0	37	1195	499	洪武二十五年	1392
		宁远站堡	堡城	3.09	操守	0	0	0	330	134	永乐初设	1403+
		来远堡（马市）	堡城									
	下西路	柴沟堡(参将)	路城	7.05	参将、守备	34里有奇	50	47	3705	2272	正统二年	1437
		洗马林堡	堡城	4.04	守备	43里有奇	70	54	1213	445	宣德十年	1435
		渡口堡	堡城	2.19	操守	14里	26	34	637	258	弘治九年	1496
		西洋（陽）河堡	堡城	4.27	守备	25里	38	47	1003	473	正统五年	1440
		李信屯堡	堡城	2.87	操守	0	0	19	382	287	嘉靖十六年	1537
		怀安城	堡城	9.04	守备	0	0	52	1403	626	洪武二十五年	1392

续表

道	路	聚落名称	级别	记载周长（里）	守将级别	分边沿长（里）	辖边墩数	火路墩数	驻兵数	马骡数	建堡时间	建堡时间（公元）
宣府守道	下西路	旧怀安	堡城									
		旧堡	堡城									
		枳儿岭	堡城									
		旧李新屯	堡城									
	南路	顺圣川西城（参将）	路城	5.45	参将、守备	0	0	37	1966	1191	天顺四年	1460
		顺圣川东城	堡城	4.04	守备	0	0	38	559	156	天顺四年	1460
		蔚州城堡	堡城	7.04	知州、守备	0	0	60	1176	131	洪武七年	1374
		桃花堡	堡城	3.97	防守	0	0	0	105	47	嘉靖四十四年	1565
		深井堡	堡城	3.21	守备（操守嘉靖38改）	0	0	52	479	136	正德五年	1510
		滹沱店堡	堡城	1.87	防守	—	—	—			嘉靖四十五年	1566
		黑石岭	堡城	0.8	防守（嘉靖10）	0	0	0	125		正德二年	1507
		广昌城	州城	3.6	知县、守备	0	0	23	406	29	洪武十二年	1379
宣府巡道	上北路	独石城（参将）	路城	6.07	参将	163百3里	边腹墩215		4872	1949	宣德五年	1430
		清泉堡	堡城	2.22	操守		0	13	209	51	景泰四年	1453
		半壁店堡	堡城	1.05	防守	—	0	0	153	2	嘉靖三十七年	1558
		猫儿峪堡	堡城	1.76	防守	—	—	3	168	*2	嘉靖三十七年	1558
		君子堡	堡城	6.18		沿边大边170多里	边腹墩121		1525	*10	宣德七年	1432
		松树堡	堡城	2.02		分边28里多	23	9	*183	*10	*嘉靖二十五年	1546

续表

道	路	聚落名称	级别	记载周长（里）	守将级别	分边沿长（里）	辖边墩数	火路墩数	驻兵数	马骡数	建堡时间	建堡时间（公元）
宣府巡道	上北路	马营堡	堡城	6.18			*35	*56	*591	*19	宣德七年	1432
		云州城堡	州城	0			*0	*0	*248	*10	*宣德五年	1430
		镇安堡	堡城	0			*44	*21	*318	*20	成化八年	1472
		镇宁堡	堡城				*63	*20	*354	*14	*弘治十一年	1498
		赤城堡（分巡道）	堡城				*0	*0	*2611	*647	*宣德五年	1430
		仓上堡	堡城								*万历十六年	1588
		龙门所（参将）	路城	4	参将、守备	大85里二53	大80	二78	2717	997	宣德六年	1431
		牧马堡	堡城	1.6	防守	6里有奇	7	7	169	60	弘治十年	1497
		样田堡1	堡城	2.22	防守	0	0	7	239	83	嘉靖三十七年	1558
		雕鹗堡	堡城	2.6	防守	0	0	34	430	73	宣德六年	1431
		长伸地堡（近义于堡）	堡城	1.92	操守	大32里	19	11	738	74	万历七年	1579
		宁远堡（上堡村）	堡城	2.26	防守	大边2里二边6里有奇	大4、二边并火路墩31		350	7	嘉靖二十八年	1549
		滴水崖堡1	堡城	3.6	守备	大边36里二边32里	大边墩36	二边火路墩66	763	94	弘治八年	1495
		长安岭堡	堡城	5.04	守备	0	0	36	560	87	永乐九年	1411
	中路	葛峪堡（参将）	路城	4.84	参将、守备	13里有奇	20	16	1941	1615	宣德五年	1430
		常峪口堡	堡城	3.05	操守	13里3分	16	7	225	84	宣德五年	1430
		青边口堡	堡城	3.03	操守	19里3分	17	17	240	69	宣德五年	1430

续表

道	路	聚落名称	级别	记载周长（里）	守将级别	分边沿长（里）	辖边墩数	火路墩数	驻兵数	马骡数	建堡时间	建堡时间（公元）
宣府巡道	中路	羊房堡	堡城	2.38	操守	13里2分	14	10	235	63	成化元年	1465
		大白阳堡	堡城	2.84	操守	18里8分	21	13	376	34	宣德七年	1432
		小白阳堡	堡城	3	操守	8里有奇	13	11	234	97	宣德五年	1430
		赵传堡	堡城	4	操守	3里2分	5	12	253	63	宣德三年	1428
		龙门关堡（关底村）	堡城	2.40	防守	0	0	23	67	71	宣德三年	1428
		龙门所城（所城）	所城	4.19	守备、通判	29里3分	27	51	1151	126	宣德六年	1431
		三岔口堡	堡城	1.85	防守	0	0	13	133	35	嘉靖二十八年	1549
		金家庄堡	堡城	2	防守	13里6分	14	39	450	56	成化二年	1466
		龙门关	堡城									
宣府怀柔道	东路	永宁城（参将）	路城	6.04	参将	0	0	40	4645	2121	永乐十五年	1417
		四海冶堡	堡城	3	守备、守御千户所	43里	54	10	875	50	天顺八年	1464
		周四沟堡	堡城	2.31	操守	23里零	37	15	496	25	嘉靖十九年	1540
		黑汉岭堡	堡城	2.07	防守	9里	17	4	274	13	嘉靖三十一年	1552
		靖胡堡	堡城	2.18	守备（操守）	20里有奇	31	8	719	69	嘉靖二十九年	1550
		刘斌堡	堡城	1.44	防守	15里有奇	13	5	292	0	万历二十二年	1594
		延庆州城	州城	5	守备	0	0	3	246	27	永乐十一年	1413
		怀来城（怀隆道）	县城、卫城（与昌镇横岭相表里）	9.12	怀隆道、通判、游击、守备	0	0	38	1323	227	洪武初年	1368+
		土木驿	堡城	2	操守	0	0	2	114	12	永乐初	1403+
		沙城堡	堡城	5	操守	0	0	2	123	6	景泰二年	1451

续表

道	路	聚落名称	级别	记载周长（里）	守将级别	分边沿长（里）	辖边墩数	火路墩数	驻兵数	马骡数	建堡时间	建堡时间（公元）
宣府怀柔道	东路	良田屯堡	堡城	2.61	防守（嘉靖45年设）	0	0	0	76	4	洪武二十五年	1392
		东八里堡	堡城	0.32	防守（嘉靖45年设）	0	0	0	74	6	洪武二十五年	1392
		保安新城（新保安镇）	堡城	7	守备	0	0	30	819	201	景泰二年	1451
		西八里堡	堡城	2.26	防守	0	0	0	85	8	洪武二十五年	1392
		麻峪口堡	堡城	1.40	防守	0	0	11	143	6	洪武二十五年	1392
		保安州城（保安旧城)	堡城	4.04	守备、知州	0	0	36	551	252	永乐十三年	1415
		礬（矾）山堡	堡城	3	防守（万历7）	0	0	15	210	2	万历七年	1579
		大柏老堡	堡城									
	南山路	柳沟城（路城）	路城	2.12	参将、操守	0	0	0	3579	212	隆庆元年	1567
		岔道城	堡城	2.74	守备	0	0	0	339	23	嘉靖三十年	1551
		榆林堡	堡城	2	操守	0	0	0	74	17	正统十四年	1449

说明：1. 表中主要信息来自于《宣大山西三镇图说》。其中独石口辖区驻军部分缺失信息，辅助参考《古镇独石口》（贾全富等，古镇独石口，古镇独石口乡友编辑组出版，1999），相关换算信息以及建堡时间均以*标出。

2. “记载周长”一列的相关数据均基于明代单位（里、丈、尺、步）进制标准，将其换算成以明里为单位的数值，以方便阅读。

3. 以公元制表示的建堡时间一列，若历史记载粗略，如某年初、某年之后，则统一以“某年+”表示。

附录二　大同镇聚落信息一览表

道	路	聚落名称	级别	记载周长（里）	守将级别	分边沿长（里）	辖边墩数	火路墩数	驻兵数	马骡数	建堡时间	建堡时间公元
阳和道	新平路	新平堡（路城）	路城（驻参将）	3.6	参将	18	26	16	1932	646	嘉靖二十五年	1546
		平远堡	堡城	2.8	守备	12	20	13	406	58	嘉靖二十五年	1546
		桦门堡	堡城	0.7	防守	9.3	18	2	297	6	万历九年	1581
		保平堡	堡城	1.6	守备（操守嘉靖44改）	7.5	18	11	321	18	嘉靖二十五年	1546
	东路	天城城（路城）	路城/卫城（驻参将）	9	参将	6	10	31	2158	1007	洪武三十一年	1398
		阳和城	路城/卫城（原驻参将）	9.1	守备/游击	19	38	28	9109	5960	洪武三十一年	1398
		永嘉堡	堡城	3.4	操守	0	0	10	298	17	嘉靖三十七年	1558
		瓦窑口堡	堡城	1	守备	7.9	18	8	468	19	嘉靖三十七年	1558
		镇宁堡	堡城	1.2	操守	13	21	1	302	16	嘉靖四十四年	1565
		镇口堡	堡城	1.3	操守	13.3	21	1	311	16	嘉靖二十五年	1546
		镇门堡	堡城	1.5	守备（原操守万历27改）	13.5	21	2	512	48	嘉靖二十五年	1546
		守口堡	堡城	1.4	守备（万历操守）	12.2	23	4	466	45	嘉靖二十五年	1546
		靖虏堡	堡城	2.4	守备	11.5	26	5	461	37	嘉靖二十五年	1546
大同巡道	北东路	得胜堡（路城）	路城（驻参将23）	3.4	参将	0	0	0	2448	1189	嘉靖二十七年	1548
		宏（弘）赐堡	路城（原路城驻参将）	4.1	守备	19	26	8	607	92	嘉靖十八年	1539
		镇边堡	堡城	3.27	守备	21.2	30	6	722	82	嘉靖十八年	1539
		镇川堡	堡城	2.5	守备	20	28	3	679	70	嘉靖十八年	1539
		镇羌堡	堡城	1.7	守备	22.1	28	7	1053	184	嘉靖二十四年	1545

续表

道	路	聚落名称	级别	记载周长（里）	守将级别	分边沿长（里）	辖边墩数	火路墩数	驻兵数	马骡数	建堡时间	建堡时间公元
大同巡道	北东路	镇虏堡	堡城	2.9	守备	0	0	7	245	47	嘉靖十八年	1539
		拒墙堡	堡城	1.8	守备	13.9	17	3	420	30	嘉靖二十四年	1545
		镇河堡	堡城	2.8	操守	0	0	8	333	7	嘉靖十八年	1539
	不属路	大同城（镇城）	镇城（驻总兵）	13	总兵/游击	0	0	42	24186	16448	洪武五年	1372
		广昌城	县城	3.5	守备、知县	0	0	0	属宣镇	属宣镇	洪武七年	1374
		蔚州城	卫城/州城	7.04	守备、知州	0	0	0	属宣镇	属宣镇	洪武七年	1374
		广灵城	县城	2.75	操守	0	0	0	300	0	洪武十六年	1383
		灵丘城	县城	4.04	守备	0	0	8	1106	124	天顺三年	1459
		王家庄堡	堡城	2.8	操守、把总、驿丞	0	0	4	200	10	嘉靖十九年	1540
		许家庄堡	堡城	3.23	操守	0	0	12	683	193	嘉靖三十九年	1560
		浑源城	所城/州城	4.73	守备	0	0	18	480	48	洪武元年	1368
		聚落城	所城	3.3	守备	0	0	9	737	190	弘治十三年	1500
大同左卫道	不属路	高山城	所城	4.3	守备	0	0	16	723	241	天顺六年	1462
	北西路	助马堡（路城）	路城（驻参将）	2.4	参将	20.3	25	8	3020	1121	嘉靖二十四年	1545
		云冈堡	堡城	1.4	操守	0	0	8	218	12	嘉靖三十七年	1558
		拒门堡	堡城	1.68	守备	15.2	23	7	487	20	嘉靖二十四年	1545
		破虏堡	堡城	3.2	操守（守备万历14年改）	0	0	5	320	29	嘉靖二十二年	1543
		灭虏堡	堡城	2.6	守备	4.3	6	10	389	32	嘉靖二十二年	1543
		保安堡	堡城	1.5	操守	14	15	4	382	12	嘉靖二十四年	1545

续表

道	路	聚落名称	级别	记载周长（里）	守将级别	分边沿长（里）	辖边墩数	火路墩数	驻兵数	马骡数	建堡时间	建堡时间公元
大同左卫道	北西路	云西堡	堡城	1.3	操守	0	0	9	345	12	嘉靖三十七年	1558
		威虏堡	堡城	2.2	守备	11.9	16	8	416	16	嘉靖二十一年	1542
		宁虏堡	堡城	2.7	守备	11.3	18	11	392	31	嘉靖二十一年	1542
	中路	右卫（玉）城	路城/卫城（驻参将）	9.8	参将	32	45	46	3161	1441	永乐七年	1409
		左卫城	路城/卫城（原驻参将）	11.3	副总兵/守备	14.3	24	52	1500	169	永乐七年	1409
		三屯堡	堡城	0.7	防守	1.7	3	1	292	22	隆庆三年	1569
		云阳堡	堡城	1.6	操守	0	0	14	313	23	嘉靖三十七年	1558
		破胡堡	堡城	2.03	守备（操守万历14年改）	14	17	5	700	96	嘉靖二十三年	1544
		牛心堡	堡城	2.5	操守（守备万历14年改）	0	0	18	434	37	嘉靖三十七年	1558
		马堡	堡城	1.18	操守	10.4	15	4	364	34	嘉靖二十五年	1546
		黄土堡	堡城	1.6	操守	0	0	9	321	41	嘉靖三十七年	1558
		残胡堡	堡城	1.45	操守	15.3	24	9	395	38	嘉靖二十三年	1544
		红土堡	堡城	1.8	操守	0	0	7	275	39	嘉靖三十七年	1558
		马营河堡	堡城	0.8	防守	5.5	8	1	200	13	万历元年	1573
		杀胡堡	堡城	2	守备	20	28	6	778	152	嘉靖二十三年	1544
		铁山堡	堡城	1.4	守备（操守万历13年改）	10.5	22	10	534	48	嘉靖三十八年	1559
	威远路	威远城（路城）	路城/卫城（驻参将）	5.8	参将、守备	15.3	16	45	1864	1013	正统三年	1438
		祁家河堡	堡城	2	操守	0	0	9	215	12	嘉靖四十一年	1562
		威坪堡（威平堡）	堡城	1.4	操守	0	0	10	279	12	嘉靖四十五年	1566

续表

道	路	聚落名称	级别	记载周长（里）	守将级别	分边沿长（里）	辖边墩数	火路墩数	驻兵数	马骡数	建堡时间	建堡时间公元
大同左卫道	威远路	云石堡（新）	堡城	1.7	守备	14.3	21	14	543	27	嘉靖三十八年	1559
		威胡堡	堡城	1.5	守备	10.3	13	10	467	12	嘉靖二十三年	1544
大同守道	西路	平虏城（路城）	路城/卫城（驻参将）	6.3	参将	19.9	25	35	3164	741	成化十七年	1481
		败胡堡	堡城	1.5	操守	8.3	15	4	434	46	嘉靖二十三年	1544
		阻胡堡	堡城	1.1	操守	8.9	11	4	373	65	嘉靖二十三年	1544
		迎恩堡	堡城	1.5	守备	10.5	17	5	545	77	嘉靖二十三年	1544
	井坪路	井坪城（路城）	路城/所城（驻参将）	4.9	参将	0	0	31	2930	1654	成化二十一年	1485
		朔州城	路城/卫城（原驻参将）	6.3	守备、知州	0	0	28	766	118	洪武三年	1370
		西安堡	堡城	2.33	操守/把总	0	0	3	229	14	嘉靖四十年	1561
		应州城	所城/州城	6.06	守备、知州	0	0	17	790	78	洪武八年	1375
		怀仁城	所城/县城	4.2	守备、知县	0	0	19	378	51	洪武十六年	1383
		山阴城	所城/县城	4.3	守备	0	0	25	529	54	永乐三年	1405
		马邑城	所城/县城	3.63	守备	0	0	14	329	29	洪武十六年	1383
		乃河堡	堡城	1.4	操守（万历31守备改）	0	0	16	341	79	嘉靖四十五年	1566
		灭胡堡	堡城	1.52	守备（操守万历14改）	13.5	27	7	537	20	嘉靖二十三年	1544
		将军会堡	堡城	1.5	守备（防守万历31改）	17.6	32	7	601	22	万历九年	1581

说明：1. 表中信息来自于《宣大山西三镇图说》。

2. “记载周长”一列的相关数据均基于明代单位（里、丈、尺、步）进制标准，将其换算成以明里为单位的数值，以方便阅读。

3. 以公元制表示的建堡时间一列，若历史记载粗略，如某年初、某年之后，则统一以“某年+”表示。

附录三　山西镇聚落信息一览表

道	路	聚落名称		级别	记载周长（里）	守将级别	分边沿长（里）	辖边墩数	火路墩数	驻兵数	马骡数	建堡时间	建堡时间公元
雁平道	东路	代州城（路城）		路城（参将）	8.61	参将	0	0	41	1437	70	洪武二年	1369
		雁门关堡（所城）		所城	3.16	守备（千户所）	0	0	4	348	0	洪武七年	1374
		广武城	广武城	堡城	3	守备				1019	350	洪武七年	1374
			八岔口堡	堡城		把总							
			白草口堡	堡城		把总						嘉靖十九年后	1540+
			水峪口堡	堡城		把总						嘉靖十九年后	1516
			胡峪口堡	堡城		把总						正德十一年	1516
		西关城（县城、十二联城）		县城								景泰元年	1450
		东关城（县城、十二联城）		县城								成化二年	1466
		北关城（县城、十二联城）		县城								成化二年	1466
		阳明堡（十二联城）		堡城									
		马战堡（十二联城）		堡城									
		段村堡（十二联城）		堡城									
		西村堡（十二联城）		堡城									
		二十里铺堡（十二联城）		堡城								万历间	
		清淳堡（十二联城）		堡城								万历十九年	1591
		显旺堡		堡城									
	北楼路	北楼口城		路城	4.06	参将	23里	边腹墩6		3009	2200	正德九年	1514

续表

道	路	聚落名称		级别	记载周长（里）	守将级别	分边沿长（里）	辖边墩数	火路墩数	驻兵数	马骡数	建堡时间	建堡时间公元
雁平道	北楼路	小石口城	小石口城	堡城	2.4	守备（北楼口移来）	106里90丈	边腹墩51		672	120	正德九年	1514
			凌云堡	堡城		把总						正德九年	1514
			大石口堡	堡城		把总						正德十一年	1516
			茹越口堡	堡城		守备 把总						正统十年	1445
			马岚（兰）口堡	堡城		把总						正德十一年	1516
		平型关城	平型关城	堡城	2.5	守备	内边124里90丈	边腹墩44	0	762	200	正德六年	1511
			团城口堡	堡城		把总						嘉靖二十四年后	1545+
			太安堡	堡城		把总						嘉靖二十四年后	1545+
			车道堡	堡城		把总						嘉靖二十四年后	1545+
			（平型岭）	堡城		把总						嘉靖二十四年后	1545+
宁武道	中路	宁武关城	宁武关城	镇城	7.08	总兵、守备	40里零45丈	52	25	8390	6283	景泰元年	1450
			朔宁堡	堡城	0.53							嘉靖二十七年	1548
			阳方堡	堡城	2.26	防守	13里零150步	30		349		嘉靖十八年	1539
			狗儿涧堡（大水口堡）	堡城		守备把总						嘉靖二十七年	1548
			宁文堡	堡城	1.07								1450+

续表

道	路	聚落名称		级别	记载周长（里）	守将级别	分边沿长（里）	辖边墩数	火路墩数	驻兵数	马骡数	建堡时间	建堡时间公元
宁武道	中路	宁化城（所城）		所戍、守御千户所	3.71	守御千户所、城操			9	740		洪武十一年	1378
		二马营堡		堡城	0.83							正德元年	1506
		盘道梁堡	盘道梁堡	堡城	1.35	守备	内边48里零40丈	26	24	703	140	嘉靖三十二年	1553
			小莲花口堡	堡城								正德十一年	
			夹柳树堡（庙岭口）	堡城								正德十一年	1516
			燕儿水堡	堡城								嘉靖二十七年后	1548+
			雕窝梁堡（石匣口）	堡城								嘉靖二十七年后	1548+
			玄冈口堡	堡城									
		神池堡	神池堡	堡城	5	守备	内边沿长40里零45丈	14	18	1452	470	嘉靖十八年	1539
			圪老罐堡	堡城		把总						嘉靖二十七年后	1548+
			石湖岭堡	堡城		把总							
			西沟口堡	堡城		把总							
		利民堡	利民堡	路城（参将）	3.8	参将、守备	内边40里零45丈	15	12	3420	2492	弘治五年	1492
			得胜堡	堡城		防守							
			勒马沟堡	堡城		防守							
			将家峪堡	堡城		防守							

续表

道	路	聚落名称		级别	记载周长（里）	守将级别	分边沿长（里）	辖边墩数	火路墩数	驻兵数	马骡数	建堡时间	建堡时间公元
宁武道	中路	八角堡	八角堡	堡城	4.3	守备+守御千户所	内边40里零45丈	17	33	1130	318	弘治二年	1489
			干柴沟堡	堡城		防守							
			野猪沟堡	堡城		防守						嘉靖二十七年后	1548+
			长林堡	堡城	0.7	防守	内边沿长31里	8	12	187		嘉靖四十五年	1566
			土棚堡	堡城								嘉靖三十三年	1554
			义井堡	堡城									
岢岚道	西路	偏头关（路城）		路城	6.06	参将（副总兵、守备、守御千户所）	沿长30里	6	25	4303	2468	洪武二十三年	1390
		桦林堡		堡城	1.24	操守	河边46里	15	7	300	10	万历二十年	1592
		韩家坪堡		堡城	2.04	防守	0	0	7	161	10	隆庆二年	1568
		马站堡		堡城	4	防守、游击	0	0	7	3049	1602	正德十年	1515
		永兴堡		堡城	1.43	防守	0	0	6	184	10	正德十年	1515
		楼沟堡		堡城	0.97	防守	0	0	7	198	9	隆庆六年	1572
		老营堡（镇城，副总兵）		堡城	4.21	守备、游击（官职多变）	64里零264步	15	18	4022	2270	正统末	1449
		柏杨岭堡		堡城	0.81	防守	20里	32	3	248	2	万历二年	1574
		贾家堡		堡城	1.71	操守	0	0	8	386	10	嘉靖四十五年	1566
		八柳树堡		堡城	2.35	防守	0	0	18	250	10	景泰二年	1451

续表

道	路	聚落名称	级别	记载周长（里）	守将级别	分边沿长（里）	辖边墩数	火路墩数	驻兵数	马骡数	建堡时间	建堡时间公元
岢岚道	西路	水泉堡（水泉营堡）	堡城	2.4	守备	36里零8步	26	9	1004	200	宣德九年	1434
		红门市堡（红门口）	市场		防守				140		宣德九年	1434
		寺焉堡	堡城	0.91	防守	0	0	3	138	6	嘉靖四十二年	1563
		草垛山堡	堡城	2.22	守备	6里零8步	5	12	503	136	弘治十五年	1502
		黄龙池堡	堡城	1.44	操守	边墙12里	11	10	300	74	弘治十五年	1502
		滑石涧堡	堡城	1.35	守备	边墙18里	15	0	300	20	宣德九年	1434
		岢岚州城	州城、卫城	7.04	知州、守备	0	0（砖楼2）	22	1758	237	洪武七年	1374
		五寨堡	堡城	4	防守	0	0（砖楼3座）	12	504	40	嘉靖十六年	1537
		三岔堡	堡城	4	防守	0	0（砖楼2）	16	443	14	嘉靖十八年	1539
		岚县城	县城	4.63	知县	0	0	16	0	0	洪武二年	1369
		兴县城	县城	2.75	知县	0	0	13	—	—	景泰元年	1450
		小营堡	堡城	—	—	—	—	—	—	—	嘉靖七年	1528
		老牛湾堡	堡城	—	—	—	—	—	—	—	成化三年	1467
		好汉山堡	堡城	—	—	—	—	—	—	—	崇祯五年	1632
		五眼井堡	堡城	—	防守	—	—	—	102	12	崇祯十年	
	河保路	河曲营城	路城	2.23	参将	分边15里	21	0	1694	1165	宣德四年	1429
		楼子营堡	堡城	2.09	守备	56里	28	3	603	141	宣德四年	1429
		河会堡	堡城	2.27	守备	0	0	7	503	130	万历二十五年	1597
		唐家会堡	堡城	1.93	操守	30里	6	2	264	26	宣德二年	1427

续表

道	路	聚落名称	级别	记载周长（里）	守将级别	分边沿长（里）	辖边墩数	火路墩数	驻兵数	马骡数	建堡时间	建堡时间公元
岢岚道	河保路	河曲县城（旧）	县城	4.68	操守、知县	30里	6	6	190	49	洪武二年	1369
		保德州城（卫城）	卫城	7.09	知州、守御千户所	0	0	20	341	0	洪武元年	1368
		杨免堡	堡城	—	—	—	—	—	—	—	宣德四年	1429
		五花城堡	堡城	—	—	—	—	—	—	—	正统元年	1436
		灰沟营堡（河保营）	堡城	—	—	—	—	—	—	—	宣德四年	1429
		罗圈堡	—	—	—	—	—	—	—	—	宣德四年	1429
冀宁道		太原	—	24	参将	—	—	36	8410	2162	洪武九年	1376
冀南道		汾州府城	—	9.06	守备	—	—	23	1329	150	万历二十三年	1595

说明：1. 表中信息来自于《宣大山西三镇图说》。

2. “记载周长”一列的相关数据均基于明代单位（里、丈、尺、步）进制标准，将其换算成以明里为单位的数值，以方便阅读。

3. 以公元制表示的建堡时间一列，若历史记载粗略，如某年初、某年之后，则统一以“某年+”表示。

附录四　宣大山西三镇长城军事防御聚落体系分布图

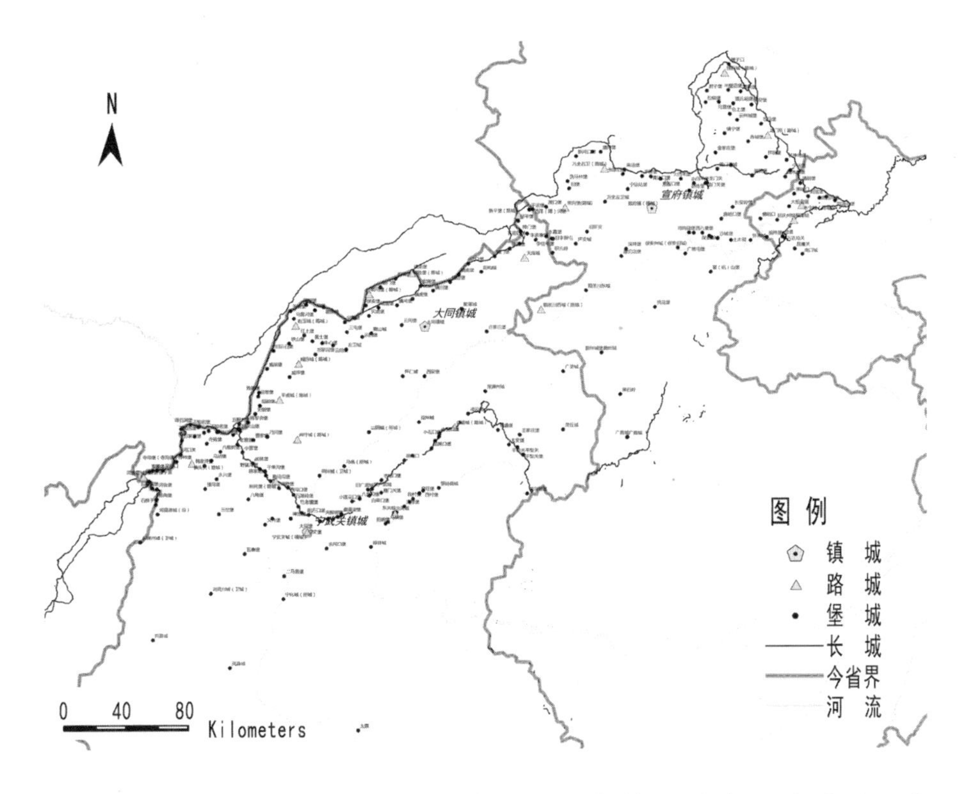

附录五　宣大山西三镇长城军事防御聚落体系分布图（地形图）

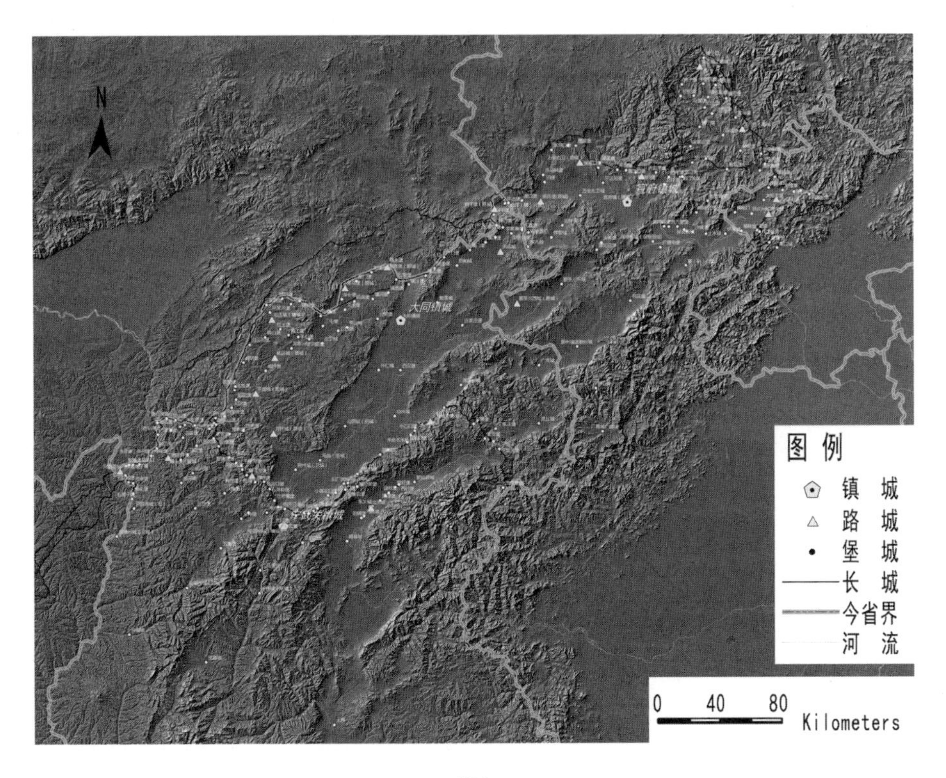

附录六　宣大山西三镇长城军事防御聚落体系分布图（高程图）

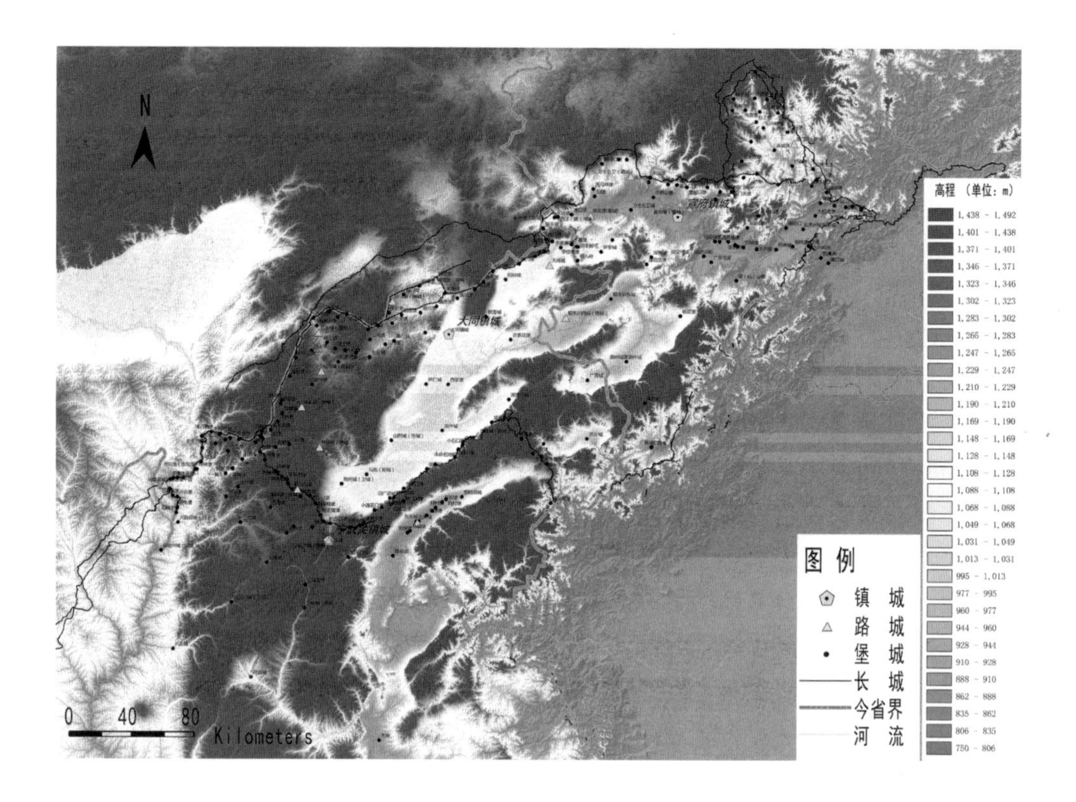

参考文献

[1] Mayer G. 2004. Complexity Diges. Archive: http://www.comdig.org/.

[2] 陈彦光．分形城市系统：标度・对称・空间复杂性[M]．北京：科学出版社，2008．

[3] 郝柏林．复杂性的刻画与“复杂性科学”[M]//任定成，王骏，高勘．科学前沿与现时代，南京：江苏人民出版社，2001．

[4] 林炳耀．城市空间形态的计算方法及其评价[J]．城市规划汇刊，1998，3：42–45.

[5] Allen PM. Cities and Regions as Self-Organizing Systems: Models of Complexity. Amsterdam: Gordon and Breach Science Pub, 1997.

[6] Prigogine I, Allen PM. The challenge of complexity, In: Self-Organization and Dissipative Structures: Applications in the Physical and Social Sciences. Eds. W.C. Schieve and P.M. Allen. Austin: University of Texas Press, 1982, 3–39.

[7] Haken H. Synergetics: an Introduction (3rdedition). Berlin: Springer-Verlag, 1983.

[8] Haken H. A synergetic approach to the self-organization of cities and settlements. Environment and Planning B: Planning and Design, 1995, 22(1): 35–46.

[9] Portugali J. Self-Organization and the City. Berlin: Springer-Verlag, 2000.

[10] Dendrinos DS. The Dynamics of Cities: Ecological Ddeterminism, Dualism and Chaos. London and New York: Routledge, 1992.

[11] Dendrinos DS. Cites as spatial chaotic attractors. In: Chaos Theory in the Social Sciences: Foundations and Applications. Eds. L.D. Kiel, E. Elliott Ann Arbor, MI: The University of Michigan Press, 1996, 237–268.

[12] Dendrinos DS, Sonis M. Chaos and Social Spatial Dynamics. New York: Springer-Verlog, 1990.

[13] Batty M. Generating urban forms from diffusive growth. Environment and Planning A, 1991a, 23: 511–544.

[14] Batty M. Cities as fractals: Simulating growth and form. In: Fractals and Chaos. Eds A J Crilly, R A Earnshaw, and H Jones. New York: Springer-Verlag, 1991b, 43–69.

[15] Batty M, Longley PA. Fractal Cities: A Geometry of Form and Function. London: Academic Press, 1994.

[16] Frankhauser P. La Fractalité des Structures Urbaines. Paris: Economica, 1994.

[17] Couclelis H. From cellular automata to urban models: new principles for model development and implementation. Environment and Planning B: Planning and Design, 1997, 24: 165–174.

[18] White R, Engelen G. Cellular automata and fractal urban form: a cellular modeling approach to the evolution of urban land-use patterns. Environment and Planning A, 1993, 25: 1175–1199.

[19] 黎夏．地理模拟系统在城市规划中的应用[J]．城市规划，2006(6)：69–74．

[20] 李后强，程光钺．分形与分维：探索复杂性的新方法[M]．成都：四川教育出版社，1990．

[21] 李后强，艾南山．关于城市演化的非线性动力学问题[J]．经济地理，1996，16（1）：65–70．

[22] 周一星．城市地理学[M]．北京：商务印书馆，1995．

[23] 顾朝林，柴彦威，蔡建明．中国城市地理[M]．北京：商务印书馆，1999．

[24] 刘继生，陈彦光．城市体系等级结构的分形维数及其测算方法[J]．地理研究，1998，17（1）：82–89．

[25] 刘继生，陈彦光．长春地区城镇体系时空关联的异速生长分析：1949–1988[J]．人文地理，2000，15（3）：6–12.
[26] Anthony Gar-On Yeh, Xia Li. Simulation of Development Alternatives Using Neural Networks, Cellular Automata, and GIS for Urban Planning, Photogrammetic Engineering and Remote Sensing (2003), Vol. 69, No. 9, pp. 1043–1052.
[27] 韩茂莉．全新世中期西辽河流域聚落选址与环境解读[J]．地理学报，2007，62（12）：1287–1298．
[28] 陈济民．基于连续文化序列的史前聚落演变中的空间数据挖掘研究[D]．南京：南京师范大学，2006．
[29] 张金奎．2004年明史研究综述[J]．中国史研究动态，2005（4）：2–11．
[30] 南炳文．明初军制初探[J]．南开史学，1983（1）.
[31] 吴晗．明代的军兵[M]//读史札记．北京：三联书店，1976．
[32] 王莉．明代营兵制初探[J]．北京师范大学学报（社会科学），1991（2）：85–93．
[33] 范中义．中国军事通史・明代军事史[M]．北京：军事科学出版社，1998．
[34] 李新锋．明代前期兵制研究[D]．北京：北京大学，1999．
[35] 肖立军．明代中后期军事制度研究[D]．天津：南开大学，2005．
[36] 赵现海．明代九边军镇体制研究[D]．长春：东北师范大学，2005．
[37] 赵现海．明代九边长城军镇史——中国边疆假说视野下的长城制度史研究（上、下册）[M]．北京：社会科学文献出版社，2012．
[38] 郭红，明代都司卫所研究[D]．上海：复旦大学，2001．
[39] 郭红，靳润成．中国行政区划通史（明代卷）[M]．上海：复旦大学出版社，2007．
[40] 郭红．山西行都司建置沿革考实[J]．中华文史论丛，第七十二辑，2003．
[41] 曹锦云．明代山西都司研究[D]．西安：陕西师范大学，2011．
[42] 谢健．明代万全都司研究[D]．兰州：西北师范大学，2013．
[43] 王毓铨．明代的军屯[M]．北京：中华书局，2009．
[44] 李龙潜．明代军屯制度的组织形式[J]．历史教学，1962（12）：12–17．
[45] 余同元，明后期长城沿线的民族贸易市场[J]．历史研究，1995（5）：55–70．
[46] 祁美琴，李立璞．明后期清前期长城沿线民族贸易市场的生长及其变化[J]．历史研究，2014（3）：33–42．
[47] 李严．明长城“九边”重镇军事防御性聚落研究[D]．天津：天津大学，2007．
[48] 王琳峰．明长城蓟镇军事防御性聚落研究[D]．天津：天津大学，2011．
[49] 刘珊珊．明长城居庸关防区军事聚落防御性研究[D]．天津：天津大学，2011.
[50] 庄和锋．明长城山海关防区防御体系与军事聚落研究[D]．天津：天津大学，2011.
[51] 解丹．金长城军事防御体系及其空间规划布局研究[D]．天津大学，2012．
[52] HE Jie. GIS-based Cultural Route Heritage Authenticity Analysis and Conservation Support in Cost-surface and Visibility Study Approaches [D]. The Chinese University of Hong Kong, 2008.
[53] 汪涛．明代大同镇长城与自然地理环境关系研究[D]．南京：东南大学，2010．
[54] 刘建军，张玉坤，曹迎春．基于可达域分析的明长城防御体系研究[J]．建筑学报，2013（增刊1）：108–111．
[55] 曹迎春，张玉坤，张昊雁．基于GIS的明代长城边防图集地图道路复原——以大同镇为例[J]．河北

农业大学学报，2014，37（2）：138-144.
[56] 曹迎春，张玉坤. 基于Voronoi图的明代长城军事防御聚落空间分布研究[J]. 河北大学学报（自然科学版），2014，34（2）：129-136.
[57] 王国良. 中国长城沿革考[M]. 北京：商务印书馆，1931.
[58] 罗哲文. 长城[M]. 北京：旅游出版社，1988.
[59] 艾冲. 明代陕西四镇长城[M]. 西安：陕西师范大学出版社，1990.
[60] 中国军事史编写组. 中国军事史第六卷兵垒[M]. 北京：解放军出版社，1991.
[61] 董耀会. 瓦合集——长城研究文论[M]. 北京：科学出版社，2004.
[62] 景爱. 中国长城史[M]. 上海：上海人民出版社，2006.
[63] 景爱. 长城[M]. 北京：学苑出版社，2008.
[64] 尚珩. 火路墩考[J]. 万里长城，2008（1）：2-30.
[65] 特日格乐. 汉长城预警体系研究[J]. 内蒙古大学学报（哲学社会科学版），2010，45（5）：118-124.
[66] 张姗姗. 明代蓟镇长城预警系统研究[D]. 天津：天津大学，2013.
[67] 贾卫娜. 明代急递铺的研究[D]. 西安：陕西师范大学，2008.
[68] 张俊. 蒙元驿站与信息传播[D]. 长春：吉林大学，2008.
[69] 孙锡芳. 明代陕北地区驿站交通的发展及其对军事、经济的影响[J]. 长安大学学报（社会科学版），2011（4）：27-32.
[70] 李贞娥. 长城山西镇段沿线明代城堡建筑研究[D]. 北京：清华大学，2005.
[71] 王杰瑜. 明代山西北部聚落变迁[J]. 中国历史地理论丛，2006（21）：113-124.
[72] 靳林. 明代山西三关地区防卫区划的形成与演变[D]. 上海：复旦大学，2010.
[73] 王力. 明长城大同镇军事聚落整体性研究[D]. 天津：天津大学，2011.
[74] 赵子彦. 明清时期大同地区屯堡的历史变迁研究[D]. 北京：中央民族大学，2012.
[75] 杨申茂. 明长城宣府镇军事聚落体系研究[D]. 天津：天津大学，2013.
[76] 马静茹. 明代宣大总督研究[D]. 北京：中央民族大学，2013.
[77] 杨润平. 明宣府镇的长城防务[J]. 张家口职业技术学院学报，2000，13（3）：45-48.
[78] 王绚，黄为隽，侯鑫. 山西传统堡寨聚落研究[J]. 建筑学报，2003（8）：59-61.
[79] 王琳峰，张玉坤. 明宣府镇城的建置及其演变[J]. 史学月刊，2010（11）：51-60.
[80] 明兵部. 九边图说[M]. 玄览堂丛书初集影印明隆庆三年刊本. 台北：正中书局，1981.
[81]（明）许论. 九边图论[M]. 嘉靖十七年谢少南刻本. 藏国家图书馆.
[82]（明）魏焕. 皇明九边考[M]. 嘉靖刻本. 长城文化网制作.
[83]（明）杨时宁，宣大山西三镇图说（三卷）[M]. 明万历癸卯刊本. 国立中央图书馆出版，中正书局印行，1981，长城文化网制作.
[84] 刘效祖. 四镇三关志（明万历四年刻本）[M]. 长城文化网制作.
[85]（明）尹耕，两镇三关志，卷九，藏中国国家图书馆.
[86] 王士琦. 三云筹俎考[M]. 台北：广文书局，1963.
[87]（清）孙士芳. 宣府镇志[M]. 嘉靖四十年刊本. 台北：成文出版社，1970.
[88] 刘大有，胡鹤. 时空推理研究进展[J]. 软件学报，2004，15（8）：1141-1149.
[89] B. B. Mandelbrot. The Fractal Geometry of Nature. San Francisco: Freeman, 1982: 1-460.

[90] 魏宏森．系统论[M]．北京：世界图书出版公司，2009．
[91] 顾新华，顾朝林，陈岩．简述“新三论”与“老三论”的关系[J]．经济理论与经济管理，1987（2）：71-74．
[92] 牛文元．理论地理学[M]．北京：商务印书馆，1992．
[93] Sharolyn Anderson. Design and implementation of a spatio-temporal interpolation model. Tucson: Ari-zona State University, 2002.
[94] 姜晓轶，周云轩．从空间到时间——时空数据模型研究[J]．吉林大学学报（地球科学版），2006，36（3）：480-485．
[95] 中央研究院历史语言研究所．明实录[M]．上海：上海书店，1982．
[96]（明）张居正．大明会典，中国国家图书馆微缩制品．
[97]（清）张廷玉．明史[M]．北京：中华书局，1974．
[98] 陆岩司，程秀龙，吕福利．读史方舆纪要选译[M]．太原：山西人民出版社，1978．
[99]（明）万表．皇明经济文录·41卷[M]．北京：全国图书馆文献缩微复制中心，1994：1554．
[100]（明）魏焕．巡边总论[M]．北京：北京出版社，1998．
[101] 山西通志．台湾商务印书馆影印．文渊阁四库全书．卷8．
[102]（万历）太原府志·卷19·武备屯田[M]．太原：山西人民出版社，1905．
[103]（清）洪汝霖，杨笃．天镇县志[M]．光绪六年修，民国二十四年重刊排印本．
[104] 河北省地方志编纂委员会．河北省志·第81卷·长城志[M]．北京：文物出版社，2011．
[105]（清）孟思谊，黄少七．赤城县志·卷二·建置志[M]．清乾隆二十四年本．张家口：赤城县档案史志局，1996．
[106] 中国历史大辞典编纂委员会．中国历史大辞典（明史卷）[M]．上海：上海辞书出版社，1995．
[107] 国家文物局．中国文物地图集·山西分册[M]．北京：中国地图出版社，2006．
[108] 国家文物局．中国文物地图集·河北分册[M]．北京：文物出版社，2013．
[109] 中国历史地图集编辑组．中国历史地图集（第七册：元明时期）[M]．北京：中华地图学社，1974．
[110] http://www.ceode.cas.cn/sjyhfw/
[111] http://www.ngcc.cn/article//sjcg/dem/
[112] 刘秀荣，唐建军．中国地图集[M]．北京：中国地图出版社，2004．
[113] 吕拉昌，李文翎．中国地理[M]．北京：科学出版社，2012．
[114] 练力华．中国环境地理学（上下册）[M]．北京：中央编译出版，2014．
[115] 李漱芳．明代边墙沿革考略[J]．禹贡半月刊，1936，5（1）．
[116] 何宝善．永乐至宣德时期的长城防御体系[M]//第十届明史国际学术讨论会论文集．2004：125-131．
[117] 郭红，于翠艳．明代都司卫所制度与军管型政区[J]．军事历史研究，2004（4）：78-87．
[118] 肖立军．明代边兵与外卫兵制初探[J]．天津：天津师大学报（社会科学版），1998(02)：37-45．
[119] 明太祖实录，第14卷，台北中研院史语所，1962年校勘本．
[120] 周振鹤．地方行政制度志[M]．上海：上海人民出版社，1998：332，353．
[121] 范中义．论明朝军制的演变[J]．中国史研究，1998（2）：129-139．
[122] 明太祖实录，卷225，洪武二十六年二月辛巳条：3295.
[123] 赵现海．明代九边军事统率制度的变迁[J]．明史研究论丛（第十辑），2012：24-56．

[124]（明）张钦.（正德）大同府志・卷九・宦迹・总帅[M]. 济南：齐鲁书社，1996.

[125] 明太祖实录，卷一四四，永乐十一年十月癸丑条：1710.

[126] 明仁宗实录，卷六上，洪熙元年春正月甲申条：208.

[127]（清）夏燮. 明通鉴[M]. 北京：中华书局，1959.

[128] 中国军事史编写组. 中国历代战争年表[M]. 北京：中国人民解放军出版社，2003.

[129]（清）黎中辅.（道光）大同县志[M]. 太原：山西人民出版社，1992.

[130] 沈起炜. 中国历史大事年表[M]. 上海：上海辞书出版社，2001.

[131] 张国勇. 明代大同镇述略[J]. 鞍山：鞍山师范学院学报，2005，7（3）：27-30.

[132]（清）张廷玉. 明史・景帝本纪[M]. 北京：中华书局，1974.

[133] 宣化府志・卷十四・塞垣考[M]. 清乾隆八年本. 台北：成文出版社，1968.

[134] 偏关志・烽堠，1915年铅印本，卷上：6.

[135] 宁武府志，清乾隆十五年刻本，卷l：21.

[136] Tolbler W. A computer movie simulating urban growth in the detroit region[J]. Economic Geography, 1970, 46(2): 234–240.

[137] Miller, H. J. Tobler's First Law and Spatial Analysis. Annals of the Association of American Geographers, 2004, 94, 284–289.

[138] 宋小东，钮心毅. 地理信息系统实习教程[M]. 北京：科学出版社，2007.

[139] 张永江. 明大同镇长城、边堡兴筑考[J]. 鲁东大学学报（哲学社会科学版）2010，27（5）：1-6.

[140] Okabe A, Satoh T, Furuta T, et al. GeneralizedNetwork Voronoi Diagrams: Concepts, Computational Methods and Applications[J]. International Journal of Ge-ographical Information Science. 2008, 22: 9, 965–994.

[141] 谢顺平，冯学智，鲁伟. 基于道路网络分析的Voronoi面域图构建算法[J]. 测绘学报，2010，39（2）：88-94.

[142] http://help.arcgis.com/zh-cn/arcgisdesktop/10.0/help/index.html#/na/009z0000000v000000/

[143] 汤国安，杨昕编. ArcGIS地理信息系统空间分析实验教程[M]. 北京：科学出版社，2006.

[144] 刘磊，王红. 概率论与数理统计[M]. 武汉：湖北教育出版社，2012（8）：33-34.

[145]（明）李体严，（明）张士科. 永宁县志・六卷[M]. 明万历三十年（壬寅1602）刻本.

[146]（明）霍冀. 九边图说・大同镇图说[M]. 玄览堂丛书本，2012（3），51.

[147]（清）王霷. 朔平府志[M]. 北京：东方出版社，1994.

[148] 卢银柱. 三关首御偏头关[J]. 万里长城，2010（3），15-17.

[149] 章潢. 图书编（卷43边防考）[M]. 扬州：广陵书社，2010.

[150] 马书岐，王怀中. 山西关隘大关[M]. 济南：山东画报出版社，2012.

[151] Duyckaerts C, Godefroy G. Voronoi Tessellation to Study the Numerical Den-sity and the Spatial Distribution of Neurons[J]. Journal of Chemical Neu-roanatomy, 2000, (20): 83–92.

[152] 焦立新. 评价指标标准化处理方法的探讨[J]. 安徽农业技术师范学院学报，1999，13（3）：7-10.

[153] 梁会民，赵军. 地理信息系统在居民点空间分布研究中的应用[J]. 西北师范大学学报（自然科学版），2001，37（2）：76-80.

[154] 汪涛. 明代大同镇长城与自然环境地理关系研究[D]. 南京：东南大学，2010.

[155] Burt, J. E., and G. Barber. Elementary statistics for geographers.Guilford, New York. 1996.

[156] Kuhn, H. W., and R. E. Kuenne. An efficient algorithm for the numerical solution of the Generalized Weber Problem in spatial economics.Journal of Regional Science, 1962, 4 (2): 21–33.

[157] 向燕南．明代边防史地撰述的勃兴[J]．北京师范大学学报（社会科学版），2000（1）：137–143．

[158] 明兵部．九边图说[M]．玄览堂丛书初集影印明隆庆三年刊本．台北：正中书局，1981．

[159] 卢良志．裴秀与“制图六体”理论[J]．国土资源，2008（02）：54–57．

[160] 赵现海．明代嘉隆年间长城图籍撰绘考[J]．内蒙古师范大学学报（哲学社会科学版），2010（4）：26–38．

[161]（明）杨正泰．明代驿站考[M]．上海：上海古籍出版社，2006．

[162] Douglas, D.H. Least-cost Path in GIS Using an A accumulated Cost Surface and Slopelines [J] .Cartographical, 1994, 31(3): 37–51.

[163] 若林芳樹．空间认知とGIS[J]．地理学评论，2003，76（10）：703–724．

[164] 何捷，邹经宇．文化线路遗产原真性保护的GIS空间分析支持[A]．2009空间综合人文学与社会科学论坛．

[165] 林哲．桂林明代靖江王陵营造尺初探[J]．桂林工学院学报，2004，24（3）：289–294．

[166] 李洪成．SPSS18数据分析基础与实践[M]．北京：电子工业出版社，2010．

[167] 陈涛．城镇体系随机聚集的分形研究[J]．科技通报，1995，11（2）: 98–101．

[168] 刘继生，陈涛．东北地区城市体系空间结构的分形研究[J]．地理科学，1995，15（2）：136– 143．

[169] 张济忠．分形（第2版）[M]．北京：清华大学，2011：1–310．

[170] Fractalyse2.4由哈尔滨理工大学非线性科学研究室—分形频道网站下载http://www.fractal.cn/ net/

[171] 管楚度．交通区位论[M]．北京：人民交通出版社，2000．

[172] 张鹏，韩增林．辽宁省公路交通网络的分形研究[J]．交通运输系统工程与信息，2006，6（1）：123–127．

[173] Kaye B. H. A Random Walk Through Fractal Dimensions. VCH Publishers. New York, 1989.

[174] 张艳军．GIS技术在景观视觉分析中的应用[J]．地理空间信息，2008，6（4）：87–89．

[175] ArcGIS资源中心（ArcGIS Resource Center）帮助库http://help.arcgis.com/zh-cn/arcgisdesktop/10.0/help/index.html#/na/00q90000008n000000/

[176]（明）陈仁锡．皇明世法录・卷五十五・蓟镇边防・墩堠[M]．中国史学丛书影印明崇祯刻本，551页．

[177] 高巍．我国古代军事情报技术的发展与演变[J]．情报探索，2011（5）：61–63．

[178]（明）戚祚国．戚少保年谱耆编・卷九・额设守堠军卒定编传烽警报法[M]．第293页．

[179]（明）戚继光．戚少保奏议补遗・卷二・条议・著哨守条约颁谕各台官兵传习守御以防边警[M]．北京：中华书局，2001，第228页．

[180]（清）顾炎武．天下郡国利病书・北直上．上海：古籍出版社，2002．

[181]（明）茅元仪．武备志・阵练制・卷六十八[M]．明天启元年（1621）本．

[182] 章萍．人眼的视觉敏锐度[J]．郑州大学学报（医学版），1987，22（1）：30–32．

[183] 初仕宾，任步云．居延汉代遗址的发掘和新出土的简册文物[J]．北京文物，1978（1）：1–32．

[184]（明）戚继光．练兵实纪杂集・卷六・车、步、骑营阵解・烽堠解．

[185] 韦占彬．明代边防预警机制探略[J]．石家庄学院学报，2007，9（5）：56–60．

[186] 戚明健，胡梦飞．明代徐州地区驿站机构的设置及其发展演变[J]．鸡西大学学报，2011，11（3）：142–143．

[187] 林金树．关于明代急递铺的几个问题[J]．北方论丛，1995（6）：30–36．

[188] 王夫之．恶梦・驿递[M]//谢国桢．明代社会经济史料选编（下册）．第216–217页．

[189] 杨士奇．明世宗实录・卷517[M]．上海：上海书店，1982．

[190] 苏同炳．明代驿递制度[M]．台北：中华丛书出版社，1969．

[191] 庾莉萍，白杉．鸡鸣驿——中国现存的最大驿站[J]．文史春秋，2004（4）：60–61．

[192] 刘敏宽，龙膺．西宁卫志[M]．西宁：青海人民出版社，1993，57–64．

[193] 李家成．湖北省城市体系分形特征及其规模结构研究[J]．华中师范大学学报（自然科版），1998，32（4）：521–522．

[194] 那伟，刘继生．吉林省城市体系等级规模结构研究[J]．人文地理，2007（5）：50–54．

[195] 陈彦光，刘继生．城市等级体系分形模型中的最大熵原理[J]．自然科学进展，2001（11）：1170–1174．

[196] 陈彦光．Beckmann城市体系异速生长模型的理论基础与实证分析[J]．科学通报，2002，18（5）：360–367．

[197] 刘继生，陈彦光．城镇体系空间结构的分形维数及其测算方法[J]．地理研究，1999，18（2）：171–178．

[198]《明仁宗实录》卷六上，洪熙元年春正月甲申条，第208页。

[199]《明穆宗实录》卷二九，隆庆三年二月癸未条。

[200] James O. Wheeler, Peter O. Muller, Grant Ian Thrall, Timothy J. Fik, Economic Geography, John Wiley & Sons, Inc. 1998.

[201] Converse, P.D.. New Laws of Retail Gravitation. Journal of Marketing, Volume 14, January, 1949.

[202] 于勇刚．淄博市城镇体系空间结构优化研究[D]．长春：东北师范大学，2007．

[203] 徐建华．现代地理学中的数学方法（第2版）[M]．北京：高等教育出版社，2002．

[204] 吴金龙，王玉芳．物理理论模型建立的意义及其特点[J]．江西电力职工大学学报，2001，14（3）：44–46．

[205] 郑隆沂，毛鄂惋．数学思维与数学方法概论[M]．武汉：华中理工大学出版社，1997．

[206]（德）沃尔特・克里斯塔勒（Walter Christaller），常正文，王兴中．德国南部中心地原理[M]．北京：商务印书馆，2010．

[207] James O. Wheeler, Peter O. Muller, Grant Ian Thrall, Timothy J. Fik, Economic Geography, John Wiley & Sons, Inc. 1998.

[208] 赵建军．中心地理论在实践中的应用[J]．青岛大学师范学院学报，2001，18（2）：48–50．

[209] 邱进煊，高春雷，陈丽仙．基于中心地理论的充换电服务网络布局研究[J]．电力与电工，2012，32（4）：1–11．

[210]（德）舒斯特，朱鋐雄，林圭年．混沌学引论[M]．成都，四川教育出版社，2010．

[211] 任放．施坚雅模式与中国近代史研究[J]．近代史研究，2004（4）：90–122．

[212]（美）施坚雅，史建云，徐秀丽．中国农村的市场和社会结构[M]．北京：中国社会科学出版社，1998．

[213]（美）施坚雅，叶光庭．中华帝国晚期的城市[M]．北京：中华书局，2000．
[214]（美）施坚雅，新之．中国历史的结构[J]．史林，1986（3）：134-144．
[215] 王笛．跨出封闭的世界——长江上游区域社会研究（1644-1911）[M]．北京：中华书局出版，1992，第226页．
[216] 龙登高．施坚雅的中国社会经济史研究述评[J]．国外社会科学，1998（2）：66-70．
[217] 行龙．人口流动与近代中国城市化研究述评[J]．清史研究，1998（4）：110-117．
[218] 杨天宏．口岸开放与社会变革——近代中国自开商埠研究[M]．北京：中华书局，2002：225-226．
[219] W.J. Folan, J. Marcus, W. F. Miller, Verification of a Maya settlement model through remote sensing, Cambridge Archaeological Journal, 1990, 5 (2): 277-283.
[220] Clifford T. Brown, Walter R.T. Witschey, The fractal geometry of ancient Maya settlement, Journal of Archaeological Science, 2003(30): 1619-1632.
[221] C. Mathews, Classic Maya emblem glyphs, in: T.P. Culbert (Ed.),Classic Maya Political History: Hieroglyphic and Archaeological Evidence, Cambridge University Press, Cambridge, 1991, 19-29.
[222] N. Hammond, Introduction, in: T.P. Culbert (Ed.), Classic Maya Political History: Hieroglyphic and Archaeological Evidence, Cambridge University Press, Cambridge, 1991, 1-18.
[223] N. Hammond, Inside the black box: defining Maya polity, in:T.P. Culbert (Ed.), Classic Maya Political History: Hieroglyphicand Archaeological Evidence, Cambridge University Press, Cambridge, 1991, 253-284.
[224] 张尚武．长江三角洲城镇密集地区形成及发展的历史特征[J]．城市规划汇刊，1999（1）：40-46．
[225] 曲晓范，周春英．近代辽河航运业的衰落与沿岸早期城镇带的变迁[J]．长春：东北师大学报，1999（4）：14-21．
[226] 熊月之，沈祖炜．长江沿江城市与中国近代化[J]．史林，2000（4）：52-67．
[227] 郑忠．试论影响近代北京城市转型的因素[J]．北京社会科学，2001（3）：86-93．
[228] 刘景纯．清代黄土高原地区城镇地理研究[D]．西安：陕西师范大学，2002．
[229] 黄新华．湖州城市近代化及其发展滞缓的原因探析（1840-1937）[D]．南京：南京师范大学，2002．
[230] 虞和平．中国近代史学科发展趋向之我见[J]．中国社会科学，2000（1）：34-35．
[231] 王旭，赵毅．施坚雅宏观区域学说述论——中国城市史研究的理论探索[J]．史学理论研究，1992（2）：60-80．
[232] 范中义．论明朝军制的演变[J]．中国史研究，1998（2）：129-139．
[233]（波）伯努瓦·B. 曼德布罗特，陈守吉，凌复华．大自然的分形几何学[M]．上海：上海远东出版社，1998．
[234] 郭栋．地理因素影响下明蓟镇长城防御体系研究[D]．天津：天津大学，2013．
[235] Phillips J. D. Doing Justice to the Law. Annals of the Association of American Geographers, 2004, 94(2): 290-293.
[236] Miller, H. J. Tobler's First Law and Spatial Analysis. Annals of the Association of American Geographers, 2004, 94, 284-289.
[237] 长城保护条例．http://www.gov.cn/flfg/2006-10/23/content_421000.htm
[238] 国家文物局中国文化遗产研究院长城资源调查项目，http://www.cach.org.cn/tabid/157/Default.aspx
[239] 张玉坤．2014国家自然基金项目，明长城军事防御体系整体性保护策略研究，天津大学．